U0920948

武汉统计年鉴

2016

（总第 28 期，NO. 28）

中国统计出版社
China Statistics Press

图书在版编目(CIP)数据

武汉统计年鉴. 2016 / 武汉市统计局编. —北京 :
中国统计出版社, 2016.9
ISBN 978-7-5037-7913-8

Ⅰ. ①武… Ⅱ. ①武… Ⅲ. ①统计资料-武汉-2016-年鉴 Ⅳ. ①C832.631-54

中国版本图书馆 CIP 数据核字(2016)第 198487 号

武汉统计年鉴—2016

作　　者 / 武汉市统计局
责任编辑 / 陈越月
装帧设计 / 蒋　于
出版发行 / 中国统计出版社
地　　址 / 北京市丰台区西三环南路甲 6 号 邮政编码/100073
电　　话 / 邮购(010)63376909　书店(010)68783171
网　　址 / http://csp.stats.gov.cn
印　　刷 / 武汉市人大常委会机关劳动服务公司
经　　销 / 新华书店
开　　本 / 890mm×1240mm 1/16
字　　数 / 760 千字
印　　张 / 28.5
版　　别 / 2016 年 9 月第 1 版
版　　次 / 2016 年 9 月第 1 次印刷
定　　价 / 300 元

如有印装差错,由本社发行部调换。

《武汉统计年鉴—2016》编辑部

总　　编：潘建桥　陈小清

副 总 编：卞　云　吴仲鸣　夏国华　何志刚　邓传发　应小莉

熊良均　肖红华　贺晓林　胡有喜　董杰方　孟宪启

编　　辑（以姓氏笔划为序）

孔　雷　王　青　王　珊　帅国豪　乔　斌　刘忠庆

刘鹏辉　刚　玮　严春华　张菊萍　李玉兰　李昌勋

杨晓东　陈全意　陈至勇　陈明孝　陈　燕　林　洪

金翠华　祝友胜　胡开锋　胡　红　胡　增　桂永超

郭淑华　黄春波　黄　萍　蒋　于

责任编辑：蒋　于　祝友胜

成　　员：张晓勇　秦永荣　余　晖　谌　赪　郭书鹏　赵国雄

肖　迪　李　晖　蒋知非

英文翻译：余　晖　杨　凡　黄文婷

Editorial Department of Wuhan Statistical Yearbook—2016

Editors - in - chief: Pan Jianqiao　Chen Xiaoqing

Associate Editors - in - chief:

Bian Yun	Wu Zhongming	Xia Guohua	He Zhigang
Deng Chuanfa	Ying Xiaoli	Xiong Liangjun	Xiao Honghua
He Xiaolin	Hu Youxi	Dong Jiefang	Meng Xianqi

Editors: (In order of strokes of chinese Surname)

Kong Lei	Wang Qing	Wang Shan	Shuai Guohao
Qiao Bin	Liu Zhongqing	Liu Penghui	Gang Wei
Yan Chunhua	Zhang Juping	Li Yulan	Li Changxun
Yang Xiaodong	Chen Quanyi	Chen Zhiyong	Chen Mingxiao
Chen Yan	Lin Hong	Jin Cuihua	Zhu Yousheng
Hu Kaifeng	Hu Hong	Hu Zeng	Gui Yongchao
Guo Shuhua	Huang Chunbo	Huang Ping	Jiang Yu

Coordinators:

Jiang Yu　Zhu Yousheng

Editorial Staff:

Zhang Xiaoyong	Qin Yongrong	Yu Hui	Shen Cheng	Guo Shupeng
Zhao Guoxiong	Xiao Di	Li Hui	Jiang Zhifei	

English Translators: Yu Hui　Yang Fan　Huang Wenting

编 辑 说 明

一、《武汉统计年鉴一 2016》以大量数据，全面、系统地反映了武汉市 2015 年经济、科技和社会发展情况，是一本信息密集的资料性年刊和工具书。

二、全书内容由统计公报等 1 2 部分组成。包括综合、核算、人口与劳动统计、工业、能源消费、农业、固定资产投资与建筑业、公用事业、公共交通及邮电、贸易、外经、旅游、财政金融和保险、物价指数和人民生活、科技、教育、文化、分区资料等方面的数据和区主要统计资料。为便于读者正确使用统计资料，篇首加注了简要说明，篇末附有主要统计指标解释。

三、本年鉴辑入的统计数据，以 2015 年为主，重点指标还列出了建国以来主要历史年份的统计数据。部分资料来自抽样调查。

四、根据最新掌握的统计资料以及国家新的统计制度之规定，本年鉴对过去发表的一些重要统计资料重新予以核实，对部分历史数据进行了调整。因此，读者在使用历史资料时，凡与本年鉴有出入的，均以本年鉴为准。

五、本年鉴各表中，有关对全表的注解均在该表的上方，对表中部分指标的注解则在该表的下方。

六、资料中所使用的度量衡单位均采用国际标准计量单位。

七、本年鉴表中的使用符号说明："一"表示无数据；"…"表示数据不足本表最小单位；"空格"表示该项统计指标数据不详或无该项数据；"#"表示其中的主要数据；"＊"或"①"表示本表下有注解。

八、本年鉴中的部分数据由于单位取舍不同产生的计算误差均未作机械调整。

EDITORS NOTES

I. Wuhan Statistical Yearbook –2016 is an annual statistical publication with dense information. It comprehensively and systematically reflects the achievements of Wuhan economic, technological and social development in 2015 making use of a large number of statistical data.

Ⅱ. This annual publication contains twelve parts such as features, including General Survey, Population and Employment, Industry, Consumption of energy, Agriculture, Investment in Fixed Assets, Public Utilities, Transportation、Post and Telecommunications, Trade, International Cooperation, Tourism, Finance、Banking and Insurance, Price Indices and People's Livelihood, Science and Technology, Education, Culture, and Main Statistical Information on the administrative areas of Wuhan. There are brief introductions at the beginning of each part so that readers are able to use correctly statistical data in it. In addittion, Explanatory Notes on Main Statistical Indicators are provided at the end of each section.

Ⅲ. Most of the statistical data in this yearbook is based on all kinds of 2015's reports. The statistical data of main historic years since 1949 for some key indicators are listed in it. Some of the data are from sample survey.

Ⅳ. According to the up – to – data statistical information and the newnational stipulation conncerned, some data in this yearbook has been revised after verifying a number of important statistical data released in the past. Therefore, readers should use data in this yearbook in case that it is not in accord with this yearbook.

V. The notes concerning the whole table are placed at the upper part of the book, while the notes concerning the individual indicators are at the bottom of the table.

VI. The units of measurement used in this book are international standard measurement ones.

VII. Notations used in this book: " – " indicates no data in the item, "…" indicates that the figures are not large enough to be measured with the smallest unit in the table, the blank indicates that the data aren' t available, "#" indicates the major items in the tabel. " * " indicates "see the footnotes below".

Ⅷ. The calculating errors of some data in this yearbook caused by the unit conversion aren' t adjusted mechanically.

目　　录
Content

三、工业、能源消费

INDUSTRY ADN CONSUMPTION OF ENERGY

四、农　业

AGRICULTURE

五、固定资产投资与建筑业
INVESTMENT IN FIXED ASSETS, CONSTRUCTION

六、公用事业
URBAN PUBLIC UTILITIES

七、公共交通、邮电
PUBLIC TRANSPORTATION, POST AND TELECOMMUNTCATIONS

八、贸易、外经、旅游业

DOMESTIC TRADE, FOREIGN TRADE, ECONOMIC COOPERATION AND TOURISM

九、财政、金融和保险
FINANCE, BANKING AND INSURANCE

十、物价指数和人民生活
PRICE INDICES AND PEOPLES LIVELIHOOD

十一、科技、教育、文化、卫生及其他

SCIENCE, TECHNOLOGY, EDUCATION, CULTURE, HEALTH AND OTHERS

十二、分区资料
STATISTICS FOR DISTRICT

特　载

FEATURE ARTICLES

武汉市2015年暨“十二五”期间国民经济和社会发展统计公报

2015年，面对错综复杂、不断加大的经济下行压力，在市委、市政府正确领导下，全市上下紧紧围绕建设国家中心城市、复兴大武汉的奋斗目标，主动适应新常态、抢抓多项国家战略机遇，坚定不移地稳增长、调结构、转方式，经济社会发展呈现出“总量跨越、质效提升，位次前移“的良好发展态势，圆满完成了“十二五”规划主要目标。

一、综合

年末常住人口1060.77万人，比上年增加26.97万人。户籍人口829.27万人，增加1.96万人。其中，农业人口267.68万人，减少0.37万人；非农业人口561.59万人，增加2.33万人。人口自然增长率7.04‰，其中，人口出生率12.87‰，人口死亡率5.83‰。人口净迁移率-1.78‰。

“十二五”时期，全市常住人口年均增长1.6%，比“十一五”时期低1.1个百分点。

初步核算，全年地区生产总值(GDP)10905.60亿元，按可比价格计算，比上年增长8.8%。其中，第一产业增加值359.81亿元，增长4.8%；第二产业增加值4981.54亿元，增长8.2%；第三产业增加值5564.25亿元，增长9.6%。人均生产总值104132元，增长6.8%。

表1:2015年地区生产总值及其增长速度

单位:亿元

指标名称	2015年	比上年增长(%)
地区生产总值	10905.60	8.8
按产业分:		
第一产业	359.81	4.8
第二产业	4981.54	8.2
第三产业	5564.25	9.6
按行业分:		
农林牧渔业	370.04	4.8
工业	4081.91	8.4
建筑业	906.98	7.1
批发和零售业	994.05	8.3
交通运输、仓储和邮政业	455.28	4.1
住宿和餐饮业	349.13	6.5
金融业	837.49	14.1
房地产业	641.47	8.8

“十二五”时期，全市地区生产总值累计44792.37亿元，是“十一五”时期的2.2倍；年均增长10.4%，低于“十一五”时期平均增速4.3个百分点，其中第一产业、第二产业和第三产业年均分别增长4.6%、11.6%和9.8%。三次产业结构由上年的3.5:47.5:49.0调整为3.3:45.7:51.0。第三产业占比提高2个百分点。

图1:2011-2015年地区生产总值及增长速度

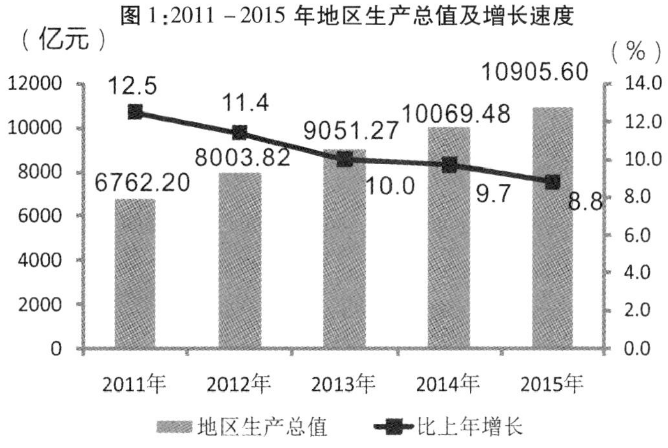

年末市场主体86.49万户,其中,本年新登记12.95万户。全部市场主体中,企业31.02万户,其中新登记5.69万户;个体工商户55.11万户,其中新登记7.22万户。企业中,私营企业28.30万户,其中新登记5.56万户。

全年一般公共预算总收入2231.67亿元,比上年增长12.7%。地方一般公共预算收入1245.63亿元,增长12.0%。其中,税收收入1015.91亿元,增长12.0%;非税收入229.73亿元,增长11.9%。

"十二五"时期,全市一般公共预算总收入年均增长17.6%,其中地方一般公共预算收入年均增长21 %。

表2:2015年财政收入及其增长速度

单位:亿元

指标名称	2015年	比上年增长(%)
一般公共预算总收入	2231.67	12.7
#地方一般公共预算收入	1245.63	12.0
#税收收入	1015.91	12.0
增值税	97.90	5.6
营业税改增值税	46.64	20.5
营业税	331.20	18.4
企业所得税	162.30	12.1
个人所得税	47.75	33.9

图2:2011-2015年地方一般公共预算收入及增长速度

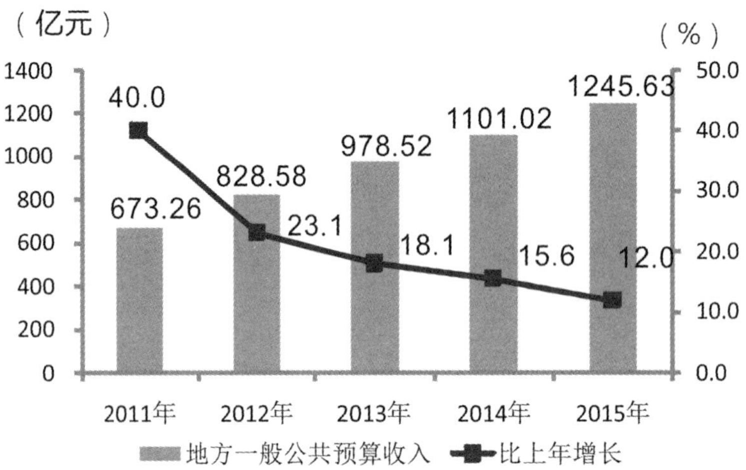

全年居民消费价格比上年上涨1.4%。

表3:2015年价格指数(上年=100)

	2015年	2014年
居民消费价格指数	101.4	101.9
1、食品	101.5	102.3
2、烟酒	103.5	100.4
3、衣着	103.0	101.2
4、家庭设备用品及维修服务	99.3	101.1
5、医疗保健和个人用品	102.0	99.7
6、交通和通讯	100.5	99.8
7、娱乐教育文化用品及服务	101.4	100.7
8、居住	100.6	104.6
商品零售价格指数	100.0	100.5

图 3:2015 年居民消费价格月度同比涨跌幅

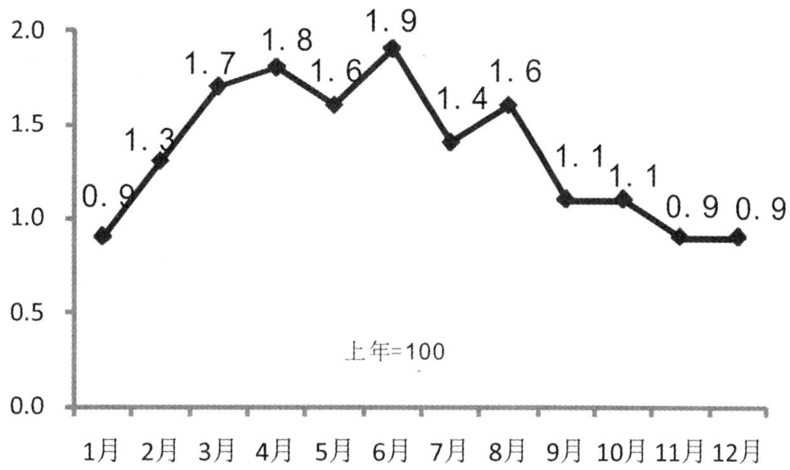

年末城镇登记失业率为 3.08% ,比上年末下降 0.07 个百分点。

二、农业

全年完成农业总产值 620.28 亿元,比上年增长 4.8%。其中,种植业 359.16 亿元,增长 5.2%;林业 9.95 亿元,增长 11.7%;牧业 135.27 亿元,增长 1.2%;渔业 91.81 亿元,增长 5.0%;农林牧渔服务业 24.09 亿元,增长 19.3%。

全年粮食种植面积 214.76 千公顷,比上年减少 1.57 千公顷。棉花种植面积 12.52 千公顷,减少 8.70 千公顷。油料种植面积 86.90 千公顷,减少 0.86 千公顷。蔬菜种植面积 174.07 千公顷,增加 4.99 千公顷。

全年粮食产量 127.00 万吨,比上年减少 0.1%。棉花 1.65 万吨,下降 19.4%。油料 18.33 万吨,下降 1.2 %。蔬菜 742.30 万吨,增长 4.2%。生猪出栏 304.04 万头,下降 2.2 %。家禽出笼 5247.40 万只,下降 4.6%。禽蛋产量 22.92 万吨,增长 4.0%。牛奶产量 9.04 万吨,增长 13.7%。水产品产量 52.46 万吨,增长 3.8%。

乡村休闲游综合收入 58.2 亿元,比上年增长 13.5%。赏花游接待游客 2537.8 万人次,增长 8.5%。

三、工业和建筑业

全年实现工业增加值 4081.91 亿元,增长 8.4%。其中,规模以上工业增加值增长 8.5%。规模以上工业总产值增长 6.8%。其中,制造业增长 8.3%,电力、热力、燃气及水生产和供应业增长 1.7%。

年末规模以上工业企业 2411 户。产值过 100 亿元的企业 17 户,过 10 亿元的企业 121 户。在 11 大工业行业中,5 个行业产值超千亿元,分别是汽车及零部件、电子信息制造、装备制造、食品烟草和能源及环保业。

表 4:2015 年主要工业产品产量及其增长速度

	计量单位	2015 年	比上年增长(%)
生铁	万吨	1515.49	-7.4
钢材	万吨	1587.97	-7.9
汽车	万辆	142.64	26.8
原油加工量	万吨	770.24	-2.3
发电量	亿千瓦时	217.55	1.4
卷烟	万箱	277.89	-1.3
机制纸及纸板	万吨	58.98	9.1
房间空气调节器	万台	1213.04	-15.8
纱	万吨	14.37	-12.7
布	万米	8412.10	-0.4
服装	万件	8317.90	1.3
软饮料	万吨	340.91	23.8
显示器	万台	1834.78	12.1
化学药品原药	吨	16673.80	24.3
乙烯	万吨	85.34	2.7
光缆	万芯千米	4223.81	25.2
水泥	万吨	1127.64	-0.3

全年规模以上工业销售产值 11811.49 亿元,比上年增长 8.1%。规模以上工业产品销售率 97.03%,提升 0.57 个百分点。

“十二五”时期，全市工业增加值累计17582.66亿元，是“十一五”时期的2.3倍；年均增长12.1%，低于“十一五”时期平均增速6.4个百分点。

图4:2011－2015年工业增加值及增长速度

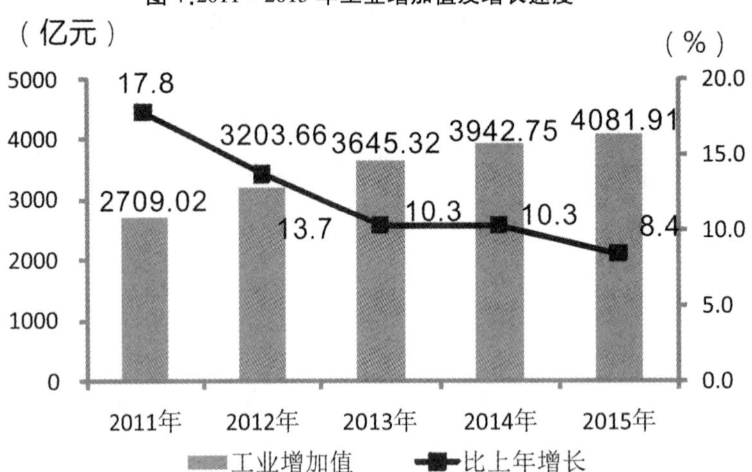

年末具有资质等级的总承包和专业承包建筑业企业1232户。建筑业增加值906.98亿元，比上年增长7.1%。建筑业总产值6016.26亿元，增长3.0%。

“十二五”时期，建筑业增加值年均增长9.6%，低于“十一五”时期平均增速2个百分点。

四、固定资产投资

全年全社会固定资产投资7725.26亿元，比上年增长10.3%。其中，民间投资4340.99亿元，增长6.8%，占全社会固定资产投资的56.5%。全年施工项目（不含房地产开发，下同）2777个，下降6.9%。其中，本年新开工项目1797个，下降4.9%。全年投产项目1779个，增长10.2%。

全年固定资产投资（不含农户，下同）7680.89亿元，比上年增长10.3%。其中，第一产业投资34.12亿元，增长52.8%；第二产业投资2844.65亿元，增长7.6%；第三产业投资4802.12亿元，增长11.8%。第二产业中，工业投资2769.36亿元，增长6.3%。

表5:2015年分行业固定资产投资（不含农户）及其增长速度

单位:亿元

行业分类	2015年	比上年增长（%）
（一）农、林、牧、渔业	40.78	57.2
（二）采矿业	1.26	-47.7
（三）制造业	2648.82	6.9
（四）电力、燃气及水的生产和供应业	119.28	-5.7
（五）建筑业	79.64	69.4
（六）批发和零售业	82.60	5.7
（七）交通运输、仓储和邮政业	570.94	25.6
（八）住宿和餐饮业	28.78	13.1
（九）信息传输、软件和信息技术服务业	70.45	49.5
（十）金融业	6.02	-75.6
（十一）房地产业	2850.78	8.7
（十二）租赁和商务服务业	96.05	3.8
（十三）科学研究和技术服务业	62.26	112.1
（十四）水利、环境和公共设施管理业	816.28	27.2
（十五）居民服务和其他服务业	26.22	-36.2
（十六）教育	61.27	-14.3
（十七）卫生和社会工作	32.57	-49.2
（十八）文化、体育和娱乐业	67.55	16.7
（十九）公共管理、社会保障和社会组织	19.34	-40.3

工业投资中，装备制造业610.78亿元，比上年增长4.1%；汽车及零部件业606.82亿元，增长23.8%；电子信息业419.00亿元，增长3.3%；食品烟草业完成投资210.60亿元，增长41.4%。

全年房地产开发投资2581.79亿元,比上年增长9.7%。其中,住宅开发投资1777.93亿元,增长13.9%;办公楼投资188.65亿元,增长34.4%;商业营业用房投资310.45亿元,下降13.3%。全年商品房销售面积2627.19万平方米,增长15.6%。商品房销售额2247.76亿元,增长24.4%。

“十二五”时期,全社会固定资产投资累计30016.48亿元,是“十一五”时期的2.5倍;年均增长16.1%,低“十一五”时期平均增速12.9个百分点。其中,工业投资年均增长31.5%,高“十一五“时期6.7个百分点。

图5:2011-2015年全社会固定资产投资及增长速度

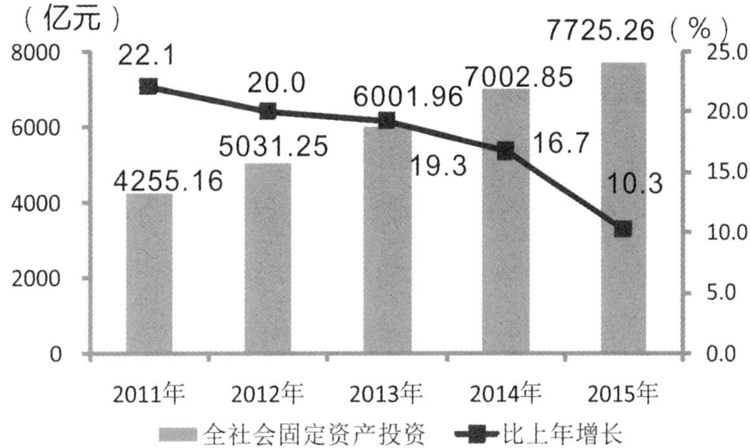

五、国内贸易、旅游和会展业

全年社会消费品零售总额5102.24亿元,比上年增长11.6%。其中,限额以上企业零售额3519.32亿元,增长9.9%。按行业分,批发零售业零售额4626.71亿元,增长11.4%;住宿餐饮业零售额475.53亿元,增长12.7%。

在限额以上企业商品零售额中,中西药品类商品零售额比上年增长23.8%,通讯器材类增长84.0%,文化办公用品类增长36.5%,家具类增长18.0%,家用电器和音像器材类增长15.0%,汽车类增长14.6%,粮油食品类增长11.6%,饮料类增长19.3%,烟酒类增长16.0%,日用品类增长10.4%,服装、鞋帽、针纺织品类增长5.3%,化妆品类增长1.2%,建筑及装潢材料类下降2.5%,金银珠宝类下降2.8%,石油及制品类下降13.1%。

“十二五”时期,社会消费品零售总额累计实现20091.54亿元,是“十一五”时期的2.1倍;年均增长14.7%,低“十一五”时期平均增速3.2个百分点。

图6:2011-2015年社会消费品零售总额及增长速度

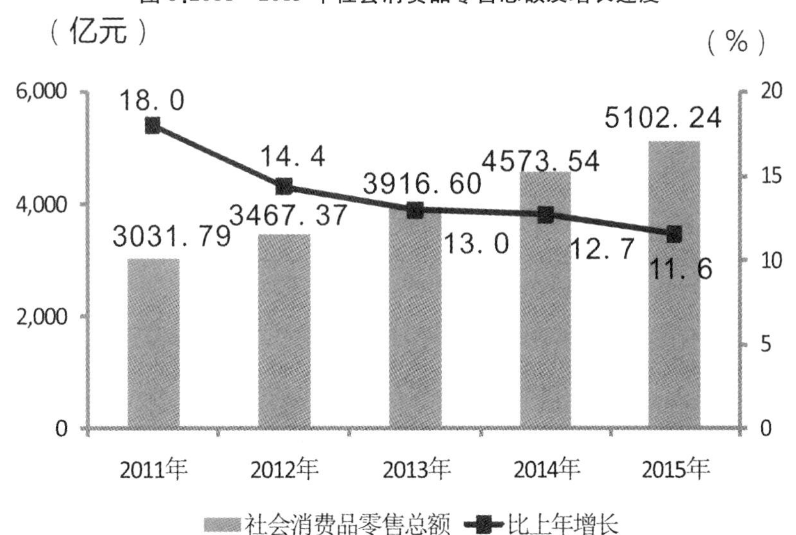

全年接待国内旅游者21032.98万人次,比上年增长10.0%;接待海外旅游者202.27万人次,增长18.6%。实现旅游总收入2188.97亿元,增长12.3%。其中,国内旅游收入2115.23亿元,增长11.8%;国际旅游收入12亿美元,增长28.5%。年末旅游景区36个,其中5A级3个,4A级15个,3A级17个。旅游星级以上宾馆81家,其中五星级14家,四星级29家,三星级29家。

全年举办各类展会节事活动823场。其中,展览336场,会议297场,节事活动190场。举办3万平方米以上展览21场,其中,3-5万平方米展览9场,5-10万平方米展览5场,10万平方米以上的特大型展览7场。举办展览总面积约达307万平方米,比上年增长10.4%;参展参会客商1404万人次,增长17.5%。

六、对外经济和招商引资

全年外贸进出口总额280.72亿美元,比上年增长6.3%。其中,进口129.19亿美元,增长2.3%;出口151.53亿美元,增长9.9%。在出口总额中,一般贸易出口70.87亿美元,增长0.7%;加工贸易出口67.00亿美元,增长7.1%。高新技术产品出口69.47亿美元,增长30.4%。出口国别和地区数198个。口岸货运量987.73万吨,增长15.3%。

"十二五"时期,全市进出口总额年均增长9.2%,其中进口年均增长6.8%,出口年均增长11.6%。

图7:2011－2015年进出口总额及增长速度

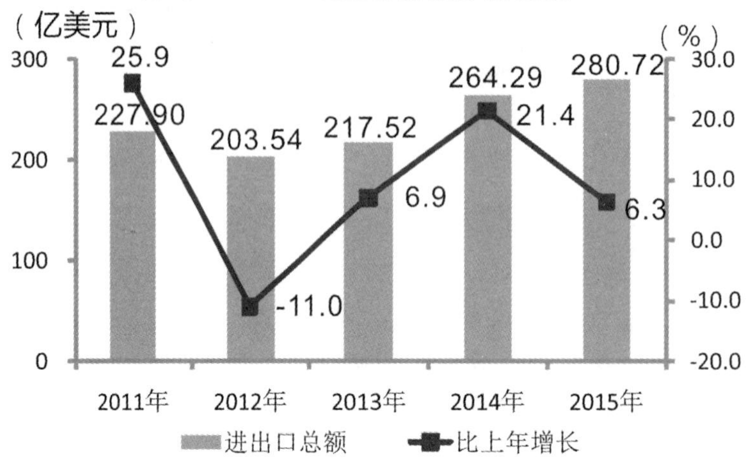

表6:2015年对外贸易和招商引资及其增长速度

单位:亿美元

指标名称	2015年	比上年增长(%)
进出口总额	280.72	6.3
其中:一般贸易	155.14	-4.0
加工贸易	107.45	12.7
进口	129.19	2.3
其中:一般贸易	84.27	-7.6
加工贸易	40.45	23.4
出口	151.53	9.9
其中:一般贸易	70.87	0.7
加工贸易	67.00	7.1
实际利用外资	73.43	18.5
对外经济合作营业额	28.07	22.0

全年实际利用外资73.43亿美元,比上年增长18.5%。在汉投资的世界500强企业新增14家,累计达到230家。

全年对外承包工程业务完成营业额28.07亿美元,比上年增长22.0%;对外劳务合作派出各类劳务人员8791人次,增长68.8%。对外直接投资额30.31亿美元,增长2.67倍。

全年引进内资项目1139个,实际到位内资4373.7亿元,比上年增长30.1%。

"十二五"时期,全市实际利用外资年均增长17.4%。

七、交通和邮电

全年交通客货运输换算周转量3842.48亿吨公里,比上年下降1.0%。全社会货运量48185.19万吨,货物周转量2951.92亿吨公里,全社会客运量27628.71万人,旅客周转量1102.36亿人公里。

表7:2015年各种运输方式完成客货运输量和周转量

指标名称	计量单位	2015年	比上年增长(%)
旅客运输量	万人	27628.71	-1.0
铁路	万人	15083.90	7.3
航空	万人	1163.55	6.0
公路	万人	11381.26	-10.7

指标名称	计量单位	2015 年	比上年增长(%)
旅客周转量	亿人公里	1102.36	4.1
铁路	亿人公里	869.30	4.2
航空	亿人公里	151.97	10.1
公路	亿人公里	81.09	-6.9
货物运输量	万吨	48185.19	-0.7
铁路	万吨	6579.00	-14.4
水运	万吨	13099.71	2.7
航空	万吨	10.89	6.4
公路	万吨	28495.59	1.5
货物周转量	亿吨公里	2951.92	-2.4
铁路	亿吨公里	995.70	-10.5
水运	亿吨公里	1357.68	0.9
航空	亿吨公里	1.67	11.9
公路	亿吨公里	596.87	5.5
货物吞吐量	万吨	8470.47	3.8

年末民用航线 322 条,新增 51 条。其中,国际航线 37 条,新增 6 条;国内航线 285 条,新增 45 条。空中通达国内城市和地区 57 个,国外通航国家和地区 21 个。航空港旅客吞吐量 1894.20 万人,比上年增长 9.6%;货邮吞吐量 15.47 万吨,增长 8.1%。年末轨道交通线路总长度 125.29 公里,增加 30.10 公里。公路通车里程 15658.70 公里,增长 7.8%。其中,等级公路 15394.30 公里。在等级公路中,高速公路 633.50 公里。公路路网密度 195.00 公里/百平方公里,增长 7.9%。汽车拥有量 197.78 万辆,增长 20.8%,其中,私人小汽车 165.18 万辆,增长 27.2%。全市公交线路 467 条,营运公共汽(电)车 8301 辆,出租汽车 16747 辆。

全年电信业务总量 277.90 亿元,比上年增长 32.5%。年末移动电话 4G 用户 644.1 万户,增长 2.8 倍。互联网宽带用户 311.9 万户,增长 8.7%。光纤到户覆盖数 465.6 万户,增长 74.6%。

八、金融

年末武汉地区金融机构本外币存款余额 19393.16 亿元,比上年增长 16.1%。其中,住户存款 6059.03 亿元,增长 5.8%。金融机构本外币贷款余额 17135.79 亿元,增长 18.4%。境内贷款中,短期贷款 3918.26 亿元,增长 2.7%;中长期贷款 11346.95 亿元,增长 17.1%。消费贷款 2834.60 亿元,增长 36.1。其中,个人住房贷款 2421.46 亿元,增长 39.1%;个人购车贷款 170.38 亿元,增长 30.7%。

年末总部设在武汉的金融机构 23 家。在汉设立或筹建后台服务中心的金融机构 33 家。上市公司累计 62 家,其中,境外 16 家,境内 46 家。

表 8:金融机构本外币存贷款

单位:亿元

	2015 年末	比上年增长(%)
金融机构本外币存款余额	19393.16	16.1
#住户存款	6059.03	5.8
非金融企业存款	8399.93	-12.8
#金融机构本币存款余额	19057.17	15.9
金融机构本外币贷款余额	17135.79	18.4
#短期贷款	3918.26	2.7
中长期贷款	11346.95	17.1
#金融机构本币贷款余额	16018.30	18.7

九、教育和科技

年末全市幼儿园 1184 所,比上年增加 87 所;在园幼儿 26.87 万人,增加 2.86 万人。小学 591 所,增加 3 所,在校学生 47.39 万人,增加 2.94 万人。普通中学 361 所,减少 4 所,在校学生 30.28 万人,减少 0.38 万人。中等职业技术学校 106 所,减少 2 所,在校学生 8.86 万人,减少 0.32 万人。普通高校 82 所,增加 2 所,在校研究生 11.27 万人,在校本科及大专生 95.68 万人。全市学前三年教育入学率 88.21%,6-11 岁人口入学率 100%,12-14 岁人口入学率 100%,6-14 岁盲聋哑弱智人口入学率 100%,九年义务教育巩固率 99.8%,高中阶段毛入学率 96.46%,高等教育毛入学率 52.35%。

表 9:2015 年各类学校数和在校学生数完成情况

	单位	2015 年	2014 年
学校数			
普通高校	所	82	80
中等职业学校	所	106	108
普通中学	所	361	365
小学	所	591	588
在校学生数			
研究生	人	112749	110805
普通高校	人	956789	962106
中等职业学校	人	88559	91755
普通中学	人	302803	306581
小学	人	473932	444528
招生数			
研究生	人	38096	37500
普通高校	人	264636	269177
中等职业学校	人	30700	30299
普通中学	人	100421	100220
小学	人	91805	84069

全市政府部门属科学技术研究机构 96 所,国家重点实验室 21 个,企业国家重点实验室 6 家,国家实验室 1 个,国家工程实验室 3 个,国家级工程技术研究中心 28 个,国家级企业技术中心 25 个,两院院士 68 人。实施市级科技计划项目 2182 项。市级登记科技成果 304 项,武汉地区获奖科技成果 404 项,其中获国家科技奖 26 项。专利申请 33620 件,增加 5818 件。其中,发明专利 15077 件,增加 3206 件。专利授权 21740 件,增加 5405 件。其中,发明专利授权 6003 件,增加 2129 件。每万人发明专利拥有量 18.97 件。技术市场合同成交额 405.30 亿元,比上年增长 31.1%。

年末拥有国家级科技企业孵化器 22 家,国家 863 计划成果产业化基地 10 个。高新技术企业 1656 家,新增 335 家。全年实现高新技术产业产值 7701.41 亿元,比上年增长 14.1%;高新技术产业增加值 2235.65 亿元,增长 10.1%。

"十二五"时期,专利申请量与授权量累计分别达到 13.31 万件和 7.93 万件,分别比"十一五"时期增长 2.3 倍和 2.8 倍。高新技术产业产值年均增长 25.6%,低于"十一五"时期平均增速 1.6 个百分点。

图 8:2011 - 2015 年高新技术产业产值及增长速度

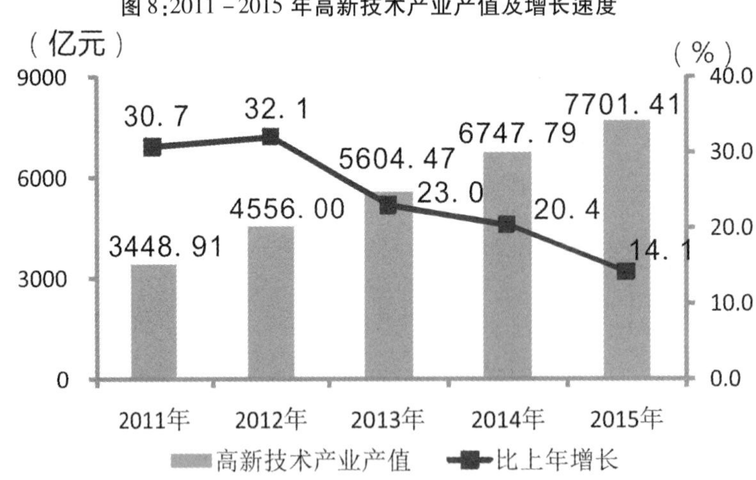

十、文化、卫生和体育

年末全市市属艺术表演团体机构数 8 个,全年新排上演剧目 8 台。专业剧团获国家奖 2 个,获省级奖 10 个。市直公共图书馆 2 个,藏书 428.96 万册,接待读者 1199.38 万人次。武汉出版社出版图书 15 类 992 种 1508.88 万册。市属电视台 1 座,电视节目 7 套。市属广播电台 1 座,广播节目 5 套。

年末卫生事业机构 2996 个(不含村卫生室),比上年末增加 214 个,其中,医院、卫生院 291 个,社区卫生服务中心 133 个,卫生防疫、防治机构 32 个,妇幼保健院、所、站 17 个。卫生事业床位数 80726 张,增加 7899 张。其中,医院病床 67550 张。卫生技术人员数 91763 人,增加 13271 人。其中,医生 32888 人,护师、护士 45204 人。平均每千常住人口拥有医生 3.17 人,拥有医院病床 6.53 张。甲乙类法定传染病报告发病率 189.47/10 万,国家免疫规划接种率 99.61%。农村新型合作医疗参合率 99.

9%。农村卫生厕所普及率82.63%。

年末拥有体育场馆154个,其中体育馆51个。市属优秀运动员人数51人,发展等级运动员447人。成功举办第二届WTA武汉网球公开赛、第21届亚洲田径锦标赛、世界中学生田径锦标赛、第35届亚洲羽毛球锦标赛、2015WDSF世界体育舞蹈大奖赛暨中国体育舞蹈公开赛、2015年东亚杯足球赛、2015年国际名校赛艇挑战赛等大型体育赛事10余次。全年开展各类市级群众性体育活动20场次。武汉地区运动员在国内外重大体育比赛中获4枚世界级金牌,8枚国家级金牌。全年体育彩票销售额13.93亿元。

十一、人民生活和社会保障

全年全市常住居民人均可支配收入32478元,比上年增长9.6%。其中,城镇常住居民人均可支配收入36436元,增长9.5%。人均消费支出23943元,增长8.8%。其中,食品烟酒支出7549元,增长8.2%。人均住房建筑面积37.25平方米。每百户家庭拥有家用汽车30.28辆,计算机113.38台,空调器204.28台,移动电话245.40部。

全年农村常住居民人均可支配收入17722元,比上年增长9.7%。人均消费支出12940元,增长10.9%。其中,食品烟酒支出4128元,增长11.1%。人均居住面积49.08平方米。每百户家庭拥有洗衣机83.54台,计算机36.90台,空调器93.50台,移动电话232.54部。

“十二五”时期,城镇居民人均可支配收入年均增长11.5%,农村居民人均可支配收入年均增长13.5%。

年末基本养老保险参保职工265.49万人,比上年增长3.5%;城乡居民养老保险参保142.07万人,下降0.17%。城镇医疗保险参保人数602.35万人,增长1.0%。其中职工人数390.24万人,增长1.5%;居民212.11万人,增长0.2%。失业保险参保人数184.05万人,增长3.8%。工伤保险参保人数270.47万人,增长17.7%。生育保险参保人数236.47万人,增长5.7%。城市居民最低生活保障标准由每人每月560元调整为580元,农村居民最低生活保障标准由每人每月270元调整为320元。全年城市居民享受低保人数11.41万人,减少1.99万人;发放保障金7.75亿元,下降4.9%。农村居民享受低保人数10.26万人,减少1.05万人;发放保障金4.23亿元,增长14.3%。年末社会福利院283家,床位数47289张。武汉地区福利彩票销售额33.46亿元,增长7.0%。全年筹集社会福利资金2.62亿元,增长6.9%。

十二、城市建设、资源环境和安全生产

全年城建攻坚完成投资1798亿元,比上年增长18.7%。轨道交通三号线一期、东湖通道、第十届中国国际园林博览会园博园等项目相继完工。

“十二五”时期,全市城建攻坚累计完成投资6869亿元。

全年自来水厂日供水能力480.7万吨。全社会用电量464.28亿千瓦时,比上年增长4.3%。供应液化石油气0.9亿立方米,供应天然气15.2亿立方米。

年末公园75个,其中免费开放69个。公园游人量9586万人次。新增绿道233.7公里,增长5.3%。造林7.03千公顷,森林覆盖率28%,比上年提高0.49个百分点。

全年城市污水集中处理率95%,城市生活垃圾无害化处理率100%。化学需氧量排放量13.66万吨,比上年下降2.3%;二氧化硫排放量8.70万吨,下降3.6%;氨氮排放量1.63万吨,下降3.1%;氮氧化物排放量13.29万吨,比上年下降3.0%。工业固体废弃物综合利用率98.70%。

全年环境空气颗粒物(PM10)年均值为104微克/立方米,空气质量优良天数192天,比上年增加10天。

全年亿元GDP生产安全事故死亡率0.042%,比上年下降0.001个百分点。工矿商贸企业从业人员10万人死亡率1.42%,上升0.17个百分点。

注释:

1. 本公报数据为初步统计数,最终核实数以当年《武汉统计年鉴》为准。

2. 本公报中生产总值、各产业增加值绝对额按现价计算,增长速度按可比价格计算。

3. 市场主体是指在市场上从事经济活动,享有权利和承担义务的个人和组织体,由企业、个体工商户、农民专业合作社三类主体构成。

4. 规模以上工业企业是指年主营业务收入2000万元以上的全部工业法人企业;限额以上批发零售企业是指年主营业务收入达到2000万元以上的批发企业、年主营业务收入达到500万元以上的零售企业;限额以上住宿和餐饮企业是指年主营业务收入达到200万元以上住宿和餐饮企业。

5. 全社会固定资产投资等于城镇投资加农村投资,其中农村投资包括农村企事业组织项目投资和农户投资两部分。固定资产投资包括城镇投资和农村投资中的农村企事业组织项目投资。

6. PM10指空气动力学当量直径≤10微米的颗粒物

7. 空气质量指数(AQI),是2012年3月国家发布的新空气质量评价标准,污染物监测为6项:二氧化硫、二氧化氮、PM10、PM2.5、一氧化碳和臭氧。

一 综合 核算

GENERAL SURVEY

资料整理人员：蒋　于　张晓勇　秦永荣　余　晖　谌　桢　郭书鹏
胡开锋　刘　洁　肖从新　杨　凡　吴华章

STAFF FOR DATA PROCESSING：

Jiang Yu　Zhang Xiaoyong　Qin Yongrong　Yu Hui　Shen Cheng　Guo Shupeng
Hu Kaifeng　Liu Jie　Xiao Congxin　Yang Fan　Wu Huazhang

简要说明

本篇资料由武汉市行政区划与自然状况、国民经济综合资料和国民经济核算资料三部分组成。

行政区划与自然状况涵盖了全市版图面积、人口规模、气象情况等。其中行政区划及群众自治组织、版图面积由民政局整理提供;户数、人口数由市公安局按行政区户籍人口变动情况汇总整理提供;人口密度由市统计局人口处根据人口数与土地面积之比计算整理;气象资料由武汉市气象局提供。

国民经济综合资料是抽取全书的精华,是通过对各篇章主要统计指标及其速度、结构、比例和效益等的加工计算,来反映国民经济和社会发展的总体情况。

国民经济核算资料中城市生产总值数据是市统计局核算处根据不同产业部门、不同支出构成的特点和资料来源情况而采用不同方法计算的。本年鉴公布的国民经济核算资料,最后一年数据是初步核实数;如果遇到普查年,在能够获得更详细的基础资料的情况下,生产总值的历史数据也会发生变动。

Brief Description

The data in this chapter involve administrative division and natural conditions, national economic comprehensive materials, national economic accounting materials of Wuhan city.

Administrative division and natural conditions include land area, population size and meteorological data of Wuhan city. Data on administrative division and land area are prepared by Wuhan citv bureau of civil administration. Households and population are prepared by Wuhan city bureau of public security according to changes of population of the household register. Population density is prepared and collected by population department of Wuhan city bureau of statistics in line with ratio of population number and land area. Meteorological data are provided by Wuhan City bureau of weather.

The summary data on the national economy highlight the overall situation of economic and social development by presenting key statistics including growth, structure, ratio and efficiency data derived from other chapters.

The data on GDP are calculated by the department of national economic accounting, Wuhan city bureau of statistics with various approaches in the light of various sectors, various expenditure structures and the data sources. Data on the national accounts of the latest year published in the yearbook are preliminary. When it happens to be a census year, the data of GDP of the past years may also be revised, on condition that more detailed data can be obtained.

1－1　土地面积、人口密度、户数、人口数
STATISTICS ON LAND AREA, POPULATION DENSITY, HOUSEHOLDS AND POPULATION

地　　区 District	土地面积（平方公里）LandArea (sq. km)	人口密度（人/平方公里）Population Density (person/sq. km)	2015年户籍人口		2014年户籍人口		2015年常住人口（万人）Resident Population (10000 persons)
			户　数（户）Households (household)	年末人数（人）Population (person)	户　数（户）Households (household)	年末人数（人）Population (person)	
总　计　Total	8569.15	1238	2970977	8292666	2880203	8273117	1060.77
江岸区　Jiang'an	80.28	11887	278705	719531	273595	711084	95.43
江汉区　Jianghan	28.29	25677	193062	486430	191409	486676	72.64
硚口区　Qiaokou	40.06	21590	207257	526494	206275	527593	86.49
汉阳区　Hanyang	111.54	5731	234640	585373	229544	576536	63.92
武昌区　Wuchang	64.58	19635	346310	1056137	341566	1076733	126.80
青山区　Qingshan	57.12	9165	152131	433676	152107	438525	52.35
洪山区　Hongshan	573.28	2730	320199	948785	301444	936139	156.51
东西湖区　Dongxihu	495.34	1064	110420	288541	107859	283103	52.70
汉南区　Hannan	287.05	456	41985	113189	41923	112889	13.10
蔡甸区　Caidian	1093.17	644	149570	456551	149520	454810	70.35
江夏区　Jiangxia	2018.31	435	222932	590510	218775	588943	87.70
黄陂区　Huangpi	2256.70	419	394008	1124832	346862	1121602	94.51
新洲区　Xinzhou	1463.43	603	319758	962617	319324	958484	88.27

注：1、人口密度按常住人口计算。

2、行政区户籍人口户数中：江汉区含水上分局85户，汉阳区含武汉经济技术开发区51738户，洪山区含东湖技术开发区112106户、东湖生态旅游风景区15293户、武汉化学工业区13158户。

3、行政区户籍人口中：江汉区含水上地区8273人，汉阳区含武汉经济技术开发区150526人，洪山区含东湖高新技术开发区339488人、东湖生态旅游风景区34643人、武汉化学工业区33259人。

4、行政区常住人口中：江汉区含水上地区0.42万人，武昌区含东湖风景区1.74万人，洪山区含东湖新技术开发区31.49万人、东湖风景区6.39万人和武汉化学工业4.45万人，蔡甸区含武汉开发区25.25万人，江夏区含东湖新技术开发区18.21万人。

Note: 1. Population density is calculated according to resident population.

2. The households of Jianghan district includes 85 households of Water Bureau. The households of Hanyang district includes 51738 households of Wuhan Economic and Technological Development Zone. Hongshan district includes 112106 households of East Lake High－Tech Development Zone, 15293 households of East Lake Ecotourism Scenic Zone, 13158 households of Wuhan Chemical Industry Park.

3. The resident registered population of Jianghan district incldes 8273 people of Water Bureau. Hanyang district includes 150526 people of Wuhan Economic Technological Development Zone. Hongshan district includes 339488 people of East Lake HighTech Development Zone, 34643 people of East Lake Ecotourism Scenic Zone, 33259 people of Wuhan chemical Industry Park.

4. The resident population of Jianghan district includes 4.2 thousand people of Water Bureau, Wuchang district includes 17.4 thousand people of East Lake Ecotourism Scenic Zone, Hongshan district includes 314.9 tholusand people of to East Lake High－Tech Development Zone, 63.9 thousand people of East Lake Ecotourism Scenic Zone, 44.5 thousand people of Wuhan Chemical Industry Park. Caidian district includes 252.5 thousand people of Wuhan Econome and Technological Development Zone, Jiangxia district includes 182.1 thousand people of East Lake High－Tech Development Zone.

1－2 行政区划及群众性自治组织(2015 年)
ADMINISTRATIVE DIVISION AND GRASSROOTS UNITS(2015)

单位:个 (Unit)

各区 District	乡政府 Township Governments	镇政府 Town Governments	街办事处 Subdistrict Offices	社区居委会 Community	村民委员会 Villagers′ Committee
总计 Tota	3	3	151	1288	1825
江岸区 Jiang′an			16	137	14
江汉区 Jianghan			13	107	
硚口区 Qiaokou			11	127	1
汉阳区 Hanyang			11	118	
武昌区 Wuchang			14	140	1
青山区 Qingshan			10	82	12
洪山区 Hongshan	1		9	155	14
东西湖区 Dongxihu			8	63	
汉南区 Hannan			4	15	29
蔡甸区 Caidian	1	2	6	42	283
江夏区 Jiangxia			10	66	268
黄陂区 Huangpi	1		15	67	589
新洲区 Xinzhou		1	12	67	546
武汉经济技术开发区 Wuhan Economic Technological Development Zone			3	33	21
东湖新技术开发区 East Lake High－Tech Development Zone			8	52	26
东湖生态旅游风景区 East Lake Ecotoutism Scenic Zone			0	16	1
武汉化学工业区 Wuhan Chemical Indurstry Park			1	1	20

1-3 气 象 情 况
METEOROLOGICAL DATA

指 标 Item	2011	2012	2013	2014	2015
年平均气温(℃) Annual Average Temperature(℃)	16.3	16.4	17.1	16.7	16.8
年平均最低气温(℃) Annual Average Lowest Tmperature(℃)	12.3	12.6	12.8	12.8	13
年平均最高气温(℃) Annual Average Highest Temperature(℃)	21.4	21	22.7	21.8	12.8
年极端最低气温(℃) Annual Utmost Lowest Temperature(℃)	-7.8	-6.5	-7.2	-6.4	-5.2
最低气温日期(日/月)Annual Utmost Lowest Temperature Day	16/1	25/1 30/12	5/1	11/2	17/12
年极端最高气温(℃) Annual Utmost Highest Temperature(℃)	37.3	37.5	39.5	37.1	36.4
最高气温日期(日/月) Annual Utmost Highest Temperature Day	26/7 29/7	31/7	11/8	22/7 4/8	29/6

1-4 分月气象情况(2015年)
METEOROLOGICAL DATA OF MONTH (2015)

月 份 Month	当月平均气温(℃) Average Temperature(℃)	当月日照时数(小时) Sunshine Hours(hours)	当月降雨天数(天) Number of Rainy Days(days)	当月降雨量(毫米) Volume of Precipitation(mm)
一 月 January	5.2	97.9	7	35.6
二 月 February	6.5	77.3	14	113.4
三 月 March	12	126	9	109.8
四 月 April	16.6	158.9	10	143.8
五 月 May	22.5	139.5	13	165.6
六 月 June	25.4	117.2	15	199
七 月 July	27.2	197.1	12	290
八 月 August	27.7	247	8	74.8
九 月 September	23.8	167.9	12	75.7
十 月 October	18.3	182.9	10	102.1
十一月 November	10.8	48.4	21	109.5
十二月 December	5.9	64.6	7	13.4

1-5 国民经济和社会发展总量指标

PRINCIPAL AGGREGATE INDICATORS ON NATIONAL ECONOMIC AND SOCIAL DEVELOPMENT

指标 Item	总量指标 Aggregate Data				
	2011	2012	2013	2014	2015
人口与就业 Population and Employment					
人口(万人) Population (10 000 persons)					
年末户籍总人口数 Population at the Year - end	827.24	821.71	822.05	827.31	829.27
男性人口 Male	424.29	420.99	420.69	423.04	423.63
女性人口 Female	402.95	400.72	401.36	404.27	405.64
乡村人口 rural population	273.75	265.01	266.18	268.03	243.56
城镇人口 urban population	546.59	555.02	555.60	559.26	585.71
就业(万人) Employment (10 000 persons)					
从业人员数 Employment	498.00	506.40	522.24	530.44	544.92
#城镇非私营单位从业人员数 Staff and Workers	189.77	191.85	198.54	205.74	207.28
宏观经济 Macroecnomic Indicator					
国民核算 National Accounting					
生产总值(亿元) Gross Domestic Product (100 million yuan)	6762.20	8003.82	9051.27	10069.48	10905.60
第一产业 Primary Industry	198.70	301.21	335.40	350.06	359.81
第二产业 Secondary Industry	3254.02	3859.56	4396.17	4785.66	4981.54
第三产业 Tertiary Industry	3309.48	3843.05	4319.70	4933.76	5564.25
物价指数(上年=100) Price Indices (Preceding year = 100)					
居民消费价格指数 General Consumer Price Index	105.2	102.8	102.4	101.9	101.4
商品零售价格指数 General Retail Price Index	104.7	102.3	100.9	100.5	100.0
能耗 Energy Gonsumption					
单位GDP能耗上升或下降(±%) The Reduced Rate of Unit GDP Energy Gonsumption	-4.30	-4.47	-3.51	-2.88	-5.95

注:1、2011年开始单位GDP能耗上升或下降(±%)按2010年不变价格计算。

2、从2015年起,公安户籍数据调整统计口径,由原来的农业人口、非农业人口调整为乡村人口、城镇人口。

Note:1、Unit GDP Energy Consumption and it's reduced rate of 2011 are calculated at 2010's constant price.

2、Data on household register of public searity bureau have adjusted caliber since 2016 that former agricultrual and non - agricultural population are replaced with urban and vural population.

1－5 续 表 Continued

指 标 Item	总量指标 Aggregate Data				
	2011	2012	2013	2014	2015
工 业 Industry					
规模以上工业总产值(亿元) Above Scale Industrial Output Value (100 million yuan)	7390.66	9018.88	10394.07	11764.59	12374.92
主要工业产品产量 Output of Major Inustrial Products					
纱(吨) Yarn(ton)	85735	125570	135076	139708	143697
布(万米) Cloth(10 000 metres)	24529.00	13829.00	14861.50	10192.20	8412.10
原油加工量(万吨) Grude Oil Processed (10 000 tons)	503.39	432.71	641.48	788.28	770.24
化学原料药(吨) Chemical Raw Medicine (ton)	6510	11375	12856	13410	16674
中成药(吨) Traditional Chinese Patent Medicine (ton)	70194	97681	91987	42053	43723
显示器(万台) Monitors (10 000 unit)	1505.65	1380.57	1372.37	1636.59	1834.77
生 铁(万吨) Pig Iron (10 000 tons)	1763.67	1625.05	1680.78	1637.15	1515.49
钢总计(万吨) Steel (10 000 tons)	1885.11	1844.28	1895.23	1842.76	1698.05
成品钢材总计(万吨) Steel Products (10 000 tons)	1729.90	1766.57	1809.12	1725.50	1587.97
汽 车(辆) Automobile (unit)	687996	795240	953450	1124652	1426420
光缆(万芯千米) Cable Optical (10 000 tons km)	1106.12	2624.72	2915.57	3372.34	4223.81
房间空气调节器(万台) Household Air Conditioner (10 000 units)	758.14	829.84	1189.35	1441.50	1213.04
年主营业务收入2000万元及以上的工业企业财务指标 insustrial Enterprises with Prime Operating Revenue over 20 million yuan					
固定资产合计(亿元) Total Fixed Assets (100 million yuan)	2882.18	3613.44	3603.90	3720.55	3925.90
利润总额(亿元) Pre－tax Profits (100 million yuan)	431.21	391.17	465.88	468.17	480.65

1－5 续 表 Continued

指标 Item	总量指标 Aggregate Data				
	2011	2012	2013	2014	2015
农业 Agriculture					
年末耕地资源面积(千公顷) Cuitivated Areas (1 000 hectares)	206.52	203.82	199.44	198.53	198.36
乡村农林牧渔业从业人员(万人) Number of Persons Engaged in Farming, Forestry, Animal Husbandry and Fishery (10 000 persons)	54.11	49.94	47.05	49.93	42.88
农林牧渔业总产值(亿元) Gross Output Values of Farming, Forestry, Animal Husbandry and Fishery (100 million yuan)	329.49	476.04	530.27	559.44	620.28
主要农产品产量(万吨) Output of Major Farm Products (10 000 tons)					
粮　食 Grain	120.86	125.89	126.87	127.13	127.00
棉　花 Cotton	2.35	2.46	3.32	2.05	1.65
油　料 Oil - bearing Crops	17.61	18.02	18.66	18.55	18.33
蔬　菜 Vegetables	627.13	661.62	688.09	702.74	742.30
水　果 Fruits	7.90	7.68	8.48	11.02	11.50
肉猪出栏(万头) Slaughtered Hogs (10 000 heads)	278.05	298.40	308.20	311.00	304.04
家禽出笼(万只) Slaughtered Poultry (10 000 heads)	5164.87	5552.20	5802.05	5500.40	5247.40
禽　蛋 Eggs	20.26	20.57	21.49	22.04	22.92
牛　奶 Milk	5.95	6.69	7.14	7.95	9.04
水产品 Aquatic Products	46.01	46.86	49.02	50.55	52.46
固定资产投资 Investment in Fixed Assets					
全社会固定资产投资(亿元) Total Investment in Fixed Assets (100 million yuan)	4255.16	5031.25	6001.96	7002.85	7725.26
#工业投资 Industrial Investment	1202.14	1701.04	2258.07	2606.32	2769.36
房地产开发投资 Investment in Real Estate development	1274.17	1574.86	1905.60	2353.63	2581.79
建筑业 Construction					
建筑业总产值(亿元) Gross Output Value (100 million yuan)	3180.50	4040.70	4879.24	5840.50	6016.26
房屋建筑施工面积(万平方米) Floor Space of Buildings Under Construction (10 000 sq. m)	17255.15	20900.00	26369.04	28609.06	35391.07
房屋建筑竣工面积(万平方米) Floor Space Completed (10 000 sq. m)	8114.17	9223.50	10103.98	10223.95	11958.87

1－5 续 表 Continued

指 标 Item	总量指标 Aggregate Data				
	2011	2012	2013	2014	2015
交通运输 Transportation					
全社会旅客运输量(万人) Passenger Traffic in Transportation System (10 000 persons)	25743.22	27492.40	29621.69	27899.48	27628.71
铁 路 Railway	8511.70	9764.90	12105.40	14053.90	15083.90
公 路 Highway	16317.00	16794.00	16521.00	12748.00	11381.26
民用航空 Aviation	914.52	933.50	995.29	1097.58	1163.55
全社会货物运输量(万吨) Freight Traffic in Transportation System (10 000 tons)	41804.45	43892.49	44528.75	48529.99	48185.19
铁 路 Railway	10059.40	9177.40	9010.40	7683.20	6579.00
公 路 Highway	22442.00	24354.00	25023.00	28083.00	28495.59
水 运 Waterway	9293.06	10351.73	10485.55	12753.56	13099.71
民用航空 Aviation	9.99	9.36	9.80	10.23	10.89
邮电通信业 Postal and Telecommunications Services					
邮电业务总量(2010 年不变价格)(亿元) Total Business Revenue (100 million yuan)	128.94	167.87	193.76	260.71	356.71
函 件(万件) Number of Letters Delivered (10 000 pieces)	5188.00	6260.57	5200.00	3357.57	3558.35
包 件(万件) Number of Parcels (10 000 pieces)	50.00	29.73	39.22	35.84	38.31
固定电话用户数(万户) Resident Telephone Subscribers(10 000 subscribers)	316.00	295.00	294.00	254.79	249.03
移动电话用户数(万户) Mobile Telephone Subscribers(10 000 subscribers)	1271.00	1593.00	1662.00	1644.18	1584.50
互联网用户(万户) Internet Subscribers(10 000 subscribers)	249.00	336.00	388.00	390.32	463.49
国内商业 Domestic Trade					
社会消费品零售总额(亿元) Total Retail Sales of Consumer Goods(100 million yuan)	3031.79	3467.37	3916.60	4573.54	5102.24

注:邮电业务总量按 2010 年不变价格计算;从 2013 年开始邮电业务总量含快递业务。
Note:Total amount of posts and telecommunications Services is calculated by 2010 constant price. Posts and telecommunications services have contained express delivery service since 2013.

1－5 续 表 Continued

指标 Item	总量指标 Aggregate Data				
	2011	2012	2013	2014	2015
对外经济贸易 Foreign Trade					
进出口总额(亿美元) Total Imports and Exports(By Customs Statistics,USD 100 million)	227.90	203.54	217.52	264.29	280.72
#进口总额(亿美元) Imports(By Customs Statistics,USD 100 million)	110.57	96.06	98.09	126.38	129.19
出口总额(亿美元) Exports(By Customs Statistics,USD 100 million)	117.33	107.48	119.43	137.91	151.53
利用外资 Utilization of Foreign Capital					
实际利用外资(亿美元) Amount of Foreign Capital Actually Utilized(USD 100 million)	37.60	44.44	52.50	61.99	73.43
#境外客商直接投资(亿美元) Foreign Direct Investment(USD 100 million)	27.54	34.22	41.01	52.42	64.76
国际旅游 International Tourism					
接待海外旅游者人数(万人次) Number of Tourists from Abroad(10 000 persons)	115.91	150.89	161.37	170.58	202.35
国际旅游(外汇)收入(亿美元) Foreign Exchange Earnings From Tourism(USD 100 million)	6.06	8.52	9.14	9.34	13.37
财 政 Public Finance					
一般公共预算总收入(亿元) General Public Budget Revenue(100 million yuan)	1795.99	1530.33	1730.65	1979.53	2231.67
#地方一般公共预算收入(亿元) General Public Budget Revenue(100 million yuan)	1194.30	1530.33	978.52	1112.09	1245.63
一般公共预算支出(亿元) General Public Budget Expenditure(100 million yuan)	1278.36	885.55	1122.88	1175.10	1338.05
金融保险 Finance and Insurance					
金融机构本外币存款(亿元) Foreign Currency & RMB Loans of Financial Institution(100 million yuan)	11519.58	13131.59	14915.69	16268.71	19393.16
金融机构本外币贷款(亿元) Foreign Currency & RMB Deposit of Financial Institution(100 million yuan)	10157.53	11575.84	12803.87	14463.40	17135.79
保险公司保费收入(亿元) Insurance Premium in Chinese－funded Insurance Companies(100 million yuan)	187.24	175.28	202.23	265.71	324.57
保险公司赔款及给付(亿元) Amount Reparations in Chinese－funded Insurance Companies(100 million yuan)	40.75	46.15	60.48	75.33	99.50

注:2012 年以后改为一般公共预算总收入、一般公共预算支出。
Note:Full caliber financial income, local fistal expenditure;after 2012 to the public revenue,public finance expenditure.

1－5 续 表 Continued

指 标 Item	总量指标 Aggregate Data				
	2011	2012	2013	2014	2015
教育、文化 Education and Culture					
教 育 Education					
在校学生数(万人) Students Enrollment(10 000 persons)	191.83	184.75	185.42	182.83	186.30
#普通高等院校 Institutions of Higher Education	92.04	94.70	96.64	96.21	95.68
普通中学 Regular Secondary Schools	35.21	32.99	31.40	30.66	30.28
中等职业学校 Vocational Secondary Schools	16.26	12.05	12.43	11.32	10.81
小 学 Primary Schools	41.48	41.28	42.38	44.45	47.39
专任教师数(万人) Full－time Teachers(10 000 persons)	12.29	12.31	12.65	12.32	12.53
#普通高等院校 Institutions of Higher Education	5.40	5.50	5.70	5.65	5.72
普通中学 Regular Secondary Schools	3.25	3.21	3.15	3.15	3.12
中等职业学校 Vocational Secondary Schools	0.61	0.59	0.85	0.80	0.74
小 学 Primary Schools	2.70	2.66	2.67	2.69	2.70
文 化 Culture					
出版社图书种数合计(种) Species of Books by Publishing House(species)	11886	14256	13905	16043	15939
#出版新图书(种) New Book Publications(species)	6853	8476	8446	9662	8932
图书总印数(万册) Number of Books Published(10 000 copies)	25982	25972	26274	27193	26298
家庭、生活、环境 Family,People's Livelihood and Environment					
家 庭 Family					
家庭总户数(万户) Total Number of Households(10 000 households)	276.50	281.29	286.39	288.02	297.10
城镇常住居民平均每户家庭人口(人) Average Household Size in Urban Areas(person)	2.89	2.88	2.71	2.64	2.66
农村常住居民平均每户家庭人口(人) Average Household Size in Rural Areas(person)	3.63	3.66	3.41	2.74	2.70

1－5 续 表 Continued

指 标 Item	总量指标 Aggregate Data				
	2011	2012	2013	2014	2015
婚 姻 Marriages and Divorces					
结婚数(对) Number of Marriages(couples)	98164	96517	104760	106949	99560
离婚数(对) Number of Divorces(couples)	20189	28384	31271	32181	31359
居 住 Housing					
城市居民人均住宅建筑面积(平方米) Per Capita Net Floor Space of Urban Residents(sq. m)	32.25	33.50	34.75	35.78	37.25
农村居民人均居住面积(平方米) Per Capita Net Floor Space of Rural Residents(sq. m)	51.83	51.40	47.82	48.20	49.08
生 活 Livelihood					
城镇常住居民人均可支配收入(元) Per Capita Disposable Income of Urban Resident(yuan)	23738	27061	29821	33270	36436
农村常住居民人均可支配收入(元) Per Capita Disposable Income of Rural Resident(yuan)	9814	11190	12713	16160	17722
城镇非私营单位就业人员平均工资(元) Urban Non－private Units Average Wage of Staff and Workers(yuan)		46965	52387	59143	64407
卫 生 Health Care					
医院、卫生院及社区卫生服务中心(个) Number of Hospitals(unit)	358	363	368	395	505
卫生事业床位数(万张) Number of Hospital Beds(10 000 units)	5.65	6.22	6.66	7.28	8.07
执业(助理)医师(人) Certified Assistant Doctors(person)	25376	26420	27767	29523	32888
市政建设 City Construction					
铺装道路总长度(公里) Length of Paved Roads(km)	2840.10	5245.20	4833.12	5143.40	5354.00
排水管道长度(公里) Length of Sewer Pipelines(km)	7909.00	8173.00	9010.00	9102.00	9202.00
建成区绿化覆盖率(%) Coverage Rate of Green Area in Developed Area(%)	37.59	38.20	38.21	39.21	39.65
水厂综合生产能力(万吨/日) Aggregate Capacity of Waterworks(10 000 tons/day)	447.00	445.70	453.00	453.00	478.20
营运公共车辆(辆) Total Number of Public Buses and Trolley Buses(unit)	7465	7375	7594	7767	8301

注:2014 年城乡居民收入为一体化新口径数据。2014 年以前分别为城镇居民人均可支配收入和农民人均纯收入。
Note:2014 urban and rural resident's income is the new caliber data. Before 2014, the index name was the per capita disposable income of urban residents and the per capita net income of farmers.

1-6 国民经济和社会发展主要结构指标
STRUCTURAL INDICATORS ON NATIONAL ECONOMIC AND SOCIAL DEVELOPMENT

单位:% (%)

指标	Item	2011	2012	2013	2014	2015
人口与就业	**Population and Employment**					
人口	**Population**					
性别结构	Sex Structure					
男	Male	51.3	51.2	51.2	51.1	51.1
女	Female	48.7	48.8	48.8	48.9	48.9
城乡结构	urban and Rural Structure					
乡村人口	rural population	33.1	32.3	32.4	32.4	29.4
城镇人口	urban population	66.1	67.5	67.6	67.6	70.6
就业	**Employment**					
产业结构	Industrial Structure					
第一产业	Primary Industry	12.2	12.1	9.7	9.1	9.1
第二产业	Secondary Industry	38.1	38.4	38.5	38.6	38.4
第三产业	Tertiary Industry	49.7	49.5	51.8	52.3	52.5
宏观经济	**Macro Economy**					
国民核算	**National Accounting**					
生产总值产业结构	Industrial Structure					
第一产业	Primary Industry	3.0	3.8	3.7	3.5	3.3
第二产业	Secondary Industry	48.1	48.2	48.6	47.5	45.7
第三产业	Tertiary Industry	48.9	48.0	47.7	49.0	51.0
投资	**Investment**					
固定资产投资结构	Structure of Total Investment in Fixed Assets					
第一产业	Primary Industry	0.7	0.5	0.4	0.6	0.5
第二产业	Secondary Industry	28.9	34.3	37.7	37.7	37.0
第三产业	Tertiary Industry	70.4	65.2	61.9	61.7	62.5
利用外资	**Utilization of Foreign Capital**					
实际利用外资结构	Structure of Foreign Capital Actually Utilized					
外商直接投资	Direct Investment by Foreign Entrepreneurs	73.2	77.0	78.1	84.6	88.2
外商其他投资	Other investment by Foreign Entrepreneurs	26.8	23.0	21.9	15.4	11.8

注:从2015年起,公安户籍数据调整统计口径,由原来的农业人口、非农业人口调整为乡村人口、城镇人口。

Note: Data on household register of public searity bureau have adjusted caliber since 2016 that former agricultrual and non - agricultural population are replaced with urban and vural population.

1-6 续 表 Continued

指 标	Item	2011	2012	2013	2014	2015
产业结构	**Industrial Structure**					
农 业	**Agriculture**					
农林牧渔业产值结构	Structure of Gross Output Value					
农 业	Farming	53.0	54.3	57.5	56.5	57.9
林 业	Forestry	1.1	1.0	1.2	1.6	1.6
牧 业	Animal Husbandry	27.3	25.5	22.4	22.7	21.8
渔 业	Fishery	18.0	16.5	15.8	15.6	14.8
农林牧渔服务业	Farming, Forestry, Animal Husbandry & Fishery	0.6	2.7	3.1	3.6	3.9
工 业	**Industry**					
规模以上工业总产值结构	Structure of Above Scale Industrial Output Value					
轻工业	Light Industry	21.2	21.8	23.0	23.1	26.2
重工业	Heavy Industry	78.8	78.2	77.0	76.9	73.8
运输业	**Transportation**					
货运量结构	Structure of Freight Traffic					
按运输方式分	By means of Transportation					
铁 路	Railway	24.1	20.9	20.2	15.8	13.7
公 路	Highway	53.7	55.5	56.2	57.9	59.1
水 运	Waterway	22.2	23.6	23.6	26.3	27.2
国际旅游	**International Tourism**					
来汉旅游人数结构	Structure of Tourists					
外国人	Foreigners	76.5	75.7	79.8	81.5	81.1
港澳台同胞	Compatriots form Hong Kong, Macao and Taiwan	23.5	24.3	20.2	18.5	18.9
教 育	**Education**					
在校学生结构	Structure of Student Enrollment					
普通高等学校	Regular Institutions of Higher Education	48.0	51.3	52.1	52.0	51.4
普通中学	Regular Secondary Schools	18.3	17.9	16.9	16.6	16.3
中等职业及技工学校	Secondary vocational and technical school	12.0	8.4	8.0	7.3	6.9
小 学	Primary Schools	21.6	22.3	22.9	24.0	25.3
盲、聋、哑学校	Schools for the Blind and the Deaf-mute	0.1	0.1	0.1	0.1	0.1
专任教师结构	Full-time Teachers by Type					
普通高等学校	Regular Institutions of Higher Education	43.9	44.7	45.0	45.0	45.7
普通中学	Regular Secondary Schools	26.4	26.1	24.9	25.1	24.9
中等职业及技工学校	Secondary vocational and technical school	7.5	7.4	8.9	8.2	7.7
小 学	Primary Schools	22.0	21.6	21.0	21.5	21.5
盲、聋、哑学校	Schools for the Blind and the Deaf-mute	0.2	0.2	0.2	0.2	0.2

注：运输业货运量结构中，航空运输量相对于其它三种方式运量极低，所占比重可以忽略不计。

Note: Freight traffic by air transportation is very small comparedxwith other three means, itsproportion can be negligible.

1-7 按经济类型分的国民经济比例关系
PROPORTIONS OF AGGREGATE INDICATORS BY TYPE OF OWNERSHIP

单位:%　　(%)

指标 Item	2011	2012	2013	2014	2015
规模以上工业总产值 Above scale industrial output value					
国有经济 State - owned Units	25.9	30.9	24.8	16.0	16.5
集体经济 Collective Owned Units	0.3	0.4	0.3	0.3	0.3
外商及港澳台经济 Economy of foreign, Hong Kong and Macao	32.6	31.1	31.4	30.9	30.8
其　他 Other Units	41.2	37.6	43.5	52.8	52.4
全社会从业人员数 Employment by Ownership					
国有经济 State - owned Units	17.1	16.3	16.8	17.0	15.7
集体经济 Collective Owned Units	0.9	0.8	0.9	0.8	0.7
私营个体 Private Individuals Units	28.9	39.6	40.6	40.6	41.1
农村经济 Agriculture Units	29.3	18.9	17.0	15.4	15.3
其　他 Other Units	23.8	24.4	24.7	26.2	27.2
全社会固定资产投资额 Investment in Fixed Assets by Ownership					
国有经济 State - owned Units	37.0	31.2	26.2	24.5	24.9
集体经济 Collective Owned Units	3.2	3.4	2.8	2.8	2.3
私营个体经济 Private individuals Units	13.8	13.8	16.5	16.3	14.0
其他经济 Other Units	46.0	51.6	54.5	56.4	58.8

1-8 历年生产总值及构成
GROSS DOMESTIC PRODUCT AND ITS COMPOTITION OVER THE YEARS

本表按当年价格计算　　Data in this table are calculated at current prices.

年份 Year	生产总值（亿元）Gross Domestic Product (100mil. yuan)	第一产业 Primary Industry	第二产业 Secondary Industry	第三产业 Tertiary Industry	构成（%）Composition（%）	第一产业 Primary Industry	第二产业 Secondary Industry	第三产业 Tertiary Industry	人均生产总值（元）Per Capita GDP (yuan/person)
1949	3.28	0.84	0.79	1.65	100.0	25.6	24.1	50.3	118
1950	4.07	0.92	1.01	2.14	100.0	22.6	24.8	52.6	141
1951	4.60	0.99	1.17	2.44	100.0	21.5	25.4	53.1	147
1952	5.87	1.10	1.72	3.05	100.0	18.7	29.3	52.0	176
1953	7.25	1.28	2.49	3.48	100.0	17.7	34.3	48.0	205
1954	7.78	1.02	2.76	4.00	100.0	13.1	35.5	51.4	215
1955	8.82	1.27	3.37	4.18	100.0	14.4	38.2	47.4	240
1956	10.98	1.53	5.00	4.45	100.0	13.9	45.5	40.6	281
1957	12.08	1.65	5.91	4.52	100.0	13.7	48.9	37.4	291
1958	15.58	1.65	9.05	4.88	100.0	10.6	58.1	31.3	363
1959	18.95	1.36	11.77	5.82	100.0	7.2	62.1	30.7	431
1960	19.76	1.49	12.65	5.62	100.0	7.5	64.0	28.5	441
1961	12.30	1.47	5.94	4.89	100.0	11.9	48.3	39.8	277
1962	12.40	1.64	6.14	4.62	100.0	13.2	49.5	37.3	284
1963	15.14	2.06	8.30	4.78	100.0	13.6	54.8	31.6	345
1964	16.46	2.07	9.49	4.90	100.0	12.6	57.6	29.8	367
1965	19.87	2.79	11.84	5.24	100.0	14.0	59.6	26.4	436
1966	22.02	3.14	13.37	5.51	100.0	14.3	60.7	25.0	476
1967	19.74	3.06	11.23	5.45	100.0	15.5	56.9	27.6	422
1968	16.19	2.96	7.84	5.39	100.0	18.3	48.4	33.3	342
1969	18.60	2.55	10.42	5.63	100.0	13.7	56.0	30.3	389
1970	24.71	3.12	15.24	6.35	100.0	12.6	61.7	25.7	515
1971	25.81	3.44	15.77	6.60	100.0	13.3	61.1	25.6	531
1972	26.35	3.70	16.07	6.58	100.0	14.0	61.0	25.0	532
1973	28.26	3.83	17.48	6.95	100.0	13.6	61.8	24.6	560
1974	24.47	4.22	13.60	6.65	100.0	17.2	55.6	27.2	480
1975	30.51	4.11	18.90	7.50	100.0	13.5	61.9	24.6	598
1976	27.31	4.16	15.36	7.79	100.0	15.2	56.3	28.5	526
1977	33.28	4.31	20.34	8.63	100.0	13.0	61.1	25.9	623
1978	39.91	4.69	25.24	9.98	100.0	11.7	63.3	25.0	735
1979	46.20	6.62	28.51	11.07	100.0	14.3	61.7	24.0	835
1980	53.44	5.84	34.53	13.07	100.0	10.9	64.6	24.5	950
1981	56.29	4.59	36.64	15.06	100.0	8.2	65.1	26.7	983

注:1、2001－2008 年地区生产总值按经济普查口径进行了重新修订。
2、从 2000 年开始人均生产总值按常住平均人口计算。
3、三次产业分类和行业分类是根据《国民经济行业分类》(GB/T4754－2011)和《三次产业划分规定》(国统字[2012]108号)。

1-8 续表 Continued

年份 Year	生产总值（亿元） Gross Domestic Product (100mil. yuan)	第一产业 Primary Industry	第二产业 Secondary Industry	第三产业 Tertiary Industry	构成（%） Composition (%)	第一产业 Primary Industry	第二产业 Secondary Industry	第三产业 Tertiary Industry	人均生产总值（元） Per Capita GDP (yuan/person)
1982	63.31	8.64	38.42	16.25	100.0	13.6	60.7	25.7	1087
1983	68.58	6.61	44.20	17.77	100.0	9.6	64.5	25.9	1161
1984	83.75	11.93	50.74	21.08	100.0	14.2	60.6	25.2	1402
1985	97.32	12.48	59.21	25.63	100.0	12.8	60.8	26.4	1610
1986	106.35	13.82	62.11	30.42	100.0	13.0	58.4	28.6	1732
1987	124.61	16.08	72.81	35.72	100.0	12.9	58.4	28.7	1995
1988	156.44	21.89	87.93	46.62	100.0	14.0	56.2	29.8	2462
1989	168.75	23.67	96.58	48.50	100.0	14.0	57.2	28.8	2606
1990	176.83	27.50	92.04	57.29	100.0	15.6	52.0	32.4	2673
1991	207.95	25.65	99.98	82.32	100.0	12.3	48.1	39.6	3088
1992	255.42	30.44	122.56	102.42	100.0	11.9	48.0	40.1	3752
1993	357.23	35.87	177.46	143.90	100.0	10.0	49.7	40.3	5192
1994	485.76	44.01	242.62	199.13	100.0	9.1	49.9	41.0	6980
1995	606.91	60.74	294.67	251.50	100.0	10.0	48.6	41.4	8609
1996	782.13	71.61	366.19	344.33	100.0	9.2	46.8	44.0	10970
1997	912.33	78.79	422.06	411.48	100.0	8.6	46.3	45.1	12673
1998	1001.89	75.85	449.72	476.32	100.0	7.6	44.9	47.5	13765
1999	1085.68	78.54	478.39	528.75	100.0	7.2	44.1	48.7	14751
2000	1206.84	81.36	533.31	592.17	100.0	6.7	44.2	49.1	15082
2001	1335.40	85.00	582.40	668.00	100.0	6.4	43.6	50.0	16515
2002	1467.80	90.40	635.50	741.90	100.0	6.2	43.3	50.5	17971
2003	1622.18	95.13	701.87	825.18	100.0	5.8	43.3	50.9	19569
2004	1882.24	102.23	825.78	954.23	100.0	5.4	43.9	50.7	23148
2005	2261.17	109.57	1026.27	1125.33	100.0	4.8	45.4	49.8	26548
2006	2679.33	115.91	1205.42	1358.00	100.0	4.3	45.0	50.7	30921
2007	3209.47	129.15	1440.00	1640.32	100.0	4.0	44.9	51.1	36347
2008	4115.51	144.70	1867.21	2103.60	100.0	3.5	45.4	51.1	46035
2009	4620.86	149.06	2142.14	2329.66	100.0	3.2	46.4	50.4	51144
2010	5565.93	170.04	2532.82	2863.07	100.0	3.1	45.5	51.4	58961
2011	6762.20	198.70	3254.02	3309.48	100.0	3.0	48.1	48.9	68315
2012	8003.82	301.21	3859.56	3843.05	100.0	3.8	48.2	48.0	79482
2013	9051.27	335.40	4396.17	4319.70	100.0	3.7	48.6	47.7	89000
2014	10069.48	350.06	4785.66	4933.76	100.0	3.5	47.5	49.0	98000
2015	10905.60	359.81	4981.54	5564.25	100.0	3.3	45.7	51.0	104132

Note: 1. From 2001 to 2008, Gross Domestic Product has been adjusted by economic census.
2. Since 2000, per capita GDP is calculated according to resident population.
3. The three strata of industry are classified according to Provisions for the Three Industry Classification ([2012] NO. 108) Sectors are classified according to National Economic Industry Classification (GB/T 4754-2011)

1-9 历年生产总值指数
INDICES OF GROSS DOMESTIC PRODUCT OVER THE YEARS

上年＝100

年份 Year	生产总值 Gross Domestic Product	第一产业 Primary Industry	第二产业 Secondary Industry	第三产业 Tertiary Industry	人均生产总值 Per Capita Gross Domestic Product
1949	100.0	100.0	100.0	100.0	100.0
1950	121.8	111.6	124.2	130.1	117.3
1951	103.8	114.2	113.8	93.9	96.0
1952	126.4	109.5	149.3	135.6	118.4
1953	114.2	112.5	150.2	104.8	107.7
1954	102.0	77.6	122.0	112.7	99.6
1955	114.4	126.3	121.7	104.7	112.8
1956	121.1	117.8	152.8	106.3	114.0
1957	104.8	107.0	111.9	97.9	98.5
1958	118.0	96.4	147.7	109.1	114.2
1959	111.2	77.6	128.3	114.4	108.4
1960	101.6	107.8	104.9	94.2	99.9
1961	60.1	90.5	43.2	68.6	60.7
1962	104.1	110.1	103.4	100.5	105.9
1963	121.1	126.1	135.7	103.2	120.2
1964	114.5	99.9	126.4	113.6	112.2
1965	122.4	129.4	125.0	113.0	120.4
1966	106.7	98.5	112.4	105.7	105.0
1967	91.4	97.6	83.8	98.2	90.4
1968	85.9	96.6	69.7	99.1	84.8
1969	107.3	83.2	131.5	104.4	106.3
1970	131.6	122.5	150.9	113.9	131.3
1971	111.3	112.8	114.9	104.3	109.9
1972	102.1	105.8	101.9	99.6	100.1
1973	106.5	103.4	108.4	105.5	104.6
1974	89.3	107.2	78.3	95.5	88.4
1975	119.6	97.5	139.0	109.9	119.6
1976	94.4	102.1	85.0	106.5	92.6
1977	119.0	102.4	132.7	110.6	115.8
1978	117.0	106.2	122.3	115.1	115.0
1979	113.8	121.8	113.5	108.9	111.7
1980	115.8	79.8	130.2	112.9	113.9
1981	106.3	119.5	100.5	113.0	104.4
1982	107.7	120.2	104.9	106.5	105.8

1-9 续 表 Continued

Preceding year = 100

年 份 Year	生产总值 Gross Domestic Product	第一产业 Primary Industry	第二产业 Secondary Industry	第三产业 Tertiary Industry	人均生产总值 Per Capita Gross Domestic Product
1983	104.3	86.5	107.3	109.2	102.9
1984	117.3	126.5	117.1	112.9	115.9
1985	115.0	109.5	115.6	116.5	113.6
1986	103.2	104.4	99.9	109.7	101.6
1987	108.8	102.8	110.0	109.3	106.9
1988	111.1	104.3	111.3	114.0	109.2
1989	101.7	101.9	101.6	101.7	99.8
1990	97.5	110.5	91.3	103.7	95.5
1991	110.8	91.6	102.7	133.6	108.9
1992	113.0	115.5	115.1	109.4	111.8
1993	119.3	107.1	119.7	123.0	118.0
1994	119.8	108.2	120.6	122.1	118.4
1995	116.7	109.5	115.9	119.8	115.2
1996	116.0	108.2	115.1	118.8	114.6
1997	114.6	108.3	114.5	116.2	113.5
1998	111.2	99.0	110.4	114.6	110.0
1999	111.0	103.7	109.7	113.8	109.8
2000	112.0	104.4	112.5	112.6	110.7
2001	112.0	105.3	112.9	112.1	110.7
2002	111.8	103.9	112.3	112.4	110.4
2003	112.1	104.3	112.7	112.5	110.5
2004	114.5	105.2	116.7	113.8	114.5
2005	114.7	104.5	117.9	113.1	113.3
2006	114.8	104.0	118.0	113.0	112.9
2007	115.6	103.1	118.3	114.2	113.5
2008	115.1	103.0	117.6	113.5	113.7
2009	113.7	101.6	116.0	112.2	112.5
2010	114.7	104.5	117.5	112.5	109.8
2011	112.5	104.0	116.4	109.6	107.3
2012	111.4	104.5	112.9	110.4	111.1
2013	110.0	104.5	110.3	110.0	110.0
2014	109.7	105.0	110.2	109.5	108.6
2015	108.8	104.8	108.2	109.6	106.8

1-10 分行业生产总值及指数
GROSS DOMESTIC PRODUCT BY SECTOR AND ITS INDICES

项目 Item	生产总值（亿元） Gross Domestic Product (100mil. yuan)		生产总值指数（上年=100） Indices of Gross Dometic Product (preceding year=100)	
	2015年	2014年	2015年	2014年
生产总值 Gross Domestic Product	10905.60	10069.48	108.8	109.7
按产业分: By Type of Industry				
第一产业 Primary Industry	359.81	350.06	104.8	105.0
第二产业 Secondary Industry	4981.54	4785.66	108.2	110.2
第三产业 Tertiary Industry	5564.25	4933.76	109.6	109.5
按行业分: By Sector				
农林牧渔业 Farming, Forestry, Animal Husbandry and Fishery	370.04	350.06	104.8	105.0
工　业 Industry	4081.91	3942.75	108.4	110.3
建筑业 Construction	906.98	842.91	107.1	110.0
交通运输、仓储和邮政业 Transport, Storage, Post and Telecommunication Services	455.28	437.39	104.1	108.6
批发和零售业 Wholesale and Retail Trade	994.05	913.50	108.3	106.4
住宿和餐饮业 Hotel and Catering Services	349.13	322.09	106.5	104.7
金融业 Banking	837.49	699.57	114.1	111.3
房地产业 Real Estate	641.47	584.20	108.8	109.5
其他服务业 Others	2269.25	1977.01	110.8	111.4

主 要 统 计 指 标 解 释

生产总值 根据国家统计局规定,从 2003 年起,将各地区原来所称的国内生产总值改称为地区生产总值。它是一个地区所有常住单位在一定时期内生产活动的最终成果。生产总值有三种表现形态,即价值形态、收入形态和产品形态。从价值形态看,它是所有常住单位在一定时期内所生产的全部货物和服务价值超过同期投入的全部非固定资产货物和服务价值的差额,即所有常住单位的增加值之和;从收入形态看,它是所有常住单位在一定时期内所创造并分配给常住单位和非常住单位的初次分配收入之和;从产品形态看,它是最终使用的货物和服务减去净出口货物和服务的差额。在实际核算中,三种表现形态表现为三种计算方法,即生产法、收入法和支出法。三种方法分别从不同的方面反映生产总值的形成过程。

不变价格 指用同类产品的年平均价格作为固定价格来计算各年产品价值。按不变价格计算的产品价值消除了价格变动因素,不同时期对比可以反映生产的发展速度。新中国成立后,随着工农业产品价格水平的变化,国家统计局先后多次制定了全国统一的工业产品不变价格和农业产品不变价格,从 1949 年到 1957 年使用 1952 年工(农)业产品不变价格,从 1957 年到 1971 年使用 1957 年不变价格,从 1971 年到 1981 年使用 1970 年不变价格,从 1981 年到 1990 年使用 1980 年不变价格,从 1990 年开始使用 1990 年不变价格,从 2001 年开始使用 2000 年不变价格。从 2006 年到 2010 年使用 2005 年不变价格,从 2011 年到 2015 年使用 2010 年不变价格,从 2016 年开始使用 2015 年不变价格。

平均每年增长速度 在我国计算平均增长速度有两种方法,一种是习惯上经常使用的"水平法",又称几何平均法,是以间隔期最后一年的水平同基期水平对比来计算平均每年增长(或下降)速度。另一种是"累计法",又称代数平均法或方程法,是以间隔期内各年水平的总和同基期水平对比来计算平均每年增长(或下降)速度。

在一般正常情况下,两种方法计算的平均每年增长速度比较接近,但在经济发展不平衡,出现大起大落时,两种方法计算的结果差别较大。

本书内所列的平均每年增长速度,除固定资产投资是用"累计法"计算以外,其余均用"水平法"计算。从某年到某年平均增长速度的年份,均不包括基期年在内。如"十一五"的平均增长速度是以 2005 年为基期计算的,则写为 2006—2010 年平均增长速度,余类推。

国有经济单位 指生产资料归国家所有的各种企业、事业单位,以及各级国家机关、人民团体等单位。

集体经济单位 指生产资料归公民集体所有的各种企业、事业单位。包括农村各种经济组织经营的农、林、牧、渔业,乡、村经营的企业、事业单位;城市、县、镇以及街道兴办的集体经济性质的企业、事业单位。

私营经济单位 指生产资料归公民私人所有的单位。包括私营独资企业、私营合伙企业和私营有限责任公司。

联营经济单位 指不同所有制性质的企业之间或者企业、事业单位之间共同投资组成新的经济实体。包括紧密型联营企业,半紧密型联营企业和松散型联营企业。

股份制经济单位 指全部注册资本由全体股东共同出资,并以股份形式投资举办企业。主要包括股份有限公司和有限责任公司。

外商投资经济单位 指外国投资者根据中华人民共和国有关涉外经济的法律、法规,以合资、合作或独资的形式在中国大陆境内开办企业。包括中外合资经营企业、中外合作经营企业和外资企业。

港、澳、台投资经济单位 指港、澳、台地区投资者参照中华人民共和国有关涉外经济的法律、法规,以合资、合作或独资的形式在大陆兴办企业。包括合资经营企业、合作经营企业和独资企业。

三次产业 三次产业的划分是世界上较为常用的产业结构分类,但各国的划分不尽一致。我国的三次产业划分是:

第一产业包含农、林、牧、渔业,不含农林牧渔业服务业。

第二产业包含采矿业,制造业,电力、燃气及水的生产和供应业,建筑业,不含开采辅助活动、金属制品、机械和设备修理业。

第三产业包含除第一、二产业以外的其他行业。

Explanatory Notes on Main Statistical Indicators

Gross Domestic Product Gross Domestic Product Called in every Region has been called Gross Regional Product since 2003 according to the regulation for which China bureau of statistics stipulates. It is the final products of all resident units in a country(or region) during a certain period of time. Gross domestic product is expressed in three different forms, i. e. value, income, and products respectively. The form of value refers to the total value of all products and services produced by all resident units during a certain period of time minus total value of input of materials and services of the nature of non – fixed assets or the summation of the value added of all resident units; the form of income includes all the income created by all resident units and distributed primarily to all resident and non – resident units; the form of products refers to all final goods and services minus net imports of goods and services. In the practice of national accounting, gross domestic product is calculated with three approaches, i. e. product approach, income approach, and expenditure approach respectively to reflect gross domestic product and its composition from different aspects.

Constant Price refers to the average price of a given product in a certain year, which is used for comparison of output value over time. As the output value at constant prices remove the factor of price changes, it reflects the trend of production development over time. Since 1949, with the changes in general price level, the State Statistics Bureau has issued nationally unified constant prices five times: the 1952 constant price for 1949 – 1957; the 1957 constant price for 1957 – 1971; the 1970 constant price for 1971 – 1981; the 1980 constant price for 1981 – 1990; and the 1990 constant price had been used since 1990; and the 2000 constant price had been used since 2001 and the 2005 constant price for 2006 – 2010; 2010 constant price had been used since 2011; and 2015 constant price used since 2016.

Average Annual Growth Rate Two methods for calculating average annual growth rate are applied in China, one is often called "level approach" or the method of calculating geometric average, which is derived by comparing the level of the last year of the interval with that of the beginning year; the other is called "accumulative approach" or algebraic average or equation method, which is derived by the summation of the actual figure of each year in the interval divided by the figure in the base year.

Usually the results calculated by the two methods are fairly close, but they differed sharply when uneven economic development occurred with striking fluctuations in growth.

The average annual growth rates listed in this statistical yearbook are calculated by "level approach" except for the growth rate of investment in fixed assets. The base years are not listed when the years are listed for average annual growth rates. For instance, the average annual growth rate of the period of The Eleventh Five Year Plan is listed as average annual growth rate of 2006 – 2010 without listing the base year 2005. And the analogy of this is also for the rest.

State – owned Economic Units refer to various enterprises, institutions, and government administrative organizations at various levels, social organizations and etc. , with state ownership of production means.

Collective – owned Economic Units refer to various enterprises and institutions with collective ownership of production means, including various rural economic organizations engaged in farming, forestry, animal husbandry, and fishery, enterprises and institutions run by townships and villages; collective enterprises and institutions run by cities, counties, towns and subdistrict offices.

Private – owned Economic Units refer to economic units owned by private individuals, including individual owned private enterprises, jointly owned private enterprises, and private owned companies, Ltd.

Joint Owned Units refer to economic entities jointly invested by enterprises of different types of ownership or by enterprises and institutions, and the partnerships among the joint owned units can be close, half close, or loose.

Share Holding Economic Units refer to enterprises invested in the form of share holding with its investment by all the share holders, which mainly include companies limited by shares and companies with limited liabilities.

Foreign Owned Economic Units refer to enterprises established by foreigners in the territory of mainland China according to related economic laws and regulations of the People ~ Republic of China as joint ventures, cooperative corporations, or ventures exclusively with sole investment, including joint ventures, cooperative enterprises, and foreign enterprises.

Economic Units Funded by Overseas Chinese from Hong Kong, Macao, and Taiwan refer to enterprises established by entrepreneur from Hong Kong, Macao, and Taiwan in the territory of mainland China according to related economic laws and regulations of the People's Republic of China as joint ventures, cooperative corporations and ventures exclusively with sole investment, including joint ventures, cooperative enterprises, and exclusively invested enterprises.

Three Industries Three Industries Classification of economic activities into three branches of industries is a common practice in the world, although the grouping varies to some extent form country to country. In China economic activities are categorized into following industries:

Primary industry: includes agnculture, forestry, animal husbandry and fishery, except farming, forestry, animal husbandry and fishery service.

Secondary industry: includes mining and quarrying manufacturing, production and supply of electricity, water and gas, and construction, except mining auxiliary activities or metal products, machinery and repair of equipment.

Tertiary industry: refers to all other economic activities not included in primary or secondary industry。

二 人口与劳动统计

POPULATION, EMPLOYMENT AND WAGE

资料整理人员：胡　增　金　英　谷润芳　刘　江　陈　巍　李　晖　王保汉　史　瑾　汪　冲

STAFF FOR DATA PROCESSING:

Hu Zeng　Jin Jing　Gu Runfang　Liu Jiang　Chen Wei　Li Hui　Wang Baohan　Shi Jin　Wang Chong

简要说明

本篇资料反映我市2015年及历年人口、劳动经济方面的基本情况,包括全市的主要人口统计和劳动经济统计数据。人口的统计范围是全市人口;劳动统计的调查范围是城镇独立核算法人单位。全市人口构成及变动情况、分年龄的人口数等,是根据市公安局提供的“人口及其变动情况统计表”、“人口年龄统计表”计算整理;计划生育情况是根据市卫生和计划生育委员会提供的“自然变动情况报表”和“分孩次长效节育及女性初婚、独生子女领证情况报表”整理;历年从业人员人数、分产业从业人员人数、在岗职工年末人数及在岗职工年平均工资由市统计局人口与社会科技处根据有关单位上报的劳动统计基层年报表汇总整理。

Brief Description

This chapter shows the basic condition of population and employment statistics in 2015 and in previous years of Wuhan City, including major population, emplyment ststistics of the whole city. The scope of population statistics is the household population of the whole city. The survey scope of employment statistics is the whole independent accounting department. Data on composition and change of population are prepared according to statistics table on population changes and population grouped by age which Wuhan City bureau of public security provides. Data on family planning are prepared according to statistics table of natural changes of population which Wuhan City committee of family planning provides. Data on employment over the years, annual average wage number of staft and workers at the year end and number of employed persons by type of industry are prepared by department of population statistics according to historical information and Basic annual of employment statistics to which the whole city and every district report.

2-1 户籍总户数、总人口数与常住人口数
NUMBER OF HOUSEHOLDS AND POPULATION

年份 Year	户籍总户数(万户) Number of Households (10 000 Households)	户籍总人口数(万人) Total Population (10 000 Persons)	常住人口(万人) Resident population (10 000 persons)
1978	124.28	548.29	555.10
1979	126.53	558.36	563.08
1980	129.53	567.23	571.18
1981	135.46	577.90	579.40
1982	139.43	586.97	587.74
1983	143.16	594.4	599.68
1984	146.82	600.59	611.86
1985	151.33	608.39	624.28
1986	157.00	619.96	636.96
1987	161.88	629.34	649.90
1988	167.93	641.72	663.10
1989	173.62	653.26	676.57
1990	178.83	669.75	690.31
1991	184.76	677.03	700.64
1992	188.23	684.46	711.13
1993	190.89	691.69	721.77
1994	194.20	700.01	732.56
1995	196.34	710.01	743.53
1996	199.17	715.94	754.65
1997	201.28	723.90	765.94
1998	205.43	731.79	777.40
1999	208.71	740.20	789.03
2000	213.66	749.19	804.81
2001	218.66	758.23	813.80
2002	224.59	768.10	823.70
2003	229.91	781.19	836.80
2004	241.58	785.90	845.43
2005	249.95	801.36	858.00
2006	255.45	818.84	875.00
2007	260.46	828.21	891.00
2008	265.00	833.24	897.00
2009	269.90	835.55	910.00
2010	274.58	836.73	978.54
2011	276.50	827.24	1002.00
2012	281.29	821.71	1012.00
2013	286.39	822.05	1022.00
2014	288.02	827.31	1033.80
2015	297.10	829.27	1060.77

2-2 人口构成(户籍统计)
POPULATION COMPOSITION

项目	Item	全市 The Whole City 人口(人) Population (person)	比重(%) Percentage in Total Population(%)
2015 年合计	**Total in 2015**	8292666	100.0
男	Male	4236256	51.08
女	Female	4056410	48.92
乡村人口	Rural Population	2435614	29.4
城镇人口	Urban Population	5857052	70.6
户口待定	Others		
2014 年合计	**Total in 2014**	8273117	100.0
男	Male	4230378	51.1
女	Female	4042739	48.9
农业人口	Agricultural Population	2680335	32.4
非农业人口	Non - agricultural Population	5592628	67.6
户口待定	Others	154	
2013 年合计	**Total in 2013**	8220493	100.0
男	Male	4206867	51.2
女	Female	4013626	48.8
农业人口	Agricultural Population	2661831	32.4
非农业人口	Non - agricultural Population	5555992	67.6
户口待定	Others	2670	

注:从 2015 年起,公安户籍数据调整统计口径,由原来的农业人口、非农业人口调整为乡村人口、城镇人口。
Note: Data on household register of public searity bureau have adjusted caliber since 2016 that former agricultrual and non - agricultural population are replaced with urban and vural population.

2-3 人口变动(户籍统计)
POPULATION CHANGES

项目	Item	全市 The Whole City 2015 年	2014 年	2013 年
出生人口(人)	Number of births(person)	105169	100784	92701
死亡人口(人)	Number of Deaths(person)	47637	41007	40941
自然增长人口(人)	Natural Increase In Population(person)	57532	59777	51760
净迁移人口(人)	Net Migrating Population(person)	-14762	360	-25132
出生率(‰)	Birth Rate (‰)	12.70	12.22	11.28
死亡率(‰)	Death Rate(‰)	5.75	4.97	4.98
自然增长率(‰)	Natural Growth Rate(‰)	6.95	7.25	6.30
净迁移率(‰)	Net Migrating Rate(‰)	-1.78	0.04	-3.06

2-4 计 划 生 育 (2015年)
STATISTICS ON FAMILY PLANNING(2015)

各区	District	计划生育率(%) Family Planning Rate(%)	一孩率(%) the First Child Rate (%)	二孩率(%) the Second Child Rate (%)	多孩率(%) Rate of The Third Child and above (%)
总 计	**Total**	92.72	71.21	27.13	1.66
江岸区	Jiang'an	93.65	71.82	26.53	1.65
江汉区	Jianghan	93.63	72.09	26.30	1.60
硚口区	Qiaokou	93.06	70.91	27.62	1.47
汉阳区	Hanyang	93.72	73.02	25.37	1.61
武昌区	Wu Chang	94.10	72.58	25.81	1.61
青山区	Qing Shan	94.77	75.95	22.27	1.79
洪山区	Hong Shan	93.84	73.61	25.35	1.04
东西湖区	Dong Xihu	92.14	68.55	29.50	1.96
蔡甸区	Cai Dian	93.32	71.53	26.53	1.94
江夏区	Jiang Xia	90.37	67.64	30.58	1.78
黄陂区	Huang Pi	92.07	70.15	27.89	1.96
新洲区	Xin Zhou	89.21	66.27	31.66	2.08
武汉经济技术开发区(含汉南区)	Wuhan Economic Technological Development Zone (Including Hannan)	93.61	74.15	24.27	1.58
东湖新技术开发区	East Lake High-Tech Development Zone	93.57	75.79	23.18	1.03
东湖生态旅游风景区	East Lake Ecotoutism Scenic Zone	92.84	70.38	28.63	0.99
武汉化学工业区	Wuhan Chemical Indurstry Park	91.92	71.87	26.74	1.39

2-5 分年龄的人口数(2015 年户籍统计)
POPULATION GROUPED BY AGE (2015)

单位:人 (person)

项 目 Item	合 计 Total	男 Male	女 Female
总 计 Total	8292666	4236256	4056410
0-17 岁(year sold)	1188350	642753	545597
0	64690	34346	30344
1	86837	46802	40035
2	83636	44869	38767
3	90987	48603	42384
4	78229	42224	36005
5	76887	41248	35639
6	70545	38251	32294
7	69695	37236	32459
8	68020	36661	31359
9	60509	32472	28037
10	56832	30252	26580
11	56799	30407	26392
12	51282	27897	23385
13	52499	29031	23468
14	52268	28857	23411
15	55900	30962	24938
16	54621	30358	24263
17	58114	32277	25837
18-34 岁(year sold)	2261731	1192136	1069595
18	61998	33950	28048
19	76329	41849	34480
20	93005	51229	41776
21	109281	59422	49859
22	118288	63770	54518
23	119184	63363	55821
24	132951	70126	62825

2-5 续 表 1 Continued

单位:人 (person)

项 目 Item	合 计 Total	男 Male	女 Female
25	153783	81068	72715
26	165701	86689	79012
27	165518	86149	79369
28	175629	91434	84195
29	163317	85551	77766
30	149778	78260	71518
31	150096	78654	71442
32	146625	76004	70621
33	152891	79076	73815
34	127357	65542	61815
35-59(years old)	3204982	1612850	1592132
35	114187	58442	55745
36	128946	65453	63493
37	120153	61067	59086
38	118280	59607	58673
39	116909	58981	57928
40	115014	57699	57315
41	108487	54167	54320
42	114085	57335	56750
43	131328	66507	64821
44	134001	67476	66525
45	154008	76817	77191
46	146192	72972	73220
47	166873	83130	83743
48	110770	55506	55264
49	125621	63807	61814
50	122119	62070	60049
51	144079	73086	70993

2-5 续 表 2 Continued

单位:人 (person)

项 目 Item	合 计 Total	男 Male	女 Female
52	193897	98145	95752
53	163758	82721	81037
54	97846	48965	48881
55	78275	38606	39669
56	103072	52324	50748
57	129385	65420	63965
58	141288	70400	70888
59	126409	62147	64262
60-79(years old)	1410467	692999	717468
60	115307	56865	58442
61	132341	64872	67469
62	111691	54636	57055
63	105833	52622	53211
64	93035	46415	46620
65	91366	45473	45893
66	91501	46544	44957
67	79772	39547	40225
68	79727	39897	39830
69	68722	34426	34296
70	52591	26198	26393
71	52269	26161	26108
72	44368	21568	22800
73	45247	21990	23257
74	51526	24816	26710
75	44959	21316	23643
76	35925	16706	19219

2-5 续 表 3 Continued

单位:人 (person)

项目 Item	合计 Total	男 Male	女 Female
77	40975	19159	21816
78	36254	16814	19440
79	37058	16974	20084
80-99(years old)	225902	95198	130704
80	33897	15095	18802
81	31101	13700	17401
82	31807	14066	17741
83	21855	9437	12418
84	18821	8314	10507
85	18009	7983	10026
86	13726	5703	8023
87	11758	4798	6960
88	10257	4149	6108
89	8065	3107	4958
90	6617	2400	4217
91	5721	1952	3769
92	4229	1327	2902
93	3014	994	2020
94	2356	741	1615
95	1593	489	1104
96	1136	365	771
97	826	248	578
98	621	182	439
99	493	148	345
100岁及以上(100 years old and Over)	1234	320	914

2-6 历年从业人员人数
EMPLOYMENT OVER THE YEARS

单位:万人 (10 000 person)

年份 Year	合计 Total	城镇非私营单位从业人员 Staff And Workers	国有经济单位 State-owned Units	城镇集体经济单位 Urban Collective-owned Units	其他经济类型单位 Units of Other Types of Ownership	个体经济从业人员 Urban Individuals	农村经济从业人员 Rural Individuals	私营经济从业人员 Private Enterprises	其他从业人员 Others
1949	93.45	18.38	9.59	8.79		4.21	70.86		
1950	97.05	21.29	12.39	8.90		3.61	72.14		
1951	102.73	25.55	15.49	10.06		3.34	73.84		
1952	105.21	26.84	21.59	5.26		3.02	75.35		
1953	114.86	33.93	28.11	5.82		3.32	77.62		
1954	118.28	36.30	31.29	5.01		3.82	78.17		
1955	125.19	38.24	33.55	4.70		3.09	83.86		
1956	150.61	59.70	47.70	12.00		2.88	88.03		
1957	152.70	62.78	48.38	14.40		3.56	86.37		
1958	175.41	91.28	79.78	11.51		0.60	83.53		
1959	170.54	94.14	81.23	12.91		0.11	76.29		
1960	176.85	100.43	84.36	16.07		0.30	76.12		
1961	166.35	83.32	69.61	13.71		0.59	82.43		
1962	159.03	71.42	58.33	13.09		1.82	85.79		
1963	165.49	72.97	59.84	13.13		1.98	90.54		
1964	172.96	78.44	62.79	15.65		1.61	92.92		
1965	178.30	81.86	66.60	15.26		1.29	95.15		
1966	180.13	83.84	68.17	15.67		0.80	95.50		
1967	182.83	86.79	70.68	16.11		0.00	96.04		
1968	188.38	88.67	72.12	16.56		0.00	99.71		
1969	197.27	93.10	73.90	19.20		0.00	104.17		
1970	206.58	99.96	80.03	19.93		0.00	106.62		
1971	218.55	111.26	90.53	20.73		0.00	107.29		
1972	225.18	117.68	95.02	22.66		0.00	107.50		
1973	230.56	120.05	95.05	25.00		0.00	110.51		
1974	235.30	121.92	96.21	25.71		0.00	113.38		
1975	246.41	132.06	101.46	30.60		0.00	114.35		
1976	252.31	139.00	106.51	32.49		0.00	113.31		
1977	257.91	145.83	113.08	32.75		0.00	112.08		
1978	271.92	158.22	125.04	33.18		0.00	113.70		
1979	280.17	166.12	124.58	41.54		0.33	113.72		
1980	293.25	177.90	130.89	47.01		0.55	114.79		
1981	305.64	190.05	138.54	51.51		0.90	114.69		
1982	313.18	195.79	142.51	53.28		1.08	116.31		

2-6 续 表 Continued

单位:万人 (10 000 person)

年份 Year	合计 Total	城镇非私营单位从业人员 Staff And Workers	国有经济单位 State-owned Units	城镇集体经济单位 Urban Collective-owned Units	其他经济类型单位 Units of Other Types of Ownership	个体经济从业人员 Urban Individuals	农村经济从业人员 Rural Individuals	私营经济从业人员 Private Enterprises	其他从业人员 Others
1983	319.77	201.86	148.27	53.59		1.95	115.96		
1984	325.97	205.03	149.14	55.75	0.15	3.00	117.94		
1985	335.81	212.55	154.41	57.96	0.18	4.04	119.22		
1986	340.90	215.36	155.71	59.41	0.24	3.50	122.05		
1987	348.30	219.50	159.95	59.29	0.27	3.96	124.84		
1988	351.25	223.02	163.42	59.20	0.39	4.95	123.29		
1989	355.15	224.99	165.32	59.07	0.60	5.86	124.31		
1990	357.80	227.12	167.99	58.45	0.68	5.21	125.47		
1991	360.24	230.15	169.78	58.72	1.65	4.62	124.62	0.85	
1992	360.61	230.02	171.08	57.07	1.87	5.22	124.46	0.91	
1993	374.92	233.58	173.23	53.53	6.92	14.89	123.42	2.93	
1994	386.83	226.34	168.39	48.70	9.25	28.12	124.71	7.67	
1995	398.64	222.30	166.71	43.27	12.32	37.48	128.51	10.35	
1996	406.42	218.85	164.50	41.13	13.22	40.48	121.87	25.22	
1997	411.83	216.44	161.91	40.61	13.92	45.76	121.41	28.22	
1998	415.20	210.74	155.43	36.64	18.67	51.49	120.36	32.61	
1999	417.78	206.89	150.49	33.80	22.60	54.15	121.44	35.30	
2000	417.80	199.64	144.04	28.95	26.65	63.61	121.30	33.25	
2001	406.12	192.96	138.52	23.18	31.26	59.67	120.33	33.16	
2002	407.30	183.79	134.65	17.23	31.91	60.79	123.78	38.94	
2003	412.00	176.24	117.49	13.85	44.90	70.04	127.99	36.80	0.93
2004	417.50	148.60	89.66	7.54	51.40	30.57	154.33	22.83	61.17
2005	421.80	148.53	90.05	7.86	50.62	42.77	148.90	29.20	52.40
2006	429.60	153.89	86.10	6.77	61.02	43.62	143.98	34.03	54.08
2007	442.20	159.58	83.61	6.94	69.03	61.14	145.60	22.78	53.10
2008	456.00	170.45	84.56	7.75	78.14	74.60	144.23	37.74	28.98
2009	468.60	175.84	80.36	7.78	87.70	90.11	143.47	38.45	20.73
2010	483.00	178.46	79.85	7.09	91.52	92.54	141.75	47.86	22.39
2011	498.00	189.77	85.15	4.53	100.09	95.69	145.74	48.30	18.50
2012	506.40	191.85	82.74	4.04	105.07	115.41	95.48	85.41	18.25
2013	522.24	198.54	87.85	4.62	106.07	124.96	88.63	87.29	22.82
2014	530.44	205.74	89.88	4.22	111.64	125.40	81.90	90.16	27.24
2015	544.92	207.28	85.46	4.00	117.82	128.89	83.11	95.16	30.48

2-7 分产业从业人员人数
NUMBER OF EMPLOYED PERSONS BY TYPE OF INDUSTRY

单位:万人 (10 000 person)

年份 Year	总计 Total	第一产业 Primary Industry	第二产业 Secondary Industry	第三产业 Tertiary Industry
1995	398.64	93.64	150.98	154.02
1996	406.42	91.43	154.60	160.39
1997	411.83	92.97	154.22	164.64
1998	415.20	92.85	152.25	170.10
1999	417.78	92.96	151.87	172.95
2000	417.80	91.43	148.95	177.42
2001	406.12	90.42	141.47	174.23
2002	407.30	86.02	143.41	177.87
2003	412.00	83.08	144.43	184.49
2004	417.50	81.81	141.30	194.39
2005	421.80	80.58	137.66	203.56
2006	429.60	83.36	140.39	205.85
2007	442.20	82.96	146.60	212.64
2008	456.00	79.57	156.00	220.43
2009	468.60	63.84	175.26	229.50
2010	483.00	63.52	178.46	241.02
2011	498.00	61.10	189.50	247.40
2012	506.40	61.34	194.50	250.56
2013	522.24	50.87	200.86	270.51
2014	530.44	48.38	204.75	277.31
2015	544.92	49.68	209.24	286.00

2－8　历年城镇非私营单位就业人员平均工资
AVERAGE WAGE OF EMPLOYEES IN URBAN NON－PRIVATE VNITS OVER THE YEARS

单位:元　　　　(yuan)

年　　份 Year	单位就业人员平均工资 Average Wage of Employees	其中:在岗职工 Full－Employed Staff and Workers
1949	548	
1950	464	
1951	485	
1952	533	
1953	546	
1954	548	
1955	569	
1956	621	
1957	637	
1958	597	
1959	549	
1960	559	
1961	555	
1962	595	
1963	630	
1964	651	
1965	648	
1966	639	
1967	637	
1968	637	
1969	681	
1970	581	
1971	498	
1972	567	
1973	568	
1974	583	
1975	589	
1976	570	
1977	568	
1978	620	
1979	679	
1980	780	

2-8 续 表 Continued

单位:元

年 份 Year	单位就业人员平均工资 Average Wage of Employees	其中:在岗职工 Full-Employed Staff and Workers
1981	770	
1982	786	
1983	798	
1984	968	
1985	1107	
1986	1239	
1987	1379	
1988	1630	
1989	1893	
1990	2093	
1991	2332	
1992	2689	
1993	3533	
1994	4580	
1995	5327	
1996	5981	
1997	6406	
1998	6746	8225
1999	7091	8812
2000	7628	9728
2001	9080	11314
2002	10039	12161
2003	11719	13729
2004	13818	15971
2005	16255	18505
2006	19759	21839
2007	22999	25136
2008	27212	28431
2009	32429	33320
2010	38428	39303
2011		45643
2012	46965	48942
2013	52387	53745
2014	59143	60624
2015	64407	65720

注:根据国家统计局劳动工资统计报表制度的变化,从2012年起,本表中原“全部职工”变更为“单位就业人员”。
Note:According to the change of the labor wage statistics repot system of the State Statistics Bureau, "Employees" on this table refered to "All Staff and Workers" before 2012.

2－9　按行业分城镇非私营单位就业人员平均工资
AVERAGE WAGE OF EMPLOYEES IN URBAN NON－PRIVATE VNITS BY SECTORS

单位:元　　　　(yuan)

年　　份 Year	2012 年	2013 年	2014 年	2015 年
合　计 Total	**46965**	**52387**	**59143**	**64407**
(一)农、林、牧、渔业 Farming, Forestry, Animal Husbandry and Fishery	22096	23323	29982	31540
(二)采矿业 Mining	32837	38204	47059	52718
(三)制造业 Manufacturing	46587	51049	55846	59943
(四)电力、热力、燃气及水生产和供应业 Electric Power, Gas and Water Production and supply	51555	58523	66310	74479
(五)建筑业 Construction	38094	42543	44511	49677
(六)批发和零售业 Wholesale and Retail Trade	33500	39645	48055	50125
(七)交通运输、仓储和邮政业 Transportation, Storage and Post	47566	52360	55947	62363
(八)住宿和餐饮业 Hotel and Catering Services	27038	31658	37818	41119
(九)信息传输、软件和信息技术服务业 Information Transmission, Software and Informution Technology Service	55015	65016	74593	82796
(十)金融业 Banking	82999	86067	102916	122171
(十一)房地产业 Real Estate	49342	53339	61543	65950
(十二)租赁和商务服务业 Leasing and Commercial Services	37941	47435	53872	59706
(十三)科学研究和技术服务业 Scientific Research and Technical Services	68848	76741	89033	99102
(十四)水利、环境和公共设施管理业 Water Conservancly, Envrionment and public Facilities Management	33931	40278	41083	46791
(十五)居民服务、修理和其他服务业 Resident Services and Others	31796	36973	37651	39959
(十六)教育 Education	55387	60961	67227	75463
(十七)卫生和社会工作 Health care and Social Work	62418	69042	81712	93437
(十八)文化、体育和娱乐业 Culture, Sports and Recreational	51071	59810	64095	69163
(十九)公共管理、社会保障和社会组织 Public Management and Social Organizations	63251	66674	76321	88278

主要统计指标解释

出生率（又称粗出生率） 指在一定时期内（通常为一年）一定地域范围内出生人数与同期人口平均数之比。一般用千分率表示，计算公式：

$$出生率=\frac{年出生人数}{年平均人数}\times 1000‰。$$

出生人数 是指活产婴儿，即胎儿脱离母体时（不管怀孕月数），有过呼吸或其他生命现象。

年平均人数 是年初、年底人口数的平均数，也可用年中人口数代替。

死亡率（又称粗死亡率） 指在一定时期内（通常为一年）一定地区的死亡人数与同期平均人数（或期中人数）之比，一般用千分率表示。计算公式：

$$死亡率=\frac{年死亡人数}{年平均人数}\times 1000‰。$$

人口自然增长率指在一定时期内（通常为一年）人口自然增加数（出生人数减死亡人数）与该时期内平均人数（或期中人数）之比，一般用千分率表示。计算公式：

$$\frac{人口自然增长率=本年出生人数-本年死亡人数}{年平均人数}\times 1000‰。$$

$$人口自然增长率=人口出生率—人口死亡率$$

从业人员 指从事一定社会劳动并取得劳动报酬或经营收入的人员。包括：(1)全部在岗职工；(2)再就业的离退休人员；(3)私营业主；(4)个体户主；(5)私营和个体从业人员；(6)乡镇企业从业人员；(7)农村从业人员；(8)其他从业人员。这一指标反映了一定时期内全部劳动力资源的实际利用情况，是研究我国基本国情国力的重要指标。

国有经济单位 指资产归国家所有的经济组织。包括按《中华人民共和国企业法人登记管理条例》规定登记注册的非公司制的经济组织，以及中央、地方各级国家机关、事业单位和社会团体。

集体经济单位 指生产资料归集体所有，并按《中华人民共和国企业法人登记管理条例》规定登记注册的经济组织。

其他经济单位 包括股份合作单位、联营单位、有限责任公司、股份有限公司、港澳台商投资单位以及外商投资单位等其他登记注册类型单位。

在岗职工 指在本单位工作并由单位支付工资的人员，以及有工作岗位，但由于学习、病伤产假等原因暂未工作，仍由单位支付工资的人员。

工资总额 指各单位在一定时期内直接支付给本单位全部单位从业人员的劳动报酬总额。工资总额的计算原则应以直接支付给单位从业人员的全部劳动报酬为根据。各单位支付给职工的劳动报酬以及其他根据有关规定支付的工资，不论是计人成本的还是不计人成本的，不论是按国家规定列入计征奖金税项目的，还是未列入计征奖金税项目的，不论是以货币形式支付的还是以实物形式支付的，均包括在工资总额内。

平均工资 指企业、事业，机关单位的从业人员在一定时期内平均每人所得的货币工资额。它表明一定时期单位从业人员工资收入的高低程度，是反映单位从业人员工资水平的主要指标。计算公式为：

$$平均工资=\frac{报告期实际支付的全部单位从业人员工资总额}{报告期全部单位从业人员平均人数}$$

Explanatory Notes on Main Statistica Indicators

Birth Rate(or Crude Birth Rate) refers to the ratio of the number of births to the average population during a certain period of time(usually a year), which is often expressed in ‰. The following formula is used:

$$\text{Birth Rate} = \frac{\text{Number of births}}{\text{Average Number of Population}} \times 1000‰。$$

Number of Births refers to live births, i. e. the births when babies had showed any vital phenomena regardless of the length of pregnancy Annual

Average Number of Population is the average of the number of population at the beginning of the year and that at the end of the year. Sometimes it is substituted for with the mid – year population.

Death Rate(or Crude Death Rate) refers to the ratio of the number of deaths to the average population(or mid – year population) during a certain period of time(usually a year), which is often expressed in ‰. The following formula is used:

$$\text{Death Rate} = \frac{\text{Number of Deaths}}{\text{Average Number of Population}} \times 1000‰。$$

Natural Growth Rate of Population refers to the ratio of natural increase in population (number of births minus number of deaths) in a certain period of time(usually a year) to the average population(or mid – year population) of the same period. which is often expressed in ‰. The following formula is applied:

$$\text{Natural Growth Rate of Population} = \frac{\text{Number of Births} - \text{Number of Deaths}}{\text{Average Number of Population}} \times 1000‰。$$

Natural Growth Rate of Population = Birth Rate – Death Rate

Employed Persons refers to the persons who are engaged in social labour and receive remuneration payment or earn business income, including: (1) total staff and workers; (2) re – employed retirees; (3) employers of private enterprises; (4) employers of individual economy; (5) employed persons in private enterprises and individual economy; (6) employed persons in the enterprises in the urban areas; (7) employed persons in the rural areas; (8) other employed persons(including teachers in the schools run by the local people, people engaged in religious profession and the servicemen, etc.).

This indicator reflects the actual utilization of total labour force during a certain period of time and is often used for the research on China's economic affairs and national power.

State – owned Vnits refer to non – corporation economic units where the entire assets are owned by the state and which have registered in accordance with the Regulation of the People's Republic of the People's Republic of China on the Management of Registration of Corporate Enterprises. Excluded from this category are sole state – funded corporations in the limited liability corporations.

Collective – owned Units refer to economic units where the assets are owned collectively and which have registered in accordance with the Regulation of the People's Republic of China on the Management of Registration of Corporate Enterprises.

Units of other types of ownership Include Cooperative units, joint ownership units, limited liability corporations, share – holding corporations Ltd, units with investment from HongKong, Macau and Taiwan, units with foreign investment and so on.

Total Wages of Staff and Workers refer to the total remuneration payment to staff and workers in various units during a certain Deriod of time. The calculation of total wages is based on the total remuneration payment to the staff and workers. Therefore, all the wages and salaries and other payments to staff and workers are included in the total wages regardless of their sources, category, and forms (in kind or cash).

Average Wage of Staff and Workers refers to the average wage in money terms per person during a certain period of time for staff and workers in enterprises, institutions, and government agencies, which reflects the general level of wage income during a certain period of time and is calculated as follows:

$$\text{Average Wage of Staff and Workers} = \frac{\text{Total Wages of Staff and Workers in Reference Period}}{\text{Average Number of Staff and Workers in Reference Period}}$$

Fully Employed Staff and Workers refer to persons who work in, and receive wages from their working units, as well aspersons who have their work posts, but are temporarily absent from work for reasons of study or on sick, injury or maternal leave and still receive wages from their working units.

三 工业 能源消费

INDUSTRY ADN CONSUMPTION OF ENERGY

资料整理人员：胡　红　杨伟成　肖诗军　朱朝雨　栾　波　陈　圆　孙振华
陈全意　万庆敏　王　立　朱　颖　王　婷

STAFF FOR DATA PROCESSING：

Hu Hong　Yang Weicheng　Xiao Shijun　Zhu Chaoyu　Luan Bo　Chen Yuan　Sun Zhenhua
Chen Quanyi　Wan Qingmin　Wang Li　Zhu Ying　Wang Ting

简要说明

本篇工业资料内容包括武汉市工业企业单位数、工业总产值、销售产值、主要工业产品产量、规模以上工业企业主要经济指标;能源消费内容包括能源消费量(折标煤)和全社会用电量。

工业统计调查范围为武汉地区全部工业企业。1997年以前,我国工业的统计范围分为乡及乡以上独立核算工业企业和非独立核算生产单位、村办工业、城镇合作工业、农村合作工业、城镇个体工业、农村个体工业六大部门(1984年以前村办工业不在工业统计范围内)。1998年后统计范围修定为按企业规模划分:全部国有及年产品销售收入500万元及以上非国有工业企业和年产品销售收入500万元以下非国有工业企业两部分。2007年后统计范围又进行了调整,改为全部500万元及以上工业企业和年主营业务收入500万元以下工业企业。2010年后统计范围再次调整,改为全部年主营业务收入2000万元及以上工业企业和年主营业务收入2000万元以下工业企业。统计数据是根据工业统计年度报表中有关资料整理汇总的。2003年起,工业统计执行新的国民经济行业分类和大中小型企业划分标准,有关轻、重工业和行业分组资料与往年比已发生变化。

能源消费统计范围,1999年以前年份为全社会统计口径,1999年以后年份(含1999年)为规模以上工业企业。全社会用电量资料由武汉供电公司提供。

Brief Description

Data in this chapter involve number of industrial enterprises, the gross industrial output value, sales output, output of key industrial products, major indicators of industrial enterpnses above designated size in Wuhan City. The content of consumption of energy(the standard coal) involves consumptmn of energy and electricity.

The scope of industrial statistics includes all industrial enter prises within Wuhan city. before 1997, the scope of industrial statistics was based 0n types of ownership, and there were mainly the fol lowing six parts: industrial enterprises at and above county level with independent accounting system and products units without in dependent accounting system, village industrial enterprises, urban joint industrial enterprises, rural joint industrial enterprises, urban individual industrial enterprises, and rural industrial enterprises, (vural industrial enterprises were not included in this part before 1984). Since 1998, the scope of industrial statistics had shifted from types of ownership to size of enterprises, they are: all state – owned industrial enterprises and those non – state industrial enterprises with annual sales over 5 million yuan, and non – state industrial enterprises with annual sales below 5 million yuan. Since 2007, the scope had shifted again, they are: all industrial enterprises with annual sales over 5 million yuan, and enterprises with annual sales below 5 million yuan. Since 2010, the scope has shifted again, they are: all industrial enterprises with annual sales over 20 million yuan, and enterprises with annual sales below 20 million yuan. The statistics data are prepared from annual reporting of industrial statistics. Since 2003, industry statistics carry out new national economy classification and the new standard divided with the big, small and medium enterprise. Data on heavy and light industry, trade divide into groups are already changed.

The scope of statistics of consumption of energy was whole social before 1999. since 1999, the scope of statistics of consumption of energy has been industrial enterprises above designated size. Data on total electricity consumption are provided by Wuhan city bureau of power supply administration.

3－1 规模以上工业企业单位数及构成

NUMBER OF INDUSTRIAL ENTERPRISES ABOVE DESIGNATED SIZE AND ITS COMPOSITION

项目	Item	2015 单位数(个) Number (unit)	2015 构成(%) Composition (%)	2014 单位数(个) Number (unit)	2014 构成(%) Composition (%)
规模以上工业	Industrial Enterprises Above Designated Size	2545	100	2442	100
按登记注册类型分	Grouped by Ownership				
国有企业	State－owned	36	1.41	35	1.43
集体企业	Gollective－owned	36	1.41	36	1.47
股份合作企业	Cooperative Enterprises of Share Holding	3	0.12	3	0.12
联营企业	Joint－owned	1	0.04	1	0.04
有限责任公司	Companies of Limited Liabilities	1231	48.38	1140	46.67
股份有限公司	Share Holding	141	5.54	123	5.04
私营企业	Private－owned	761	29.90	766	31.37
其他企业	Others	1	0.04	0	0.00
港澳台投资企业	Enterprises Funded by Entrepreneurs from Hongkong, Macao & Taiwan	78	3.06	83	3.40
外商投资企业	Foreign－Funded	257	10.10	255	10.44
按企业规模分	Grouped by Size				
大型企业	Large Enterprises	87	3.42	88	3.60
中型企业	Medium－Sized Enterprises	315	12.38	306	12.54
小型企业	Small－Sized Enterprises	2075	81.53	1992	81.57
微型企业	Micro－Sized Enterprises	68	2.67	56	2.29

注：规模以上工业指年主营业务收入2000万元及以上法人工业企业(下同)。

Note: Industrial enterprises above designated size refer to corporate industrial enterprises with annual sales income over 20 mil yuan.

3－2　规模以上工业总产值(2015年)
GROSS INDUSTRIAL OUTPUT VALUE ABOVE DESIGNATED SIZE(2015)

单位:亿元　　(100 million yuan)

项目	Item	2015年(按当年价格计算) (Current Prices)	2015年比2014年±(%) Increase Rate in 2015 over 2014(%)
规模以上工业总产值	Gross industrial output value above designated size	12374.92	6.8
按经济类型分	Grouped by Ownership		
其中:国有企业	State－owned	2038.92	－1.1
集体企业	Collective－owned	34.07	－0.3
股份合作企业	Cooperative Enterprises of Share Holding	5.17	－16.2
股份制企业	Joint－stock Enterprises	6456.65	8.3
外商及港、澳、台投资企业	Foreign Funded and Enterprises Funded by Entrepreneurs From Hongkong, Macao & Taiwan	3814.58	11.5
按轻重工业分	Grouped by Light & Heavy Industry		
轻工业	Light Industry	3240.87	8.5
重工业	Heavy Industry	9134.05	6.3
按企业规模分	Grouped by Size of Enterprises		
大型企业	Large Enterprises	7222.62	1.8
中型企业	Medium－sized Enterprises	1983.89	22.7
小型企业	Small－sized Enterprises	2966.20	14.6

3－3　历年规模以上工业总产值和增加值
INDUSTRIAL OUTPUT VALUE AND ADDED VALUE ABOVE DESIGNAIED SIZE OVER THE YEARS

本表按当年价格计算　　Data in this table are calculated at current prices.
单位：亿元　　(100 million yuan)

年份 Year	规模以上工业总产值 Above scale industrial output value	轻工业 Light Industry	重工业 Heavy Industry	规模以上工业增加值 Above Scale Industrial Added Value
2001	1020.84			329.80
2002	1138.98			365.04
2003	1334.49			427.88
2004	1678.34	460.90	1217.44	538.89
2005	2286.69	502.08	1784.61	734.53
2006	2818.59	617.79	2200.80	880.53
2007	3525.63	785.91	2739.72	1055.18
2008	4338.28	944.10	3394.18	1388.00
2009	5032.18	1152.79	3879.39	1656.15
2010	6424.59	1493.30	4931.29	1941.33
2011	7390.66	1564.57	5826.09	2458.77
2012	9018.88	1967.92	7050.96	2711.47
2013	10394.07	2393.00	8001.07	3113.30
2014	11764.59	2721.74	9042.85	3453.35
2015	12374.92	3240.87	9134.05	3504.23

3-4 历年规模以上工业总产值和增加值指数
INDUSTRIAL OUTPUT VALUE AND INCREASE VALUE INDEX ABOVE DESIGNAIED SIZE OVER THE YEARS

本表按当年价格计算　　Data in this table are calculated at current prices.
单位:亿元　　(100 million yuan)

年份 Year	规模以上工业总产值 Above scale industrial output value	轻工业 Light Industry	重工业 Heavy Industry	规模以上工业增加值 Above Scale Industrial Added Value
2002	111.6			112.6
2003	117.9			114.3
2004	126.0	118.3	129.2	121.7
2005	128.2	115.1	132.4	123.8
2006	122.7	122.1	122.8	124.2
2007	125.5	129.3	124.4	122.1
2008	125.4	124.7	125.5	120.3
2009	110.2	117.5	108.2	118.5
2010	128.4	130.1	127.9	121.7
2011	121.8	124.8	121.0	116.0
2012	115.3	124.2	113.0	115.2
2013	118.0	117.4	118.2	117.7
2014	112.3	112.0	112.3	110.9
2015	106.8	108.5	106.3	108.5

3-5 分经济类型的规模以上工业总产值及构成
THE TOTAL ABOVE SCALE INDUSTRIAL OUTPUT VALUE OF ECONOMIC TYPE AND COMPOSITION

本表按当年价格计算　　Data in this table are calculated at current prices.

年份 Year	规模以上工业总产值(亿元) Above scale industrial ortput value(100 million yuan)				
	总计 Total	国有经济 State-owned Enterprises	集体经济 Colletive-owned Enterprises	外商及港澳台经济 Economy of foreign, Hong Kong, Macao and Taiwan	其他经济 Enterprises of Other Ownership
2008	5773.76	1315.18	29.63	1274.41	3154.54
2009	5798.88	1333.86	28.31	1567.96	2868.75
2010	6424.59	1698.99	32.20	2110.94	2582.46
2011	7390.66	1914.78	22.71	2411.86	3041.31
2012	9018.88	2789.15	39.37	2804.30	3386.06
2013	10394.07	2580.95	29.77	3268.69	4514.66
2014	11764.59	1885.47	34.47	3634.58	6210.07
2015	12374.92	2038.92	34.07	3814.58	6487.35

年份 Year	比重(%) Composition(%)				
	总计 Total	国有经济 State-owned Enterprises	集体经济 Colletive-owned Enterprises	外商及港澳台经济 Economy of foreign, Hong Kong, Macao and Taiwan	其他经济 Enterprises of Other Ownership
2008	100.0	22.8	0.5	22.1	54.6
2009	100.0	23.0	0.5	27.0	49.5
2010	100.0	26.4	0.5	32.9	40.2
2011	100.0	25.9	0.3	32.6	41.2
2012	100.0	30.9	0.4	31.1	37.6
2013	100.0	24.8	0.3	31.4	43.5
2014	100.0	16.0	0.3	30.9	52.8
2015	100.0	16.5	0.3	30.8	52.4

3－6 分行业规模以上工业企业单位数及工业总产值、销售产值(2015 年)

NUMBER, OUTPUT VALUE AND SALES VALUE OF INDUSTRIAL ENTERPRISES OBOVE DESIANATED SIZE(2015)

单位:亿元 (100 million yuan)

项目 Item	企业单位数(个) Number of Enterprises	工业总产值 Industrial Output Value	工业销售产值 Industrial Sales Value	出口交货值 Delivery Value of Export
总计 **Total**	2545	12374.92	11811.49	690.28
煤炭开采和洗选业 Coal Mining and Processing	0	0.04		
石油和天然气开采业 Petroleum and Natural Gas Extraction	0	0.00		
黑色金属矿采选业 Ferrous Metals Mining and Processing	1	11.18	4.30	0.00
有色金属矿采选业 Non－Ferrous Metals Mining and Processing	0	0.00	0.00	0.00
非金属矿采选业 Non－matal Minerals Mining and Processing	2	7.03	5.19	0.00
开采辅助活动 Mining Auxiliary Activities	1	1.42	8.97	0.00
其他采矿业 OtherMinerals Mining and Processing	1	0.00	0.38	0.00
农副食品加工业 Foocl	134	466.51	413.54	1.40
食品制造业 Food Production	63	147.25	161.05	2.75
酒、饮料和精制茶制造业 Wine, Deverage and Refined Tea Production	27	237.45	220.41	0.00
烟草制品业 Tobacco Processing	3	674.78	606.52	0.50
纺织业 Textile Industry	65	115.17	107.65	4.68
纺织服装、服饰业 Textile, Garments and Fashion Industry	48	108.72	98.93	4.77
皮革、毛皮、羽毛及其制品和制鞋业 Leather, Furs, Down and Related Products	7	17.62	17.67	0.08
木材加工和木、竹、藤、棕、草制品业 Timber Processing, wood, Bamboo, Cane, Palm and Straw Products	27	27.17	26.23	0.00
家具制造业 Furniture Manufacturing	20	14.82	13.68	1.26
造纸和纸制品业 Papermaking and Paper Products	48	102.56	100.86	0.89
印刷和记录媒介复制业 Printing and Record Processing	43	96.51	93.37	3.23
文教、工美、体育和娱乐用品制造业 Stationery Education and Sports Goods	18	133.12	131.38	3.13

3-6 续 表 Continued

单位:亿元 (100 million yuan)

项目 Item	企业单位数(个) Number of Enterprises	工业总产值 Industrial Output Value	工业销售产值 Industrial Sales Value	出口交货值 Delivery Value of Export
石油加工、炼焦和核燃料加工业 Petroleum Processing, Coking Products and Nuclear Fuel Processing	17	359.18	346.28	0.00
化学原料和化学制品制造业 Raw Chemical Materials and Chemical Products	125	373.67	361.51	7.21
医药制造业 Medical and Pharmaceutical Products	72	240.99	234.80	12.14
化学纤维制造业 Chemical Fiber Manufacturing	1	3.48	3.45	0.85
橡胶和塑料制品业 Rubber and Plastic Products	119	295.13	248.86	1.14
非金属矿物制品业 Nonmetal Mineral Products	241	339.22	323.13	4.61
黑色金属冶炼和压延加工业 Smelting and Pressing of Ferrous Metals	42	719.64	803.15	27.18
有色金属冶炼和压延加工业 Smelting and Pressing of Nonferrous Metals	32	57.05	47.43	1.25
金属制品业 Metal Products	215	390.95	406.88	4.05
通用设备制造业 Ordinary Machinery Manufacturing	153	371.13	345.64	53.65
专用设备制造业 Special Purpose Equipment Manufacturing	166	319.25	407.06	12.48
汽车制造业 Automobile Manufacturing	303	2596.55	2600.51	20.24
铁路、船舶、航空航天和其他运输设备制造业 Railway, Watercraft, Aviation and Other Transportation Equipment Manufacturing	52	158.84	148.43	25.05
电气机械和器材制造业 Electric Equipment and Machinery	223	989.30	864.98	37.81
计算机、通信和其他电子设备制造业 Computer, Telecommunication and Other Electronic Equipment Munufacturing	130	1564.54	1565.90	453.07
仪器仪表制造业 Instruments and Meters	68	78.95	55.70	1.66
其他制造业 Other Munufacturing	7	91.55	7.63	0.00
废弃资源综合利用业 Utilization of Discard Resource and Material	15	41.73	50.49	5.22
金属制品、机械和设备修理业 Metal Products, Machinery and Repair of Equipment	14	42.98	22.85	0.00
电力、热力生产和供应业 Electricity, Steam and Hot Water Production and Supply	14	885.39	876.01	0.00
燃气生产和供应业 Gas Production and Supply	13	65.32	56.25	0.00
水的生产和供应业 Tap Water Production and Supply	15	26.50	24.43	0.00

3-7 规模以上工业主要产品产量
OUTPUT OF MAJOR INDUSTRIAL PRODUCTS OF ENTERPRISES ABOVE DESIGNATED SIZE

项目	Item	2015	2014
食用植物油(万吨)	Edible Vegetable Oil(10 000 tons)	104.25	79.35
乳制品(吨)	Dairy Products(ton)	375507	266576
饮料酒(万吨)	Alcoholic Beverages(10 000 tons)	74.09	73.61
软饮料(万吨)	Soft Beverage(10 000 tons)	340.91	275.28
卷　烟(万箱)	Gigarettes(10 000 boxes)	277.89	281.53
纱(吨)	Yarn(ton)	143697	139708
布(万米)	Gloth InTotal(10 000 meters)	8412.10	10192.20
印染布(万米)	Dyeing Cloth(10 000 meters)	2125.00	2069.00
服　装(万件)	Garments (10 000 units)	8317.90	8611.30
人造板(万立方米)	Synthetic Board(10 000 cubic meters)	25.23	13.72
家　具(万件)	Furniture(10 000 units)	53.65	48.58
原油加工量(万吨)	Grude Oil(10 000 tons)	770.24	788.28
汽　油(万吨)	Gasoline(10 000 tons)	146.22	128.94
柴　油(万吨)	Diesel Oil(10 000 tons)	261.51	267.09
燃料油(万吨)	Fuel Oil(10 000 tons)	2.64	1.59
焦　炭(万吨)	Coke(10 000 tons)	639.19	641.11
硫　酸(折100%)(吨)	Sulfuric Acid(100%,ton)	2197	4509
农用化肥(折纯)(万吨)	Chemical Fertilizers(10 000 tons)	182.18	110.86
涂　料(吨)	Paint (ton)	107991	119991
化学原料药(吨)	Chemical Raw Medicine(ton)	16674	13410
中成药(吨)	Traditional Chinese Patent Medicine(ton)	43723	42053
塑料制品(万吨)	Plastic Products(ton)	201.45	176.53
机制纸及纸板(万吨)	Machine Made Papr and Paperboards	58.98	49.28
水　泥(万吨)	Cement (10 000 tons)	1127.64	1140.90
砖(万块)	Bricks(10000 pcs)	6319.00	5754.00

3-7 续 表 Continued

项 目	Item	2015	2014
平板玻璃(万重量箱)	Plate Glass(10 000 Weight - Box)	2316.97	2366.01
显示器(万部)	Display(10 000 units)	1834.77	1636.59
生 铁(万吨)	Pig Iron(10 000 tons)	1515.49	1637.15
钢总计(万吨)	Steel Products(10 000 tons)	1698.05	1842.76
成品钢材总计(万吨)	Steel Products(10 000 tons)	1587.97	1725.50
铝 材(万吨)	Aluminum(10 000 tons)	5.14	6.29
工业锅炉(蒸发量吨)	Industrial Boiler(tons)	3345	3866
金属切削机床总计(台)	Metal - Cutting Machine(unit)	296	401
#数控机床	Numerically Controlled Machine Tool	60	88
小型拖拉机(台)	Mini Tractors(unit)	48101	41282
汽 车(辆)	Motor Vehicles(unit)	1426420	1124652
#载货汽车	Trucks	117	121
轿 车	Cars	850305	761231
改装汽车(辆)	Refit Automobile(unit)	2672	3005
民用钢质船舶(载重吨)	Loading Capacity of Commerical Steel Ships(ton)	224250	383365
发电设备(万千瓦)	Generating Equipment(10 000 Kw)	119.69	87.90
光 缆(万芯千米)	Optical Cable(10 000 tons km)	4223.81	3372.34
钢绞线(吨)	Aluminium Twisting Wire With Steel Core(ton)	213502	185214
铅酸蓄电池(万千伏安时)	Storage Battery(10 000 Kvah)	203.16	174.44
电子元件(万只)	Electronic Component(10 000 units)	1825.10	2440.00
移动通信手持机(万台)	Mobile handsets(1000 units)	4493.93	3846.85
电热水器(万台)	Electric Water - Heater(10 000 units)	202.46	211.96
冷 柜(万台)	Freezers(10 000 units)	74.34	83.08
房间空气调节器(万台)	House Air Conditioner(10 000 units)	1213.04	1441.50
发电量总计(亿千瓦时)	Electricity(100 million Kwh)	217.55	214.52
#火 电	Thermal Power	210.81	207.81
交流电动机(万千瓦)	Alternating Current Motor(10 000 Kw)	75.28	119.10
变压器(万千伏安)	Transformer(10 000 kva)	1924.07	1543.92

3-8 规模以上工业企业主要经济指标(2015年)

单位:亿元

项目	Item	企业单位数(个) Number of Enterprises (unit)
总计	**Total**	2545
一、按登记注册类型分组:	**Grouped by Ownership**	
内资企业	Domestic Funded Enterprises	2210
国有企业	State - owned	36
集体企业	Collective - owned	36
股份合作企业	Cooperative Enterprises of Share Holding	3
联营企业	Joint - owned	1
有限责任公司	Corporations of Limited Liabilities	1231
股份有限公司	Share Holding	141
私营企业	Private - owned	761
其他企业	Others	1
港、澳、台商投资企业	Enterprises Funded by Entrepreneurs from Hongkong, Macao & Taiwan	78
外商投资企业	Foreign Funded	257
二、在总计中:亏损企业	**of the Total: Loss - making Enterprises**	370
在总计中:国有控股企业	of the Total: State - holding Enterprises	252
在总计中:农村工业	of the Total: Rural Industry	7
在总计中:轻工业	Light Industry	750
重工业	Heavy Industry	1795
在总计中:大型企业	Large - Scale Enterprises	87
中型企业	Medium - Scale Enterprises	315
小型企业	Small - Scale Enterprises	2075
微型企业	Micro - Scale Enterprises	68

PRINCIPAL ECONOMIC INDICATORS OF INDUSTRIAL ENTERPRISES ABOVE DESIGNATED SIZE (2015)

(100 million yuan)

#亏损企业 Loss - making Enterprise	资产合计 Total Assets	流动资产合计 Total Circulating Assets	#应收账款 Account Received	#存货 Inventory	#产成品 Finished Goods
370	12161.38	6119.86	1821.86	1609.67	538.76
311	9541.12	4752.67	1466.22	1400.61	473.07
11	3446.22	915.75	167.46	376.74	116.66
6	16.69	12.75	5.11	2.66	1.53
0	5.20	4.72	2.02	0.59	0.29
0	0.83	0.66	0.39	0.14	0.10
175	3580.53	2274.42	744.45	698.90	240.08
31	1582.33	930.97	274.54	221.03	63.63
88	909.15	613.24	272.21	100.53	50.78
0	0.17	0.16	0.04	0.02	0.00
9	399.29	226.45	81.55	39.07	17.05
50	2220.97	1140.74	274.09	169.99	48.64
370	3409.61	1261.71	255.28	447.55	148.44
62	7089.12	3036.68	584.06	1061.59	302.67
1	1.99	1.73	0.57	0.21	0.11
95	2236.22	1325.76	346.45	478.34	160.50
275	9925.16	4794.09	1475.41	1131.33	378.26
16	7935.75	3521.40	851.71	1083.62	304.42
60	1847.78	1109.02	384.72	224.87	110.97
278	2080.52	1229.46	433.53	277.66	119.72
16	297.33	259.98	151.90	23.52	3.65

3-8 续 表 1

单位:亿元

项目	Item	固定资产合计 Total Fixed Assets
总　　计	**Total**	3925.90
一、按登记注册类型分组:	**Grouped by Ownership**	
内资企业	Domestic Funded Enterprises	3061.03
国有企业	State - owned	1843.61
集体企业	Collective - owned	2.10
股份合作企业	Cooperative Enterprises of Share Holding	0.48
联营企业	Joint - owned	0.17
有限责任公司	Corporations of Limited Liabilities	799.84
股份有限公司	Share Holding	214.25
私营企业	Private - owned	200.58
其他企业	Others	0.00
港、澳、台商投资企业	Enterprises Funded by Entrepreneurs from Hongkong, Macao & Taiwan	103.40
外商投资企业	Foreign Funded	761.47
二、在总计中:亏损企业	**of the Total: Loss - making Enterprises**	1357.55
在总计中:国有控股企业	of the Total: State - holding Enterprises	2813.15
在总计中:农村工业	of the Total: Rural Industry	0.15
在总计中:轻工业	Light Industry	461.59
重工业	Heavy Industry	3464.31
在总计中:大型企业	Large - Scale Enterprises	2949.76
中型企业	Medium - Scale Enterprises	459.26
小型企业	Small - Scale Enterprises	511.94
微型企业	Micro - Scale Enterprises	4.94

3－8 Continued 1

(100 million yuan)

负债合计 Total Liabilities	主营业务收入 Revenue of Mojor Business	主营业务成本 Cost of Major Business	主营业务税金及附加 Tax of Major Business	销售费用 Selling Expenses	管理费用 Management Expenses
7710.49	11542.68	9562.89	576.02	366.41	528.29
6099.70	8294.06	6898.35	480.97	251.62	393.35
2432.99	2170.10	2047.29	9.05	37.94	99.84
11.61	34.31	30.47	0.35	0.47	1.63
4.11	4.26	3.77	0.01	0.14	0.22
0.54	0.58	0.55	0.00	0.01	0.05
2163.50	3968.43	3024.37	458.75	108.73	179.51
886.89	812.15	627.84	7.44	67.87	67.02
599.90	1303.80	1163.66	5.37	36.44	45.07
0.16	0.43	0.40	0.00	0.02	0.01
211.83	515.26	448.30	1.52	26.22	22.43
1398.96	2733.36	2216.24	93.53	88.57	112.51
2503.95	2061.75	1905.49	83.17	60.05	124.18
4555.02	5895.77	4728.40	536.08	159.14	278.71
0.77	3.82	3.42	0.03	0.20	0.07
1127.53	2543.33	1712.77	386.15	137.17	115.42
6582.96	8999.35	7850.11	189.88	229.23	412.87
5237.39	7064.61	5731.39	544.17	218.62	301.39
1103.10	1836.75	1566.71	16.36	58.20	93.71
1128.92	2506.46	2139.68	15.26	86.79	130.90
241.08	134.86	125.11	0.23	2.80	2.29

3－8 续 表 2

单位:亿元

项目	Item	财务费用 Financial Expenses
总　　计	**Total**	127.82
一、按登记注册类型分组:	**Grouped by Ownership**	
内资企业	Domestic Funded Enterprises	114.81
国有企业	State－owned	71.50
集体企业	Collective－owned	0.19
股份合作企业	Cooperative Enterprises of Share Holding	0.03
联营企业	Joint－owned	0.01
有限责任公司	Corporations of Limited Liabilities	20.98
股份有限公司	Share Holding	10.79
私营企业	Private－owned	11.31
其他企业	Others	0.00
港、澳、台商投资企业	Enterprises Funded by Entrepreneurs from Hongkong,Macao & Taiwan	2.59
外商投资企业	Foreign Funded	10.42
二、在总计中:亏损企业	**of the Total:Loss－making Enterprises**	71.44
在总计中:国有控股企业	of the Total:State－holding Enterprises	82.92
在总计中:农村工业	of the Total:Rural Industry	0.01
在总计中:轻工业	Light Industry	17.77
重工业	Heavy Industry	110.05
在总计中:大型企业	Large－Scale Enterprises	85.09
中型企业	Medium－Scale Enterprises	16.22
小型企业	Small－Scale Enterprises	25.75
微型企业	Micro－Scale Enterprises	0.76

3－8 Continued 2

(100 million yuan)

利息支出 Interest Expenses	利润总额 Total Profits	亏损企业亏损总额 Total Loss of Loss－making Enterprises	利税总额 Total Profit	本年应交增值税 Value－added Payable of the Gurrent Year
118.11	480.65	178.71	1521.73	462.99
99.71	219.92	161.64	959.16	256.57
61.47	－82.81	111.00	－14.01	59.44
0.14	1.31	0.16	2.79	1.13
0.02	0.07	0.00	0.16	0.08
0.01	0.01	0.00	0.05	0.03
21.37	213.50	29.64	830.64	158.01
8.61	44.72	12.96	72.10	19.17
8.09	43.12	7.88	67.43	18.71
0.00	0.00	0.00	0.00	0.00
3.45	18.83	2.16	28.76	8.41
14.95	241.90	14.91	533.81	198.01
60.19	－178.71	178.71	－55.01	40.31
82.78	166.19	145.09	1065.32	362.27
0.01	0.08	0.02	0.17	0.06
14.09	188.83	14.30	706.62	130.70
104.03	291.82	164.41	815.11	332.29
82.44	245.64	137.61	1165.54	374.40
17.41	106.69	15.76	165.16	41.83
18.03	121.71	24.14	183.40	45.98
0.23	6.61	1.20	7.63	0.78

3-8 续 表 3

项 目	Item	全部从业人员年平均人数（万人）Average Staff and Workers (10 000 persons)
总 计	**Total**	79.92
一、按登记注册类型分组:	**Grouped by Ownership**	
内资企业	Domestic Funded Enterprises	62.21
国有企业	State - owned	15.86
集体企业	Collective - owned	0.78
股份合作企业	Cooperative Enterprises of Share Holding	0.04
联营企业	Joint - owned	0.04
有限责任公司	Corporations of Limited Liabilities	28.05
股份有限公司	Share Holding	7.61
私营企业	Private - owned	9.83
其他企业	Others	0.00
港、澳、台商投资企业	Enterprises Funded by Entrepreneurs from Hongkong, Macao & Taiwan	5.05
外商投资企业	Foreign Funded	12.66
二、在总计中:亏损企业	**of the Total: Loss - making Enterprises**	18.41
在总计中:国有控股企业	of the Total: State - holding Enterprises	34.61
在总计中:农村工业	of the Total: Rural Industry	0.06
在总计中:轻工业	Light Industry	19.50
重工业	Heavy Industry	60.42
在总计中:大型企业	Large - Scale Enterprises	40.64
中型企业	Medium - Scale Enterprises	16.85
小型企业	Small - Scale Enterprises	22.24
微型企业	Micro - Scale Enterprises	0.19

3-8 Continued 3

总资产贡献率 (%) Ratio of Total Assets to Industrial Output Value(%)	资产负债率 (%) Ratio of Liabilitieto Assets (%)	流动资产周转率 (次/年) Turnover Ratio of Circulating Assets (times year)	成本费用利润率 (%) Ratio of Profits to Industrial Cost (%)	产品销售率 (%) Sales Ratio of Industrial Products (%)
13.50	63.40	1.95	4.40	94.21
11.02	63.93	1.81	2.77	95.68
1.24	70.60	2.40	-3.63	98.95
17.50	69.54	2.70	3.99	97.02
3.45	78.94	0.90	1.69	79.11
7.31	64.94	0.88	2.02	91.01
23.70	60.42	1.81	6.15	94.89
5.17	56.05	0.88	5.74	92.64
8.22	65.98	2.29	3.17	95.27
1.07	95.95	2.58	0.43	99.79
8.15	53.05	2.29	3.75	76.93
25.15	62.99	2.47	9.71	94.14
0.07	73.44	1.66	-8.17	97.78
16.20	64.25	2.01	3.06	95.83
8.90	38.62	2.21	2.04	94.67
32.10	50.42	2.06	8.72	92.94
9.31	66.33	1.92	3.33	94.61
15.75	66.00	2.06	3.78	93.75
9.71	59.70	1.71	5.97	94.71
9.86	54.26	2.06	5.06	94.75
2.64	81.08	0.90	2.89	98.28

3-9 按行业分的规模以上工业企业主要经济指标(2015年)

单位:亿元

项目		企业单位数（个）Number of Enterprises（unit）
	Item	
总计	**Total**	2545
煤炭开采和洗选业	Coal Mining and Processing	0
石油和天然气开采业	Petroleum and Natural Gas	0
黑色金属矿采选业	Ferrous Metals Mining and Processing	1
有色金属矿采选业	Non-Ferrous Metals Mining and Processing	0
非金属矿采选业	Non-metal Minerals Mining and Processing	2
开采辅助活动	Mining Auxiliary Activities	1
其他采矿业	Other Minerals Mining and Processing	1
农副食品加工业	Food Processing	134
食品制造业	Food Production	63
酒、饮料和精制茶制造业	Wine, Beverage and Refined Tea Production	27
烟草制品业	Tobacco Processing	3
纺织业	Textile Industry	65
纺织服装、服饰业	Textile, Garments and Fashion Industry	48
皮革、毛皮、羽毛及其制品和制鞋业	Leather, Furs, Down and Related Products	7
木材加工和木、竹、藤、棕、草制品业	Timber Processing, Wood, Bamboo, Cane, Palm Fiber and Straw Products	27
家具制造业	Furniture Manufacturing	20
造纸和纸制品业	Papermaking and Paper Products	48
印刷和记录媒介复制业	Printing and Record Processing	43
文教、工美、体育和娱乐用品制造业	Stationery, Education and Sports Goods	18
石油加工、炼焦和核燃料加工业	Petroleum Processing, Coking Products and Nuclear Fuel Processing	17
化学原料和化学制品制造业	Raw Chemical Materials and Chemical Products	125
医药制造业	Medical and Pharmaceutical Products	72
化学纤维制造业	Chemical Fiber Manufacturing	1
橡胶和塑料制品业	Rubber and Plastic Products	119
非金属矿物制品业	Nonmetal Mineral Products	241
黑色金属冶炼和压延加工业	Smelting and Pressing of Ferrous Metals	42
有色金属冶炼和压延加工业	Smelting and Pressing of Non-ferrous Metals	32
金属制品业	Metal Products	215
通用设备制造业	Ordinary Machinery Manufacturing	153
专用设备制造业	Special Purpose Equipment Manufacturing	166
汽车制造业	Automobile Manufacturing	303
铁路、船舶、航空航天和其他运输设备制造业	Railway, Watercraft, Aviation and Other Transportation Equipment Manufacturing	52
电气机械和器材制造业	Electric Equipment and Machinery	223
计算机、通信和其他电子设备制造业	Computer, Telecommunication and Other Electronic Equipment Manufacturing	130
仪器仪表制造业	Instruments and Meters Manufacturing	68
其他制造业	Other Manufacturing	7
废弃资源综合利用业	Utilization of Discard Resource and Material	15
金属制品、机械和设备修理业	Metal Products, Machinery and Repair of Equipment	14
电力、热力生产和供应业	Electric, Steam and Hot Water Production and Supply	14
燃气生产和供应业	Gas Production and Supply	13
水的生产和供应业	Tap Water Production and Supply	15

MAIN ECONOMIC INDICATORS OF ABOVE DESIGNATED SIZE INDUSTRIAL ENTERPRISES(2015)

(100 million yuan)

#亏损企业 Loss - making Enterprises	资产合计 Total Assets	流动资产合计 Total Circulating Assets	#应收账款 Account Received	存货 Inventory	#产成品 Finished Goods
370	12161.38	6119.86	1821.86	1609.67	538.76
0	0.00	0.00	0.00	0.00	0.00
0	0.00	0.00	0.00	0.00	0.00
0	0.50	0.45	0.17	0.09	0.02
0	0.00	0.00	0.00	0.00	0.00
0	0.44	0.26	0.15	0.09	0.07
1	19.49	2.13	0.15	0.04	0.04
0	0.69	0.52	0.00	0.00	0.00
15	181.15	91.89	18.63	31.48	14.45
8	91.44	43.89	9.27	8.60	4.73
3	141.51	60.90	7.69	11.54	3.83
0	403.68	319.62	18.52	262.08	41.42
6	57.41	29.17	6.83	10.25	6.00
9	86.55	55.53	9.05	24.72	18.08
1	2.57	1.66	0.59	0.60	0.38
2	12.40	6.97	1.49	2.42	1.18
2	11.07	6.68	1.58	1.94	0.56
8	75.73	44.29	14.19	5.28	2.02
7	89.70	55.27	15.50	14.44	4.29
4	123.98	111.16	93.30	9.32	1.85
6	106.33	45.99	7.28	14.88	1.99
17	360.72	118.64	30.17	29.39	14.32
10	418.00	215.44	62.32	40.41	24.83
0	2.90	0.90	0.36	0.23	0.14
12	134.05	78.52	17.14	13.46	8.38
25	278.91	149.07	58.78	22.90	10.49
16	2040.34	564.77	93.94	265.53	96.87
5	19.62	11.70	3.51	2.82	0.89
27	360.45	230.74	62.02	70.25	43.85
27	740.23	383.38	131.57	64.15	16.26
24	562.21	401.17	110.23	89.38	29.37
44	1874.11	1103.77	266.60	172.84	68.62
9	158.13	85.87	29.25	33.41	8.07
35	654.98	428.41	177.22	91.44	42.90
24	1578.09	1207.15	510.44	284.54	63.04
7	101.18	83.20	28.88	14.04	5.57
3	11.51	6.49	2.02	1.58	1.17
6	42.04	21.66	6.50	6.87	1.69
3	16.53	12.43	5.45	1.97	0.04
1	1122.10	48.35	10.53	3.76	0.29
0	80.35	27.00	3.62	1.76	0.21
3	200.29	64.82	6.92	1.17	0.85

3-9 续表 1

单位:亿元

项目	Item	固定资产合计 Total Fixed assets
总计	**Total**	3925.90
煤炭开采和洗选业	Coal Mining and Processing	0.00
石油和天然气开采业	etroleum and Natural Gas	0.00
黑色金属矿采选业	Ferrous Metals Mining and Processing	0.05
有色金属矿采选业	Non - Ferrous Metals Mining and Processing	0.00
非金属矿采选业	Non - metal Minerals Mining and Processing	0.14
开采辅助活动	Mining Auxiliary Activities	9.43
其他采矿业	Other Minerals Mining and Processing	0.16
农副食品加工业	Food Processing	51.36
食品制造业	Food Production	28.76
酒、饮料和精制茶制造业	Wine, Beverage and Refined Tea Production	54.90
烟草制品业	Tobacco Processing	27.35
纺织业	Textile Industry	18.72
纺织服装、服饰业	Textile, Garments and Fashion Industry	12.53
皮革、毛皮、羽毛及其制品和制鞋业	Leather, Furs, Down and Related Products	0.72
木材加工和木、竹、藤、棕、草制品业	Timber Processing, Wood, Bamboo, Cane, Palm Fiber and Straw Products	4.97
家具制造业	Furniture Manufacturing	1.99
造纸和纸制品业	Papermaking and Paper Products	24.18
印刷和记录媒介复制业	Printing and Record Processing	20.73
文教、工美、体育和娱乐用品制造业	Stationery, Education and Sports Goods	2.99
石油加工、炼焦和核燃料加工业	Petroleum Processing, Coking Products and Nuclear Fuel Processing	59.38
化学原料和化学制品制造业	Raw Chemical Materials and Chemical Products	177.48
医药制造业	Medical and Pharmaceutical Products	106.32
化学纤维制造业	Chemical Fiber Manufacturing	1.77
橡胶和塑料制品业	Rubber and Plastic Products	30.38
非金属矿物制品业	Nonmetal Mineral Products	83.90
黑色金属冶炼和压延加工业	Smelting and Pressing of Ferrous Metals	939.80
有色金属冶炼和压延加工业	Smelting and Pressing of Non - ferrous Metals	4.64
金属制品业	Metal Products	80.86
通用设备制造业	Ordinary Machinery Manufacturing	101.94
专用设备制造业	Special Purpose Equipment Manufacturing	119.18
汽车制造业	Automobile Manufacturing	511.69
铁路、船舶、航空航天和其他运输设备制造业	Railway, Watercraft, Aviation and Other Transportation Equipment Manufacturing	57.72
电气机械和器材制造业	Electric Equipment and Machinery	148.96
计算机、通信和其他电子设备制造业	Computer, Telecommunication and Other Electronic Equipment Manufacturing	205.47
仪器仪表制造业	Instruments and Meters Manufacturing	8.75
其他制造业	Other Manufacturing	1.93
废弃资源综合利用业	Utilization of Discard Resource and Material	11.04
金属制品、机械和设备修理业	Metal Products, Machinery and Repair of Equipment	2.33
电力、热力生产和供应业	Electric, Steam and Hot Water Production and Supply	945.16
燃气生产和供应业	Gas Production and Supply	35.85
水的生产和供应业	Tap Water Production and Supply	32.37

3 -9 Continued 1

负债合计 Total Liabilities	主营业务收入 Revenue of Major Business	主营业务成本 Cost of Major Business	主营业务税金及附加 Tax of Major Business	销售费用 Selling Expenses	管理费用 Management Expenses
7710.49	11542.68	9562.89	576.02	366.41	528.29
0.00	0.00	0.00	0.00	0.00	0.00
0.00	0.00	0.00	0.00	0.00	0.00
0.08	4.30	3.80	0.13	0.25	0.05
0.00	0.00	0.00	0.00	0.00	0.00
0.03	5.05	4.14	0.19	0.17	0.15
10.44	8.97	8.72	0.00	0.01	0.18
0.53	0.30	0.23	0.00	0.00	0.05
91.39	372.49	329.61	1.11	13.26	10.63
48.45	156.07	126.38	0.63	12.57	7.93
73.44	217.25	167.89	9.55	21.63	5.84
132.72	588.69	115.07	369.67	7.15	18.70
30.18	100.35	91.16	0.60	2.18	3.91
49.27	89.45	73.97	0.46	6.74	4.38
1.37	17.81	17.18	0.04	0.11	0.25
6.15	22.20	19.25	0.30	0.57	0.82
5.97	13.51	11.35	0.09	1.01	0.75
59.40	88.70	79.93	0.25	2.92	3.50
39.98	81.12	61.93	0.46	2.63	5.78
113.37	40.03	34.85	0.09	1.37	2.16
40.24	349.93	271.36	72.01	1.01	6.01
204.08	350.94	296.38	3.05	6.33	13.95
197.93	261.64	164.65	1.01	41.27	24.77
0.81	3.19	2.85	0.00	0.17	0.09
60.40	228.68	195.84	0.99	5.83	8.60
143.91	312.92	269.80	2.14	12.10	13.29
1538.17	1160.80	1126.81	5.44	22.32	66.49
13.31	47.13	44.03	0.21	0.61	1.34
266.48	377.05	321.61	2.94	14.57	17.83
544.22	275.12	228.48	1.74	8.66	18.28
397.65	352.68	305.18	1.75	10.07	22.72
1224.33	2444.16	1996.15	87.67	83.04	105.65
127.16	147.07	132.73	1.36	3.14	9.06
390.49	777.39	662.52	3.38	22.18	46.41
961.28	1539.85	1371.60	3.83	54.43	92.22
45.11	67.47	47.98	0.43	3.53	6.89
5.02	7.83	6.93	0.03	0.17	0.45
23.35	47.26	45.54	0.10	0.36	1.04
11.42	17.20	13.94	0.16	0.11	1.99
702.76	880.80	839.29	3.63	0.00	2.23
49.98	60.17	51.39	0.36	2.09	1.77
99.62	27.11	22.37	0.22	1.85	2.13

3-9 续 表 2

单位:亿元

项目	Item	财务费用 Financial Expenses
总 计	**Total**	127.82
煤炭开采和洗选业	Coal Mining and Processing	0.00
石油和天然气开采业	Petroleum and Natural Gas	0.00
黑色金属矿采选业	Ferrous Metals Mining and Processing	0.00
有色金属矿采选业	Non - Ferrous Metals Mining and Processing	0.00
非金属矿采选业	Non - metal Minerals Mining and Processing	0.04
开采辅助活动	Mining Auxiliary Activities	0.25
其他采矿业	Other Minerals Mining and Processing	0.00
农副食品加工业	Food Processing	3.19
食品制造业	Food Production	0.42
酒、饮料和精制茶制造业	Wine, Beverage and Refined Tea Production	0.85
烟草制品业	Tobacco Processing	-0.31
纺织业	Textile Industry	0.73
纺织服装、服饰业	Textile, Garments and Fashion Industry	1.44
皮革、毛皮、羽毛及其制品和制鞋业	Leather, Furs, Down and Related Products	0.06
木材加工和木、竹、藤、棕、草制品业	Timber Processing, Wood, Bamboo, Cane, Palm Fiber and Straw Products	0.47
家具制造业	Furniture Manufacturing	0.16
造纸和纸制品业	Papermaking and Paper Products	1.60
印刷和记录媒介复制业	Printing and Record Processing	0.54
文教、工美、体育和娱乐用品制造业	Stationery, Education and Sports Goods	1.60
石油加工、炼焦和核燃料加工业	Petroleum Processing, Coking Products and Nuclear Fuel Processing	-0.92
化学原料和化学制品制造业	Raw Chemical Materials and Chemical Products	5.78
医药制造业	Medical and Pharmaceutical Products	4.76
化学纤维制造业	Chemical Fiber Manufacturing	0.01
橡胶和塑料制品业	Rubber and Plastic Products	1.38
非金属矿物制品业	Nonmetal Mineral Products	3.36
黑色金属冶炼和压延加工业	Smelting and Pressing of Ferrous Metals	57.20
有色金属冶炼和压延加工业	Smelting and Pressing of Non - ferrous Metals	0.27
金属制品业	Metal Products	3.75
通用设备制造业	Ordinary Machinery Manufacturing	6.96
专用设备制造业	Special Purpose Equipment Manufacturing	4.27
汽车制造业	Automobile Manufacturing	1.27
铁路、船舶、航空航天和其他运输设备制造业	Railway, Watercraft, Aviation and Other Transportation Equipment Manufacturing	2.30
电气机械和器材制造业	Electric Equipment and Machinery	5.49
计算机、通信和其他电子设备制造业	Computer, Telecommunication and Other Electronic Equipment Manufacturing	3.56
仪器仪表制造业	Instruments and Meters Manufacturing	0.66
其他制造业	Other Manufacturing	0.05
废弃资源综合利用业	Utilization of Discard Resource and Material	0.14
金属制品、机械和设备修理业	Metal Products, Machinery and Repair of Equipment	0.37
电力、热力生产和供应业	Electric, Steam and Hot Water Production and Supply	14.49
燃气生产和供应业	Gas Production and Supply	0.34
水的生产和供应业	Tap Water Production and Supply	1.29

3-9 Continued 2

利息支出 Interest Expenses	利润总额 Total Profits	亏损企业亏损总额 Total Loss of Loss-making Enterprises	利税总额 Total Profit	本年应交增值税 Value-added Payable of the Current Year
118.11	480.65	178.71	1521.73	462.99
0.00	0.00	0.00	0.00	0.00
0.00	0.00	0.00	0.00	0.00
0.00	0.07	0.00	0.26	0.06
0.00	0.00	0.00	0.00	0.00
0.00	0.36	0.00	0.65	0.10
0.30	-0.21	0.21	0.34	0.55
0.00	0.02	0.00	0.02	0.00
1.97	15.92	3.67	21.56	4.45
0.41	8.66	0.22	13.20	3.81
0.57	12.07	1.64	29.17	7.55
0.12	73.41	0.00	525.33	82.26
0.67	2.43	0.51	4.98	1.94
1.21	2.99	1.66	4.82	1.38
0.05	0.17	0.02	0.35	0.14
0.18	0.64	0.04	1.21	0.25
0.15	0.24	0.19	0.55	0.21
2.70	1.31	1.73	2.89	1.33
0.28	9.64	0.81	13.21	3.08
0.35	0.30	0.76	0.54	0.14
0.35	-0.36	1.57	87.44	15.79
5.58	30.86	1.27	44.49	10.57
2.02	28.94	0.67	44.88	14.28
0.00	0.08	0.00	0.10	0.02
1.03	16.61	0.32	22.47	4.85
2.60	12.27	3.53	20.39	5.89
46.84	-112.70	113.90	-92.34	14.76
0.24	0.77	0.04	1.66	0.66
3.41	17.36	2.64	25.98	5.64
6.48	14.82	4.16	20.12	3.51
3.36	11.14	2.32	21.05	8.12
7.42	203.37	12.13	484.39	193.23
2.21	0.01	4.57	4.87	3.49
3.68	49.91	5.43	70.77	17.12
6.47	32.63	13.19	50.79	14.31
0.58	9.30	0.18	11.59	1.82
0.02	0.29	0.22	0.36	0.04
0.14	0.16	0.63	0.71	0.45
0.46	0.90	0.08	1.28	0.22
14.66	27.37	0.13	70.78	39.66
0.31	6.28	0.00	7.44	0.78
1.29	2.62	0.27	3.43	0.53

3-9 续 表 3

项　　目	Item	全部从业人员年平均人数（万人）Average Staff and Workers (10 000 persons)
总　　计	**Total**	79.92
煤炭开采和洗选业	Coal Mining and Processing	0.00
石油和天然气开采业	Petroleum and Natural Gas	0.00
黑色金属矿采选业	Ferrous Metals Mining and Processing	0.01
有色金属矿采选业	Non - Ferrous Metals Mining and Processing	0.00
非金属矿采选业	Non - metal Minerals Mining and Processing	0.02
开采辅助活动	Mining Auxiliary Activities	0.04
其他采矿业	Other Minerals Mining and Processing	0.02
农副食品加工业	Food Processing	2.08
食品制造业	Food Production	1.58
酒、饮料和精制茶制造业	Wine, Beverage and Refined Tea Production	1.49
烟草制品业	Tobacco Processing	0.62
纺织业	Textile Industry	1.18
纺织服装、服饰业	Textile, Garments and Fashion Industry	1.72
皮革、毛皮、羽毛及其制品和制鞋业	Leather, Furs, Down and Related Products	0.10
木材加工和木、竹、藤、棕、草制品业	Timber Processing, Wood, Bamboo, Cane, Palm Fiber and Straw Products	0.27
家具制造业	Furniture Manufacturing	0.24
造纸和纸制品业	Papermaking and Paper Products	0.68
印刷和记录媒介复制业	Printing and Record Processing	0.92
文教、工美、体育和娱乐用品制造业	Stationery, Education and Sports Goods	0.30
石油加工、炼焦和核燃料加工业	Petroleum Processing, Coking Products and Nuclear Fuel Processing	0.42
化学原料和化学制品制造业	Raw Chemical Materials and Chemical Products	1.64
医药制造业	Medical and Pharmaceutical Products	3.25
化学纤维制造业	Chemical Fiber Manufacturing	0.02
橡胶和塑料制品业	Rubber and Plastic Products	1.78
非金属矿物制品业	Nonmetal Mineral Products	2.97
黑色金属冶炼和压延加工业	Smelting and Pressing of Ferrous Metals	8.15
有色金属冶炼和压延加工业	Smelting and Pressing of Non - ferrous Metals	0.34
金属制品业	Metal Products	3.58
通用设备制造业	Ordinary Machinery Manufacturing	3.38
专用设备制造业	Special Purpose Equipment Manufacturing	3.71
汽车制造业	Automobile Manufacturing	11.53
铁路、船舶、航空航天和其他运输设备制造业	Railway, Watercraft, Aviation and Other Transportation Equipment Manufacturing	1.97
电气机械和器材制造业	Electric Equipment and Machinery	6.19
计算机、通信和其他电子设备制造业	Computer, Telecommunication and Other Electronic Equipment Manufacturing	10.91
仪器仪表制造业	Instruments and Meters Manufacturing	1.16
其他制造业	Other Manufacturing	0.10
废弃资源综合利用业	Utilization of Discard Resource and Material	0.36
金属制品、机械和设备修理业	Metal Products, Machinery and Repair of Equipment	0.53
电力、热力生产和供应业	Electric, Steam and Hot Water Production and Supply	5.33
燃气生产和供应业	Gas Production and Supply	0.48
水的生产和供应业	Tap Water Production and Supply	0.85

3-9 Continued 3

总资产贡献率 (%) Ratio of Total Assets to Industrial Output Value(%)	资产负债率 (%) Ratio of Liabilitieto Assets (%)	流动资产周转率 (次/年) Turnover Ratio of Assets (times/year)	成本费用利润率 (%) Ratio of Profits to Industrial Cost (%)	产品销售率 (%) Sales Ratio of Industrial Products (%)
13.50	63.40	1.95	4.40	94.21
0.00	0.00	0.00	0.00	0.00
0.00	0.00	0.00	0.00	0.00
53.10	16.24	9.63	1.79	100.00
0.00	0.00	0.00	0.00	0.00
149.34	6.69	19.78	8.01	98.84
3.00	53.57	4.22	-2.35	88.59
2.25	77.43	0.56	5.51	100.00
12.73	50.45	4.06	4.44	90.57
14.96	52.99	3.66	5.72	97.04
20.94	51.90	3.60	6.10	93.19
130.26	32.88	2.05	35.57	89.88
9.52	52.57	3.46	2.46	94.24
6.98	56.93	1.62	3.44	93.02
15.77	53.33	10.72	0.94	91.70
11.25	49.59	3.19	2.98	96.47
6.27	53.99	2.03	1.84	91.97
5.72	78.43	2.05	1.46	95.18
14.81	44.58	1.48	13.44	89.54
0.72	91.44	1.21	0.22	99.76
81.37	37.84	7.61	-0.13	98.50
13.87	56.58	3.01	9.49	98.11
11.12	47.35	1.22	12.23	96.71
3.41	27.93	3.57	2.48	99.16
17.52	45.06	2.96	7.72	93.58
8.02	51.60	2.10	4.10	94.95
-2.44	75.39	2.09	-8.73	98.70
9.58	67.85	4.03	1.66	98.65
8.00	73.93	1.75	4.46	97.24
3.59	73.52	0.72	5.62	96.13
4.16	70.73	0.89	3.23	95.25
26.66	65.33	2.29	9.02	94.46
4.41	80.41	1.74	0.01	96.29
11.26	59.62	1.86	6.67	93.79
4.00	60.91	1.29	2.13	86.75
11.97	44.58	0.82	15.64	96.53
3.20	43.64	1.21	3.77	93.75
2.01	55.56	2.20	0.33	94.49
9.67	69.07	1.39	5.51	94.30
7.60	62.63	18.38	3.18	99.98
9.69	62.19	2.40	10.58	92.70
2.34	49.74	0.46	8.98	97.22

3-10 规模以上工业能源消费量(折标煤)
CONSUMPTION OF ENERGY BY ENTERPRISES ABOVE DESIGNATED SIZE(coverted into SCE)

单位:万吨 (10 000 tons)

年份 Year	总计 Total	#用于转换 for Coverting into Other Type of Energy	煤炭 Coal	#洗精煤 Pure Coal	焦炭 Coke	原油 Crude	燃料油 Fuel Oil
1997	2335.92	1233.83	960.82	417.66	305.74	412.40	48.49
1998	2285.71	1175.40	962.44	415.60	307.78	333.81	35.39
1999	2189.45	1133.91	917.01	415.39	309.28	390.49	24.58
2000	2485.33	1191.40	926.39	413.95	333.58	430.29	25.16
2001	2265.24	1087.32	863.67	414.91	320.59	365.58	25.62
2002	2356.15	822.71	950.27	432.16	331.34	412.45	21.97
2003	2615.67	1522.64	1084.49	460.09	379.43	435.27	25.47
2004	3274.48	1501.02	1435.12	496.14	368.92	530.24	29.21
2005	3255.39	1330.78	1742.06	589.56	411.12	584.18	38.96
2006	3828.17	1592.27	1891.64	584.12	441.93	580.95	29.58
2007	3884.03	1654.59	1863.85	705.64	422.65	611.07	26.50
2008	3914.27	1652.12	1793.92	699.84	506.28	569.31	27.29
2009	3741.91	1719.81	1672.25	761.05	485.07	646.93	11.68
2010	4071.71	1874.52	1768.01	823.63	644.22	713.41	8.14
2011	4396.63	2010.75	1977.36	912.65	668.84	720.11	8.29
2012	4230.66	1829.82	1824.80	847.81	627.09	619.07	4.61
2013	4872.01	2256.35	1928.65	869.08	637.33	917.30	2.74
2014	5191.93	2406.52	1781.16	824.48	613.81	1127.25	2.30
2015	5105.13	2395.96	1725.62	817.89	585.67	1101.35	1.92

年份 Year	汽油 Gasoline	柴油 Kerosene	煤炭 Diesel Oil	炼厂干气 Refinery Net Gas	液化石油气 Coke Gas	焦炉煤气 Coke Gas	外购热力 Heat Bought Beyond the City	电力 Electricity
1997	16.54	33.46	15.07	8.32	0.68	79.33	35.97	385.59
1998	17.12	31.27	15.67	8.64	1.52	84.18	45.33	431.03
1999	2.73	6.39	0.12	14.96	0.61	88.27	45.68	375.89
2000	5.38	6.40	0.24	11.66	0.48	90.59	49.68	403.96
2001	2.22	6.49	0.32	11.65	0.58	74.82	42.55	442.30
2002	7.61	2.77	0.25	13.58	0.12	89.68	57.42	325.54
2003	5.34	15.53	0.21	17.39	3.53	97.13	49.62	395.33
2004	4.92	9.82	0.61	22.69	2.74	90.54	53.37	710.32
2005	21.68	21.14	0.92	24.97	0.48	112.01	33.09	223.26
2006	44.24	42.21	2.27	26.36	0.45	129.05	103.87	178.24
2007	9.13	20.63	0.31	29.89	0.63	122.79	108.73	215.37
2008	8.26	14.48	0.40	28.48	0.66	140.38	100.04	221.32
2009	7.15	10.60	0.54	28.20	0.71	176.50	105.17	229.67
2010	9.86	11.32	0.68	25.01	1.16	171.15	89.07	259.98
2011	4.11	8.29	0.36	24.91	0.83	184.74	94.12	296.52
2012	4.28	9.02	0.37	21.40	0.58	170.86	88.18	375.71
2013	3.96	8.41	0.43	30.20	11.01	176.69	82.56	391.61
2014	4.10	8.64	0.45	37.86	51.95	175.18	81.58	408.59
2015	4.05	6.82	0.31	36.98	65.63	171.75	102.63	415.28

注:从1999年开始为规模以上工业企业能源消费量,2004年为经济普查数据,2005年电力折算系数由4.04改为1.229。

Note: Data since 1999 have become energy consumption of above-scale industry, It was economic census data in 2004. The coefficient for conversion of electric power is changed into 1.229 from 4.04

3－11 平均每万元工业总产值能源消费量

PER 10000 YUAN GROSS INDUSTRIAL OUTPUT VALUE CONSUMPTION OF ENERGY

年份 Year	能源总量(吨标煤) Total Energy (SCE)	煤炭(吨) Coal (ton)	焦炭(吨) Coke (ton)	原油(吨) Crude Oil (ton)	燃料油(吨) Fuel Oil (ton)	电力(千瓦时) Electricity (KWH)
1997	2.43	2.28	0.60	0.55	0.06	1806
1998	2.09	1.98	0.52	0.38	0.04	1486
1999	2.10	1.55	0.42	0.36	0.02	1131
2000	1.43	1.50	0.44	0.39	0.02	1205
2001	1.15	1.18	0.32	0.25	0.02	1016
2002	1.35	0.84	0.34	0.28	0.02	795
2003	0.82	1.13	0.29	0.23	0.02	733
2004	0.94	0.89	0.23	0.22	0.01	1006
2005	0.81	0.99	0.19	0.18	0.01	975
2006	0.79	0.88	0.16	0.14	0.01	515
2007	0.63	0.74	0.12	0.12	0.01	497
2008	0.45	0.58	0.12	0.09	0.004	415
2009	0.34	0.33	0.10	0.13	0.002	456
2010	0.29	0.28	0.10	0.11	0.001	405
2011	0.27	0.33	0.09	0.10	0.001	400
2012	0.23	0.26	0.07	0.07	0.001	417
2013	0.21	0.24	0.06	0.06	0.0020	307
2014	0.20	0.15	0.05	0.10	0.0002	347
2015	0.19	0.18	0.05	0.06	0.001	273

注：从2000年开始，万元工业产值能源消费量数据调整为万元工业总产值综合能源消费量。

Note: Data on energy consumption per 10000 gross industrial output value have been adjusted into synthesized energy consumption per 10000 gross industrial output value since 2000.

3-12 全社会用电量
CONSUMPTION OF ELECTRICITY

单位:万千瓦时 (10 000 Kwh)

项目	Item	2015	2014
全社会用电总计	**Total Electricity Consumption**	4642788	4452202
A、全行业用电合计	Total Electricity Consumption of Industries	3836272	3689573
第一产业	Primary Industry	38426	33736
第二产业	Secondary Industry	2632574	2616215
第三产业	Tertiary Industry	1165272	1039622
B、城乡居民生活用电合计	Residential Electricity Consumption	806516	762629
城镇居民	In Urban Areas	707174	669116
乡村居民	In Rural Areas	99342	93513
全行业用电分类	**Classification by Sector**	3836272	3689573
一、农、林、牧、渔业	Farming, Forestry, Animal Husbandry, Fishery and Water Conservancy	38426	33736
二、工业	Industry	2534876	2535124
1. 轻工业	Light Industry	291378	281481
2. 重工业	Heavy Industry	2243498	2253643
(一)采矿业	Mining and Quarrying	7903	9449
(二)制造业	Manufacturing	1734461	1737290
(三)电力、燃气及水的生产和供应业	Electricity, Gas and Tap Water Production and Supply	792512	788385
三、建筑业	Construction	97698	81090
四、交通运输、仓储和邮政业	Transportation, Storage, Postal and Telecommunications Services	149789	128342
五、信息传输、计算机服务和软件业	Information transfer, Computer and Software Services	39886	29043
六、商业、住宿和餐饮业	Commerce, Hotel and Catering Services	341604	330448
七、金融、房地产、商务及居民服务业	Banking, Real Estate, Commerce and Residential Services	294775	246168
八、公共事业及管理组织	Public Enterprise and Management Organization	339218	305622
1. 科学研究、技术服务和地质勘查业	Scientific Reserch, Polytechnical Services and Geological Prospecting	46229	42089
2. 水利、环境和公共设施管理业	Water Conservancy, Environment and Public Facilities	54673	50513
3. 教育、文化、体育和娱乐业	Education, Culture, Sports and Recreation Services	123484	108328
4. 卫生、社会保障和社会福利业	Health Care, Social Security and Welfare	52259	45599
5. 公共管理和社会组织、国际组织	Public Management, Social Organization and International Organization	62573	59093

主 要 统 计 指 标 解 释

工业 指从事自然资源的开采，对采掘品和农产品进行加工和再加工的物质生产部门。具体包括(1)对自然资源的开采，如采矿、晒盐、森林采伐等(但不包括禽兽捕猎和水产捕捞)；(2)对农副产品的加工、再加工。如粮油加工、食品加工、轧花、缫丝、纺织、制革等；(3)对采掘品的加工、再加工，如炼铁、炼钢、化工生产、石油加工、机器制造、木材加工等，以及电力、自来水、煤气的生产和供应等；(4)对工业品的修理、翻新，如机器设备的修理、交通运输工具(包括小卧车)的修理等。1984 年以前农村的村及村以下办工业归属农业，1984 年以后划归工业。

工业统计调查单位 工业统计调查单位分为两类：独立核算法人工业企业和工业活动单位。

(1)独立核算法人工业企业指从事工业生产经营活动的单位。独立核算法人工业企业应同时具备以下条件：①依法成立，有自己的名称、组织机构和场所，能够承担民事责任；②独立拥有和使用资产，承担负债，有权与其他单位签订合同；③独立核算盈亏，并能够编制资产负债表。

(2)工业活动单位是指在一个场所从事一种或主要从事一种工业生产活动的经济单位。它包括独立核算工业企业按主营业务活动(即工业生产活动)划分的主营业务活动单位和非工业企业所属的工业生产活动单位(即原非独立核算工业生产单位)。工业活动单位，一般应同时具备以下三个条件：①具有一个场所，从事一种或主要从事一种工业活动；②单独组织工业生产经营或业务活动；③单独核算收人和支出。

国有经济工业 (即过去的全民所有制工业或国营工业)指生产资料归国家所有的一种经济类型。包括中央和地方各级国家机关、部队、科研机构、学校、人民团体和国有经济企事业单位等举办的国有经济工业。1957 年以前的公私合营和私营工业，后均改造为国营工业，1992 年改为国有工业，这部分工业的资料不单独分列时，均包括在国有工业内。

集体经济工业 指生产资料归公民集体所有的一种经济类型，是社会主义公有制经济的组成部分。包括城乡所有使用集体投资举办的企业，以及部分个人通过集资自愿放弃所有权并依法经工商行政管理机关认定为集体所有制的企业。

其他经济类型工业 指除国有经济、集体经济、城乡个体经济以外的其他经济类型工业企业(单位)。包括私营经济、联营经济、股份制经济(股份有限公司，有限责任公司)；外商投资经济(中外合资经营、中外合作经营、外资企业)；港、澳、台投资经济(与大陆合资经营、与大陆合作经营、港、澳、台独资企业)及其他经济类型的工业。

轻工业 指主要提供生活消费品和制作手工工具的工业。按其所使用的原料不同，可分为两大类(1)以农产品为原料的轻工业，是指直接或间接以农产品为基本原料的轻工业。主要包括食品制造、饮料制造、烟草加工、纺织、缝纫、皮革和毛皮制作、造纸以及印刷等工业；(2)以非农产品为原料的轻工业，是指以工业品为原料的轻工业。主要包括文教体育用品、化学药品制造、合成纤维制造、日用化学制品、日用玻璃制品、日用金属制品、手工工具制造、医疗器械制造、文化和办公用机械制造等工业。

重工业 是指为国民经济各部门提供物质技术基础的主要生产资料的工业。按其生产性质和产品用途，可以分为下列三类(1)采掘(伐)工业，是指对自然资源的开采，包括石油开采、煤炭开采、金属矿开采、非金属矿开采和木材采伐等工业；(2)原材料工业，指向国民经济各部门提供基本材料、动力和燃料的工业。包括金属冶炼及加工、炼焦及焦炭化学、化工原料、水泥、人造板以及电力、石油和煤炭加工等工业；(3)加工工业，是指对工业原材料进行再加工制造的工业。包括装备国民经济各部门的机械设备制造工业、金属结构、水泥制品等工业，以及为农业提供的生产资料如化肥、农药等工业。

根据上述划分原则，修理业中以重工业产品为修理作业对象的划为重工业，反之划为轻工业。

工业总产值 是以货币表现的工业企业在一定时期内生产的已出售或可供出售的工业产品总量，它反映一定时间内工业生产的总规模和总水平。它包括：在本企业内不再进行加工，经检验、包装入库(规定不需包装的产品除外)的成品价值，工业性作业价值，自制半成品、在产品期末期初差额价值。工业总产值采用“工厂法”计算，即以工业企业作为一个整体，按企业工业生产活动的最终成果来计算，企业内部不允许重复计算，不能把企业内部各个车间(分厂)生产的成果相加。但在企业之间、行业之间、地区之间存在着重复计算。

轻重工业总产值的划分也是按“工厂法”计算的，即一个工业企业在正常情况下生产的主要产品的性质属于轻工业，则该企业的全部总产值作为轻工业总产值；一个工业企业生产的主要产品的性质属于重工业，则该企业的全部总产值作为重工业总产值。

工业增加值 是指工业行业在报告期内以货币表现的工业生产活动的最终成果。

固定资产原价 指企业在建造、购置、安装、改建、扩建、技术改造某项固定资产时所支出的全部货币总额。它一般包括买价、包装费、运杂费和安装费等。

固定资产净值 是指固定资产原价减去历年已提折旧额后的净额。

流动资产 是指可以在一年或者超过一年的一个营业周期内变现或者耗用的资产，包括现金及各种存款、短期投资、应收及预付货款、存货等。

利税总额 指企业利润总额、产品销售税金及附加和应交增值税之和。

工业企业能源消费量 指工业企业在工业生产活动和非工业生产活动中消费的能源，包括工业生产活动中作为燃料、动力、原料、辅助材料使用的能源，生产工业中使用的能源，用于能源加工转换的能源，非工业生产活动中使用的能源。

Explanatory Notes On Main Statistical Indicators

Industry refers to the material production sector which is engaged in extraction of natural resources and processing and reprocessing of minerals and agricultural products, including (1) extraction of natural resources, such as mining, salt production, logging (but not including hunting and fishing); (2) processing and reprocessing of farm and sideline produces such as rice husking, flour milling, winemaking. oil pressing, cotton ginning, silk reeling, spinning and weaving, andleather making; (3) manufacture of industrial products, such as steel making, iron smelting, chemicals manufacturing, petroleum processing, machine building, timber processing water and gas production and electricity generation and supply; (4) repairing of industrial products such as the repairing of machinery and means of transport (including cars).

Prior to 1984, the rural industry run by villages and cooperative organizations under village was classified into agriculture. Since 1984, it has been grouped into industry.

Units of industrial Statistics and inquiry: They are classified into two categories (1) corporate industrial enterprises with independent accounting system (2) industrial establishments.

(1) Corporate industriat enterprises with independent accounting system refer to enterprises engaging in industrial production activities, which meet the following retluirements: 1. They are established legally, having their own names, organizations, location, able to take civil liability 2. They possess and use their assets independently, assume liabilities, and are entitled to sign contracts with other units 3. They are financially independent and compile their own balance sheets.

(2) Industrial establishnmnts refer to economic units which are located in one single place and engaged entirely or primarily in one kind of industrial activity, including financially independent industrial enterprises and units engaged in industrial activities under the non – industrial enterprises (or financially dependent). Industrial establishments generally meet the following requirements: < a > They have each one location and are engaged in one kind of industry activity < b > They operate and manage their industrial production activities separately < c > They have accounts of income and expenditures separately.

State – owned Industry refers to industrial enterprises where the means of production or income are owned by the state. Joint state – private industries and private industries which existed before 1957 have been transformed into state industries. Statistics on these enterprises have been included in the state – owned industries since 1957 when separation of data was no longer necessary.

Collective Owned industry refers to industrial enterprises where the means of production are owned collectively, including urban and rural enterprises invested by collectives and enterprises which were formerly owned privately but have been registered in industrial and commercial administration agency as collective units through raising fund from the public.

Industry of Other Types of Ownerships refers to industrial enterprises (units) of ownerships other than the state – owned economy, collective economy, individual economy. They include the enterprises of private economy, joint – owned economy, share – holding economy (companies limited by shares and companies limited with liabilities), foreign – funded economy (Sino – foreign joint ventures. Sino – foreign cooperative enterprises and foreign ventures exclusively with their own investment), economy funded by the entrepreneurs from Hong Kong, Macao and Taiwan (joint ventures and cooperative enterprises with the mainland as well as ventures exclusively with their own investment) and other types of ownership.

Light industry refers to the industry which produces consumer goods and hand tools. It consists of two categories, depending on the materials used:

(1) Industries using farm products as raw materials. These are branches of light industry which directly or indirectly use farm products as basic raw materials, including the manufacture of food and beverages, tobacco processing, textile, clothing, fur and leather manufacturing, paper making, printing, etc.

(2) Industries using non – farm products as raw materials. These are branches of light industry which use manufactured goods as raw materials, including the manufacture of cultural, educational articles and sports goods, chemicals, synthetic fiber, chemical products for daily use, glass products for daily use. metal products for daily use, hand tools, medical apparatus and instruments, and the manufacture of cultural and clerical machinery.

Heavy industry refers to tile industry which produces capital goods, and provides various sectors of the national economy with necessary material and technical basis. It consists of the following three branches according to the purpose of production or the use of products:

(1) Milling, quarrying and logging industry refers to the industry that extracts natural resources, including extraction of petroleum, coal, metal and non – metal ores and logging.

(2) Raw materials industry refers to the industry that provides various sectors of the national economy with raw materials, fuels and power. It includes smelting and processing of metals, coking and coke chemistry, chemical materials and building materials such as cement, plywood, and power, petroleum refining and coal dressing.

(3) Manufacturing industry refers to the industry that processes raw materials. It includes machine – building industry which equips sectors of the national economy, industries of metal structure and cement products, industries producing means of agricultural production, such as chemical fertilizers and pesticides.

According to the above principle of classification, the repairing trades which are engaged primarity in repairing products of heavy industry are classified into heavy industry while these engaged in repairing products of light industry are classified into light industry.

Gross Industrial Output Value is the total volume of industrial products sold or available for sale in value terms which reflects the total achievements and overall scale of industrial production during a given period。 It includes the value of the finished products, which are not to be further processed in the enterprises and have been inspected, packed and put in storage, the Value of industrial services rendered to other units and the ehanges in the value of the semi finished products and products in process between the beginning and closing of the period(only the enterprises with long production cycle are required to calculate the changes). The gross industrial output value is calculated with" factory method". No double calculations are to be made within the same enterprise. However, double counting does oceur among different enterprises.

Output value of light and heavy industries are also classified with the" factory" method. Under normal conditions, if the major products of an industrial enterprise belong to light industry products, the gross output value of that enterprise is classified wholly into light industry; the same principle applies to heavy industry.

Value Added of Industry refers to the final results of industrial production of the industrial trade in money terms during the reference period.

OriginaI Value of Fixed Assets refers to the original value of all fixed assets owned by industrial enterprises, calculated at the cost paid at the time of purchase, installation, reconstruction, expansion, and technical innovation and transformation of the said assets, which includes expenses on purchase, package, transportation, and installation, etc.

Net Value of Fixed Assets is obtained by deducting depreciation over years from the original value of fixed assets.

Working Capital(Circulating Assets) refbrs to assets which can be cashed in or spent or consumed in an operating cycle of one year or over one year, which includes cash, various deposits, short – term investment, receivable payments, advance payments, and stock, etc.

TotaI VaIue of Profit and Tax(Pre – tax Profits) refers to the sum of the total profits, products sales tax and surcharges and the value added tax payable of industrial enterprises. It is also called pretax profits.

Total Domestic Energy Consumption Consumption of industral enterprises in the industrial production and non – industrial production activities in the energy. Including used energy as fuel, power, raw materials, auxiliary materials during industrial production activities, used energy of manuflacturing industry, the energy for processing and conversion, used energy of non – industrial production activities

四 农 业

AGRICULTURE

资料整理人员：桂永超　张菊萍　王　忠　陈业林　王　莹　郑文毅

STAFF FOR DATA PROCESSING:

Gui Yongchao　Zhang Juping　Wang Zhong　Chen Yelin　Wang Ying　Zheng Wenyi

简要说明

本篇资料反映我市农业生产和农村经济的基本情况，内容主要包括乡村从业人员、耕地、农业机械拥有量、农林牧渔业产值、主要农产品产量、国营农场基本情况等方面的统计资料。

有关资料根据《农林牧渔业统计报表制度》和《农业产值统计报表制度》整理。《农林牧渔业统计报表制度》由各级统计部门根据所在地实际情况，采取抽样调查、重点调查或全面调查的办法搜集资料并层层上报；或利用同级业务部门统计资料。

Brief Description

The data in this chapter show the basic conditions of agricultural production and rural economy, including mainly rural laborer, cultivated land, quantity of agricultural machinery, output value of farming, forestry, animal husbandry and fishery, output of major agricultural products, and basic conditions of the state – owned farms.

Data related are processed according to the comprehensive statistical reporting on farming, forestry, animal husbandry and fishery, the comprehensive statistical reporting on agricultural output value. The comprehensive statistical reporting on farming, forestry, animal husbandry and fishery is collected by statistical offices at all levels by means of sample surveys, surveys of key units or full enumeration depending on the local circumstances, or estimated by using information from other government agencies at the same level.

4-1 农村基层组织、户数、人口、从业人员
RURAL GRASSROOTS UNITS, HOUSEHOLDS, POPULATION, LABOR FORCES

项　　目 Item	2011	2012	2013	2014	2015
一、农村基层组织(个) **Rural Grassroots Units(unit)**					
乡政府 Township Governments	9	5	3	3	3
镇政府 Town Governments	15	7	5	5	3
办事处 Agency	52	64	68	68	70
村委会 Villagers Committees	2086	2031	1988	1957	1902
村民小组 Villagers Subcommittees	18396	18175	17777	17346	16948
二、户数、人口 **Rural Households, Population**					
乡村户数(万户) Households(10 000 households)	75.11	77.29	77.2	74.44	72.41
乡村人口(万人) Population(10 000 persons)	265.7	269.97	264.64	252.75	246.08
三、乡村从业人员(万人) **Number of Rural Laborers By Sector**(10 000 **persons**)	137.78	141.32	145.32	145.83	136.43
1. 农林牧渔业 Farming, Forestry, Animal Husbandry & Fishery	62.33	49.94	47.05	49.93	42.88
2. 工　业 Industry	17.1	25.39	28.36	29.98	28.52
3. 建筑业 Construction	21.82	28.76	30.66	28.87	30.72
4. 交通运输业 Transportation	6.49	7.24	7.56	7.52	6.56
5. 仓储及邮电通讯业 Storage, Postal and Telecommunications Services	0.41	1.24	1.15	1.37	1.42
6. 信息传输、计算机服务和软件业 Information transfer, Computer and Software Services	0.41	0.96	0.96	1.04	1.06
7. 批发与零售业 Wholesale and Retail Trade	7.96	8.19	9.02	8.64	8.16
8. 住宿和餐饮业 Hotel and Catering Services	4.48	5.75	7.14	6.75	6.30
9. 其他非农行业从业人员 Other Non - agricultural Trades	16.7	13.85	13.38	11.74	10.82
四、国营农林牧渔场从业人员(万人) **Number of Laborers in State - owned Farms**(10000 **persons**)	6.45	6.66	6.84	6.42	6.53
1. 农业从业人员 Agriculture Laborers	3.71	2.81	2.82	2.64	2.87
2. 非农业从业人员 Non - agriculture Laborers	2.74	3.85	4.03	3.79	3.66

4-2 耕 地 面 积
AREA UNDER CULTIVATION

单位:千公顷 (1 000 hectares)

项目	Item	2011	2012	2013	2014	2015
年末耕地资源	Cultivated Area (year-end)	206.52	203.82	199.44	198.53	198.36
#水田	Paddy Fields	121.77	121.33	119.44	117.10	117.42
旱地	Dry Fileds	83.17	80.79	78.2	80.15	79.04
年内减少的耕地面积	Decrease in Cultivated Area in the Year	2.08	3.51	4.49	1.12	0.99
#国家基建占地	Capital Construction of Government	0.91	2.23	1.99	0.42	0.54
其他基建占地	Other Capital Construction	0.49	0.9	2.36	0.05	0.14

4-3 农 村 社 会 基 础 设 施
RURAL SOCIAL INFRASTRUCTURE

项目	Item	2015	2014
自来水受益村数(个)	Number of Villages with Access to Tap Water(unit)	1885	1929
占全部村民委员会比重(%)	Proportion in All Villages(%)	99.1	98.6
通有线电视村数(个)	Number of Villages with Access to Cable Television	1899	1957
占全部村民委员会比重(%)	Proportion in All Villages(%)	99.8	100.0
通公交村数(个)	Number of Villages with Access to Public Transportation	1702	1957
占全部村民委员会比重(%)	Proportion in All Villages(%)	89.5	100.0
通宽带村数(个)	Number of Villages with Access to Broadband	1901	1957
占全部村民委员会比重(%)	Proportion in All Villages(%)	99.9	100.0

4-4 乡 村 从 业 人 员
STATISTICS ON RURAL LABOR FORCES BY SECTOR

单位:万人 (10 000 persons)

项目	Item	2011	2012	2013	2014	2015
1. 农林牧渔业	Farming, Forestry, Animal Husbandry, Fishery	54.11	49.94	47.05	49.93	42.88
2. 工业	Industry	22.22	25.39	28.36	29.98	28.52
3. 建筑业	Construction	27.12	28.76	30.66	28.87	30.72
4. 交通运输业	Transportation	6.75	7.24	7.56	7.52	6.56
5. 仓储及邮电通讯业	Storage Warehouse, Postal & Telecommunications Services	0.62	1.24	1.15	1.37	1.42
6. 信息传输、计算机服务和软件业	Information transfer, Computer and Software Services	0.47	0.96	0.96	1.04	1.06
7. 批发与零售业	Wholesale and Retail Trade	8.08	8.19	9.02	8.64	8.16
8. 住宿和餐饮业	Hotel and Catering Services	5.22	5.75	7.14	6.75	6.30
9. 其他非农行业从业人员	Other Non-agricultural Trades	13.82	13.85	13.38	11.74	10.82

4-5 农业生产条件和农业投入

STATISTICS ON PRODUCTIVE CONDITIONS OF AGRICULTURE AND CONSUMPTION OF AGRICULTUBAL TURAL PRODUCER GOODS

项目	Item	2015	2014
一、农田水利建设情况	**Irrigation and Water Conservancy**		
有效灌溉面积(千公顷)	Available Irrigated Area(1 000 hectares)	150.27	151.81
旱涝保收面积(千公顷)	Flood - Free and Drought - Free Area(1 000 hectares)	114.59	120.32
机电排灌面积(千公顷)	Motor - pumped Irrigation Area(1 000 hectares)	110.77	118.91
二、主要能源及物质消耗	**Consumption of Main Energy and Materiais**		
农村用电量(万千瓦小时)	Consumption of Electricity in Rural Area(10 000 kwh)	158531	146764
农用化肥施用量(折纯量,吨)	Consumption of Chemical Fertilizers(100% ,ton)	128928	143155
1. 氮肥	Nitrogenous Fertilizer	45975	53232
2. 磷肥	Phosphate Fertilizer	19915	22039
3. 钾肥	Potash Fertilizer	14944	15719
4. 复合肥	Compound Fertilizer	48094	52165
农用塑料薄膜使用量(吨)	Consumption of Plastic Film for Farm Use(ton)	7606	6652
#地膜(吨)	Plastic Sheeting Consunmed(ton)	3950	4064
#地膜覆盖面积(千公顷)	Sown Areas Applied with Plastic Sheeting(1 000 hectares)	31.83	32.12
农用柴油(吨)	Diesel Oil Consumed for Farm Use(ton)	24182	25262
农药使用量(吨)	Consumption of Pesticide(ton)	4226	4557

4-6 农业机械化情况
BASIC CONDITIONS OF FARM MECHANIZATION

项目	Item	2015	2014
农业机械总动力(万千瓦)	Total Power of Agricultural Machinery(10 000 kw)	284.20	274.05
1.柴油发动机动力	Diesel Engines	187.98	182.17
2.汽油发动机动力	Gasoline Engines	7.51	6.05
一、耕作机械	Machines for Cultivation		
大中型拖拉机(台)	Large & Medium Tractors(unit)	9685	9388
动力(万千瓦)	Power(10 000kw)	31.65	29.40
小型及手扶拖拉机(台)	Mini - tractors(unit)	20503	20094
动力(万千瓦)	Power(10 000kw)	17.94	17.60
大中型拖拉机配套农具(部)	Number of Machinery Farm Tools Matching With Large & Medium Tractors(unit)	21948	20189
小型拖拉机配套农具(部)	Number of Machinery Farm Tools Matching With Mini - Tractors(unit)	36546	34306
二、排灌机械	Irrigation Machinery		
柴油机(台)	Diesels(Unit)	17009	17009
动力(万千瓦)	Power(10 000kw)	15.56	15.56
电动机(台)	Electric Motors(unit)	35149	34609
动力(万千瓦)	Power(10 000kw)	51.18	50.27
农用水泵(台)	Pumps(unit)	43824	43762
喷灌机械(套)	Spray Irrigation Machine(unit)	21018	20809
三、收割机械	Harvest Machinery		
联合收割机(台)	Combine(unit)	1656	1450
动力(千瓦)	Power(kw)	81175.9	70156.9
机动脱粒机(台)	Motorized Thresher(unit)	14129	13647
四、植保机械	Equipment for Plant Protection		
机动喷粉(雾)器(部)	Motorized Sprayer(unit)	33360	32822
动力(千瓦)	Power(kw)	41622.89	39532.56
五、农产品加工动力机械(万千瓦)	Machinery for Processing of Farm Products(10 000 kw)	29.37	28.12
轧花机(部)	Cotton Rolling Mill(unit)	690	690
榨油机(部)	Oil Press(unit)	1591	1591
六、推土机(台)	Bulldozer(unit)		
动力(万千瓦)	Power(10 000kw)		

4-7 历年农林牧渔业总产值
GROSS OUTPUT VALUE OF AGRICULTURE

单位:万元 (10 000 yuan)

年份 Year	产值 Output Value	年份 Year	产值 Output Value
1951	9930	1984	133116
1952	11134	1985	161919
1953	13934	1986	178272
1954	10565	1987	216576
1955	14089	1988	294433
1956	17254	1989	326277
1957	19424	1990	368637
1958	20250	1991	352689
1959	16722	1992	411035
1960	19239	1993	485043
1961	20144	1994	723819
1962	22901	1995	943381
1963	29824	1996	1098393
1964	29568	1997	1213162
1965	40569	1998	1176359
1966	46023	1999	1211291
1967	44789	2000	1269443
1968	44403	2001	1337788
1969	36686	2002	1412480
1970	43815	2003	1517909
1971	50414	2004	1656507
1972	53667	2005	1805957
1973	56244	2006	1912103
1974	62128	2007	2159177
1975	59702	2008	2446364
1976	61725	2009	2517873
1977	61436	2010	2810947
1978	65218	2011	3294880
1979	87748	2012	4760365
1980	69502	2013	5302657
1981	81558	2014	5594354
1982	99678	2015	6202842
1983	94353		

4-8 历年农林牧渔业总产值指数(上年=100)

INDICES OF GROSS OUTPUT VALUE OF FARMING, FORESTRY, ANIMAIL HUSBANDRY AND FISHER OVER THE YEARS (preceding year=100)

年份 Year	农林牧渔业总计 Total	农业 Farming	林业 Forestry	牧业 Animal Husbandry	渔业 Fishery
1951	111.4	111.9	137.9	109.6	106.2
1952	110.0	109.3	116.1	115.0	108.5
1953	113.9	114.6	111.8	113.4	105.9
1954	76.3	61.0	125.6	125.1	173.8
1955	129.2	158.1	95.2	79.3	71.5
1956	116.3	117.9	135.6	107.6	111.3
1957	109.8	106.8	103.8	129.2	111.7
1958	100.6	103.5	108.8	85.3	99.1
1959	78.2	76.9	110.3	76.0	91.0
1960	111.2	115.6	97.9	94.3	96.2
1961	89.8	91.6	83.1	95.4	61.5
1962	112.7	111.5	77.2	119.7	128.9
1963	129.9	128.2	168.7	142.7	121.7
1964	100.6	101.0	122.9	92.9	107
1965	130.5	134.2	118.1	121.5	97.1
1966	98.1	93.3	139.7	122.4	119.5
1967	97.3	99.4	86.6	92.2	81.9
1968	99.3	100.2	66.7	93.0	115.2
1969	79.8	75.6	101.5	95.2	109.0
1970	119.3	124.2	144.6	102.8	90.4
1971	117.5	118.9	112.9	127.4	72.7
1972	104.3	104.8	92.0	104.6	96.4
1973	104.7	105.5	121.3	95.5	115.9
1974	106.9	109.2	99.1	95.4	94.5
1975	96.1	95.2	108.2	100.7	97.1
1976	104.5	103.8	106.4	109.5	106.0
1977	98.2	98.5	94.2	93.6	111.3
1978	103.3	102.5	89.1	111.0	102.8
1979	114.8	112.9	92.6	133.2	106.0
1980	81.4	80.1	87.8	79.2	122.8
1981	110.2	109.3	122.7	116.4	101.8
1982	121.0	122.4	101.2	113.9	124.3
1983	91.0	87.9	93.4	106.6	100.5

4-8 续 表 Continued

年份 Year	农林牧渔业总计 Total	农业 Farming	林业 Forestry	牧业 Animal Husbandry	渔业 Fishery
1984	125.8	127.1	103.1	119.5	132.9
1985	107.5	102.0	104.4	131.2	124.9
1986	104.1	102.3	99.8	106.1	122.1
1987	106.6	103.2	105.8	114.1	122.0
1988	104.1	100.0	107.3	114.7	114.3
1989	103.8	102.4	96.7	106.3	109.8
1990	106.3	96.5	99.5	115.8	157.8
1991	94.4	88.9	104.3	104.4	100.3
1992	113.3	115.8	78.0	110.4	111.0
1993	107.9	105.8	114.6	107.1	118.2
1994	109.4	104.6	101.9	111.4	124.1
1995	112.0	109.3	122.6	110.0	123.6
1996	108.7	106.7	103.4	113.0	108.7
1997	108.4	108.7	99.1	107.0	109.9
1998	99.7	97.8	110.3	93.4	113.6
1999	106.9	106.6	118.9	107.1	107.1
2000	105.3	104.5	108.0	106.9	105.2
2001	105.6	104.6	88.7	106.1	108.1
2002	105.2	104.7	124.9	104.7	106.2
2003	106.5	103.0	139.5	108.5	103.0
2004	106.2	107.9	91.1	102.3	107.9
2005	105.5	105.8	100.8	106.3	105.0
2006	105.1	105.6	85.8	102.8	107.9
2007	104.0	102.2	99.3	106.6	106.8
2008	103.5	101.3	97.1	110.9	99.5
2009	102.9	100.8	84.9	104.9	107.1
2010	104.5	102.8	125.4	106.5	106.4
2011	104.0	102.4	160.4	105.1	104.7
2012	105.7	106.2	127.7	106.3	102.0
2013	104.5	108.5	122.9	97.6	100.6
2014	105.0	105.6	118.2	103.0	102.5
2015	104.8	105.2	111.7	101.2	105.0

4-9 农林牧渔业总产值及构成
GROSS OUTPUT VALUE OF FARMING, FORESTRY, ANIMAL HUSBANDRY, FISHERY AND ITS COMPOSITION

年份 Item	农林牧渔业总计 Total	农业 Farming	林业 Forestry	牧业 Animal Husbandry	渔业 Fishery	农林牧渔服务业 Farming, Forestry, Animal Husbandry & Fishery Service
产值(万元) Output Value(10 000 yuan)						
1999	1211291	757552	7905	263655	182179	
2000	1269443	782006	8473	291210	187754	
2001	1337788	794920	7284	325084	210500	
2002	1412480	842941	8658	338440	222441	
2003	1517909	881895	15520	368760	233701	
2004	1656507	959760	13744	409578	260177	13248
2005	1805957	1033226	14974	458194	289117	10446
2006	1912103	1122949	13214	447692	317139	11109
2007	2159177	1212819	13738	561204	359839	11577
2008	2446364	1322469	14598	695589	401135	12573
2009	2517873	1388083	13867	647831	455231	12861
2010	2810947	1512017	19902	739386	525628	14014
2011	3294880	1746823	34861	900221	594045	18930
2012	4760365	2585872	48708	1213014	784105	128666
2013	5302657	3051002	65857	1186703	836617	162478
2014	5594354	3162714	87107	1269943	874004	200586
2015	6202842	3591590	99532	1352725	918058	240937
比重(%) Composition(%)						
1999	100.0	62.5	0.7	21.8	15.0	
2000	100.0	61.6	0.7	22.9	14.8	
2001	100.0	59.4	0.5	24.3	15.8	
2002	100.0	59.7	0.6	24.0	15.7	
2003	100.0	58.1	1.0	24.3	15.4	
2004	100.0	58.0	0.8	24.7	15.7	0.8
2005	100.0	57.2	0.8	25.4	16.0	0.6
2006	100.0	58.7	0.7	23.4	16.6	0.6
2007	100.0	56.2	0.6	26.0	16.7	0.5
2008	100.0	54.1	0.6	28.4	16.4	0.5
2009	100.0	55.1	0.6	25.7	18.1	0.5
2010	100.0	53.8	0.7	26.3	18.7	0.5
2011	100.0	53.0	1.1	27.3	18.0	0.6
2012	100.0	54.3	1.0	25.5	16.5	2.7
2013	100.0	57.5	1.2	22.4	15.8	3.1
2014	100.0	56.5	1.6	22.7	15.6	3.6
2015	100.0	57.9	1.6	21.8	14.8	3.9

4-10 农林牧渔业分类总产值
GROSS OUTPUT VALUE OF FFAF BY CATEGORY OF FARM PRODUCTS

单位:万元　　　　　　　　　　　　　　　　　　　　　　(10 000 yuan)

项目	Item	按当年价格计算 at current prices 2015	2014
农林牧渔业产值	Total of Farming、Forestry、Animal Husbandry and Fishery	6202842	5594354
一、农业产值	Farming	3591590	3162714
1. 谷物	Cereal	344368	353975
2. 豆类	Beans	20721	24651
3. 棉花	Cotton	39774	54313
4. 油料	Oil - bearing Crops	109007	111630
5. 麻类	Fiber Crops	220	1335
6. 糖料	Sugar Crops	62906	10741
7. 烟叶	Tobacco		
8. 药材	Herb Crops	7434	7402
9. 薯类	Tuber Crops	18952	18783
10. 蔬菜及食用菌(含菜用瓜)	Vegetables & Melons	2328940	2018097
11. 茶、桑、果	Tea,Mulberry & Fruit	171592	156604
12. 花卉园艺	Flower and Hoticulture	468862	386506
13. 其他农作物	Other Crops	18766	18677
14. 采集野生植物	Cathering of Wild Plants		
二、林业产值	Forestry	99532	87107
三、牧业产值	Animal Husbandry	1352725	1269943
四、渔业产值	Fishery	918058	874004
五、农林牧渔服务业产值	Farming、Forestry、Aminal Husbandry and Fishery Service	240937	200586

4-11 主要农产品产量
OUTPUT OF MAJOR FARM PRODUCTS

项目	Item	2011	2012	2013	2014	2015
粮　　食(吨)	Grains(ton)	1208573	1258942	1268700	1271300	1270028
棉　　花(吨)	Cotton(ton)	23477	24557	33168	20457	16490
油　　料(吨)	Oil - bearing Crops(ton)	176145	180191	186620	185481	183337
蔬　　菜(吨)	Vegetables(ton)	6271282	6616203	6880851	7027365	7422982
水　　果(吨)	Fruit(ton)	78960	76848	84824	110214	115024
肉猪出栏(万头)	Slaughtered Hogs (10 000 heads)	278.05	298.40	308.20	311.00	304.04
家禽出笼(万只)	Slaughtered Poultry(10 000heads)	5164.87	5552.20	5802.05	5500.40	5247.40
禽蛋产量(吨)	Eggs(ton)	202636	205676	214931	220415	229231
牛　　奶(吨)	Milk(ton)	59453	66897	71350	79491	90408
水产品(吨)	Aquatic Products(ton)	460138	468605	490161	505529	524587

4-12 农 作 物 播 种 面 积
SOWN AREAS OF FARM CROPS

单位:千公顷　　(1 000 hectares)

项目	Item	2011	2012	2013	2014	2015
总　计	**Total Sown Areas**	**533.02**	**547.98**	**545.72**	**528.01**	**522.03**
一、粮食作物	Sown Areas of Grain Crops	221.02	229.45	222.45	216.33	214.76
1.夏收粮食	Summer Grain Crops	29.64	32.72	33.91	32.86	31.28
#小　麦	Wheat	22.07	26.06	25.12	24.83	23.53
蚕豌豆	Broad Bean & Pea	6.05	4.23	6.39	5.91	5.67
薯　类	Tuber Crops(Potato,etc)	1.21	0.65	0.52	0.60	0.58
其他杂粮	Coarse Cereals	0.31	1.78	1.88	1.52	1.50
2.秋收粮食	Autumn Grain Crops	191.38	196.73	188.54	183.47	183.47
稻　谷	Paddy Rice	160.92	161.42	152.97	151.20	149.57
#早　稻	Early Season Rice	54.60	56.49	52.66	50.24	51.60
中稻(含一季晚)	Mid-Season Rice(Including Single Rotation Late Season Rice)	46.06	44.09	43.41	43.69	42.33
双季晚稻	Double Rotation Late Rice	60.26	60.84	56.9	57.26	55.64
玉　米	Corn	16.04	19.15	17.91	15.78	18.23
大　豆	Soybean	9.83	9.45	9.57	9.28	8.68
薯　类	Tuber Crops	2.50	4.36	5.05	4.48	4.54
其他杂粮	Other Coarse Cereals	2.09	2.35		0.09	
二、棉　花	Sown Areas of Cotton	19.23	26.23	26.25	21.21	12.52
三、油　料	Sown Areas of Oil-bearing Crops	94.28	93.60	89.48	87.77	86.90
#油菜籽	Rape Seeds	65.70	64.60	63.22	62.47	62.72
花　生	Peanuts	13.58	13.67	14.33	14.07	13.92
芝　麻	Sesame	14.93	15.33	11.82	11.12	10.18
四、麻　类	Fiber Crops(Incl. Jute and Ambary Hemp,etc)	1.25	1.28	1.00	0.59	0.08
五、糖　料	Sugar Crops	1.39	1.23	1.17	1.17	1.16
六、烟　叶	Tobacco					
七、药　材	Herb Crops	0.42	0.84	1.18	1.12	1.05
八、蔬菜、瓜类	Sown Areas of Vegetables & Melons	180.83	181.51	187.02	186.08	190.59
蔬　菜	Vegetables	161.81	163.08	169.37	169.08	174.07
瓜　类	Melons	19.02	18.43	17.65	17.00	16.52
九、青饲料	Green Fodder	6.37	6.22	6.96	6.84	6.95
十、绿　肥	Green Fertilizer Crops	6.40	6.24	5.87	5.78	6.15
十一、其他作物	Other Crops	1.83	1.37	4.34	1.12	1.86

4-13 农 作 物 总 产 量
YIELD OF FARM CROPS

单位:吨 (ton)

项目 Item		2011	2012	2013	2014	2015
总计	**Total Sown Areas**					
一、粮食作物	Sown Areas of Grain Crops	1208573	1258942	1268700	1271300	1270028
1.夏收粮食	Summer Grain Crops	78274	77107	87476	81000	73624
#小麦	Wheat	57198	60787	70462	64728	58037
蚕豌豆	Broad Bean & Pea	11865	8162	8860	9508	9550
薯类	Tuber Crops(Potato,etc)	4735	2831	2829	2413	1441
其他杂粮	Coarse Cereals	4476	5327	5325	4351	4596
2.秋收粮食	Autumn Grain Crops	1130299	1181835	1181224	1190300	1196404
稻谷	Paddy Rice	983237	1047768	1020491	1014581	1028306
#早稻	Early Season Rice	293398	312824	309682	312906	311408
中稻(含一季晚)	Mid-Season Rice(Including Single Rotation Late Season Rice)	324761	350566	338459	336527	338992
双季晚稻	Double Rotation Late Rice	365078	384378	372350	365148	377906
玉米	Corn	97749	70501	94176	104472	104752
大豆	Soybean	25054	31352	23241	29077	21357
薯类	Tuber Crops	20633	28799	38161	36825	36995
其他杂粮	Other Coarse Cereals	3626	3415		360	
二、棉花	Sown Areas of Cotton	23477	24557	33168	20457	16490
三、油料	Sown Areas of Oil-bearing Crops	176145	180191	186620	185481	183337
#油菜籽	Rape Seeds	107804	112049	123389	120017	118802
花生	Peanuts	42274	41355	42335	43951	45550
芝麻	Sesame	26037	26787	20832	21183	18835
四、麻类	Fiber Crops(Incl.Jute and Ambary Hemp,etc)	2935	2808	2652	2370	225
五、糖料	Sugar Crops	70246	2808	47455	47164	42764
六、烟叶	Tobacco					
七、药材	Herb Crops				8378	8214
八、蔬菜、瓜类	Sown Areas of Vegetables & Melons					
蔬菜	Vegetables	6271282	6616203	6880851	7027365	7422982
瓜类	Melons	520703	545749	520840	542552	537465

4-14 农作物单位面积产量
PER HECTARE OUTPUT OF FARM CROPS

单位:公斤/公顷 (kilogram/hectare)

项目	Item	2011	2012	2013	2014	2015
总计	**Total Sown Areas**					
一、粮食作物	Sown Areas of Grain Crops	5468	5487	5703	5877	5914
1.夏收粮食	Summer Grain Crops	2641	2357	2580	2465	2353
#小麦	Wheat	2592	2333	2805	2607	2467
蚕豌豆	Broad Bean & Pea	1961	1929	1387	1609	1684
薯类	Tuber Crops(Potato,etc)	3913	4363	5440	4041	2484
其他杂粮	Coarse Cereals	2449	2999	2832	2861	3044
2.秋收粮食	Autumn Grain Crops	5906	6007	6265	6488	6521
稻谷	Paddy Rice	6110	6491	6671	6710	6875
#早稻	Early Season Rice	5374	5538	5880	6228	6035
中稻(含一季晚)	Mid-Season Rice(Including Single Rotation Late Season Rice)	7051	7951	7797	7702	8008
双季晚稻	Double Rotation Late Rice	6058	6317	6544	6377	6792
玉米	Corn	6094	3681	5258	6619	5746
大豆	Soybean	2549	3318	2429	3134	2460
薯类	Tuber Crops	8253	6609	7557	8216	8149
其他杂粮	Other Coarse Cereals	1735	1453		4154	
二、棉花	Sown Areas of Cotton	1221	936	1264	964	1317
三、油料	Sown Areas of Oil-bearing Crops	1868	1925	2086	2113	2110
#油菜籽	Rape Seeds	1641	1735	1952	1921	1894
花生	Peanuts	3113	3025	2954	3124	3272
芝麻	Sesame	1744	1747	1762	1906	1850
四、麻类	Fiber Crops(Incl.Jute and Ambary Hemp,etc)	2348	2199	2652	3985	2813
五、糖料	Sugar Crops	50537	47205	40560	40300	36866
六、烟叶	Tobacco					
七、药材	Herb Crops					
八、蔬菜、瓜类	Sown Areas of Vegetables & Melons					
蔬菜	Vegetables	38757	40570	40626	41563	41911
瓜类	Melons	27377	29612	29509	31912	32534

4-15 林业生产情况
STATISTICS ON FORESTRY PRODUCTION

项目	Item	2015	2014
一、荒山(沙)地造林面积(公顷)	Barren Mountain(sand) Afforestation(hectare)	6762	4141
按造林方式分	By Way of Afforestation		
1、人工造林	Artificial Afforestation	6758	4141
2、飞机造林	Areial Afforestation		
3.无林地和疏林地新封	No Forest and Wood and New Sealed		
按经济成份分	By Ownership		
1、公有经济造林	State - owned	4138	136
2、非公有经济造林	Non - state - owned	2624	4005
按林种用途分:	By Function of Afforestation		
(1)用材林	Timber Forest	2479	1006
(2)经济林	Economic Forest	1782	1730
(3)防护林	Shelter - forest	2501	1392
(4)薪炭林	Fuel Forest		
(5)特种用途林	Special Purpose Forest		13
二、有林地造林面积	Forest Afforestation Area	516	469
1、林冠下造林	Under the Canopy of Afforestation	400	400
2、飞播造林	Afforestation by Aerial Seeding		
3、有林地和灌木林地新封	Forest and Woodland New Sealed	116	69
三、更新造林面积	Reforestation Area	455	101
四、低产低效林改造面积	Low Efficiency Forest Improvement Area	529	2874
五、零星(四旁)植树(万株)	Scattered(Four - side) Tree planging(10 000 plants)	613	684
六、年末实有封山(沙)育林面积(公顷)	year - end Area of Hillsides closed for Afforestation(hectare)	7123	7866
七、幼林抚育作业面积(公顷)	Working Area for Young Stands(hectare)	4991	7195
八、幼林抚育实际面积(公顷)	Actural Tending Area for Young Stands(hectare)	4622	5550
九、成林抚育面积(公顷)	Tending Area for Mature Plantation(hectare)	6521	10314
十,抚育改造出材量(立方米)	Production from Reforestation Area(cubic metre)	76754	74429
十一、林木种子采集量(吨)	Forest Tree Seed Collection(ton)	948	
十二、当年苗木产量(万株)	Seeding Production(10 000 plants)	2845	2180
十三、育苗面积(公顷)	Areas of Raising Seedlings(hectare)	10483	7806
十四,年末实有母树林面积(公顷)	Parent Forest Area(hectare)	64	31
十五、年末实有种子园面积(公顷)	Seed Orchard Area(hectare)	125	282
十六、木材采伐量(立方米)	Quantity of Timber Cut(cubic meter)	74181	88900

4-16 主要林产品产量
OUTPUT OF MAIN FORESTRY PRODUCTS

单位:吨　　(ton)

项目	Item	2015	2014
油桐籽	Seeds of Tung Oil Tree	173	129
油茶籽	Oil - tea Camellia Seed	7115	7724
乌桕籽	Chinese Sapium Seed		
五倍子	Chinese Gall		
板栗	Chinese Chestnut	8942	8181
香菇	Mushroom		
白木耳	White Fungus		
黑木耳	Black Fungus		

4-17 牧业生产情况
STATISTICS ON ANIMAL HUSBANDRY PRODUCTION

项目	Item	2015	2014
年末大牲畜存栏(头)	Large Animals In Stock(year - end, heads)	187391	201893
(1)耕牛	Farm Cattle	127331	166675
(2)良种及改良种乳牛	Cows of Fine Breed & Improved Variety	14715	18587
(3)肉用牛	Beef Cattle	45206	16466
(4)马	Horses		
(5)驴	Donkeys	139	165
(6)骡	Mutes		
年末羊只数(只)	Sheep And Goats in Stock(year - end, heads)	53760	55435
年末牲猪存栏(万头)	Hogs in stock(year - end, 10 000 heads)	206.04	215.53
#能繁母猪(万头)	Female Hogs of Reprodnctive Ability(10 000 heads)	16.77	17.92
全年肉猪出栏(万头/吨)	Slaughtered Fattened Hogs(10 000 heads/ton)	304.04/225000	311.02/234394
全年出售和自宰肉用牛(头/吨)	Slaughtered Cattle(heads/ton)	58264/8740	59379/8858
全年出售和自宰肉用羊(只/吨)	Slaughtered Sheep and Goats(heads/ton)	51111/1021	50109/1036
全年出售和自宰家禽(万只/吨)	Slaghtered Poultry(10 000 heads/ton)	5247.40/78711	5500.37/84934
牛奶产量(吨)	Milk(ton)	90408	79491
蜂蜜产量(吨)	Honey(ton)	1676	1887
禽蛋产量(吨)	Eggs(ton)	229231	220451

4-18 茶叶、水果生产情况
STATISTICS ON PRODUCTION OF TEA & FRUIT

项目	Item	2015	2014
茶叶产量(吨)	Output of Tea(ton)	3014	2947
#绿　茶	Green Tea	2968	2917
青　茶	Wulong Tea		
白　茶	White Tea	18	17
其它茶	Other Tea	28	13
年末茶园面积(公顷)	Tea Plantation Area(hectare)	7751	8944
#本年采摘面积	Picked Area This Year	5834	5924
水果产量(吨)	Output of Fruit(ton)	115024	110214
#桃　子	Peaches	31301	30162
苹　果	Apples		
柑　桔	Citrus	45047	41529
梨　子	Pears	14900	15101
葡　萄	Grapes	19798	18309
柿　子	Persimmons	1637	2545
年末果园面积(公顷)	Orchard Area(year-end,hectare)	8703	9014
#苹果园面积	Apples		34
柑桔园面积	Citrus	4180	4127
梨园面积	Pears	1075	1337
葡萄园面积	Grapes	1143	1014
桃园面积	Peachs	1595	1684

4-19 渔业生产情况
STATISTICS ON FISHERY PRODUCTION

项目	Item	2015	2014
水产品总产量(吨)	Total Aquatic Products(ton)	524587	505529
淡水捕捞产量	Fish Caught in Fresh Water	27951	28445
淡水养殖产量	Fish Artificially Cultured	496636	477084
按水产品种分类(吨)	By Category of Aquatic Products(ton)		
鱼　类	Fish	469474	451673
虾蟹类	Shrimps,Prawns & Crabs	25646	23511
贝　类	Shellfish		182
其他类	Others	1516	1718
养殖面积(公顷)	Artificially Cultured Area(hectares)	101550	107071
池塘养殖	Ponds	43065	46440
湖泊养殖	Lakes	50043	52503
河沟养殖	Rivers,Brooks	907	930
水库养殖	Reservoirs	5054	4985
其他养殖	Others	2481	2214
稻田养鱼面积(公顷)	Artificially Cultured in Paddy Fields(hectares)	9860	9103

主要统计指标解释

农林牧渔业总产值　是以货币表现的农、林、牧、渔业全部产品的总量,它反映一定时期内农业生产总规模和总成果。

农、林、牧、渔业的统计范围包括国有经济的各种专业农(农、林、牧、渔)场的农业生产活动;国家各级机关、团体、学校、部队进行的农业生产活动;集体所有制的乡、镇,村办农场的农业生产活动;工矿企业经营的农、林、牧、渔业生产活动;以及农村各种经济组织和农户经营的农林牧渔业生产活动和农民家庭兼营的商品性工业生产活动等。

(1)农业包括种植业和其他农业。

种植业包括谷物、豆类、薯类、棉、油料、糖料、麻类、烟叶、蔬菜、药材、瓜类和其他农作物的种植,以及茶园、桑园、果园的生产经营。

其他农业包括采集野生植物的果实、纤维、树胶、树脂、油料以及柴草、野生药材、菌类等及农民家庭兼营的商品性工业。

(2)林业包括林木的栽培(不包括茶园、桑园和果园的栽培,管理和收获等活动),林产品的采集和村及村以下合作经济组织和农户的竹木采伐。

(3)牧业包括牲畜饲养和放牧、家禽饲养以及野生动物的捕猎和饲养。

(4)渔业包括水生动物和海藻类植物的养殖和捕捞。

农业总产值的计算方法通常是按农林牧渔业产品及其副产品的产量分别乘以各自单位产品价格求得,少数生产周期较长,当年没有产品或产品产量不易统计的,则采用间接方法匡算其产值,然后将四业产品产值相加即为农业总产值。

粮食产量　指全社会的产量。包括国有经济经营的、集体统一经营的和农民家庭经营的粮食产量,还包括工矿企业办的农场和其他生产单位的产量。粮食除包括稻谷、小麦、玉米、高粱、谷子及其他杂粮外,还包括薯类和豆类,其产量计算方法,豆类按去豆荚后的干豆计算;薯类(包括甘薯和马铃薯,不包括芋头和木薯)1963 年以前按每 4 公斤鲜薯折 1 公斤粮食计算,从 1964 年开始及以后改为按 5 公斤鲜薯折 1 公斤粮食计算。

油料产量　指全部油料作物的生产量。包括花生、油菜籽、芝麻、向日葵籽、胡麻籽(亚麻籽)和其他油料。不包括大豆,也不包括木本油料和野生油料。花生以带壳干花生计算。

水产品产量　指人工养殖的水产品和天然生长的水产品的捕捞量。包括海水的鱼类、虾蟹类、贝类和藻类以及内陆水域的鱼类、虾蟹类和贝类,不包括淡水生植物。

猪、牛、羊肉产量　指当年出栏并已屠宰后除去头蹄下水后带骨肉(即胴体重)的重量。

耕地面积　指年初可以用来种植农作物、经常进行耕锄的田地,除包括熟地、当年新开荒地、连续撂荒未满三年的耕地和当年的休闲地(轮歇地)外,还包括以种植农作物为主并附带种植桑树、茶树、果树和其他林木的土地,以及沿海、沿湖地区已围垦利用的"海涂"、"湖田"等面积。但不包括属于专业性的桑园、茶园、果园、果木苗圃、林地、芦苇地、天然或人工草地面积。

农作物播种面积　指实际播种或移植有农作物的面积。凡是实际种植有农作物的面积,不论种植在耕地上还是种植在非耕地上,均包括在农作物播种面积中。在播种季节基本结束后,因遭灾而重新改种和补种的农作物面积,也包括在内。

有效灌溉面积　指具有一定的水源,地块比较平整,灌溉工程或设备已经配套,在一般年景下当年能够进行正常灌溉的耕地面积。

农用化肥施用量　指本年内实际用于农业生产的化肥数量,包括氮肥、磷肥、钾肥和复合肥。化肥施用量要求按折纯量计算数量,折纯法化肥施用量是把氮肥、磷肥和钾肥分别按含氮、含五氧化二磷、含氧化钾的百分之一百成分折算后的数量。复合肥按其所含主要成分折算。

农业机械总动力　指主要用于农、林,牧、渔业的各种动力机械的动力总和。包括耕作机械、排灌机械、收获机械、农用运输机械、植物保护机械、牧业机械、林业机械、渔业机械和其他农业机械(内燃机按引擎马力折成瓦(特)计算,电动机按功率折成瓦(特)计算)。不包括专门用于乡、镇、村、组办工业、基本建设。非农业运输、科学试验和教学等非农业生产方面用的动力机械与作业机械。

农林牧渔业从业人员　指直接参加农林牧渔业生产劳动的从业人员。

谷物　指籽实主要供作粮食的作物。这类作物包括稻:谷、小麦、玉米、谷子、高梁和其他谷物,不包括豆类和薯类作物。

Explanatory Notes on Main Statistical Indicators

Gross Output Value of Farming, Forestry, Animal Husbandry and Fishery refers to the total volume of products of farming, forestry, animal husbandry and fishery in value terms, which reflects the total scale and total result of agricultural production during a given period of time.

The statistical coverage of farming, forestry, animal husbandry and fishery are as follows:

In terms of ownership。Chinags agriculture includes specialized state farms (farming, forestry, animal husbandry, fishery), farms managed by various government agencies, organizations, schools, research institutions, and army; farms managed by rural collective organizations at levels of township, town, and village; farming, forestry, animal husbandry, fishery run by mining and industrial enterprises, various rural collective organizations and individual farmers, and some additional commodity industries of individual farmers.

(1) Farming includes cultivation of farm crops and other agricultural activities. Cultivation includes the cultivation of grain crops, beans, tubers, cotton, oil – bearing crops, sugar crops, fiber crops, tobacco, vegetables, medicinal herbs, melons and gourds, and cultivation and management of tea plantations, mulberry fields and orchards. Other agrivultural activities include gathering fruits, fiber, gum and resin of wild plants, oil – bearing plants, grass wild medicinal herbs, fungus plants, and commodity industries of the rural house holds.

(2) Forestry refers to planting trees of various kinds (excluding tea plantations, mulberry fields and orchards), gathering of forest products, and cutting and felling of bamboo and trees by villages and other cooperative organizations under villages.

(3) Animal husbandry refers to raising and grazing of livestock, raising poultries, and hunting and raising wild animals.

(4) Fishery refers to cultivation and catching of fish and other aquatic animals and cultivation and collection of sea weed and other aquatic plants.

Gross output value of agriculture is obtained by first multiplying the output of each product or by – product by its price, resulting in the output value of each single item. For a small number of products, annual output of which is not available or difficult to get due to the long production/growing process involved, the output value is estimated through an indirect approach. The sum of output value of all products of farming, forestry, animal husbandry, and fishery is then equal to the gross output value of agricuhure.

Ouptput of Grain refers to the output in the whole country or region including grains produced by state farms, collective units, industrial enterprises and mines. Grain includes rice, wheat, corn, sorghum, millet and other miscellaneous grains as well as tubers and beans. Output of beans refers to dry beans without pods. The output of tubers (sweet potatoes and potatoes, not including taros or cassava) was converted into that of grain at the ratio 4:1, i. e. four kilograms of fresh tubers were equivalent to one kilogram of grain up to 1963. Since 1964 the ratio for conversion has been 5:1.

Output of Oil – bearing Crops refers to the total output of oil – bearing crops of various kinds, including peanuts, (dry, in shell) rape seeds, sesame, sunflower seeds, flax seeds, and other oil – bearing crops. Soybeans, oil – bearing woody plants, and wild oil – bearing crops are not included.

Output of Aquatic Products refers to catches of both artificially cultured and naturally grown aquatic products, including fish, shrimps, crabs and shellfish in sea and inland water as well as seaweed. Freshwater plants are not included.

Output of Pork, Beef, and Mutton refers to the meat of slaughtered hogs, cattle, sheep and goats with head, feet, and offal taken away.

Cultivated Area (Area under cultivation) refers to farmland which is plowed constantly for growing crops, including cultivated land, newly cultivated land in the current year, farmland left without cultivation for less than three years and fallow land in the current year, rotation land, rotation land of grass and crops, farmland with some fruit trees, mulberry trees and other trees and cultivated seashore land, lake land, and etc. The land of mulberry fields, tea plantations, orchards, nurseries of young plants, forest land, reed land, natural and man – made grassland and other land are not included in cultivated land.

Sown Area of Crops refers to area of land sown or transplanted with crops regardless of being in cultivated area or non – cultivated area. Area of land resown due to natural disasters is also included.

Irrigated Area refers to areas that are effectively irrigated, i. elevel land which has water source and complete sets of irrigation facilities to lift and move adequate water for irrigation purpose under normal conditions.

Consumption of Chemical Fertilizers refers to the quantity of chemical fertilizers applied in agricuhure in the year, including nitrogenous fertilizer, phosphate fertilizer, potash fertilizer, and compound fertilizer. The consumption of chemical fertilizers is required in calculation to convert the gross weight into weight containing 100% effective component (eg. 100% nitrogen content in nitrogenous fertilizer, 100% phosphorous pentoxide content in phosphate fertilizer, 1 00% potasium oxide content in potash fertilizer). Compound fertilizer is converted with its major component.

Total Power of Farm Machinery refers to total mechanical power of machinery used in farming, forestry, animal husbandry, and fishery, including ploughing, irrigation and drainage, harvesting, transport, plant protection, stock breeding, forestry and fishery. The power of internal combustion engines is required to convert horsepower into watts and the power of electric motors is required to be converted into watts. Machinery employed for non – agricultural purposes, such as the machines used in township – run and village – run industry, construction, non—agncultural transport, scientific experiments and teaching, is excluded.

Laborers Engaged in Farming, Forestry, Animal Husbandry and Fishery refers to the total laborers who are directly engaged in production of farming, forestry, animal husbandry and fishery.

Cereals refer to seeds of various kinds of crops that are used mainly for grain. Cereals include paddy, wheat, maize, millet, Chinese sorghum, etc. , except beans and tubers.

五 固定资产投资与建筑业

INVESTMENT IN FIXED ASSETS, CONSTRUCTION

资料整理人员：王 青 余芙蓉 吴 麒 胡 海 陈弥灵 王志斌 董 烁

STAFF FOR DATA PROCESSING：

Wang Qing Yu Furong Wu Qi Hu Hai Chen Miling Wang Zhibin Dong Shuo

简要说明

本篇资料通过对一定时期全社会建造和购置固定资产活动的数量方面的描述，反映报告期内武汉市固定资产投资的规模和速度、固定资产投资的结构和比例关系、固定资产投资的资金来源及新增固定资产以及建设项目的新增生产或效益等。

全社会固定资产投资统计的范围包括：城镇项目投资、房地产开发投资、农村项目投资、农村私人（农户）固定资产投资。城镇和农村非农户项目投资统计范围包括：城乡各种登记注册类型的企业、事业、行政单位及个体户进行的计划总投资（或实际需要总投资）500万元及以上的建设项目或固定资产购置。

Brief Description

The Data in this chapter show the size and pace, structural and proportional relations, funded sources, newly increased fixed assets, newly increased production capacity of construction projects, or efficiency of the investment in fixed assets in reposed period by describing the volume of construction and purchase of fixed assets.

The investment in fixed assets in the whole country includes the investment in capital construction projects in urban, the investment in real estate development, construction projects and purchase of fixed assets of non – individuals in rural, the investment by individuals in rural areas. Statistics on the investment in capital construction projects in urabn and non – individuals in rural areas cover construction projects of 5 million yuan and above which are invested by enterprises, institutions, administrative units and individuals registed in urban and rural areas.

5-1 全社会固定资产投资
TOTAL INVESTMENT IN FIXED ASSETS

单位:万元 （10 000 yuan）

项目 Item	2015	2014
全社会固定资产投资 Total Investment in Fixed Assets	77252645	70028536
国有经济及国有控股 State - owned and State Holding	28579846	24824241
一、按登记注册类型分 Grouped by Ownership		
（一）内资企业 Domestic Funded Enterprises	70780401	64845379
国　有 State - owned Units	19270279	17143719
集　体 Collective - owned Units	1777767	1964624
股份合作 Share Holding Cooperative	388103	391813
联　营 Joint owned Economic Units	94360	191571
#国有联营 Joint State - owned units	79799	43356
#集体联营 Joint Collective - owned Unit	14561	98486
有限责任公司 Limited Liability Companies	28254391	25429534
#国有独资公司 Companies State - owned Exclusive Investment	1911263	1647506
股份有限公司 Share Holding Corporations LTD.	4474352	5111185
私营企业 Private Units	10827591	10993267
其他内资公司 Other Companies	5693558	4476144
（二）外商投资企业 Foreign - Funded Enterprises	3309595	2392655
中外合资经营 Sino - Foreign Joint Economic Units	1651413	608164
中外合作经营 Sino - Foreign Cooperative Economic Units	7791	92134
外商独资 Foreign Enterprises	1155354	1149350
股份有限 Companies of Share Holding with Limited Liabilities	217244	319345

5-1 续 表 Continued

项 目 Item	2015	2014
(三)港澳台投资企业 Economic Units Funded from Hong Kong, Macao and Taiwan	2697168	2368213
与大陆合资经营 Mainland - Hong Kong or Mainland - Macao or Mainland - Taiwan Joint Economic Units	742823	740771
与大陆合作经营 Mainland - Hong Kong or Mainland - Macao or Mainland - Taiwan Cooperative Economic Units	44283	
港澳台独资企业 Economic Units Funded by Entrepreneurs from Hong Kong, Macao and Taiwan	1884525	1495829
股份有限 Companies of Share Holding with Limited Liabilities	25537	126110
(四)个体经营 Individual Business	21691	422289
二、按构成分 Grouped by Use of Funds		
建筑工程 Construction	52018939	45351107
安装工程 Installation	5165094	5939239
设备工器具购置 Purchase of Equipment and Instruments	10380153	9661667
其它费用 Others	9638459	9076523
三、按三次产业分 Grouped by Industry		
第一产业 Primary Industry	341204	413691
第二产业 Secondary Industry	28446490	26438128
#工　业 Industry	27693614	26063164
#制造业 Manufacturing	26488242	24774710
电力、燃气及水的生产和供应业 Production and Supply of Electricity, Cas and Water	1192814	1264454
第三产业 Tertiary Industry	48021161	43176717
#交通运输、仓储、邮电通信业 Transportation, Storage, Postal and Telecommunications Services	5709380	4547044
信息传输、软件和信息技术服务业 Information transfer, Computer and Software Services	704534	471202
#电信、广播电视和卫星传输服务业 Telecom and Information Transfer	505830	375230
水利、环境和公共设施管理业 Water Conservancy, Environment and Public Facilities	8162822	6418944

5-2 历年全社会固定资产投资
TOTAL INVESTMENT IN FIXED ASSETS OVER THE YEARS

单位:万元 (10 000 yuan)

年份 Year	全社会固定资产投资 Total Investment in Fixed Assets	一、城镇投资 Urban Investment	1. 城镇投资项目投资 Vrban Investment Projects	2. 房地产开发投资 Real Estate Development	二、农村投资 Rural Investment	1. 农村非农户项目投资 Non-Farming Household Investment in Rural Areas	2. 农村农户(私人)投资 Investment of Farming Household in Rural Areas
1950	1170	1170	1170				
1951	3180	3180	3180				
1952	6741	6741	6741				
1953	15656	15656	15656				
1954	20901	20901	20901				
1955	28200	28200	28200				
1956	42740	42740	42740				
1957	45184	45184	45184				
1958	68222	68222	68222				
1959	84323	84323	84323				
1960	72920	72920	72920				
1961	15651	15651	15651				
1962	7034	7034	7034				
1963	9576	9576	9576				
1964	17283	17283	17283				
1965	23474	23474	23474				
1966	32646	32646	32646				
1967	21013	21013	21013				
1968	13381	13381	13381				
1969	20035	20035	20035				
1970	41436	41436	41436				
1971	45621	45621	45621				
1972	43245	43245	43245				
1973	34687	34687	34687				
1974	40909	40909	40909				
1975	70842	70842	70842				
1976	146559	146559	145873				
1977	228047	228047	227232				
1978	117384	117384	116592				
1979	88384	88384	87258				
1980	100751	100751	97404				
1981	95404	95404	89561				
1982	112112	107431	97459		4681	2556	2125

5－2 续 表 Continued

年 份 Year	全社会固定资产投资 Total Investment in Fixed Assets	一、城镇投资 Urban Investment	1. 城镇投资项目投资 Vrban Investment Projects	2. 房地产开发投资 Real Estate Development	二、农村投资 Rural Investment	1. 农村非农户项目投资 Non－Farming Household Investment in Rural Areas	2. 农村农户(私人)投资 Investment of Farming Household in Rural Areas
1983	115984	115984	107380				
1984	179294	156366	140820		22928	7421	15507
1985	234020	199495	183811		34525	15487	19038
1986	271164	231184	205936		39980	11798	28182
1987	327384	291865	258060		35483	12802	22681
1988	363111	326301	298986		36810	16434	20376
1989	320134	286329	263932		33805	10221	23584
1990	389728	351369	304036	33452	38359	10285	28074
1991	437967	397207	347233	34190	40760	11314	29446
1992	683566	637783	558184	55821	45783	19750	26033
1993	1189811	1138689	874988	246322	51122	22535	28587
1994	2060165	1969526	1378053	570618	90639	47974	42665
1995	3222274	3035549	1963484	916194	186725	94461	92264
1996	3870259	3630725	2456817	972609	239534	116981	122553
1997	4081797	3774020	2414385	1065729	307777	141097	166680
1998	4204250	3888663	2489886	1067997	315587	152384	163203
1999	4312456	3974560	2686567	967130	337896	167024	170872
2000	4619265	4360454	3284340	1013105	268811	164641	104170
2001	5084427	4855038	3619987	1153357	229389	117474	111915
2002	5704258	5493295	4075535	1325012	210963	134551	76412
2003	6450642	6228215	4449322	1695468	222427	142819	79608
2004	8222009	7966538	5547750	2333006	255471	160338	95133
2005	10551808	10239525	7259606	2979919	269815	205304	64511
2006	13252872	12970563	9309047	3661516	282309	206668	75641
2007	17327895	16871463	12273965	4597498	456432	337569	118863
2008	22520524	22024452	16320847	5703605	496072	377191	118881
2009	30011045	29217564	21431618	7785946	793481	596593	196888
2010	37531682	36514462	26340475	10173987	1017220	710496	306724
2011	42551621	41776290	29034544	12741746	775331	547558	227773
2012	50312488	49627630	33879025	15748605	684858	533136	151722
2013	60019555	59503162	40447162	19056000	516393	242110	274283
2014	70028536	69076668	45540405	23536263	951868	548670	403198
2015	77252645	75782533	49964676	25817857	1470112	1026322	443790

5-3 全社会住宅投资
TOTAL INVESTMENT IN RESIDENTIAL BUILDINGS

单位:万元　　　　(10 000 yuan)

项目 Item	2011	2012	2013	2014	2015
总计 Total	7675433	10288318	12806301	16188031	18103094
一、城镇投资 Urban Inevstment	7534967	10177388	12621575	15972661	17884897
(一)城镇500万元以上项目 Number of Urban Construction Pojects over 5 million Yuan	161829	263336	113736	367135	105564
(二)房地产开发 Real Estate Development	7373138	9914052	12507839	15605526	17779333
二、农村投资 Rural Inevstment	140466	110930	184726	215370	218197
(一)农村非农户投资 Non - Farming Household in Rural Areas	16102	980	0	12382	594
(二)农村农户投资 Farming Household Investment in Rual Areas	124364	109950	184726	202988	217603

5-4 全社会竣工房屋建筑面积
TOTAL FLOOR SPACE OF BUILDINGS COMPLETED

单位:万平方米 (10 000 sq. m)

项目 Item	2011	2012	2013	2014	2015
总计 Total	2182.98	2776.48	2416.17	2993.46	3326.92
一、城镇投资 Urban Investment	1998.501	2603.77	2250.98	2787.30	3098.90
(一)城镇500万元以上项目 Number of Urban Construction Projects over 5 Million Yuan	934.441	1551.64	1571.67	2021.89	2294.32
(二)房地产开发 Real Estate Development	1064.06	1052.13	679.31	765.42	804.58
二、农村投资 Rural Investment	184.48	172.71	165.19	206.16	228.01
(一)农村非农户投资 Non - Farming Household in Rural Areas	37.67	34.38	7.98	15.62	25.00
(二)农村农户投资 Farming Household Investment in Rual Areas	146.81	138.33	157.22	190.54	203.01

5－5 全社会住宅竣工面积
TOTAL FLOOR SPACE OF RESIDENTIAL BUILDINGS COMPLETED

单位:万平方米 (10 000 sq. m)

项目 Item	2011	2012	2013	2014	2015
总计 **Total**	1128.32	1085.84	690.2004	849.96	921.53
一、城镇投资 **Urban Investment**	976.2	948.96	542.222	665.25	730.09
(一)城镇500万元以上项目 Number of Urban Construction Projects over 5 million Yuan	54.22	50.38	12.5267	19.27	75.47
(二)房地产开发 Real Estate Development	921.98	898.57	529.6953	645.98	654.63
二、农村投资 **Rural Investment**	152.12	136.89	147.9784	184.71	191.44
(一)农村非农户投资 Non－Farming Household in Rural Areas	12.14	0.63	0.00	0.00	0.40
(二)农村农户投资 Farming Household Investment in Rual Areas	139.98	136.26	147.9784	184.71	191.04

5-6 全社会新增固定资产
NEWLY INCREASED FIXED ASSETS

单位:万元 (10 000 yuan)

项目 Item	2015	2014
总计 **Total**	28438991	25849230
一、城镇投资 **Urban Investment**	27706520	25203809
(一)城镇500万元以上项目投资 Number of Urban Construction Projects over 5 million Yuan	23006613	21063235
(二)房地产开发 Real Estate Development	4699907	4140574
二、农村投资 **Rural Investment**	732471	645421
(一)农村非农户投资 Non-Farming Household in Rural Areas	504121	242223
(二)农村农户投资 Farming Household Investment in Rual Areas	228350	403198

5-7 固定资产投资
TOTAL INVESTMENT IN FIXED ASSETS

单位:万元 (10 000 yuan)

项目 Item	2015	2014	增幅(%) Increase Rate in 2015 over 2014(%)
计划总投资 Total Planned Investment	252106386	246011867	2.5
#本年新开工 Stated this year	42061229	41121695	2.3
自开始建设累计完成投资 Total Investment from Started	177447678	165925901	6.9
本年完成投资 Total Investment completed this year	76808855	69625338	10.3
#国有经济及国有控股 State - owned and State - holding Units	28579846	24824241	15.1
#住宅投资 Investment in Residential Buildings	17885491	15972771	12.0
一、按登记注册类型分 Grouped by Ownership			
(一)内资企业 Domestic Funded Enterprises	70780401	64845379	9.2
国有 State - owned Units	19270279	17143719	12.4
集体 Collective - owned Units	1777767	1964624	-9.5
股份合作 Share - holding Cooperative	388103	391813	-0.9
联营 Joint - owned Economic Units	94360	191571	-50.7
#国有联营 Joint State - owned	79799	43356	84.1
集体联营 Joint Collective - owned	14561	98486	-85.2
有限责任公司 Limited Liabilities Companies	28254391	25429534	11.1
#国有独资公司 Companies State - owned Exclusive Investment	1911263	1647506	16.0
股份有限公司 Share - holding Corporations LTD.	4474352	4254707	5.2
私营企业 Private Units	10827591	10993267	-1.5
其他内资公司 Other Companies	5693558	4476144	27.2
(二)外商投资企业 Foreign - Funded Enterprises	3309595	2392655	38.3
中外合资经营 Sino - Foreign Joint Economic Units	1651413	608164	171.5
中外合作经营 Sino - Foreign Cooperative Economic Units	7791	92134	-91.5
外资企业 Foreign Enterprises	1155354	1149350	0.5
股份有限 Companies of Share - holding With Limited Liabilities	217244	319345	-32.0
其他外商投资 Other Foreign Funded Enterprises	277793	223662	24.2

5-7 续 表 Continued

项 目 Item	2015	2014	增幅(%) Increase Rate in 2015 over 2014(%)
(三)港澳台投资企业 Economic Units Funded from Hong Kong, Macao and Taiwan	2697168	2368213	13.9
与大陆合资经营 Mainland-Hong Kong or Mainland-Macao or Mainland-Taiwan Joint Economic Units	742823	740771	0.3
与大陆合作经营 Mainland-Hong Kong or Mainland-Macao or Mainland-Taiwan Cooperative Economic Units	44283		
港澳台独资企业 Economic Units Funded by Entrepreneurs from Hong Kong, Macao and Taiwan	1884525	1495829	26.0
股份有限 Companies of Share Holding With Limited Liabilities	25537	126110	-79.8
其他港、澳、台商投资 Other Investment from Hongkong、Macro and Taiwan		5503	
(四)个体经营 Individual	21691	19091	13.6
二、按构成分 **Grouped by Use of Funds**			
建筑工程 Construction	51790589	45138331	14.7
安装工程 Installation	5165094	5939239	-13.0
设备工器具购置 Purchase of Equipment and Instruments	10214713	9471245	7.8
其它费用 Others	9638459	9076523	6.2
三、按三次产业分 **Grouped by Industry**			
第一产业 Primary Industry	341204	223269	52.8
第二产业 Secondary Industry	28446490	26438128	7.6
第三产业 Tertiary Industry	48021161	42963941	11.8
四、按建设性质分 **Grouped by Type of consturction**			
#新 建 New construction	33068637	32775381	0.9
扩 建 Expansion	7553405	3417208	121.0
改建和技术改造 Reconsturcion	8025250	7354561	9.1

5-8 城镇500万元以上项目投资
PROJECTS INVESTMENT OVER FIVE MILLION YUAN IN URBAN AREA

单位:万元 (10 000 yuan)

项目 Item	计量单位	2015	2014
计划总投资 Total Planned Investment	万元	134103205	141044539
#本年新开工 Started this year	万元	41111194	40394605
自开始建设累计完成投资 Total Invesment from started	万元	88777954	91823376
本年完成投资 Total Investment completed this year	万元	49964676	45540405
#国有经济及国有控股 State - Owned and State - holding	万元	23402947	20269874
#住宅投资 Iinvestment in Residential Buildings	万元	105564	367135
一、按登记注册类型分 Grouped by Ownership			
(一)内资企业 Domestic funded Enterprises	万元	46772234	43514467
国　有 State - owned Units	万元	18883890	16860542
集　体 Collective - owned Units	万元	1698911	1876078
股份合作 Cooperative of Share Holding	万元	388103	391813
联　营 Joint - owned Economic Units	万元	93352	191571
#国有联营 Joint State - owned	万元	79799	43356
集体联营 Joint Collective - owned	万元	13553	98486
有限责任公司 Limited Liabilities Companies	万元	12717768	11971299
#国有独资公司 Companies State - owned Exclusive Investment	万元	993279	888209
股份有限公司 Share - holding Corporations LTD.	万元	2341394	2234063
私营 Private Units	万元	5130522	5536756
其他内资公司 Other Companies	万元	5518294	4452345
(二)外商投资企业 Foreign - Funded Enterprises	万元	2769036	1585940
中外合资经营 Sino - Foreign Joint Economic Units	万元	1565324	477815
中外合作经营 Sino - Foreign Cooperative Economic Units	万元	7791	9286
外商独资 Foreign Enterprises	万元	926518	770687
股份有限 Companies of Share Holding With Limited Liabilities	万元	214324	318445

5-8 续 表 Continued

项 目 Item	计量单位	2015	2014
(三)港澳台投资企业 Economic Units Funded from Hong Kong, Macao and taiwan	万元	423056	430020
与大陆合资经营 Mainland - Hong Kong or Mainland - Macao or Mainland - Taiwan Joint Economic Units	万元	137060	224555
与大陆合作经营 Mainland - Hong Kong or Mainland - Macao or Mainland - Taiwan Cooperative Economic Units	万元		
港澳台独资企业 Economic Units Funded by Entrepreneurs from Hong Kong, Macao and Taiwan	万元	260579	104494
股份有限 Companies of Share Holding With Limited Liabilities	万元	25417	95468
(四)个体经营 Individual Businsses	万元	350	9978
二、按构成分 **Grouped by Use of Funds**	万元		
建筑工程 Construction	万元	34667595	29250235
安装工程 Installation	万元	2961315	3786742
设备工器具购置 Purchase of Equipment and Instruments	万元	9558289	8954178
其它费用 Others	万元	2777477	3549250
三、按建设性质分 **Grouped by Type of Construction**	万元		
#新 建 New Construction	万元	32376300	32396600
扩 建 Expansion	万元	7290648	3332900
改 建 Reconstruction	万元	7957209	7300575
本年新增固定资产 Newly Increased Fixed Assets this year	万元	23006613	21063235
本年施工项目个数 Number of Projects under Construction this year(unit)	个	2648	2886
#本年新开工项目 Projects Started this year(unit)	个	1700	1801
本年投产项目个数 Number of Projects Put into Use(unit)	个	1675	1553
本年施工房屋面积 Floorspace of Householding this year(1000 sq. m)	万平方米	36234089	42163303

#住 宅
Residential(10 000 sq. m)
	万平方米	1877013	2774371

本年竣工房屋面积 Floor Space of Completed Householding this year(10 000 sq. m)	万平方米	22943217	20218871

#住 宅
Residential(10 000 sq. m)
	万平方米	754650	192652

5－9 城镇500万元以上项目投资效率
EFFICIENCY OF INVESTMENT OF PROJECTS OVER 5 MILLION YUAN IN URBAN AREAS

项　　　目 Item	2015	2014
一、建设项目投产率(%) Rate of Projects Completed and Put into Use(%)	**63.3**	**53.8**
全部投产项目(个) Number of Projects Fully Completed and Put into Use(unit)	1675	1553
施工项目(个) Number of Projects under Construction(unit)	2648	2886
二、固定资产交付使用率(%) Rate of Fixed Assets Put into Use(%)	**46**	**46.3**
新增固定资产(万元) Newly Increased Fixed Assets (10 000 yuan)	23006613	21063235
投资额(万元) Investment	49964676	45540405
三、房屋建筑面积竣工率(%) Completion Rate of Floor Space of Buildings(%)	**63.3**	**48.0**
房屋竣工面积(万平方米) Floor Space of Buildings Completed(10 000 sq. m)	2294.32	2021.89
房屋施工面积(万平方米) Floor Space of Buildings Under Construction(10 000 sq. m)	3623.41	4216.3303
#住宅建筑面积竣工率(%) Completion Rate of Floor Space of Residential Buildings(%)	40.2	6.9
住宅竣工面积(万平方米) Floor Space of Residential Buildings Completed(10 000 sq. m)	75.47	19.27
住宅施工面积(万平方米) Floor Space of Residential Buildings Under Construction(10 000 sq. m)	187.7	277.44
四、建设周期(年) Cycle of Construction(Year)	**3**	**3**
计划总投资(万元) Total Planned Investment(10 000 yuan)	134103205	141044539
投资额(万元) Investment(10 000 yuan)	49964676	45540405

5-10 城镇500万元以上项目分行业投资
INVESTMENT OF PROJECTS OVER 5 MILLION YUAN IN URBAN AREAS

单位:万元 (10 000 yuan)

项目 Item	2015	2014
总计 Total	**49964676**	**45540405**
农、林、牧、渔业 Farming, Forestry, Animal Husbandry and Fishery	200296	135234
采矿业 Mining and quarrying	7546	24000
制造业 Manufacturing	25916537	24518142
电力、燃气及水的生产和供应业 Electric Power, Gas and Water Production and Supply	1182318	1247626
建筑业 Construction	778188	452908
批发和零售业 Wholesale and Retail Trade	775684	781665
交通运输、仓储及邮政业 Transportation, Storage, Postal and Telecommunications Services	5644254	4499525
住宿和餐饮业 Hotel and Catering services	287835	254481
信息传输、计算机服务和软件业 Information Transfer, Computer and Software Services	704534	471202
金融业 Banking	60177	247012
房地产业 Real Estate	2738164	2668534
租赁和商务服务业 Leasing Services and Commercial Services	960540	925783
科学研究、技术服务和地质勘查业 Scientific Research, Polytechnic Services and Geological Prospecting	611695	282467
水利、环境和公共设施管理业 Water Conservancy, Environment and Pulic Facilities	8088082	6367638
居民服务和其他服务业 Resident Services and other Services	262195	410889
教育 Education	605086	714866
卫生和社会工作 Health and Social Work	288739	640070
文化、体育和娱乐业 Culture, Sports and Recreational Sevices	675461	574323
公共管理、社会保障和社会组织 Public management, Social Security and Social Organization	177345	324040
国际组织 International Organization		

5-11 城镇500万元以上项目制造业投资
MANUFACTURING OVER 5 MILLION YUAN IN URBAN AREA INVESTMENT

单位:万元 (10 000 yuan)

项目 Item	2015	2014
制造业 **Manafacturing**	**25916537**	**24518142**
农副食品加工业 Food Processing	911104	775783
食品制造业 Food Production	502118	296663
酒、饮料和精制茶制造业 Wine, Beverage and Refined Tea Production	201126	106195
烟草制品业 Tobacco Processing	305065	244713
纺织业 Textile Industry	168756	161033
纺织服装、服饰业 Textile, Garments and Fashion Industry	409644	355321
皮革、毛皮、羽毛及其制品和制鞋业 Leather,Furs,Down and Related Products	18179	31155
木材加工和木、竹、藤、棕、草制品业 Timber Processing, Wood, Bamboo,Cane,Palm Fiber and Straw Products	46855	169138
家具制造业 Furniture Manufacturing	182037	270148
造纸和纸制品业 Papermaking and Paper Products	297814	267180
印刷和记录媒介复制业 Printing and Record Processing	179682	390214
文教、工美、体育和娱乐用品制造业 Stationery, Education and Sports Goods	130977	86352
石油加工、炼焦和核燃料加工业 Petroleum Processing, Coking Products and Nuclear Fuel Processing	106764	277771
化学原料和化学制品制造业 Raw Chemical Materials and Chemical Products	427771	812831
医药制造业 Medical and Pharmaceutical Products	828056	786176
化学纤维制造业 Chemical Fiber Manufacturing	6000	7980
橡胶和塑料制品业 Rubber and Plastic Products	707168	485261
非金属矿物制品业 Nonmetal Mineral Products	1591637	1248448
黑色金属冶炼和压延加工业 Smelting and Pressing of Ferrous Metals	864009	865828
有色金属冶炼和压延加工业 Smelting and Pressing of Non-ferrous Metals	338028	143781
金属制品业 Metal Products	919549	1296988
通用设备制造业 Ordinary Machinery Manufacturing	1596147	1533202
专用设备制造业 Special Purpose Equipment Manufacturing	2220668	2039725
汽车制造业 Automobile Manufacturing	6011815	4890536
铁路、船舶、航空航天和其他运输设备制造业 Railway, Watercraft, Aviation and Other Transportation Equipment Manufacturing	645005	712282
电气机械和器材制造业 Electric Equipment and Machinery	1979770	1842826
计算机、通信和其他电子设备制造业 Computer,Telecommunication and Other Electronic Equipment Manufacturing	3487269	3108971
仪器仪表制造业 Instruments and Meters Manufacturing	317776	537374
其他制造业 Other Manufacturing	363144	408740
废弃资源综合利用业 Utilization of Discard Resource and Material	109105	270342
金属制品、机械和设备修理业 Metal Products,Machinery and Repair of Equipment	43499	95185

5－12 城镇500万元以上项目分行业新增固定资产
NEWLY INCREASED FIXED ASSETS OF PROJECTS OVER 5 MILLION YUAN IN URBAN AREA BY SECTOR

单位：万元 (10 000 yuan)

项　目 Item	2015	2014
总　计 Total	**23006613**	**21063235**
农、林、牧、渔业 Farming, Forestry, Animal Husbandry and Fishery	115506	87399
采矿业 Mining and quarrying	7546	24000
制造业 Manufacturing	12686744	12513543
电力、燃气及水的生产和供应业 Electric Power, Gas and Water Production and Supply	375901	479378
建筑业 Construction	430863	230496
批发和零售业 Wholesale and Retail Trade	529922	550523
交通运输、仓储及邮政业 Transportation, Storage, Postal and Telecommunications Services	831290	1147858
住宿和餐饮业 Hotel and Catering services	156325	196294
信息传输、计算机服务和软件业 Information Transfer, Computer and Software Services	345278	138874
金融业 Banking	39498	69422
房地产业 Real Estate	1509187	1283963
租赁和商务服务业 Leasing Services and Commercial Services	972882	709893
科学研究、技术服务和地质勘查业 Scientific Research, Polytechnic Services and Geological Prospecting	694186	116656
水利、环境和公共设施管理业 Water Conservancy, Environment and Pulic Facilities	2821207	1574333
居民服务和其他服务业 Resident Services and other Services	121437	346049
教　育 Education	435853	520656
卫生和社会工作 Health and Social Work	228521	528857
文化、体育和娱乐业 Culture, Sports and Recreational Sevices	571824	395867
公共管理、社会保障和社会组织 Public management, Social Security and Social Organization	132643	149174
国际组织 International Organization		

5-13 城镇500万元以上项目制造业新增固定资产
NEWLY INCREASED MANUFACTURING FIXED ASSETS OF PROJECTS OVER 5 MILLION YUAN IN URBAN AREA

单位:万元 (10 000 yuan)

项目	2015	2014
制造业合计 Manufacturing	**12686744**	**12513543**
农副食品加工业 Food Processing	474642	628484
食品制造业 Food Production	177636	246866
酒、饮料和精制茶制造业 Wine, Beverage and Refined Tea Production	96217	91928
烟草制品业 Tobacco Processing	587877	64221
纺织业 Textile Industry	95911	87307
纺织服装、服饰业 Textile, Garments and Fashion Industry	186693	108383
皮革、毛皮、羽毛及其制品和制鞋业 Leather,Furs,Down and Related Products	629	31524
木材加工及木、竹、藤、棕、草制品业 Timber Processing, Wood, Bamboo,Cane,Palm Fiber and Straw Products	69300	77131
家具制造业 Furniture Manufacturing	117677	137032
造纸和纸制品业 Papermaking and Paper Products	236164	153064
印刷业和记录媒介复制业 Printing and Record Processing	168659	182064
文教、工美、体育和娱乐用品制造业 Stationery, Education and Sports Goods	71722	31842
石油加工、炼焦及和核燃料加工业 Petroleum Processing, Coking Products and Nuclear Fuel Processing	371202	72582
化学原料及化学制品制造业 Raw Chemical Materials and Chemical Products	350419	261272
医药制造业 Medical and Pharmaceutical Products	335958	451328
化学纤维制造业 Chemical Fiber Manufacturing	0	1105
橡胶和塑料制品业 Rubber and Plastic Products	398061	391037
非金属矿物制品业 Nonmetal Mineral Products	854101	669656
黑色金属冶炼及压延加工业 Smelting and Pressing of Ferrous Metals	281772	378892
有色金属冶炼及压延加工业 Smelting and Pressing of Non-ferrous Metals	318305	109148
金属制品业 Metal Products	521191	825367
通用设备制造业 Ordinary Machinery Manufacturing	729578	866340
专用设备制造业 Special Purpose Equipment Manufacturing	1145024	1204371
汽车制造业 Automobile Manufacturing	2982303	2529476
铁路、船舶、航空航天和其他运输设备制造业 Railway, Watercraft, Aviation and Other Transportation Equipment Manufacturing	428135	472937
电气机械和器材制造业 Electric Equipment and Machinery	936835	1168810
计算机、通信和其他电子设备制造业 Computer,Telecommunication and Other Electronic Equipment Manufacturing	457409	700733
仪器仪表制造业 Instruments and Meters Manufacturing	138480	96560
其他制造业 Other Manufacturing	81776	248836
废弃资源综合利用业 Utilization of Discard Resource and Material	30674	141351
金属制品、机械和设备修理业 Metal Products,Machinery and Repair of Equipment	42394	83896

5-14 城镇500万元以上项目投资资金来源情况
SOURCE OF INVESTMENT FUNDS OF PROJECTS OVER 5 MILLION YUAN IN URBAN AREA

单位:万元 (10 000 yuan)

项目	Item	2015	2014
一、本年资金来源合计(万元)	**Total Sources of Funds this year**	**50701012**	**47079849**
1.上年末结余资金	Residual Funds last year	1877789	1577279
2.本年资金来源小计	Subtotal Sources of Funds this year	48823223	45502570
(1)国家预算内资金	State Budgetary Appropriation	2805846	2419839
(2)国内贷款	Domestic Loans	6233140	6426290
(3)债券	Bonds	0	0
(4)利用外资	Foreign Investment	27231	291694
其中:外商直接投资	Direct Foreign Investment	27231	282666
(5)自筹资金	Fund Raising	38636501	35687728
其中:企、事业单位自有资金	Funds Owned by Enterprises	3266854	3379946
(6)其他资金来源	Others	1120505	677019
二、各项应付款合计(万元)	**All Account Payable this year**	**3587850**	**2836697**
其中:工程款	Funds of Projects	510824	242890

5－15 农村500万元以上项目固定资产投资情况

单位：万元 （10 000 yuan）

项目 Item	计量单位	2015	2014
计划总投资 Total Planned Investment	万元	1463267	894778
#本年新开工 Started this year	万元	950035	727090
自开始建设累计完成投资 Total Investment from started	万元	1220978	626859
本年完成投资 Total Investment completed this year	万元	1026322	548670
#住宅投资 Investment in Residential Buildings	万元	594	
(一)按登记注册类型分 Grouped by Ownership	万元		
1、内资企业 Domestic Funded Enterprises	万元	1001447	537177
国　有 State－owned Units	万元	109377	102271
集　体 Collective－owned Units	万元	65126	43031
股份合作 Cooperative of Share Holding	万元		
联　营 Joint－owned Economic Units	万元	1008	
有限责任公司 Limited Liabilities Companies	万元	332503	212042
股份有限公司 Share－holding Corporations LTD.	万元	89484	
私营、个体 Private Units	万元	282685	156034
其他内资公司 Other Companies	万元	121264	
2、外商投资企业 Foreign－Funded Enterprises	万元		
3、港澳台投资企业 Economic Units Funded from Hong Kong,Macao and Taiwan	万元	3534	

INVESTEMNT OF PROJECTS OVER 5 MILLION YUAN IN RURAL AREAS

项　　　目 Item	计量单位	2015	2014
(二)按构成分 Grouped by Use of Funds			
建筑工程 Construction	万元	529917	229508
安装工程 Installation	万元	206069	158108
设备工器具购置 Purchase of Equipment and Instruments	万元	239388	120178
其它费用 Others	万元	50948	40876
(三)按建设性质分 Grouped by Type of Construction			
#新　建 New construction	万元	692337	378781
扩　建 Expansion	万元	262757	84308
改　建 Reconsturcion	万元	68041	53986
本年新增固定资产 Newly Increased Fixed Assets this year	万元	504121	242223
本年施工项目个数 Number of Projects under Construction this year(unit)	个	129	97
#本年新开工项目 Projects Started this year(unit)	个	97	88
本年投产项目个数 Number of Projects Put into Use(unit)	个	104	62
本年施工房屋面积 Floor Space of Householding this year(10 000 sq. m)	万平方米	34.1072	17.5893

#住　宅
Residential(10 000 sq. m)
	万平方米	0.395	1.2382

本年竣工房屋面积 Floor Space of Completed Householding this year(10 000 sq. m)	万平方米	24.9987	15.6221

#住　宅
Residential(10 000 sq. m)
	万平方米	0.395	0

5-16 农村500万元以上项目固定资产投资情况(分行业)
INVESTMENT OF PROJECTS OVER 5 MILLION YUAN IN RURAL AREAS(BY INDUSTRY)

单位:万元　　(10 000 yuan)

项　目 Item	2015	2014
按国民经济行业分 **Grouped by Sectors**		
农、林、牧、渔业 Farming, Forestry, Animal Husbandry and Fishery	207534	124226
采矿业 Mining and quarrying	5012	
制造业 Manufacturing	571705	256568
电力煤气及水的生产和供应业 Production and Supply of Electricity, Gas and Water	10496	16828
建筑业 Construction	18187	17241
批发和零售业 Wholesale and Retail Trade		
交通运输、仓储及邮政业 Transportation, Storage, Postal and Telecommunications Services	65126	47519
住宿和餐饮业 Hotel and Catering Services		
信息传输、软件和信息技术服务业 Information Transmission, Software and Services Industry		
金融业 Banking		
房地产业 Real Estate	28204	17980
租赁和商务服务业 Leasing Services and Commercial Services		
科学研究、技术服务和地质勘查业 Scientific Research, Ploytechnic Services and Geological Prospecting	10855	11042
水利、环境和公共设施管理业 Water Conservancy, Environment and Public Facilities Management	74740	51306
居民服务和其他服务业 Resident Services and other Services		
教　育 Education	7663	
卫生、社会保障和社会福利业 Health Care, Social Security and Social welfare	10750	1460
文化、体育和娱乐业 Culture, Sports and Recreational Services		4500
公共管理和社会组织 Public Management and Social Organization	16050	0
国际组织 International Organization		

5-17 农村农户(私人)固定资产投资
INDIVIDUAL INVESTMENT IN RURAL AREAS

项目 Item	2011	2012	2013	2014	2015
投资总计 Total	**227773**	**151722**	**274283**	**403198**	**443790**
一、私人建房 Building Construction by Individuals					
竣工房屋间数(间) Number of Buildings Completed(unit)	51058	45957	58408	30771	30691
#住　宅 Residential Buildings	49102	45280	57031	28310	27945
竣工房屋面积(平方米) Floor Space of Buildings Completed(sq. m)	1468095	1383301	1572179	1905432	2030139
#住　宅 Residential Buildings	1399774	1362554	1479784	1847149	1910434
竣工房屋价值(万元) Value of Buildings Completed(10 000 yuan)	130883	112896	184726	212776	228350
#住　宅 Residential Buildings	124364	109950	181192	202988	217603
二、购买生产性固定资产投资(万元) Investment in Purchase of Productive Fixed Assets (10 000 yuan)	**96890**	**38826**	**89557**	**190422**	**165440**

5－18 房地产开发投资
INVESTMENT IN REAL ESTATE DEVELOPMENT

单位:万元 (10 000 yuan)

项目	Item	2015	2014
房地产开发投资总额	**Total Investment**	**25817857**	**23536263**
一、按企业登记注册类型分	**Grouped by Type of Company Registration**		
(一)内资	Domestic－Funded Enterprises	23006720	20793735
国有	State－owned	277012	180906
集体	Collective－owned	13730	45515
联营	Joint－owned Companies	0	0
有限责任公司	Companies of Limited Liabilities	15204120	13246193
股份有限公司	Companies of Share Holding With Limited Liabilities	2043474	2020644
私营企业	Private Owned Enterprises	5414384	5300477
其他内资	Other Type of Enterprises	54000	0
(二)港、澳、台商投资	Enterprises Funded by Enterpreneurs from Hongkong, Macal & Taiwan	2270578	1935813
(三)外商投资	Foreign－Funded Enterprises	540559	806715
二、按构成分	**Grouped by Use of Funds**		
建筑工程	Construction	16593077	15658588
安装工程	Installation	1997710	1994389
设备工器具购置	Purchase of Equipment and Instruments	417036	396889
其他费用	Others	6810034	5486397
其中:土地购置费	Purchase of Land	4905477	3216848
三、按工程用途分	**Grouped by Function**		
住　宅	Residential Buildings	17779333	15605526
其中:别墅、高档公寓	Villas, High－Grade Flats	333761	718997
办公楼	Offices Buildings	1886490	1403893
商业营业用房	Buildings for Commercial or Business Purposes	3104532	3582305
其他	Others	3047502	2944539
本年新增固定资产	Newly Increased Investment in Fixed Assets	4699907	4140574
待开发土地面积(平方米)	Land Space to be Developed(sq. m)	3895753	4261151
本年购置土地面积(平方米)	Land Space Purchased in this Year(sq. m)	1616681	2270608
本年土地成交价款	Rurnover of land this year	1359761	1097068

5－19 房地产开发投资效率
EFFICIENCY OF INVESTMENT IN REAL ESTATE DECELOPMENT

单位:万元

项目	Item	2015	2014
一、固定资产交付使用率(%)	**Rate of Fixed Assets Put into Use(%)**	**18.2**	**17.6**
新增固定资产(万元)	Newly Increased Fixed Assets(10 000 yuan)	4699907	4140574
投资额(万元)	Investment(10 000 yuan)	25817857	23536263
二、房屋建筑面积竣工率(%)	**Completion Rate of Floor Space of Buildings(%)**	**7.3**	**7.5**
房屋竣工面积(平方米)	Floor Space of Buildings Completed(sq. m)	8045819	7654176
房屋施工面积(平方米)	Floor Space of Buildings under Construction(sq. m)	110625215	102384320
#住宅建筑面积竣工率(%)	Completion Rate of Floor Space of Residential Buildings(%)	8.2	8.8
住宅竣工面积(平方米)	Floor Space of Residential Buildings Completed(sq. m)	6546298	6459842
住宅施工面积(平方米)	Floor Space of Residential Buildings under Construction(sq. m)	79744200	73054271
三、建设周期(年)	**Cycle of Construction(year)**	**4.5**	**4.4**
计划总投资(万元)	Total Planned Investment(10 000 yuan)	116539914	104072550
投资额(万元)	Investment(10 000 yuan)	25817857	23536263

5－20 房地产开发房屋面积和竣工房屋价值(2015 年)
FLOOR SPACE OF BUILDINGS UNDER CONSTRUCTION AND VALUE OF BUILDINGS COMPLETED(2015)

项 目 Item	房屋施工面积合计(平方米) Total Floor Space of Building under Construction(sq. m)	本年新开工(平方米) Starting this year(sq. m)	房屋竣工面积(平方米) Floor Space of Buildings Completed(sq. m)	房屋竣工价值(万元) Value of Buildings Completed(10 000 yuan)
合 计 Total	**110625215**	**23200225**	**8045819**	**3278698**
1. 住宅 Residential Buildings	79744200	18199615	6546298	2605419
#别墅高档公寓 Villas, High－Grade Flats	2323186	6830	245701	162442
2. 办公楼 Offices Buildings	6815155	1420840	184524	57675
3. 商业营业用房 Buildings for Commercial Purposes	12091793	1595128	605917	318878
4. 其 他 Others	11974067	1984642	709080	296726

5-21 商品房屋销售、出租与待售情况(2015 年)
SALING、LEASING AND UNSOLD OF COMMERCIAL HOUSES(2015)

项　　目 Item	商品房销售面积(平方米) Actually Sold(sq. m)			商品房销售额(万元) Actually Sold(10 000 yuan)			待售面积(平方米) Vacant(sq. m)	
	合　计 Total	现房销售 Sold to Individuls	期房销售 Advance Booking	合　计 Total	现房销售 Sold to Individuls	期房销售 Advance Booking	合　计 Total	1-3 年 1-3 year
合　计 Total	**26271872**	**6308211**	**19963661**	**22477581**	**4984247**	**17493334**	**6261527**	**4450892**
住　宅 Residential Buildings	24137690	5097631	19040059	20284263	3907373	16376890	3964962	2796075
#别墅、高档公寓 Aillas, High-Grade Flats	566328	196561	369767	586558	196888	389670	321556	139813
办公楼 Offices Buildings	352108	107647	244461	367201	135938	231263	375485	264040
商业营业用房 Buildings for Commercial or Business Purposes	1032423	545492	486931	1465323	739483	725840	1090395	739465
其　他 Others	749651	557441	192210	360794	201453	159341	830685	651312

5－22 按资质等级分房地产开发投资情况(2015 年)
BASIC STATUS OF INVESTMENT IN REAL ESTATE DEVELOPMENT GROUPED BY ENTERPRISE GRADE(2015)

单位:万元 (10 000 yuan)

项目 Item	总计 Total	一级 First Grade	二级 Secondary Grade	三级 Third Grade
计划总投资 Total Planning Investment	**116539914**	**11141788**	**27486513**	**12989339**
自开始建设至本年底累计完成投资 Accumulative Investment Actually Made Since Staring of Construction Up to the End of this year	87448746	8436890	22452875	9624874
本年完成投资 Investment Made in this year	**25817857**	**1216156**	**5410965**	**2217651**
按构成分: Grouped by use of Funds				
建筑工程 Construction	16593077	707080	4112854	1490152
安装工程 Installation	1997710	39333	518862	312228
设备工器具购置 Purchase of Equipment and Instruments	417036	0	36794	129515
其他费用 Others	6810034	469743	742455	285756
其中:旧建筑物购置费 Purchase of Old Construction	49389	0	15608	8800
土地购置费 Purchase of Land	4905477	393954	589627	117279
按工程用途分: Grouped by Use of Project				
住宅 Residential Buildings	17779333	867391	4188086	1065098
其中:90 平方米以下住房 Residential Building Below 90 m^2	7478916	304950	1809532	625580
别墅、高档公寓 Villas, High－Grade Flats	333761	7268	116402	18160
办公楼 Offices Buildings	1886490	48291	217090	352068
商业营业用房 Buildings for Commercial or Business Purposes	3104532	95031	571681	484838
其他 Other	3047502	205443	434108	315647
本年新增固定资产 New Increased Fixed Assets in this year	4699907	155915	939574	427011
待开发土地面积(平方米) Land Space Undeveloped(sq. m)	3895753	542517	512653	76312
本年购置土地面积(平方米) Land Space Purchased in this year(sq. m)	1616681	110193	122413	154033
房屋施工面积(平方米) Floor Space of Building Under Construction(sq. m)	**110625215**	**9617711**	**23481016**	**15537626**
1. 住宅施工面积 Residential Space Under Construction	79744200	7739653	17472226	9863132
90 平方米以下住房施工面积 Residential Space Below 90 m^2 Under Construction	31625118	4660720	4893702	3803524
别墅、高档公寓施工面积 Floor Space of Villas, High－Grade Flats Under Construction	2323186	45471	561252	794566

5-22 续 表 1 Continued 1

单位:万元 (10 000 yuan)

项 目 Item	总 计 Total	一 级 First Grade	二 级 Secondary Grade	三 级 Third Grade
2. 办公楼面积 Floor Space of Office Building under Construction	6815155	402154	1264712	1469092
3. 商业营业用房施工面积 Floor Space of Houses for Business Use under Construction	12091793	686139	2389636	2871348
4. 其他房屋施工面积 Floor Space of other Building under Construction	11974067	789765	2354442	1334054
本年新开工面积(平方米) New space started this year(sq. m)	**23200225**	**2150603**	**3622048**	**2710460**
1. 本年新开工住宅面积 New Residential Space Started this year	18199615	1551154	3271477	1607281
本年新开工 90 平方米以下住房面积 New Resdidential Space Below 90m^2 Started this year	7634261	437320	793993	761384
本年新开工别墅、高档公寓面积 New Villas, High - Grade Flats Space Started	6830	0	0	0
2. 本年新开工办公楼面积 New Office Building Space Started this year	1420840	96553	59219	629086
3. 本年新开工商业营业用房面积 New Space of House for Business Use Started this year	1595128	116028	107806	280453
4. 本年新开工其他房屋面积 New Space of Other Building Started this year	1984642	386868	183546	193640
房屋竣工面积(平方米) Floor Space Completed(sq. m)	**8045819**	**319669**	**1300709**	**733410**
1. 住宅竣工面积 Floor Space of Residential Completed	6546298	208908	1009223	661748
90 平方米以下住房竣工面积 Floor Space of Residential Buildings Below 90m^2 Completed	2189402	149736	357385	159179
别墅、高档公寓竣工面积 Floor Space of Villas, High - Grade Flats Completed	245701	0	78769	101641
2. 办公楼竣工面积 Floor Space of Office Building Completed	184524	0	0	0
3. 商业营业用房竣工面积 Floor Space of House for Business Use Completed	605917	13046	128801	26120
4. 其他房屋竣工面积 Floor Space of Other Building Completed	709080	97715	162685	45542
商品房销售面积(平方米) Floor Space of Buildings Sold(sq. m)	**26271872**	**2054763**	**6870300**	**3036690**
1. 住宅销售面积 Floor Space of Residential Sold	24137690	1934030	6353074	2472345
90 平方米以下住房销售面积 Floor Space of Residential Buildings Below 90m^2 Sold	7633587	1204268	1856757	503841
别墅、高档公寓销售面积 Floor Space of Villas, High - Grade Flats Sold	566328	41222	167651	165541

5-22 续 表 2 Continued 2

单位:万元 (10 000 yuan)

项目 Item	总计 Total	一级 First Grade	二级 Secondary Grade	三级 Third Grade
2. 办公楼销售面积 Floor Space of Office Buildings Sold	352108	0	56298	67327
3. 商业营业用房销售面积 Floor Space of Houses for Business Use Sold	1032423	113282	201435	369194
4. 其他房屋销售面积 Floor Space of other Houses Sold	749651	7451	259493	127824
商品房销售额 Sales Value of Buildings(10 000 **yuan**)	**22477581**	**1577097**	**5910668**	**2637111**
1. 住宅销售额 Sales Value of Residential Buildings	20284263	1417334	5461485	1987814
90平方米以下住房销售额 Sales Value of Residential Buildings Below $90m^2$	5721679	709761	1520166	409114
别墅、高档公寓销售额 Sales Value of Villa, Luxury Buildings	586558	64261	147809	157014
2. 办公楼销售额 Sales Value of Office Building	367201	0	60353	57473
3. 商业营业用房销售额 Sales Value of Houses for Business Use	1465323	157807	239616	504302
4. 其他房屋销售额 Sales Value of Other Buildings	360794	1956	149214	87522
现房销售面积(平方米) Floor Space of Present Buildings Sold(**sq. m**)	**6308211**	**440230**	**2379583**	**959932**
1. 住宅现房销售面积 Sales Space of Present Buildings Sold	5097631	411951	2036411	620618
90平方米以下住房销售面积 $90m^2$ Sales Space of Residential Buildings Below $90m^2$ Sold	2014421	195867	777768	81316
别墅、高档公寓现房销售面积 Floor Space of Villa, Luxury Houses Sold	196561	33243	16107	115112
2. 办公楼现房销售面积 Floor Space of Present Office Buildings Sold	107647	0	44791	14813
3. 商业营业用房现房销售面积 Floor Space of Present Houses for Business Use Sold	545492	20828	67509	305232
4. 其他房屋现房销售面积 Floor Space of Present other Buildings Sold	557441	7451	230872	19269
现房销售额 Sales Value of Present Buildings(10 000 **yuan**)	**4984247**	**352320**	**1958647**	**861027**
1. 住宅现房销售额 Sales Value of Present residential Buildings	3907373	318170	1744136	391603
90平方米以下住房现房销售额 Sales Value of Present Residential Buildings Below $90m^2$	1438988	80225	625697	67333
别墅、高档公寓现房销售额 Sales Value of Present Villa, Luxury Houses	196888	55285	21694	87842
2. 办公楼现房销售额 Sales Value of Present Office Buildings	135938	0	46516	28885
3. 商业营业用房现房销售额 Sales Value of Present Houses for Business Use	739483	32194	70026	434188
4. 其他房屋现房销售额 Sales Value of Present other Houses	201453	1956	97969	6351

5-22 续 表 3 Continued 3

单位:万元 (10 000 yuan)

项目 Item	总计 Total	一级 First	二级 Secondary Grade	三级 Third Grade
期房销售面积(平方米) Floor Space of Future Buildings Sold(sq. m)	**19963661**	**1614533**	**4490717**	**2076758**
1. 住宅期房销售面积 Floor Space of Future Residential Buildings Sold	19040059	1522079	4316663	1851727
90 平方米以下住房期房销售面积 Floor Space of Future Residential Buildings Below 90m² Sold	5619166	1008401	1078989	422525
别墅、高档公寓期房销售面积 Floor Space of Future Villa, Luxury Houses Sold	369767	7979	151544	50429
2. 办公楼期房销售面积 Floor Space of Future Office Buildings Sold	244461	0	11507	52514
3. 商业营业用房期房销售面积 Floor Space of Future Houses for Business Use Sold	486931	92454	133926	63962
4. 其他房屋期房销售面积 Floor Space of Future other Houses Sold	192210	0	28621	108555
期房销售额 Sales Value of Future Buildings	**17493334**	**1224777**	**3952021**	**1776084**
1. 住宅期房销售额 Sales Value of Future Residential Houses	16376890	1099164	3717349	1596211
90 平方米以下住房期房销售额 Sales Value of Future Residential Houses Below 90m²	4282691	629536	894469	341781
别墅、高档公寓期房销售额 Sales Value of Future Villa, Luxury Houses	389670	8976	126115	69172
2. 办公楼期房销售额 Sales Value of Future Office Buildings	231263	0	13837	28588
3. 商业营业用房期房销售额 Sales Value of Future Fouses for Business Use	725840	125613	169590	70114
4. 其他房屋期房销售额 Sales Value of Future other Houses	159341	0	51245	81171
待售面积(平方米) Unsold Floor Space(sq. m)	**6261527**	**382138**	**1426833**	**1571655**
1. 住宅待售面积 Unsold Floor Space of Residential Buildings	3964962	251440	962609	900188
90 平方米以下住房待售面积 Unsold Floor Space of Residential Buildings Below 90m²	1140079	87028	265996	126528
别墅、高档公寓待售面积 Unsold Floor Space of Villa, Luxury Houses	321556	34044	127075	80226
2. 办公楼待售面积 Unsold Floor Space of Office Buildings	375485	20376	8235	123361
3. 商业营业用房待售面积 Unsold Floor Space of Houses for Business Use	1090395	98487	271615	287397
4. 其他房屋待售面积 Unsold Floor Space of other Houses	830685	11835	184374	260709

5－23 房地产开发资金来源情况
SOURCES OF FUNDS OF BUILDINGS DEVELOPED

单位:万元 (10 000 yuan)

项 目	Item	2015	2014
一、本年实际到位资金合计	**The Actual Funds Place This Year**	**36676782**	**32586240**
1、上年末结余资金	Residual Funds last year	7436003	7748174
2、本年实际到位资金小计	The Actual Funds Subtotal	29240779	24838066
(1)国内贷款	State Budgetary Appropriation	5115490	5051536
其中:银行贷款	Loans of Bank	4194881	4773380
(2)利用外资	Foreign Investment	0	169739
其中:外商直接投资	Direct Foreign Investment	0	169739
(3)自筹资金	Fund Raising	13994060	10749287
其中:自有资金	Funds Owned by Enterprises	5909181	4948447
(4)其他资金来源	Other Resoureces of Funds	10131229	8867504
二、本年各项应付款合计	**All Account Payable this year**	**5415001**	**6068078**
其中:工程款	Funds of Projects	2866785	2337708

5－24　建筑业(总承包、专业承包)企业生产情况(2015 年)

单位:千元

项　　　　目 Item	企业个数 Number of Enterprises 建筑企业个数 (个) Number of Construction Enterprises (unit)	建筑业合同情况 About Contracts 签订合同额 (千元) Value of Signed Contracts
总　　　计 **Total**	**1232**	**1324423489**
其中:国有及国有控股企业 of the Total:State－holding Enterprises	129	940168457
一、按登记注册类型分组 **Grouped by Ownership**		
内资企业 Domestic Funded Enterprises	1220	1324043928
国有企业 State－owned	45	25141661
集体企业 Collective－owned	17	1110336
股份合作企业 Cooperative Enterprises of Share Holding	1	118698
联营企业 Joint－owned	1	2747
有限责任公司 Companies of Limited Liabilities	540	1139894067
股份有限公司 Share－holding	34	44306190
私营企业 Private－owned	581	113470229
其他企业 Others	1	0
港、澳、台商投资企业 Enterprises Funded by Entrepreneurs from Hongkong,Macao & Taiwan	10	373573
外商投资企业 Foreign Funded	2	5988
二、按国民经济行业分组 **Grouped by Sector**		
房屋建筑业 Buildings	446	631069458
土木工程建筑业 Givil Engineering Construction	165	615228480
建筑安装业 Equipment Installation	304	53554314
建筑装饰业和其他建筑业 Construction Decoration and Other Construction	317	24571237

PRODUCTION OF CONSTRUCTION ENTERPRISE(2015)

(1 000 yuan)

建筑业总产值 Gross Output Value				竣工产值（千元） Output Value of Completed Construction
建筑业总产值（千元） Gross Ouput Value	建筑工程产值（千元） Output Value of Construction	安装工程产值（千元） OutputValue of Installation	其他产值（千元） Output Value of Others	
601626312	**522152862**	**56829510**	**22643940**	**254307000**
348204258	306197159	27773129	14233970	83102555
601369631	521953256	56780736	22635639	254102263
14658973	7061612	2640964	4956397	6735880
944504	688030	253372	3102	758212
118698	0	118698	0	118698
28950	28950	0	0	0
491953735	434889072	45938340	11126323	186966967
18025717	15569374	729976	1726367	11601930
75639054	63716218	7099386	4823450	47920576
0	0	0	0	0
250693	193618	48774	8301	198872
5988	5988	0	0	5865
326472796	282413912	36103339	7955545	190501235
225666220	214578983	4189389	6897848	26769147
29184514	15689331	10301580	3193603	21306198
20302782	9470636	6235202	4596944	15730420

5 - 24 续 表 Continued

项 目 Item	房屋施工面积(平方米) Floor Space of Buildings under Construction(sq. m)	
	房屋施工面积 Floor Space of Buildings under Consturction	其中:新开工面积 New Space Started this year
总 计 Total	**353910729**	**144276670**
其中:国有及国有控股企业 of the Total:State - holding Enterprises	184620842	42466770
一、按登记注册类型分组 Grouped by Ownership		
内资企业 Domestic Funded Enterprises	353909829	144276670
国有企业 State - owned	2024641	524576
集体企业 Collective - owned	591017	392170
股份合作企业 Cooperative Enterprises of Share Holding	0	0
联营企业 Joint - owned	0	0
有限责任公司 Companies of Limited Liabilities	294801765	122030992
股份有限公司 Share - holding	9766405	2937273
私营企业 Private - owned	46726001	18391659
其他企业 Others	0	0
港、澳、台商投资企业 Enterprises Funded by Entrepreneurs from Hongkong,Macao & Taiwan	900	0
外商投资企业 Foreign Funded	0	0
二、按国民经济行业分组 Grouped by Sector		
房屋建筑业 Buildings	329854645	134123873
土木工程建筑业 Civil Engineering Construction	17208591	4844484
建筑安装业 Equipment Installation	6473945	4969938
建筑装饰业和其他建筑业 Construction Decoration and Other Construction	373548	338375

5 – 24 Continute

(1 000 yuan)

从业人员 Employees	房屋竣工面积(平方米) Floor Space Completed(sq. m)	
从事建筑业活动的平均人数(人) Average Emplooyees Engaged in Construction (person)	合 计 Total	其中:住宅房屋 Residential Houses
1018507	**119588653**	**79504706**
371970	30111543	22082961
1018121	119588133	79504706
26808	558284	143473
4235	481079	433779
175	0	0
84	0	0
759038	95035107	61479000
18136	3227892	1873968
209604	20285771	15574486
41	0	0
381	520	0
5	0	0
586023	110343199	72507578
250408	3190570	2695280
142291	5723431	4011260
39785	331453	290588

5-25 建筑业(总承包、专业承包)企业财务情况(2015年)

单位:千元

项 目 Item	一、期末资产负债 Assets and Liabilities at Year - end		
	流动资产合计 Liquid Assets	固定资产合计 Fixed Assets	累计折旧 Accumulated Depreciation
总 计 Total	**496998190**	**80945384**	**32076640**
其中:国有及国有控股企业 of the Total:State - holding Enterprises	378332306	64984006	24238050
一、按登记注册类型分组 Grouped by Ownership			
内资企业 Domestic Funded Enterprises	495278484	80932293	32055364
国有企业 State - owned	14930721	1037123	914297
集体企业 Collective - owned	738683	78587	59341
股份合作企业 Cooperative Enterprises of Share Holding			
联营企业 Joint - owned			
有限责任公司 Companies of Limited Liabilities	411623673	71318691	26993837
股份有限公司 Share - holding	24830313	1426826	786339
私营企业 Private - owned	43132048	7067500	3296264
其他企业 Others	23046	3566	5286
港、澳、台商投资企业 Enterprises Funded by Entrepreneurs from Hongkong, Macao & Taiwan	1716375	12183	19623
外商投资企业 Foreign Funded	3331	908	1653
二、按国民经济行业分组 Grouped by Sector			
房屋建筑业 Buildings	209860369	14942826	7050846
土木工程建筑业 Civil Engineering Construction	243926384	61050885	21507494
建筑安装业 Equipment Installation	29672038	3269120	2501137
建筑装饰业和其他建筑业 Construction Decoration and Other Construction	13539399	1682553	1017163

THE FINANCIAL SITUATION IN CONSTRUCTION ENTERPRISES(2015)

(1 000 yuan)

一、期末资产负债 Assets and Liabilities at Year – end			二、损益及分配 Profits Loss and Distribution	
资产总计 Total Assets	负债合计 Total Liabilities	所有者权益合计 Creditor's Equity	营业收入 Operational Income	主营业务收入 Sales Income of Products
639563111	**482083280**	**157488602**	**670972368**	**667907829**
495384325	409782342	85601983	425569961	423088262
636824602	480498580	156334793	670609455	667544916
16451306	12806704	3644602	17779724	17293529
846172	504796	341376	1033250	1033231
538267773	416804908	121462865	551973429	549924143
27518436	23158319	4360117	22425249	22318724
53711741	27213845	26506667	77382001	76959487
29174	10008	19166	15802	15802
2734270	1583385	1150885	357055	357055
4239	1315	2924	5858	5858
256860015	184398052	72470734	350941061	350073732
330849559	267106530	63743029	263507730	262023384
35743070	22122743	13620327	34154682	33499323
16110467	8455955	7654512	22368895	22311390

5-25 续 表

单位:千元

项 目 Item	二、损益及分配 Profits Loss and Distribution		
	营业成本 Sales Cost	主营业务成本 Main Sales Cost	营业税金及附加 Main Business Taxes and Extras
总 计 Total	**594315433**	**590001553**	**21723223**
其中:国有及国有控股企业 of the Total:State - holding Enterprises	379069355	376787433	12728053
一、按登记注册类型分组 Grouped by Ownership			
内资企业 Domestic Funded Enterprises	594020364	589706484	21709760
国有企业 State - owned	16109457	15750947	427354
集体企业 Collective - owned	893235	893235	37195
股份合作企业 Cooperative Enterprises of Share Holding			
联营企业 Joint - owned			
有限责任公司 Companies of Limited Liabilities	489394009	486169762	17699146
股份有限公司 Share - Holding	20157403	20103438	738290
私营企业 Private - owned	67453595	66776437	2807238
其他企业 Others	12665	12665	537
港、澳、台商投资企业 Enterprises Funded by Entrepreneurs from Hongkong, Macao & Taiwan	289536	289536	13265
外商投资企业 Foreign Funded	5533	5533	198
二、按国民经济行业分组 Grouped by Sector			
房屋建筑业 Buildings	315393479	313196857	11825467
土木工程建筑业 Civil Engineering Construction	230171826	228618468	8205684
建筑安装业 Equipment Installation	29450028	28997608	868318
建筑装饰业和其他建筑业 Construction Decoration and Other Construction	19300100	19188620	823754

5－25 Continued

(1 000 yuan)

二、损益及分配 Profits Loss and Distribution				人工成本 Labour Cost
主营业务税金及附加 Main Business Taxes and Extras	营业利润 Operating Profits	利润总额 Total Profits	应交所得税 Income Tax Payable	应付职工薪酬（本年贷方累计发生额） Employee Compensation
21393151	**26469233**	**26864616**	**7806851**	**49043446**
12529534	13829521	14195843	3630323	24602582
21379689	26533885	26928260	7799165	48984501
421263	575051	588343	122267	1505731
37195	49566	47113	17471	151553
17418800	21405505	21785088	5987477	38098504
727105	396634	320906	88704	1293678
2774789	4106339	4186129	1582931	7934272
537	790	681	315	763
13264	－64677	－63669	7683	58767
198	25	25	3	178
11721217	15309871	15400494	5112050	28118525
8068251	8729495	9069192	2065973	15743419
841783	1523282	1453729	384883	3308258
761900	906585	941201	243945	1873244

5-26 建筑业(总承包、专业承包)企业主要经济效益指标(2015年)
MAIN ECONOMIC INDICATORS OF CONSTRUCTION(2015)

项目 Item	全员劳动生产率(按建筑业总产值计算)(元/人) Overall Labor Productivity (yuan/person)	资产负债率(%) Ratio of Liabilities to Assets (%)	产值利润率(%) Output Value - Profit Ratio(%)
总计 Total	**590694**	**75.4**	**4.5**
其中:国有及国有控股企业 of the Total:State - holding Enterprises	936108	82.7	4.1
一、按登记注册类型分组 Grouped by Ownership			
内资企业 Domestic Funded Enterprises	590666	75.5	4.5
国有企业 State - owned	546813	77.8	4.0
集体企业 Collective - owned	223023	59.7	5.0
股份合作企业 Cooperative Enterprises of Share Holding	678274	-	-
联营企业 Joint - owned	344643	-	-
有限责任公司 Companies of Limited Liabilities	648128	77.4	4.4
股份有限公司 Share - holding	993919	84.2	1.8
私营企业 Private - owned	360866	50.7	5.5
其他企业 Others	0	34.3	0
港、澳、台商投资企业 Enterprises Funded by Entrepreneurs from Hongkong,Macao & Taiwan	657987	57.9	-25.4
外商投资企业 Foreign Funded	1197600	31.0	0.4
二、按国民经济行业分组 Grouped by Sector			
房屋建筑业 Buildings	557099	71.8	4.7
土木工程建筑业 Civil Engineering Construction	901194	80.7	4.0
建筑安装业 Equipment Installation	205104	61.9	5.0
建筑装饰业和其他建筑业 Construction Decoration and Other Construction	510312	52.5	4.6

主要统计指标解释

全社会固定资产投资 固定资产投资是社会固定资产再生产的主要手段。通过建造和购置固定资产的活动，国民经济不断采用先进技术装备，建立新兴部门，进一步调整经济结构和生产力的地区分布，增强经济实力，为改善人民物质文化生活创造物质条件。这对我国的社会主义现代化建设具有重要意义。

固定资产投资额是以货币表现的建造和购置固定资产活动的工作量，它是反映固定资产投资规模、速度、比例关系和使用方向的综合性指标。全社会固定资产投资包括城镇建设项目投资、房地产开发投资、农村非住户建设项目投资、农村私人(农户)固定资产投资。城镇和农村非农户建设项目投资统计范围包括:城乡各种登记注册类型的企业、事业、行政单位及个体户进行的计划总投资(或实际需要总投资)500万元及以上的建设项目。

固定资产投资按国民经济行业分 建设项目归哪个行业，按其建成投产后的主要产品或主要用途及社会经济活动性质来确定。基本建设按建设项目划分国民经济行业，更新改造、国有经济单位其他固定资产投资及城镇集体投资根据整个企业、事业单位所属的行业来划分。一般情况下，一个建设项目或一个企业、事业单位只能属于一种国民经济行业。为了更准确地反映国民经济各行业之间的比例关系，联合企业(总厂)所属分厂属于不同行业的，原则上按分厂划分行业。

施工和竣工房屋建筑面积 房屋建筑面积是从房屋外墙线算起的各层平面面积的总和，包括房屋结构(如柱、墙)占用的面积和地下室面积。多层建筑按各自然层面积总和计算，包括房屋内的楼隔层，突出墙面的眺望间、门斗、有柱雨罩的面积。不包括突出墙面结构的构件、艺术装饰等所占的面积，如台阶等。凹阳台、挑阳台按其水平投影面积一半计算建筑面积。

住宅建筑面积 指施工和竣工房屋建筑面积中供居住用的施工和竣工房屋建筑面积。

竣工面积 指在报告期内房屋建筑按照设计要求已全部完工，达到住人和使用条件，经验收鉴定合格，正式移交使用单位的建筑面积。

建筑业总产值 指建筑业企业或附营建筑施工单位自行完成的按工程进度计算的建筑安装生产总值。建筑业产值包括:①建筑工程产值:指列入建筑工程预算内的各种工程价值。②设备安装工程产值:指设备安装工程价值。③房屋、构筑物修理产值:指房屋、构筑物修理所完成的价值，但不包括被修理房屋、构筑物本身的价值和生产设备的修理价值。④非标准设备制造产值:指加工制造没有定型的，非标准的生产设备的加工费和原材料价值，不论是现场还是附属加工厂为本单位承建工程制造的非标准设备的价值，都应计算产值。

房屋建筑施工面积 指在报告期内施工的全部房屋建筑面积，包括本期内新开工的，上期施工跨人本期继续施工、上期停建本期复工的房屋建筑面积;不包括工期开工后又停工，本期未施工的房屋建筑面积。

房屋建筑峻工面积 指在报告期内，按照设计所规定的内容全部完成，达到了设计规定的交工条件，经有关部门检查验收鉴定合格的房屋建筑面积。

主营业务收入 指企业确认的销售商品提供劳务等主营业务的收入。根据会计"主营业务收入"科目的期末贷方余额结转前填报。执行2006年《企业会计准则》的企业，如未设置该科目，以"营业收入"代替填报。

利润总额 指企业在一定会计期间的经营成果，是生产经营过程中各种收入扣除各种耗费后的盈余，反映企业在报告期内实现的盈亏总额根据会计"利润表"中"利润总额"项目的本期金额填报。执行2006年《企业会计准则》的企业，利润总额为营业利润加上营业外收入，减去营业外支出后的金额;未执行2006年《企业会计准则》的企业，利润总额为营业利润加上投资收益、补贴收入、营业外收入，再减去营业外支出后的金额。

Explanatory Notes on Main Statistical Indicators

Total Investment in Fixed Assets Investment in fixed assets is the essential means for social reproduction of fixed assets. By means of construction and purchase of fixed assets, more advanced technologies and equipment are adopted in the national economy, and new sectors are established, which promote the adjustment of economic structure and the regional distribution of productive forces and enhance the economic strengths so as to provide the material condition for improving the people's livelihood. This is significant for speeding up the drive of social modernization in city.

Amount of investment in fixed assets refers to the volume of activities in construction and purchases of fixed assets in monetary terms. It is a comprehensive indicator which shows the size, pace, proportional relations and using orientation of the investment in fixed assets. The investment in fixed assets in the whole country includes the investment in captial construction projects in urban areas, construction projects of non – individuals in rural areas, the investment by individuals in rural areas. Statistics on the investment in capital construction projects in urabn and non – individuals in rural areas cover construction projects of 5 million yuan and above which are invested by enterpnses. institufions, administrative units and individuals registed in urban and rural areas.

Investment in Fixed Assets by Sector The classification of construction projects by sector is determined by the major products or the purpose of the projects when they are put into production or use, and by the nature of their social economic activities. The investment in capital construction is classified by construction projects, while investment in innovation, other investment by state owned units and urban collective units are classified according to the sector which the whole enterprise or institution belongs to. In general, one project or one enterprise or institution can only belong to one sector. In order to reflect more accurately the proportions among various sectors, the branch factories of integrated complex are classified into different sectors according to their economic activities.

Floor Space of Buildings Under Construction and Completed refers to total floor space in each story of buildings calculated from the outside line of building walls, including the space occupied by constructions like pillars or walls and basements. The floor space of multi – story building includes the total floor space of each story, including area occupied by separating walls, watching rooms, doorways. and pillars, but excluding protruding wall structures, artistic decoration, such as steps. The space of recessed verand and tantilevered balcony is counted by half of the projection area.

Floor Space of Residential Buildings refers to the floor space of the residential buildings under construction and completed among the total space of buildings under construction and completed.

Floor Space of Building Completed refers to the floor space of buildings completed in the reference period, which have come up to the designed standards and have been put into use.

Gross Output Value of Construction refers to the gross output value of construction and installation projects that are undertaken by construction enterprises or affiliated constructing units, calculated in line with the planned schedule. It includes:

(1) Output value of construction projects, that is the value of projects covered by the project budgets;

(2) Output value of installation projects, that is the value of the installation of equipment;

(3) Output value of repair of buildings and structures, that is the value created through the repairs of buildings or structures being repaired and the value of the repair of production equipment;

(4) Output value 0f manufactured nonstandard equipment, that is the value of nonstandard production equipment (including rawmaterials and manufacturing cost) made for the construction project, irrespective of whether the equipment is manufactured on the construction site or by subsidiary workshops.

Floor Space of Buildings Under Construction refers to floor space of buildings under construction during the reference period, including newly started buildings, buildings started earlier and continued during the reference period, and buildings suspended earlier but restarted during the reference period. Excluded are buildings started and then suspended earlier that have not been restarted during the reference time.

Floor Space of Buildings Completed refers to the floor space of buildings that are completed in the reference period in accord – ance with the requirements of the design, up to the standard for putting them into use, and have been checked and accepted by concerned departments as qualified ones.

Main Business Revenue refers to the income of the mian business confirmed by enterprise, such as the sale of goods, services, etc. Enterprise personnel fill in data on the final credit balance of the subject of the accounting "main business income". The enterprise implementing the accounting standards in 2006 fill instead of "Business income", if the enterprise does, nt set the subject.

Total Profits refers to the enterprise's operating results of a certain accounting period, it is the production and operation of a variety of income after deducting the cost of surplus, and is a reflection of the enterprise in the reporting period to achieve the totalprofit and loss. Enterprise fill data according to the current amount of the total profit project in the accounting profit table. For the enterprise implmenting the accounting standards in 2006, the total profit is the total operating profit plus investment income, subsidy income, minus the amount of business expenese.

六 公用事业

URBAN PUBLIC UTILITIES

资料整理人员:胡　海

STAFF FOR DATA PROCESSING:

Hu Hai

简要说明

本篇资料反映武汉城市建设面貌,其内容根据市建委、市交委提供的2015年《城市、县城建设统计报表制度》汇总整理而成。

Brief Description

The data in this chapter reflect the feature of urban construction and public utilities. Data are collected, prepared according to 2015 statistical report of Urban – Rural Development that is provided by the Construction Committee and Transpotation Committee of Wuhan.

6－1 道路、下水道、堤防、绿化情况
ROADS, DRAINPIPES, DIKES AND VIRESCENCE

项　　目 Item	2015	2014
道路长度(公里) Length of Roads(km)	5354.00	5143.40
道路面积(万平方米) Area of Roads (10 000 sq. m)	9495.00	8879.63
#人行道面积(万平方米) Area of Pavement(10 000 sq. m)	2671.00	2487.45
人均拥有道路面积(平方米) Per Capita Area of Roads(sq. m)	14.82	10.80
污水年排放量(万吨) Annual Discharge Volume of Sewage(10 000 tons)	83243	79245
污水处理厂(座) Daily Plant of Sewage(seat)	19	19
#二、三级处理(座) The Second, Third Disposal Plants of Sewage(seat)	18	15
污水处理能力(万立方米/日) Daily Disposal Capacity of Sewage(10 000 cu. m/day)	235.75	230.80
#二、三级处理(万立方米/日) The Second, Third Disposal Capacity of Sewage(10 000 cu. m/day)	225.75	168.80
其他污水处理设施处理能力(万立方米/日) Other Daily Disposal Capacity of Sewage(10 000 cu. m/day)	4.90	4.90
污水处理总量(万立方米) Total Capacity of Sewage(10 000 cu. m/day)	79113	73698
排水管道长度(公里) Length of Drain Pipes(km)	9202.00	9102.00
建成区排水管道密度(公里/平方公里) Density of Drain Pipes(km/sq. m)	16.25	16.47
城市生活污水集中处理率(%) Percentage of Collective Disposal of Sewage(%)	95.1	93.0
污水处理厂集中处理率(%) Percentage of Collective Disposal by plants of Sewage(%)	95.0	93.0
防洪堤长度(公里) Length of Anti－Flood Dikes(km)	808.00	808.00
人均公园绿地面积(平方米) Park green area per capita(sq. m)	11.12	11.06
建城区绿地率(%) Greenbelt rate of built－up area(%)	34.19	33.8
建城区绿化覆盖率(%) Coverage Rate of Green Area in Developed Area(%)	39.65	39.21

6-2 自 来 水 情 况
BASIC STATISTICS ON TAP WATER SUPPLY

项　　目 Item	2015	2014
水厂综合生产能力(万吨/日) General Productive Capacity(10 000 tons/day)	478.20	453.00
供水管网长度(公里) Length of Water Supply Pipelines(km)	12274	12058
供水总量(万吨) Total Volume of Water Supply (10 000 tons)	126234	120455
售水总量(万吨) Sales Volume of Tap Water (10 000 tons)	99603	94422
居民家庭用水(万立方米) For Residential Use(10 000 cu. m)	50456	50073
行政事业用水量(万立方米) Water Use of Administrative Institutions(10 000 cu. m)	11454	12020
工业用水量(万立方米) Water Use of Industry(10 000 cu. m)	27120	20425
经营服务用水量(万立方米) Water Use of Businesss Services(10 000 cu. m)	10256	11621
特种行业用水量(万立方米) Water use of Special Industry(10 000 cu. m)	308	283
免费供水量(万立方米) Supply of Water for Free(10 000 cu. m)	9857	9742
自备水取水量(万立方米) Withdrawals of Owned Water(10 000 cu. m)	8581	10281
* 工业取水量(万立方米) * Withdrawals of Industry(10 000 cu. m)	7924	9228
其他取水量(万立方米) Withdrawls of Other(10 000 cu. m)	657	1053
万元用水量(立方米/万元)(含一产业) Water Consumption of Annual ten Thousands GDP(include Primary Industry)	34	39
万元用水量(立方米/万元)(不含一产业) Water Consumption of Annual ten Thousands GDP(Not include Primary Industry)	26	29
万元工业增加值用水量(立方米/万元) Water consumption of Per Unit of Indutry Added Value(cu. m/10 000 yuan)	43	49
城市居民生活用水量 Living Water Comsumption of Urban Individuals(L/person. day)	174.3	179.1
工业用水量重复利用率(%) Reuse Ratio of Water Use by Industry(%)	88.7	88.6

注：* 自备水工业取水量不含火力发电直流冷却用水量。

Note: Withdrawls of Industry exclude thermal power dc cooling water consumption.

6-3 公共交通情况
PUBLIC TRAFFIC

项目 Item	2015	2014
营运公共车辆(辆) Operating Public Vehicles(unit)	8301	7767

#公共汽车(辆)
Buses(unit)
	8146	7616

无轨电车(辆) Trolley Buses(unit)	155	151
标准营运车数(标台) Number of Operating Public Vehicles (coneverted into standard unit)	9793	10262
客运总量(万人次) Passenger Traffic(10 000 persons)	143092.4	148299.9
每万人拥有公共交通车辆(标台)(按城区人口计算) Per 10 000 Capita Public Vehicles (converted into standard unit)	13.8	16.2
营运出租汽车(辆) Operating Taxies(unit)	16747	16597
营运渡江客轮(艘) Operating Ferries(unit)	36	36
渡江客轮客运总数(万人次) Number of Passengers Carried by Ferries(10 000 persons)	1025.3	972.0
轨道交通运营车数(辆) Number of Operating Light Rail Vehicles(unit)	776	578
轨道交通客运总量(万人次) Number of Passagers Carried by Light Rail(10 000 persons)	56510.1	35624.2

6-4 城市天然气情况
BASIC STATISTICS ON SUPPLY OF GAS

项目 Item	2015	2014
储气能力(万立方米) Gross Productive Quantity(10 000 cu. m)	80	80
供气管道长度(公里) Length of Pipeline(km)	8040	7594
销售气量(万立方米) Volume of Sale(10 000 cu. m)	152000	147000
#居民家庭(万立方米) Residential Household(10 000 cu. m)	27360	26460
用气户数(户) Number of Consumers(household)	1656051	1637574
#家庭用户 Household Consumers	1622930	1619032
用气人口(万人) Population with Access to Gas(10 000 Persons)	520	514
汽车加气站座数(座) Gas Supply Seat(seat)	63	63

6-5 市区清洁卫生情况
ENVIRONMENT AND SANITATION IN THE CITY PROPER

项目	Item	2015	2014
生活垃圾无害化处理率(%)	Percentage of Harmless Treatment for Living Garbage(%)	100	100
实际清扫面积(万平方米)	Actual Area Cleaned(10 000sq. m)	17730	15837
清运生活垃圾量(万吨)	Volume of Garbage Disposal(10 000 tons)	330.66	257.36
生活垃圾无害化处理厂(场)(座)	Treatment Farms for Making Garbage Harmless(unit)	8	8
无害化垃圾处理能力(吨/日)	Treatment Capacity(ton/day)	9650	11250
生活垃圾处理量(万吨)	Treatment Capacity of Living Garbage(10 000 tons)	330.66	257.36
生活垃圾无害化处理量(万吨)	Harmless Treatment Capacity for Living Garbage(10 000 tons)	330.66	257.36
公共厕所(座)	Number of Public Lavatories(set)	1383	1203

七 公共交通 邮电

PUBLIC TRANSPORTATION, POST AND TELECOMMUNICATIONS

资料整理人员:陈至勇　夏洪全　杨　丹　方　青　付梦丹　袁　阳

STAFF FOR DATA PROCESSING:

Chen Zhiyong　Xia Hongquan　Yang Dan　Fang Qing　Fu Mengdan　Yuan yang

简要说明

本篇交通、邮电资料内容包括交通运输全行业(水路、铁路、公路、航空)运行情况和邮政电信业务基本情况。交通部分内容由武汉市交委提供,邮政部分内容由湖北省邮政公司武汉市分公司提供,电信部分内容由移动、联通、电信、铁通四家武汉分公司提供。

Brief Description

Data in this chapter present the development of transportation (railway、highways、waterways、aviation), post and telecommunications in Wuhan. Data on transportation are from transportation Commission of Wuhan. Data on postal and telecommunication services are from Wuhan branch of Hubei post company, Telecom part of the content are provided by wuhan ' s branches of china Mobile, china Unicom, china telecom, china Bailway Communication.

7-1 全社会交通运输量
TOTAL PASSENGER AND FREIGHT TRAFFIC

项目	Item	2015	2014
换算周转量(亿吨公里)	**Converted turnover**(**100 million ton-km**)	**3842.48**	**3880.53**
铁路	Railway	1865.00	1947.10
公路	High Way	604.98	574.30
水运	Water Way	1357.68	1345.63
航空	Civil Aviation	14.82	13.50
客运量(万人)	**Passenger Traffic**(**10 000 persons**)	**27628.71**	**27899.48**
铁路	Railway	15083.90	14053.90
公路	High Way	11381.26	12748.00
航空	Civil Aviation	1163.55	1097.58
旅客周转量(亿人公里)	**Passenger Turnover**(**100 million persons-km**)	**1102.36**	**1059.22**
铁路	Railway	869.30	834.10
公路	High Way	81.09	87.10
航空	Civil Aviation	151.97	138.02
货运量(万吨)	**Freight Traffic**(**10 000 tons**)	**48185.19**	**48529.99**
铁路	Railway	6579.00	7683.20
公路	High Way	28495.59	28083.00
水运	Water Way	13099.71	12753.56
航空	Civil Aviation	10.89	10.23
货物周转量(亿吨公里)	**Freight Turnover**(**100 million ton-KM**)	**2951.92**	**3025.72**
铁路	Railway	995.70	1113.00
公路	High Way	596.87	565.59
水运	Water Way	1357.68	1345.64
航空	Civil Aviation	1.67	1.49
旅客吞吐量(万人)	**Passenger throughput**(**10 000 persons**)	**1894.20**	**1727.71**
机场(天河)	Airport(Tian He)	1894.20	1727.71
货物吞吐量(万吨)	**Cargo throughput**(**10 000 tons**)	**8470.47**	**8164.30**
机场(天河)	Airport(Tian He)	15.47	14.30
港口	Port	8455.00	8150.00
其中:集装箱(万TEU)	#Container(10 000 TEU)	106.20	100.50

7-2 客　　运　　量
PASSENGER TRAFFIC

单位:万人　　　　(10 000 persons)

年　　份 Year	总　　计 Total	铁　　路 Railway	公　　路 Highway	水　　运 Waterway	民用航空 Civil Aviation
1978	4337.60	2138.50	833.20	1361.70	4.20
1980	5482.30	2337.40	1521.90	1615.70	7.30
1985	6518.90	2119.90	2636.30	1754.00	8.70
1986	6389.90	1841.90	2963.80	1573.80	10.40
1987	7480.20	2851.10	3096.40	1514.50	18.20
1988	7688.30	3177.50	2860.70	1634.60	16.00
1989	7263.10	2781.60	2951.00	1517.40	13.10
1990	6266.80	2088.00	2996.20	1166.40	16.30
1991	6700.20	1959.00	3466.20	1241.00	34.00
1992	7146.00	2035.00	3595.00	1396.00	120.00
1993	7294.00	2231.00	3695.00	1254.00	114.00
1994	7455.60	2311.60	4086.00	886.00	162.00
1995	7250.00	2242.00	4166.90	624.60	216.00
1996	7088.90	1994.10	4339.80	514.00	241.00
1997	7416.55	1974.10	4669.50	555.50	217.48
1998	8585.36	2105.60	5813.60	443.20	222.96
1999	9034.64	2256.70	6208.70	332.10	237.14
2000	8362.40	2498.60	5342.00	261.40	260.40
2001	8124.00	2654.20	4994.10	198.40	277.30
2002	11933.30	2774.30	8851.00		308.00
2003	11882.00	2611.60	8936.00		334.40
2004	12885.70	2956.90	9480.00		448.80
2005	15413.40	4626.40	10293.30		493.70
2006	16193.70	4849.00	10771.00		573.70
2007	17338.36	5124.90	11500.90		712.56
2008	18882.06	6026.50	12082.00		773.56
2009	21735.62	6439.80	14532.00		763.82
2010	22896.71	7281.30	14730.00		885.41
2011	25743.22	8511.70	16317.00		914.52
2012	27492.40	9764.90	16794.00		933.50
2013	29621.69	12105.40	16521.00		995.29
2014	27899.48	14053.90	12748.00		1097.58
2015	27628.71	15083.90	11381.26		1163.55

7-3 旅 客 周 转 量
TURNOVER VOLUME OF PASSENGER TRAFFIC

单位:亿人公里 (100 million person-km)

年 份 Year	总 计 Total	铁 路 Railway	公 路 Highway	水 运 Waterway	民用航空 Civil Aviation
1978	52.00	21.69	4.97	25.16	0.17
1980	55.84	23.91	7.37	24.18	0.37
1985	80.65	43.96	11.91	33.26	0.52
1986	91.07	45.21	12.79	32.37	0.69
1987	142.89	94.58	13.78	33.29	1.24
1988	161.41	109.59	14.26	36.48	1.08
1989	147.03	97.94	14.88	33.31	0.91
1990	127.25	85.00	14.81	26.35	1.09
1991	141.37	94.10	17.34	27.23	2.70
1992	167.10	105.30	18.60	32.10	2.70
1993	168.90	111.60	15.30	31.06	11.00
1994	179.70	117.00	21.10	25.90	15.70
1995	181.00	119.60	20.62	19.60	21.20
1996	171.09	107.50	21.15	18.13	24.32
1997	181.26	115.56	23.00	20.80	21.91
1998	185.81	122.39	25.21	16.40	21.81
1999	206.89	141.01	29.54	12.23	24.12
2000	220.02	158.58	25.89	10.06	25.49
2001	231.53	171.60	25.78	7.27	26.88
2002	266.00	182.80	54.30		28.90
2003	266.40	175.50	57.20		33.70
2004	317.60	213.00	60.40		44.20
2005	507.80	388.00	68.60		51.20
2006	543.14	410.00	71.08		62.06
2007	596.70	440.80	78.20		77.79
2008	634.51	474.01	81.70		78.80
2009	654.94	466.70	109.53		78.72
2010	747.45	528.90	119.49		99.06
2011	873.84	646.30	124.58		102.96
2012	897.34	663.60	127.38		106.36
2013	1011.82	763.00	124.76		124.06
2014	1059.22	834.10	87.10		138.02
2015	1102.36	869.30	81.09		151.97

7-4 货 运 量
FREIGHT TRAFFIC

单位:万吨 (10 000 tons)

年 份 Year	总 计 Total	铁 路 Railway	公 路 Highway	水 运 Waterway	民用航空 Civil Aviation
1978	6620.10	2499.40	1791.60	2329.00	0.08
1980	5926.60	2238.20	1672.90	2015.30	0.17
1985	6830.90	2312.90	1782.40	2735.30	0.29
1986	7001.80	2423.00	1719.30	2859.20	0.19
1987	9034.30	4631.40	1566.00	2836.60	0.30
1988	9078.10	4728.00	1435.20	2914.60	0.29
1989	8866.60	4831.30	1299.70	2735.40	0.17
1990	8378.50	4758.50	1134.30	2485.60	0.10
1991	8545.40	4809.00	1132.00	2604.00	0.38
1992	8700.00	4903.00	1054.00	2741.00	2.00
1993	8820.00	5046.00	1077.00	2695.00	2.00
1994	8227.10	5012.10	1020.00	2193.00	2.00
1995	8311.90	5055.00	934.60	2319.30	3.00
1996	8202.89	5030.80	935.80	2233.00	3.29
1997	7989.83	5004.00	789.71	2193.00	3.12
1998	9441.92	4854.60	1226.70	3357.00	3.62
1999	9612.14	4748.80	1202.60	3655.90	4.84
2000	9464.30	4921.10	874.00	3664.00	5.20
2001	9713.13	5253.20	898.20	3557.60	4.13
2002	15942.60	5472.20	7369.00	3096.90	4.50
2003	16609.80	5823.60	7786.30	2994.60	5.30
2004	17044.80	5860.80	7811.60	3366.30	6.10
2005	19611.70	8491.50	8485.00	2629.10	6.20
2006	20817.75	8990.00	8972.00	2848.97	6.78
2007	22554.93	9728.50	9918.10	2899.40	8.89
2008	29142.98	10201.80	10515.50	8417.83	7.85
2009	34409.19	9839.10	16679.00	7884.00	7.09
2010	40287.93	10145.60	21120.00	9013.00	9.33
2011	41804.45	10059.40	22442.00	9293.06	9.99
2012	43892.49	9177.40	24354.00	10351.73	9.36
2013	44528.75	9010.40	25023.00	10485.55	9.80
2014	48529.99	7683.20	28083.00	12753.56	10.23
2015	48185.19	6579.00	28495.59	13099.71	10.89

7-5 货物周转量
TURNOVER VOLUME OF FREIGHT TRAFFIC

单位:亿吨公里　　　　(100 million ton-km)

年份 Year	总计 Total	铁路 Railway	公路 Highway	水运 Waterway	民用航空 Civil Aviation
1978	261.92	134.64	3.06	124.22	
1980	258.00	140.54	2.57	114.89	0.01
1985	386.81	185.33	4.59	196.86	0.03
1986	408.40	194.44	4.80	209.15	0.02
1987	616.45	399.11	4.82	212.50	0.02
1988	643.09	415.41	5.13	222.54	0.02
1989	671.29	443.03	4.55	223.70	0.01
1990	645.75	455.60	3.67	196.47	0.01
1991	679.82	470.80	3.66	205.53	0.03
1992	713.36	502.80	3.60	207.10	0.16
1993	724.90	514.40	3.70	206.60	0.20
1994	723.40	547.10	3.90	172.20	0.20
1995	751.60	563.70	2.81	184.80	0.27
1996	739.81	560.42	2.81	176.23	0.36
1997	673.70	488.83	2.45	182.07	0.35
1998	643.38	440.84	3.87	198.28	0.39
1999	636.11	420.25	4.02	211.29	0.54
2000	638.61	421.28	4.00	212.77	0.56
2001	655.02	432.60	2.59	219.39	0.44
2002	737.70	466.90	54.40	215.90	0.50
2003	764.00	488.50	56.50	218.50	0.60
2004	835.20	538.00	58.50	238.00	0.70
2005	1277.70	987.00	66.40	223.60	0.70
2006	1312.73	1017.00	69.45	225.53	0.76
2007	1418.00	1138.20	74.80	203.96	1.05
2008	1750.01	1096.91	78.90	573.26	0.94
2009	1900.05	1032.40	282.19	584.63	0.83
2010	2263.60	1144.60	307.61	810.28	1.11
2011	2644.18	1226.60	343.26	1072.86	1.46
2012	2910.22	1194.10	410.82	1303.94	1.36
2013	2555.96	1198.20	468.35	887.87	1.54
2014	3025.72	1113.00	565.59	1345.64	1.49
2015	2951.92	995.70	596.87	1357.68	1.67

7-6 民用车辆拥有量(2015年)
NUMBER OF CIVIL VEHICLES(2015)

计量单位:辆 (unit)

指标名称	代码	总计 Total	营运 For Earning Income and Profit	非营运 Not for Earning Income and Profit	校车 School Bus	总计中: in total 进口 Import	个人 Individuals	新注册 New Registered	报废 Scrap
甲	乙	1	2	3	4	5	6	7	8
合计 Total	**01**	**2132605**	**162856**	**1968966**	**783**	**117885**	**1796651**	**398644**	**32995**
一、汽车 Cars	02	1977759	153385	1823591	783	117668	1651750	394940	18736
1. 载客汽车 Buses & Cars	03	1823122	42589	1779750	783	117314	1628525	378024	9907
其中:大型 Large-sized Automobiles	04	18593	11358	6866	369	170	102	2318	1846
中型 Medium-sized Automobiles	05	10397	798	9185	414	386	4083	573	1741
小型 Small-sized Automobiles	06	1780159	30433	1749726	0	115914	1611313	374321	6149
微型 Mini-sized Automobiles	07	13973	0	13973	0	844	13027	812	171
其中:轿车 Cars	08	1160010	30354	1129656	0	43577	1050155	221650	3548
2. 载货汽车 Trucks	09	134780	107559	27221	0	292	15517	15337	7827
其中:重型 Large-sized Trucks	10	49223	42699	6524	0	144	4027	6509	1535
中型 Medium-sized Trucks	11	11631	9042	2589	0	5	1386	1080	2354
轻型 Small-sized Trucks	12	73725	55669	18056	0	143	10063	7747	3919
微型 Mini-sized Trucks	13	201	149	52	0	0	41	1	19
其中:普通载货 Ordinary Trucks	14	33809	23503	10306	0	136	5857	3581	2842
3. 其他汽车 Others	15	19857	3237	16620	0	62	7708	1579	1002
其中:三轮汽车 Three Wheeled	16	813	1	812	0	0	812	11	11
低速货车 Low Speed Truck	17	4232	90	4142	0	0	4111	433	290
二、电车 Trolleys	18	155	125	30	0	0	0	0	117
1. 无轨 Trolley Bus	19	155	125	30	0	0	0	0	117
2. 有轨 Tram	20	0	0	0	0	0	0	0	0
三、摩托车 Motorcycles	21	145113	405	144708	0	212	144695	2836	13796
1. 普通 Ordinary	22	144138	400	143738	0	206	143726	2830	13475
2. 轻便 Light	23	975	5	970	0	6	969	6	321
四、挂车 Trilers	24	9281	8815	466	0	0	202	868	228
五、其他类型车 Others	25	297	126	171	0	5	4	0	118

7-7 邮电业务基本情况
BASIC CONDITIONS OF POST AND TELECOMMUNICATIONS SERVICES

项目	Item	2015	2014
一、邮政主要指标	**Main Items of Post**		
邮政业务总量(2010年不变价格)(万元)	Business Volume of Post(Price in 2010)(10 000 yuan)	773200.00	536900.00
邮政业务收入(万元)	Income of Post Services(10 000 yuan)	545600.00	402500.00
函件(万件)	Number of Letters(10 000 pcs)	3558.35	3357.57
包件(万件)	Number of Parcels(10 000 pcs)	38.31	35.84
报纸累计份数(万份)	Number of Newspaper(10 000 copies)	13587.00	14080.15
杂志累计份数(万份)	Number of Magazines(10 000 copies)	614.03	652.66
邮电局、所(处)	Number of Post & Telecommuniucation Offices(station)	259.00	261.00
信筒信箱(个)	Number of Post Boxes(unit)	519.00	511.00
邮路总长度(单程)(公里)	Length of Postal Routes(km)	25867.00	25283.00
二、电信主要指标	**Main Items of Telecommunication**		
电信业务总量(2010年不变价格)(万元)	Business Volume of Telecommunication(Price in 2010)(10 000 yuan)	2793900.00	2070200.00
电信业务收入(万元)	Income of Telecommunication Services(10 000 yuan)	1391110.78	1413704.14
固定电话用户数(万户)	Number of Subscribers of Telephone(10 000 subscribers)	249.03	254.79
公用电话(万户)	Number of Public Telephone Subscribers(10 000 subscribers)	40.16	44.95
移动电话用户数(万户)	Number of Mobile Telephone Subscribers(10 000 subscribers)	1584.50	1644.18
局用交换机容量(万门)	Capacity of Office Telephone Exchanges(10 000 lines)	567.12	610.28
移动交换机容量(万户)	Capacity of Mobile Telephone Exchanges(10 000 subscribers)	3391.24	3391.24
互联网用户(万户)	Internet Users(10 000 subscribers)	463.49	390.32
电话普及率(部/百人)	Coverage Rate of Telephones(unit/100 persons)	172.85	229.50
固定电话普及率(部/百人)	Coverage Rate of House Telephones(unit/100 person)	23.48	30.80
移动电话普及率(部/百人)	Coverage Rate of Mobile Telephones(unit/100 persons)	149.37	198.74

说明:邮政业务总量和邮政业务收入均含快递业务;电信业务收入指标仅包含移动、联通、电信、铁通四家武汉分公司数据。

Note:Both total amount of the postal service and the post business income include the express delivery business, the income of telecommunications services only includes data on Mobile, Vnicom, Telecom and Tietong.

主要统计指标解释

货(客)运量 指在一定时期内,各种运输工具实际运送的货物(旅客)数量。该指标是反映运输业为国民经济和人民生活服务的数量指标,也是制定和检查运输生产计划、研究运输发展规模和速度的重要指标。货运按吨计算,客运按人计算。货物不论运输距离长短、货物类别,均按实际重量统计。旅客不论行程远近或票价多少,均按一人次客运量统计,半价票、小孩票也按人统计。

货物(旅客)周转量 指在一定时期内,由各种运输工具运送的货物(旅客)数量与其相应运输距离的乘积之总和。该指标可以反映运输业生产的总成果,也是编制和检查运输生产计划,计算运输效率、劳动生产率以及核算运输单位成本的主要基础资料。计算货物周转量通常按发出站与到达站之间的最短距离,也就是计费距离计算。计算公式为

货物(旅客)周转量 = Σ[货物(旅客)运输量 × 运输距离]

港口货物吞吐量(又称港口吞吐量) 指经由水路运进、出港区范围,并经过装卸的货物数量。按货物流向分为进港吞吐量和出港吞吐量:按货物的贸易性质分为内贸和外贸吞吐量,按货物的类别分,可根据现行的交通行业标准《运输货物分类和代码》分类。

邮电业务总量 指以价值量形式表现的邮电通信企业为社会提供各类邮电通信服务的总数量。邮电业务量按专业分类包括函件、包件、汇票、报刊发行、邮政快件、特快专递、邮政储蓄、集邮、公众电报、用户电报、传真、长途电话、出租电路、无线寻呼、移动电话、分组交换数据通信、出租代维等。计算方法为各类产品乘以相应的平均单价(不变价)之和,再加上出租电路和设备、代用户维护电话交换机和线路等的服务收入。该指标综合反映了一定时期邮电业务发展的总成果,是研究邮电业务量构成和发展趋势的重要指标。计算公式为:

邮电业务总量 = Σ(各类邮电业务量 × 不变单价) + 出租代维及其他业务收入 = 邮政业务总量 + 电信业务总量

民用汽车拥有量 指报告期末,在公安交通管理部门按照《机动车注册登记工作规范》,已注册登记领有民用车辆牌照的全部汽车数量。汽车拥有量统计的主要分类:根据汽车结构分为载客汽车、载货汽车及其他汽车,根据汽车所有者不同分为个人(私人)汽车、单位汽车.根据汽车的使用性质分为营运汽车、非营运汽车和特种汽车,根据汽车大小规格不同载客汽车分为大型、中型、小型和微型,载货汽车分为重型、中型、轻型和微型。

局用电话交换机容量 指安装在电信运营企业内用于接续本地固定电话的电话交换机容量,包括现用和备用的人工或自动交换机的全部容量。不包括用户交换机容量。

移动电话交换机容量 指移动电话交换机根据一定话务模型和交换机处理能力计算出来的最大同时服务用户的数量。

Explanatory Notes On Main Statistical Indicators

Freight(Passenger)Traffc refers to the volume of freight(passenger) transported with various means within a specific period of time. This indicatar reflects the service of the transport industry towards the national economy and people's living conditions, as well as an important indicator used in formulating and monitoring transport production plans and research into the scale and pace of transport development. Freight transport is calculated in tons and passenger traffic is calculated in terms of number of persons. Freigh transport is calculated in terms of the actual weight of the goods and takes no account of the type of freight and distance of travel. Passenger traffic is calculated by the principle that one person can be counted only once in one trip and takes no account of the travelling distance and ticket price. The passengers who travel with a half price ticket or a child's ticket is also calculated as one person.

Turnover Volume of Freight(Passenger)Traffic refers to the sum of the product of the volume of transported cargo(passengers) multiplied by the transport distance. It is an important indicator to reflect the achievement of the transportation industry. This is an important indicator to show the total results of the transport industry; to prepare and examine the transport plan; and to serve as the main basic data for calculating the efficiency labour productivity and unit cost of transport. Normally, the shortest distance between the departure station and the destination station(i. e., the payable distance) is the basis in calculating the freight ton – kilometres. The formulas as foflows:

Turnover Volume of Freight(Passenger)Trafficc = ∑ Freight(Passenger) ∑ Freight(Passenger) Distance of Transportation

Ports Cargo Throughput Capacity refers to the volume of cargo passing in and out the harbor area and having been loaded and unloaded. The volume of freight handled may be classified as in – port&out – port. It can also be classified as national trade and international trade by the attribute of trade or be classified by the classification of cargo according to the standard of Transportation use" The Classification and Code of Transported Cargo".

Business Volume of Post and Telecommunications Services refers to the total amount of post and telecommunications services, expressed in value terms, provided by the post and telecommunications departments for the society. Post and telecommunications services can be classified as ietters, parcels, remittance issue of newspapers and magazines, fastmail service, express mail service, savings deposits, stamps for collection, public and individual telegraph service, facsimiles, long – distance telephone service, leasing of telephonelines, urban paging service, mobile telephone service, data transfer and transmission etc. The accounting approach is to multiply the service products of all types with their average unit price(constant price) to get sum of business value, plus income from other services such as leasing of telephone lines and equipment, maintenance of telephone switchboards and lines on behalf of customers. This indicator reflects the overall results of post and telecommunications service during a given period, and is important to study the composition of business service and the development of post and telecommunications service. The formulas as follows:

Business volume of Post and Telecommunication Services = ∑ (Transaction of Post and Telecommunication Services Constant Price) + Income from leasing. Maintenance and Other Services = Business Volume of Post + Business Volume of Telecommunication.

Possession of Civil Motor Vehicles refers to the total number of vehicles that are registered and received vehicles license according to the Work Standard for Motor Vehicles Registration formulated by transport management office under department of public security at the end of reference period. They are divided into following categories according to the structure of motor vehicles: passenger vehicles, trucks and others; private vehicles and vehicles for units use according to ownerships; working vehicles, non – working vehicles and special motor vehicles according to kind of usage; large passenger vehicles, medium passenger vehicles, small passenger vehicles and mini passenger vehicle, heavy trucks, medium trucks, light trucks and mini trucks according to sizes of vehicles.

Capacity of Office Telephone Exchanges refers to the capacity(measured in gate) of telephone exchanges installed in the offices of telecommunication service providers for communication between fixed telephones. It indudes the capacity of both manual and automatic exchanges in use and for stand—by purpose, excluding the capacity of subscribers' exchanges.

Capacity of Mobile Telephone Exchanges refers to the capacity of the maximum services provided to subscribers at one time basing on a certain model and transacting capacity of the mobile telephone exchanges.

八 贸易 外经、旅 游 业

DOMESTIC TRADE, FOREIGN TRADE, ECONOMIC COOPERATION AND TOURISM

资料整理人员：陈　燕　帅国豪　曾德辉　涂孝斌　张　瑾　李　晶　唐厚国

STAFF FOR DATA PROCESSING:

Chen Yan　Shuai Guohao　Zeng Dehui　Tu Xiaobin　Zhang Jin　Li Jing　Tang Houguo

简要说明

本篇资料反映武汉市国内贸易、对外经济及旅游情况。国内贸易资料内容包括社会消费品零售总额、批发和零售业商品流转情况、住宿和餐饮业经营情况、限额以上批发和零售业财务状况、限额以上住宿和餐饮业财务状况、连锁企业经营情况、亿元商品交易市场基本情况、商业综合体总体情况等。国内贸易数据采集方式:对限额以上企业及大个体户采用全面调查的方法,从 2011 年年报起,由企业在国家统计局统计数据联网直报平台上报送企业一套表;对限额以下企业及个体户采用抽样调查方法;亿元商品交易市场、连锁企业实行全面调查;商业综合体情况实行重点调查;对外经济资料包括进出口贸易、实际利用外资等,其中进出口贸易资料由武汉海关提供,利用外资资料由武汉市商务局提供。旅游资料包括接待旅游者人数、旅游总收入以及星级饭店个数、客房数、床位数等,由武汉市旅游局提供。

Brief Description

The data in this chapter reflect the development of domestic-trade, foreign trade, economic cooperation and tourism. Data on domestic trade includes total retail sales of consumer goods, circulation of goods in wholesale and retail trade, operation of hotel and catering services, financial conditions on wholesale, retail, hotel and catering services above designated size, operation of chain business, bussiness of transaction over 100 million yuan, business combination, etc. The way data on clomestic trade are obtained complete survey is used for enterprises above desighated size and big individuals, and since 2011, enterprises have reported integrated survey tables on cyber – reporting system of State Statistics Bureau; sample survey is used for enterprises below designated size and individuals; complete survey is used for business of transaction over 100 million yuan and chain bussiness; major survey is used for bussiness combination. Data on foreign trade and economic coorperation involve imports and exports, foreign capital actually used, etc. The information of impots and exports of foreign trade comes from Wuhan customs. The infromation of utilization of foreign capital comes from Wuhan Bureau of Commerce. Data on tourism are provided by Wuhan city bureau of Tourism Administration, including number of tourists abroad, revenue of tourism, number of Star – rated hotels, rooms, beds, etc.

8-1 历年社会消费品零售总额及指数
TOTAL RETAIL SALES OF CONSUMER GOODS AND INDICES OVER THE YEARS

年份 Year	消费品零售总额 万元 Total Retail Sales of Consumer Goods (10 000 yuan)	指数 (上年=100) Indice (preceding year=100)	年份 Year	消费品零售总额 万元 Total Retail Sales of Consumer Goods (10 000 yuan)	指数 (上年=100) Indice (preceding year=100)
1952	41082	—	1984	362100	122.2
1953	54166	131.8	1985	486210	134.3
1954	51675	95.4	1986	534462	109.9
1955	52224	101.1	1987	636886	119.2
1956	72538	138.9	1988	833627	130.9
1957	77584	107.0	1989	932510	111.9
1958	83757	108.0	1990	957229	102.7
1959	92593	110.5	1991	1091230	114.0
1960	98845	106.8	1992	1235498	113.2
1961	88515	89.5	1993	1705498	138.0
1962	87404	98.7	1994	2345541	137.5
1963	80004	91.5	1995	2989002	127.4
1964	80766	101.0	1996	3741103	125.2
1965	80921	100.2	1997	4380226	117.1
1966	86446	106.8	1998	4918926	112.3
1967	94690	109.5	1999	5395504	109.7
1968	96140	101.5	2000	6285694	112.3
1969	95908	99.8	2001	7112263	113.2
1970	95631	99.7	2002	7986360	112.3
1971	96836	101.3	2003	8856873	110.9
1972	104620	108.0	2004	9962211	112.5
1973	114218	109.2	2005	11286436	113.3
1974	117409	102.8	2006	12933276	114.6
1975	127036	108.2	2007	15183023	117.4
1976	132784	104.5	2008	18500452	121.8
1977	139750	105.2	2009	21640873	117.0
1978	157086	112.4	2010	25704037	118.8
1979	179840	114.5	2011	30317900	118.0
1980	219490	122.0	2012	34673700	114.4
1981	244985	111.6	2013	39166042	113.0
1982	266412	108.7	2014	45735359	112.7
1983	296380	111.2	2015	51022366	111.6

注:指数根据省局正式核定的年度数据计算,2001-2005年社会消费品零售额为第一次经济普查口径,2014年社会消费品零售额为第三次经济普查口径。

Note: Index is calculated by annual data checked by statistics Bureau of Hubei, total retail sales of consumer goods are caliber of the first economic census for 2001-2005, and of the third economic census for 2014.

8-2 社会消费品零售总额及构成
TOTAL RETAIL SALES OF CONSUMER GOODS AND ITS COMPOSITION

单位:亿元 (100 million yuan)

项目 Item	2011年	2012年	2013年	2014年	2015年
社会消费品零售总额 Total Retail Sales of Consumer Goods	**3031.79**	**3467.37**	**3916.60**	**4573.54**	**5102.24**
按行业分: Grouped by Sector					
批发和零售业 Wholesale and Retail Trade	2664.05	3095.21	3514.72	4151.47	4626.71
住宿和餐饮业 Hotel and Catering Services	294.99	337.22	363.88	422.07	475.53
其　它 Others	72.75	34.94	38.00	0	0
社会消费品零售总额构成(%) Composition(%)	**100**	**100**	**100**	**100**	**100**
按行业分: Grouped by Sector					
批发和零售业 Wholesale and Retail Trade	87.9	89.3	89.7	90.8	90.7
住宿和餐饮业 Hotel and Catering Services	9.7	9.7	9.3	9.2	9.3
其　它 Others	2.4	1.0	1.0	0	0

8-3 历年批发和零售业商品销售额及指数
WHOLESALE AND RETAIL SALES OF GOODS AND INDICES OVER THE YEARS

年份 Year	合计 Total		批发业 Wholesale Trade		零售业 Retail Trade	
	绝对数(亿元) Data (100 million yuan)	指数(上年=100) Indice preceding year=100	绝对数(亿元) Data (100 million yuan)	指数(上年=100) Indice preceding year=100	绝对数(亿元) Data (100 million yuan)	指数(上年=100) Indice preceding year=100
2005	3353.44	—	2208.48	—	1144.96	—
2006	3595.58	107.2	2306.89	104.5	1288.69	112.6
2007	4169.36	116.0	2817.82	122.1	1351.54	104.9
2008	5578.06	133.8	3746.51	133.0	1831.55	135.5
2009	7135.44	127.9	4781.75	127.6	2353.69	128.5
2010	8604.30	123.8	6029.44	127.1	2574.86	116.7
2011	10443.87	125.1	7442.40	126.0	3001.47	122.8
2012	12305.47	117.8	8722.72	116.9	3582.75	120.1
2013	14182.79	115.3	9958.73	114.2	4224.06	117.9
2014	15860.92	111.8	10967.66	110.1	4893.26	115.8
2015	18174.83	114.6	12498.73	114.0	5676.10	116.0

注:指数根据省局正式核定的年度数据计算。

Note: Index is calculated according to the provincial Bureau formally approved annual data.

8－4 批发和零售业商品销售情况
TOTAL SALES OF COMMODITIES IN WHOLESALE AND RETAIL TRADE

单位:亿元 (100 million yuan)

	销售合计 Total		批　发　额 Wholesale		零　售　额 Retail	
	2015 年	2014 年	2015 年	2014 年	2015 年	2014 年
合　　计 Total	**18174.83**	**15860.92**	**13627.55**	**11786.23**	**4547.28**	**4074.69**
一、批发业 Wholesale	12498.73	10967.66	12080.01	10594.54	418.72	373.12
限额以上企业和大个体 Enterprises Above Designated Size and Big Individuals	7017.65	6589.80	6725.05	6337.96	292.60	251.84
限额以下企业和个体户 Enterprises Below Designated Size And Individuals	5481.08	4377.86	5354.96	4256.58	126.12	121.28
二、零售业 Retail Trade	5676.10	4893.26	1547.54	1191.69	4128.56	3701.57
限额以上企业和大个体 Enterprises Above Designated Size and Big Individuals	3201.18	2911.74	188.96	195.29	3012.22	2716.45
限额以下企业和个体户 Enterprises Below Designated Size And Individuals	2474.92	1981.52	1358.58	996.40	1116.34	985.12

注:本表为行业口径,仅含法人和个体,不含非同业附属产业活动单位。
Note:This table is showed by industry caliber, containing corporate and individual, excluding affiliated establishment.

8－5 限额以上批发和零售业商品销售类值(2015年)

TOTAL SALES OF ENTERPRISES ABOVE DESIGNATED SIZE IN WHOLESALE AND RETAIL TRADE BY CATEGORY OF COMMODITIED(2015)

单位:万元 (10 000 yuan)

项目	Item	商品销售总额 Total	批发额 Wholesale	零售额 Retail
总计	**Total**	**104518739.1**	**72072180.4**	**32446558.7**
其中:通过互联网实现的商品销售	Among them: Commodity Sales Through the Internet	2633681.7	591399.5	2042282.2
粮油、食品类	Food	9417861.7	4626637.9	4791223.8
饮料类	Beverage	713716.5	110710.3	603006.2
烟酒类	Tabacco and Alcohol	5402451.6	4204033.9	1198417.7
服装、鞋帽、针纺织品类	Garments、Shoes Hats and Textile Products	4393086.6	766731.6	3626355.0
化妆品类	Cosmetics	1366260.7	114353.3	1251907.4
金银珠宝类	Jewelry	1205499.3	475730.0	729769.3
日用品类	Articles for Daily Use	1778035.1	220631.0	1557404.1
五金、电料类	Hardware and Electrical Tools	125032.8	71092.8	53940.0
体育、娱乐用品类	Sports and Recreation Articles	139207.1	9917.1	129290.0
书报杂志类	Books and Newspapers	654329.1	421315.4	233013.7
电子出版物及音像制品类	Electronic Publications and Audio Video Products	7123.7	1684.4	5439.3
家用电器和音像器材类	Household Appliances and Audio and Video Apparatus	2756931.2	1098036.9	1658894.3
中西药品类	Medicines	11428109.6	8788202.4	2639907.2
文化办公用品类	Culture and Office Articles	2951897.9	2251391.5	700506.4
家具类	Furniture	959199.9	528175.4	431024.5
通讯器材类	Telecommunication Equipments	2116739.4	1396442.9	720296.5
煤炭及制品类	Coal Products	679146.3	679146.3	0.0
木材及制品类	Timber and Products	16196.0	16196.0	0.0
石油及制品类	Petroleum and Products	28593027.9	25814536.6	2778491.3
化工材料及制品类	Chemical Materials and Products	1635001.8	1630819.8	4182.0
金属材料类	Metal Materials	6856470.6	6656448.5	200022.1
建筑及装潢材料类	Building Materials	556004.5	398735.8	157268.7
机电产品及设备类	Mechanical and electric Products	1127900.3	1066413.7	61486.6
汽车类	Automobile	17690025.0	9254150.3	8435874.7
种子饲料类	Seed and Forage	44425.3	44425.3	0.0
棉麻类	Cotton and Fiber	1280049.4	1280049.4	0.0
其他类	Others	625009.8	146171.9	478837.9

8－6 限额以上批发和零售业重要商品销售数量(2015 年)
TOTAL SALES OF ENTERPRISES ABOVE DESIGNATED SIZE IN WHOLESALE AND RETAIL TRADES BY COMMODITY(2015)

项　　目	Item	计量单位 Unit	销售量 Sales
大米(稻米)	Rice	千克(kg)	465114170
白面(小麦面)	Flour	千克(kg)	35148485
杂　粮	Grains	千克(kg)	244318920
食用植物油	Edible Vegetable Oil	千克(kg)	1076044775
猪　肉	Pork	千克(kg)	63838561
牛　肉	Beef	千克(kg)	4263615
羊　肉	Mutton	千克(kg)	1179981
禽　肉	Poultry	千克(kg)	9801294
鲜　蛋	Eggs	千克(kg)	37622468
彩色电视机	Television Set	台(set)	1045188
家用电冰箱	Refrigerator	台(set)	777577
房间空调器	Air Conditioner	台(set)	1726986
电脑(微型计算机)	Computer	台(set)	1679529
汽　车	Motor Vehicles	辆(unit)	2326506
其中:轿　车	Automobile	辆(unit)	1219422
钢　材	Rolled－Steel	吨(ton)	15914007
铜	Copper	吨(ton)	1997996
铝	Alluminium	吨(ton)	224821
水　泥	Cement	吨(ton)	4010090
化学肥料	Chemical Fertilizer	吨(ton)	3339165
化学农药	Chemical Pesticide	吨(ton)	9516

8－7 限额以上批发业法人企业商品购销存(2015年)

单位:万元

指标名称	法人企业数(个) Number of Enterprises	从业人员期末人数(人) Staff and Workers at Year－end	商品购进额 Total Amount of Purchasing Goods	进口 Imports
总计 Total	**937**	**98930**	**68725912.5**	**517765.4**
其中:国有控股 State Owned and State holding	78	23619	34976802.6	339639.3
1.按批发行业小类分 According to the classification of the wholesale industry				
农、林、牧产品批发 Wholesale of Farm Products and Livestock Products	27	2114	1441958.3	0
谷物、豆及薯类批发 Wholesale of Grain, Beans and Potatoes	7	638	34701.8	0
种子批发 Seed Wholesale	4	260	26500.2	0
饲料批发 Fodder Wholesale	4	44	18581.0	0
棉、麻批发 Cotton & hamp Wholesale	8	1035	1333147.9	0
林业产品批发 Forestry products wholesale	2	87	9846.7	0
牲畜批发 Livestock Wholesale	2	50	19180.7	0
食品、饮料及烟草制品批发 Wholeasle Trade of Food、Beverage Tobacco and Atricles for Family	102	20018	6725513.2	30144.9
米、面制品及食用油批发 Wholesale of Rice, Noodle and Edible Oil	15	1288	825230.4	0
糕点、糖果及糖批发 Wholesale of Cakes, Candy and Sugar	8	866	126079.9	0
果品、蔬菜批发 Wholesale of Fruit and Vegetables	20	1180	134413.1	0
肉、禽、蛋、奶及水产品批发 Wholesale of Meat, Bird, Eggs, Milk and Aquatic products	17	2960	2022939.8	5663.6
盐及调味品批发 Wholesale of Salt and Seasoning	4	2809	163875.7	0
营养和保健品批发 Wholesale of Health Care products	1	70	13949.9	0
酒、饮料及茶叶批发 Wholesale of Alcohol, Drinks and Tea	18	6292	1715508.2	7073.5
烟草制品批发 Wholesale of Tobaccos	2	1692	1115257.1	4860.7
其他食品批发 The Other foods Wholesale	17	2861	608259.1	12547.1
纺织、服装及家庭用品批发 Wholesale of Textile, Clothing and Household Goods	103	7314	1776156.2	15668.0
纺织品、针织品及原料批发 Wholesale of Textiles, Knitwear and Raw Material	11	236	68371.1	4367.4

PURCHASE, SALES AND STOCK OF ENTERPRISES ABOVE DESIGNATED SIZE IN WHOLESALE(2015)

(10 000 yuan)

商品销售额 Total Sales	批发额 Wholesale	出口 Exports	零售额 Retail	期末商品库存额 Stocks at Year－end	年末零售营业面积（平方米） Business Area for retail at Year－end(sq. m)
74017845.1	70983328.1	1582863.4	3034517.0	8245173.4	307222
37824868.3	37485633.2	170705.9	339235.1	2080369.2	79400
1438136.1	1430597.4	16696.2	7538.7	118274.9	7411
37604.0	30562.4	0	7041.6	20595.0	6238
33218.9	33218.9	2468.1	0	23654.7	0
18102.8	17605.7	0	497.1	514.3	360
1319928.9	1319928.9	0	0	73446.0	0
9863.4	9863.4	0	0	39.9	813
19418.1	19418.1	14228.1	0	25.0	0
8222110.6	7401689.8	15195.3	820420.8	1268794.6	12048
900428.0	837678.0	0	62750.0	55118.4	625
134067.7	132937.5	0	1130.2	17807.5	350
166610.0	105880.5	3893.0	60729.5	2343.9	7282
2091931.4	1525065.1	3839.5	566866.3	11107.7	766
199352.4	199312.9	0	39.5	16674.8	0
14696.2	14696.2	0	0	3173.2	0
2522570.6	2496723.9	0	25846.7	64413.1	1320
1557357.6	1556180.3	7462.8	1177.3	993470.1	140
635096.7	533215.4	0	101881.3	104685.9	1565
1774068.8	1653618.1	224221.2	120450.7	440163.7	10317
75663.7	75663.7	52236.0	0	4803.3	160

8-7 续 表 1

单位:万元

指标名称	法人企业数（个）Number of Enterprises	从业人员期末人数（人）Staff and Workers at Year-end	商品购进额 Total Amount of Purchasing Goods	进口 Imports
服装批发 Wholesale of Gamments	36	1635	238281.9	5311.7
鞋帽批发 Wholesale of Shoes and Hats	4	156	33457.4	0
化妆品及卫生用品批发 Wholesale of Conmetics and Hygiene	13	1189	111921.5	5798.7
厨房、卫生间用具及日用杂货批发 Wholesale of Kitchen Supplies, Toilet Articles and Daily Necessities	3	719	28588.2	0
灯具、装饰物品批发 Wholesale of Lampsand Ornament	2	26	9489.7	0
家用电器批发 Wholesale of Household Electrical Appliances	22	2399	1177983.8	0
其他家庭用品批发 Wholesale of Other household products	12	954	108062.6	190.2
文化、体育用品及器材批发 Wholesale of Cultural and Sports Goods	29	6391	1792905.0	13270.7
文具用品批发 Wholesale of Stationery	14	372	1087274.9	13270.7
图书批发 Wholesale of Books	4	3239	348670.1	0
首饰、工艺品及收藏品批发 Wholesale of Jewely, Handicraft and Collection	9	2735	354866.6	0
其他文化用品批发 Wholesale of Other Cultural Goods	2	45	2093.4	0
医药及医疗器材批发 Wholesale of Medicines and Medical Appliances	166	26542	8845821.1	26702.2
西药批发 Western Medicine Wholesale	113	24064	8198716.4	26642.2
中药批发 Traditional Chinese Medicine Wholesale	32	1610	468982.5	47.1
医疗用品及器材批发 Medical Supplies and Apparatus Wholesale	21	868	178122.2	12.9
矿产品、建材及化工产品批发 Wholesale of Mineral Products, Building Material and Chemical Products	313	27546	35673491.2	242537.0
煤炭及制品批发 Wholesale of Coal and Related Products	22	507	545628.1	0
石油及制品批发 Wholesale of Petroleum and related Products	31	20722	27026948.0	203643.1
非金属矿及制品批发 Wholesale of Non-Metal Minerals and Products	4	71	21567.6	0
金属及金属矿批发 Wholesale of Metals and Metal Minerals	143	3058	6015036.4	18770.9

8－7 Continued 1

(10 000 yuan)

商品销售额 Total Sales	批发额 Wholesale	出口 Exports	零售额 Retail	期末商品库存额 Stocks at Year－end	年末零售营业面积（平方米） Business Area for Retail at Year－end(sq. m)
269411.7	244186.7	134695.4	25225.0	39941.3	3318
36663.0	33120.9	0	3542.1	4703.6	500
146685.9	124853.1	0	21832.8	44015.5	1100
34318.8	34318.8	5011.3	0	2784.2	0
8991.0	6809.9	0	2181.1	5091.3	108
1085848.9	1042210.2	9898.7	43638.7	322197.1	320
116485.8	92454.8	22379.8	24031.0	16627.4	4811
2019554.4	1860532.8	228.0	159021.6	181520.8	83337
1076301.1	1075853.9	0	447.2	41972.3	1657
469356.7	359656.3	0	109700.4	51555.3	65000
471744.2	422875.4	228.0	48868.8	84627.8	16280
2152.4	2147.2	0	5.2	3365.4	400
9041290.3	7591095.3	43096.3	1450195.0	1081430.6	106020
8303682.9	6919990.8	15822.6	1383692.1	1016142.5	96435
522401.5	463932.1	0	58469.4	39103.6	6545
215205.9	207172.4	27273.7	8033.5	26184.5	3040
37046900.4	36825011.3	62909.7	221889.1	966857.3	21171
574644.6	574644.6	0	0	29511.4	357
28075924.1	27955213.6	0	120710.5	488813.7	2635
21321.2	21321.2	0	0	7474.7	0
6242720.2	6223704.3	17507.5	19015.9	320497.3	10590

8-7 续表 2

单位:万元

指标名称	法人企业数(个) Number of Enterprises	从业人员期末人数(人) Staff and Workers at Year-end	商品购进额 Total Amount of Purchasing Goods	进口 Imports
建材批发 Wholesale of Building Materials	31	867	593481.4	0
化肥批发 Wholesale of Fertilizers	11	616	681703.4	0
其他化工产品批发 Other Chemical Products Wholesale	71	1705	789126.3	20123.0
机械设备、五金产品及电子产品批发 Wholesale Trade of Mechanical and Electrical Products	181	8642	11897201.4	185024.7
农业机械批发 Agricaltural Machinery Wholesale	1	101	2157.5	0
汽车批发 Wholesale of Automobiles	24	2414	7821471.5	0
汽车零配件批发 Wholesale of Auto Parts	21	781	737450.7	122416.5
摩托车及零配件批发 Wholesale of Motorcycles and Parts	2	57	12574.5	0
五金产品批发 Hardware Products Wholesale	6	154	91206.1	0
电气设备批发 Ecectrical Equipment Wholesale	13	391	61568.2	4629.6
计算机、软件及辅助设备批发 Wholesale of Computer, Software and Related Appliances	25	1504	1989193.6	0
通讯及广播电视设备批发 Communication, Radio and Television Equipment Wholesale	14	771	682094.1	0
其他机械设备及电子产品批发 Wholesale of Other mechanical Equipment and Ecectronic Products	75	2469	499485.2	57978.6
贸易经纪与代理 Trade Brokerage and Agents	7	133	491443.1	4417.9
贸易代理 Trade Agent	7	133	491443.1	4417.9
其他批发业 Other Wholesale Trade	9	230	81423.0	0
再生物资回收与批发 Wholesale of Recycled Materials	6	187	57396.6	0
其他未列明批发业 Other Unlisted Wholesale	3	43	24026.4	0
2. 按登记注册类型分 Grouped by Registration				
内资企业 Domestic Investment	903	85484	57073384.5	455404.1
国有企业 State-owned	13	2795	1341165.9	1223.2

8－7 Continued 2

(10 000 yuan)

商品销售额 Total Sales	批发额 Wholesale	出口 Exports	零售额 Retail	期末商品库存额 Stocks at Year－end	年末零售营业面积（平方米） Business Area for Retail at Year－end(sq. m)
602359.9	575511.2	2288.5	26848.7	18865.8	5548
685569.6	685569.6	0	0	69296.0	1200
844360.8	789046.8	43113.7	55314.0	32398.4	841
13970884.8	13717380.8	1205834.3	253504.0	4047623.0	66838
5627.7	5627.7	0	0	2264.0	1000
9425566.5	9352770.1	26511.1	72796.4	368190.7	20758
770916.2	768859.3	33101.9	2056.9	55799.0	4000
14628.4	13922.8	0	705.6	2677.6	250
97600.4	93110.0	0	4490.4	3495714.2	1733
66592.7	63120.2	815.7	3472.5	5966.6	1269
2215394.8	2094222.2	1001715.4	121172.6	23321.5	1061
731118.0	684781.4	0	46336.6	43172.2	1400
643440.1	640967.1	143690.2	2473.0	50517.2	35367
420441.9	418944.8	14682.4	1497.1	137527.9	80
420441.9	418944.8	14682.4	1497.1	137527.9	80
84457.8	84457.8	0	0	2980.6	0
59670.3	59670.3	0	0	2020.5	0
24787.5	24787.5	0	0	960.1	0
59723158.8	57333152.0	1566003.5	2390006.8	7767856.2	269418
1789612.6	1789612.6	15175.5	0	999658.2	6030

8-7 续 表 3

单位:万元

指标名称	法人企业数(个) Number of Enterprises	从业人员期末人数(人) Staff and Workers at Year-end	商品购进额 Total Amount of Purchasing Goods	进 口 Imports
集体企业 Collective-owned	4	317	52801.2	0
股份合作企业 Cooperative of Share Holding	2	52	12853.2	0
有限责任公司 Companies of Limited Liabilities	466	36101	35620478.9	441804.4
国有独资公司 Companies State-owned Exclusive Investment	12	6746	18941392.4	195374.1
其他有限责任公司 Other Companies of Limited Liabilities	454	29355	16679086.5	246430.3
股份有限公司 Share Holding	34	32340	14343637.9	248.6
私营企业 Private-owned	377	13543	5595957.7	12127.9
私营独资企业 Private Exclusive Investment	1	22	6251.0	0
私营有限责任公司 Private Companies of Limited Liabilities	364	13195	5520975.0	12127.9
私营股份有限公司 Private Companies of Limited Liabilities with Share Holding	12	326	68731.7	0
其他企业 Others	7	336	106489.7	0
港、澳、台商投资企业 Enterprises Funded by Entepreneurs from Hongkong, Macao & Taiwan	15	4777	2348961.9	15972.6
与港澳台商合资经营企业 Joint Ventures with Hongkong, Macao and Taiwan	6	554	165951.8	13619.6
港澳台商独资企业 Manage with Hongkong, Macao and Taiwan Jointly	8	3363	2054339.1	2353.0
港澳台商投资股份有限公司 Share-holding Corporations Funded from HongKong, Macao and Taiwan	1	860	128671.0	0
外商投资企业 Foreign Funded	19	8669	9303566.1	46388.7
中外合资经营企业 Joint Venture Enterprises	9	1765	7597348.6	39744.1
外资企业 Enterprises with Foreign Exclusive Investment	7	5456	1643438.7	6644.6
外商投资股份有限公司 Companies Limited by Shares with Foreign Investment	1	14	7201.2	0
其他外商投资企业 Other Foreign Investment Enterprises	2	1434	55577.6	0

8－7 Continued 3

(10 000 yuan)

商品销售额 Total Sales	批发额 Wholesale	出口 Exports	零售额 Retail	期末商品库存额 Stocks at Year－end	年末零售营业面积（平方米） Business Area for Retail at Year－end(sq. m)
55208.3	53711.2	0	1497.1	9167.3	80
12795.4	10946.9	0	1848.5	530.6	60
36962227.4	35759863.3	311872.2	1202364.1	5214404.4	187199
19503024.9	19461379.8	66.2	41645.1	232019.9	430
17459202.5	16298483.5	311806.0	1160719.0	4982384.5	186769
14812527.0	13879011.5	45799.1	933515.5	1110599.2	26881
5978801.8	5739517.4	1193156.7	239284.4	431768.4	47930
6332.6	6332.6	0	0	125.0	150
5888590.7	5649359.3	1192354.9	239231.4	417439.8	43380
83878.5	83825.5	801.8	53.0	14203.6	4400
111986.3	100489.1	0	11497.2	1728.1	1238
2556309.5	1952237.7	0	604071.8	92267.7	37427
195993.8	165899.5	0	30094.3	22576.5	640
2222386.8	1648409.3	0	573977.5	65521.2	36787
137928.9	137928.9	0	0	4170.0	0
11738376.8	11697938.4	16859.9	40438.4	385049.5	377
9250430.0	9214447.3	16044.2	35982.7	343564.2	0
2388954.9	2384499.2	815.7	4455.7	36362.0	377
9521.8	9521.8	0	0	0	0
89470.1	89470.1	0	0	5123.3	0

8-8 限额以上零售业法人企业商品购销存(2015)

单位:万元

指标名称	法人企业数(个) Number of Enterprises	从业人员期末人数(人) Staff and Workers at Year-end	商品购进额 Total Amount of Purchasing Goods	进口 Imports
总计 Total	**838**	**132863**	**28670239.5**	**616094.6**
其中:国有控股 State-owned and State Holding	62	49094	11646631.7	6402.8
1.按零售行业小类分 According to the Classfication of Retail Industry				
综合零售 Comprehensire	81	58031	9757610.9	0
百货零售 Department Store	42	24686	6063497.4	0
超级市场零售 Super Market	26	31795	3531916.4	0
其他综合零售 Other Comprehensire	13	1550	162197.1	0
食品、饮料及烟草制品专门零售 Retail of Food、Beverage Tobacco and Articles for Family	72	9753	918042.9	4473.5
粮油零售 Grain and Oil	2	46	96076.7	0
糕点、面包零售 Cake and Bread	5	1063	70152.9	0
果品、蔬菜零售 Fruits and Vegetables	11	374	87934.0	0
肉、禽、蛋、奶及水产品零售 Meat, Bird, Eggs, Milk and Aquatic products	14	1139	173828.6	0
营养和保健品零售 Health Care products	3	158	4783.9	0
酒、饮料及茶叶零售 Alcohol, Drinks and Tea	21	975	91038.8	0
烟草制品零售 Tobaccos	5	715	75957.1	0
其他食品零售 Other foods Retail	11	5283	318270.9	4473.5
纺织、服装及日用品专门零售 Textile Garment and Daily necessities	88	10986	735097.4	0
纺织品及针织品零售 Textiles and Knitwear	5	333	16944.8	0
服装零售 Clothing	53	6284	462068.0	0
鞋帽零售 Shoes and Hats	11	2937	124249.5	0
化妆品及卫生用品零售 Cosmetics and Hygiene	2	79	54232.5	0
钟表、眼镜零售 Clocks, Watch and Glasses	5	673	25586.5	0
箱、包零售 Luggage and Bags	1	50	513.9	0
厨房用具及日用杂品零售 Kitchen Utensils and Daily Sundries	4	44	10735.3	0
其他日用品零售 Other Daily Necessities	7	586	40766.9	0
文化、体育用品及器材专门零售 Cultura and Sports Goods	46	3711	232223.4	0
文具用品零售 Stationery	6	129	16366.3	0
体育用品及器材零售 Soprts Goods	1	10	271.3	0
图书、报刊零售 Books and Newspapers	11	2041	96789.0	0

PURCHASE, SALES AND STOCK OF ENTERPRISES ABOVE DESINGATED SIZE IN RETAIL TRADE(2015)

(10 000 yuan)

商品销售额 Total Sales	批发额 Wholesale	出口 Expert	零售额 Retail	期末商品库存额 Stocks at Year - end	年末零售营业面积（平方米） Business Area for Retail at Year - end(sq. m)
32364159.1	1874341.0	1204.1	30489818.1	2658813.9	8506084
13344124.1	843004.9	0	12501119.2	835581.5	4869853
11358145.5	364516.2	0	10993629.3	793360.9	5871085
7033645.8	304484.6	0	6729161.2	458996.3	4199781
4157502.0	49500.0	0	4108002.0	306474.2	1628752
166997.7	10531.6	0	156466.1	27890.4	42552
1218593.7	36928.2	479.5	1181665.5	72498.1	109224
102264.1	0	0	102264.1	1646.7	1580
76742.4	0	0	76742.4	1079.4	9193
95828.4	17531.4	0	78297.0	494.3	5547
202828.2	431.9	0	202396.3	9395.6	17167
5034.8	0	0	5034.8	598.8	1350
127645.6	13318.5	0	114327.1	10320.2	42002
106589.7	0	0	106589.7	23602.4	7676
501660.5	5646.4	479.5	496014.1	25360.7	24709
933709.0	51823.3	0	881885.7	127430.3	327872
17513.9	1660.4	0	15853.5	9481.2	4619
562655.7	46911.6	0	515744.1	93120.8	279235
192947.0	2318.7	0	190628.3	17361.7	21363
68939.8	0	0	68939.8	855.1	4447
31039.8	932.6	0	30107.2	4069.3	4020
635.4	0	0	635.4	102.2	200
12506.1	0	0	12506.1	495.2	1080
47471.3	0	0	47471.3	1944.8	12908
292608.1	10040.9	0	282567.2	73698.2	92469
17832.8	2544.7	0	15288.1	507.4	1150
8080.5	0	0	8080.5	0	11163
114639.0	3354.6	0	111284.4	32584.8	54874

8-8 续表 1

单位:万元

指标名称	法人企业数(个) Number of Enterprises	从业人员期末人数(人) Staff and Workers at Year-end	商品购进额 Total Amount of Purchasing Goods	进口 Imports
珠宝首饰零售 Jewelry	15	1214	88984.9	0
工艺美术品及收藏品零售 Arts and Crafts and Collectibles	3	98	8881.7	0
乐器零售 Musical Instruments	4	90	13496.3	0
照相器材零售 Photographic Equipment	1	4	1303.9	0
其他文化用品零售 Other Cultural Articles	5	125	6130.0	0
医药及医疗器材专门零售 Medicine and Medical Equipment	122	10133	2277025.2	11927.8
药品零售 Medicine	97	9257	2187893.4	379.5
医疗用品及器材零售 Medical Supplies and Equipment	25	876	89131.8	11548.3
汽车、摩托车、燃料及零配件专门零售 Automobile, Motorcycle, Fule and Spare Parts	268	28467	10936499.6	599327.7
汽车零售 Automobile	218	21627	8393231.5	599327.7
汽车零配件零售 Atuo Parts	7	201	79744.4	0
摩托车及零配件零售 Motocycle and Spare Parts	2	34	9543.3	0
机动车燃料零售 Motor Fuel	41	6605	2453980.4	0
家用电器及电子产品专门零售 Household Appliances	84	6682	1629346.6	0
家用视听设备零售 Home Auto-visual and Electronic Products Equipment	3	55	7366.1	0
日用家电设备零售 Household Appliances	26	4068	1188812.7	0
计算机、软件及辅助设备零售 Computer, Software and Auxiliary Equipment	38	1638	310785.0	0
通信设备零售 Communication Equipment	11	768	82752.9	0
其他电子产品零售 Other Electronic Products	6	153	39629.9	0
五金、家具及室内装饰材料专门零售 Hardware, Furniture and Indoor Decoration Materials	58	2264	354173.3	365.6
五金零售 Hardware	12	200	28004.1	0
灯具零售 Lamps and Lanterns	2	30	2307.7	0
家具零售 Furniture	18	1289	205073.4	0
涂料零售 Paint	1	5	864.2	0
卫生洁具零售 Sanitary ware	5	124	11070.2	365.6
木质装饰材料零售 Wood Decoration	4	47	4275.3	0
陶瓷、石材装饰材料零售 Ceramic and Stone	5	151	20495.2	0
其他室内装饰材料零售 Other Indoor Decoration Materials	11	418	82083.2	0

8－8 Continued 1

(10 000 yuan)

商品销售额 Total Sales	批发额 Wholesale	出口 Expert	零售额 Retail	期末商品库存额 Stocks at Year－end	年末零售营业面积(平方米) Business Area for Retail at Year－end(sq. m)
121815.2	4141.6	0	117673.6	33126.0	7231
9172.1	0	0	9172.1	67.8	8220
9700.6	0	0	9700.6	4731.9	1580
1404.6	0	0	1404.6	36.3	15
9963.3	0	0	9963.3	2644.0	8236
2628753.3	238322.5	724.6	2390430.8	321269.8	185942
2508273.7	209929.2	0	2298344.5	312397.8	179262
120479.6	28393.3	724.6	92086.3	8872.0	6680
11833107.8	899484.2	0	10933623.6	1164909.9	906592
9011592.1	403198.7	0	8608393.4	1132042.8	598248
90001.8	18418.5	0	71583.3	7470.6	3949
11076.7	0	0	11076.7	608.8	2697
2720437.2	477867.0	0	2242570.2	24787.7	301698
1750541.5	260045.2	0	1490496.3	73475.6	666339
7798.8	0	0	7798.8	510.9	785
1294366.2	163789.5	0	1130576.7	35248.2	636260
329244.4	81597.9	0	247646.5	16548.5	15698
75119.8	11955.8	0	63164.0	18111.3	12123
44012.3	2702.0	0	41310.3	3056.7	1473
418580.2	7573.3	0	411006.9	23139.4	332190
29271.3	0	0	29271.3	2455.7	172375
2374.6	1608.7	0	765.9	110.8	1400
256490.8	1136.0	0	255354.8	15127.4	99446
912.7	0	0	912.7	26.6	50
14568.7	0	0	14568.7	808.6	3300
6301.6	0	0	6301.6	487.6	1058
21961.8	0	0	21961.8	1809.9	7956
86698.7	4828.6	0	81870.1	2312.8	46605

8-8 续表 2

单位:万元

指标名称	法人企业数(个) Number of Enterprises	从业人员期末人数(人) Staff and Workers at Year-end	商品购进额 Total Amount of Purchasing Goods	进口 Imports
货摊、无店铺及其他零售业 Stalls, No-shop and Others	19	2836	1830220.2	0
货摊纺织、服装及鞋零售 Textile, Clothing and Footwear Stalls	1	167	8450.3	0
互联网零售 Internet	10	2393	1788814.1	0
邮购及电视、电话零售 Mail Order and TV, Telephone	1	58	6854.5	0
生活用燃料零售 Domestic Fule	4	129	12981.7	0
其他未列明零售业 Other not Listed	3	89	13119.6	0
2.按登记注册类型分 Grouped by Registration				
内资企业 Domestic Investment	803	114467	26610867.4	547246.0
国有企业 State-owned	13	3066	1867333.1	0
集体企业 Collective-owned	11	846	72970.4	0
股份合作企业 Cooperative of Share Holding	5	211	39115.7	0
有限责任公司 Compaines of Limited Liabilities	410	44523	11486614.2	211091.9
国有独资公司 State Owned	4	298	72908.3	6402.8
其他有限责任公司 Other Companies of Limited Liabilities	406	44225	11413705.9	204689.1
股份有限公司 Share Holding	20	42867	8677984.7	0
私营企业 Private-owned	341	22868	4455239.2	336154.1
私营独资企业 Private Exclusive Investment	15	329	79345.4	0
私营合伙企业 Private Partnership	1	23	2401.5	0
私营有限责任公司 Private Companies of Limited Liabilities	315	21096	4082439.1	333694.9
私营股份有限公司 Private Companies of Limited Liabilities with Share Holding	10	1420	291053.2	2459.2
其他企业 Others	3	86	11610.1	0
港、澳、台商投资企业 Enterprises funded by Entepreneurs from HongKong, Macao & Taiwan	17	7532	1208107.8	36048.0
与港澳台商合资经营企业 Joint Venture with Hongkong, Macao & Taiwan	3	650	110523.0	0
港澳台商独资企业 Hongkong and Marcro, Taiwan Owned	14	6882	1097584.8	36048.0
外商投资企业 Foreign Investment	18	10864	851264.3	32800.6
中外合资经营企业 Chinese Foreign Equity Joint Ventures	5	1253	88540.4	8944.5
外资企业 Foreign Enterprise	12	9549	738867.8	0
其他外商投资企业 Other Foreign Investment	1	62	23856.1	23856.1

8-8 Continued 2

(10 000 yuan)

商品销售额 Total Sales	批发额 Wholesale	出口 Expert	零售额 Retail	期末商品库存额 Stocks at Year-end	年末零售营业面积（平方米） Business Area for Retail at Year-end(sq. m)
1930120.0	5607.2	0	1924512.8	9031.7	14371
13179.9	0	0	13179.9	1717.0	0
1882961.8	2198.4	0	1880763.4	5602.0	8877
7472.9	0	0	7472.9	0.1	0
12661.0	3408.8	0	9252.2	497.6	4634
13844.4	0	0	13844.4	1215.0	860
29874299.5	1777192.3	479.5	28097107.2	2369661.4	7858682
2148129.0	338051.2	0	1810077.8	75268.6	39488
128943.0	4182.0	0	124761.0	3275.7	109863
39663.5	51.6	0	39611.9	1858.8	22343
12552820.3	636749.2	479.5	11916071.1	1003091.7	2373570
75326.5	1972.0	0	73354.5	8281.3	7300
12477493.8	634777.2	479.5	11842716.6	994810.4	2366270
9929352.2	498791.8	0	9430560.4	694070.8	4529807
5061985.2	299366.5	0	4762618.7	591110.3	776161
84521.0	0	0	84521.0	1896.3	14808
2494.0	0	0	2494.0	82.0	500
4667439.1	299366.5	0	4368072.6	560560.3	730904
307531.1	0	0	307531.1	28571.7	29949
13406.3	0	0	13406.3	985.5	7450
1497928.9	75704.5	0	1422224.4	214616.2	199292
117423.8	69570.9	0	47852.9	3528.3	5967
1380505.1	6133.6	0	1374371.5	211087.9	193325
991930.7	21444.2	724.6	970486.5	74536.3	448110
117530.7	19666.9	724.6	97863.8	8851.4	32275
850457.2	1777.3	0	848679.9	63305.2	413835
23942.8	0	0	23942.8	2379.7	2000

8-9 历年住宿和餐饮业营业额及指数
ANNUAL ACCOMMODATION AND CATERING INDUSTRY TURNOVER AND INDICES

年份 Year	合计 Total		住宿业 Accommodation		餐饮业 Catering	
	绝对数（亿元）Data (100 million yuan)	指数（上年=100）Indice preceding year=100	绝对数（亿元）Data (100 million yuan)	指数（上年=100）Indice preceding year=100	绝对数（亿元）Data (100 million yuan)	指数（上年=100）Indice preceding year=100
2009	348.79	—	46.37	—	302.42	—
2010	404.05	115.8	54.93	118.4	349.12	115.4
2011	430.71	120.4	66.35	120.8	364.36	120.4
2012	532.01	123.5	79.18	119.3	452.83	124.3
2013	600.83	112.9	86.41	109.1	514.42	113.6
2014	678.70	113.0	90.30	104.5	588.40	114.4
2015	775.90	114.3	99.37	110.0	676.53	115.0

注：指数根据省局正式核定的年度数据计算。

Note: The index is calculated according to the annual data that provincial Bureau approved formally.

8－10 住宿和餐饮业经营情况
OPERATION OF ENTERPRISES IN ACCOMMODATION AND CATERING TRADE

单位:万元 (10 000 yuan)

项 目 Item	住宿业 Accommodation		餐饮业 catering	
	2015 年	2014 年	2015 年	2014 年
营业额总计 Total Business Revenue	**993657.6**	**903001.6**	**6765255.9**	**5884008.1**
(一)限额以上营业额 Revenue of Enterprises Above designated Size	404164.9	417822.4	1190836.0	1135779.9
1. 客房收入 Revenue From Hotel Rooms	236323.7	245662.7	44845.0	37471.1
2. 餐费收入 Revenue From Meals	127680.8	131885.7	1112245.0	1070285.1
3. 商品销售额 Revenue From Commodities	6265.2	8267.1	23243.0	20285.7
4. 其他收入 Other Revenue	33895.2	32006.9	10503.0	7738.0
(二)限额以下营业额 Below Designated Size	589492.7	485179.2	5574419.9	4748228.2
其中:餐费收入和商品销售额 Revenue From Meals and Commodities	100241.5	70565.7	3304285.7	2844951.2

注:本表为行业口径,仅含法人和个体,不含非同业附属产业活动单位。

Note:This table is showed by industry caliber, containing corporate and individual, excluding affiliated establishment.

8－11 限额以上住宿业法人企业经营情况(2015 年)

单位:万元

指标名称 Item	法人企业数(个) Number of Enterprises (unit)	从业人员期末人数(人) Employed Person at Year－end (person)	营业额 Total Revenue	客房收入 Revenue From Hotel
总 计 **Total**	**199**	**22990**	**418389.9**	**243616.0**
其中:国有控股 State Holding	39	5381	89320.7	45078.8
1. 按住宿业行业小类分 **Grouped by Small Class**				
旅游饭店 Traveling Hotel	114	17916	330790.9	183775.7
一般旅馆 Generel Hotel	83	4934	85721.1	58684.4
其他住宿业 Other Accomodation Service	2	140	1877.9	1155.9
2. 按登记注册类型分 **Grouped by registration**				
内资企业 Domestic Investment	183	19266	337509.4	196763.0
国有企业 State－owned	21	2806	36219.6	22041.7
集体企业 Collective－owned	2	418	9424.2	4454.5
有限责任公司 Companies of Limited Liabilities	95	11593	228693.5	125699.8
国有独资公司 Companies State－owned Exclusive Investment	5	878	22219.2	6564.3
其他有限责任公司 Other Companies of Limited Liabilities	90	10715	206474.3	119135.5
股份有限公司 Share Holding	4	609	8404.5	6422.8
私营企业 Private－owned	60	3825	54495.2	37871.8
私营合伙企业 Private Partnership	1	11	250.0	250.0
私营有限责任公司 Private Companies of Limited Liabilities	57	3721	52648.0	36513.7
私营股份有限公司 Private Companies of Limited Liabilities with Share Holding	2	93	1597.2	1108.1
其他企业 Others	1	15	272.4	272.4
港、澳、台商投资企业 Enterprises funded by Entepreneurs from HongKong, Macao & Taiwan	15	3707	80498.2	46470.7
与港澳台商合资经营企业 Joint Ventures with HongKong, Macao and Taiwan	3	838	19910.1	9822.8
与港澳台商合作经营企业 Co－operation Companies	2	342	9739.3	6672.8
港澳台商独资企业 Manage with HongKong, Macao and Taiwan jointly	8	2175	42318.0	24030.2
港澳台商投资股份有限公司 Exclusive investment of HongKong, Macao, and Taiwan	2	352	8530.8	5944.9
外商投资企业 Foreign funded	1	17	382.3	382.3
外资企业 Enterprises with Foreign Exclusive Investment	1	17	382.3	382.3

OPERATION OF HOTELS ABOVE DESIGNATED SIZE(2015)

(10 000 yuan)

餐费收入 Revenue From Meals	商品销售收入 Revenue From Commodities	其他收入 Others	客房数 (间) Rooms (room)	床位数 (个) Beds (unit)	餐位数 (位) Tables of Catering(unit)	年末餐饮营业面积 (平方米) Operational Area for Catering(sq. m)
130500.1	**6051.2**	**38222.6**	**35737**	**55938**	**49152**	**268593**
25916.4	1292.2	17033.3	6444	11174	12198	53393
111886.2	4679.3	30449.7	24085	37350	38192	208982
17906.3	1363.1	7767.3	11413	18216	10510	55611
707.6	8.8	5.6	239	372	450	4000
103512.5	5627.0	31606.9	31631	49923	43760	240586
10867.4	686.6	2623.9	3363	6193	6662	31900
3418.7	316.1	1234.9	366	529	1841	4740
74295.0	4084.8	24613.9	19127	28854	25794	141321
8602.5	543.0	6509.4	721	1163	1280	4360
65692.5	3541.8	18104.5	18406	27691	24514	136961
1720.5	30.9	230.3	793	1053	1130	5140
13210.9	508.6	2903.9	7900	13140	8333	57485
0.0	0.0	0.0	64	90	0	0
12771.4	494.7	2868.2	7556	12556	7943	56185
439.5	13.9	35.7	280	494	390	1300
0.0	0.0	0.0	82	154	0	0
26987.6	424.2	6615.7	3952	5792	5392	28007
8596.5	84.3	1406.5	967	1443	1812	5600
2892.3	49.3	124.9	387	554	804	5429
13138.8	290.6	4858.4	2142	3169	2516	15851
2360.0	0.0	225.9	456	626	260	1127
0.0	0.0	0.0	154	223	0	0
0.0	0.0	0.0	154	223	0	0

8－12　限额以上餐饮业法人企业经营情况(2015 年)

单位:万元

指标名称 Item	法人企业数(个) Number of Enterprises (unit)	从业人员期末人数(人) Employed Person at Year－end (person)	营业额 Total Revenue	客房收入 Revenue From Hotel
总　计 Total	**431**	**45227**	**1115730.5**	**46030.0**
其中:国有控股 State Holding	5	675	10540.9	2116.9
1. 按餐饮业行业小类分 Gropued by Small Class				
正餐服务 Dinner Service	413	33946	674577.7	45825.7
快餐服务 Fast Food Service	12	8828	333560.6	0.0
饮料及冷饮服务 Beverage and Related Services	3	1828	55853.6	204.3
咖啡馆服务 Cafe Service	2	1797	54829.9	0.0
其他饮料及冷饮服务 Other Catering Trade	1	31	1023.7	204.3
其他餐饮业 Other Catering Trade	3	625	51738.6	0.0
小吃服务 Snack Service	1	69	34703.9	0.0
餐饮配送服务 Food Distribution Service	1	505	16626.0	0.0
其他未列明餐饮业 Other Unlisted Catering	1	51	408.7	0.0
2. 按登记注册类型分 Grouped by registration				
内资企业 Domestic Investment	413	33067	699956.6	44207.0
国有企业 State－owned	2	153	2031.5	1339.7
股份合作企业 Cooperative of Share Holding	1	26	203.1	0.0
联营企业 Joint Venture	1	0	5813.9	0.0
集体联营企业 Collective Joint	1	0	5813.9	0.0

OPERATION OF ENTERPRISES IN CATERING SERVICES ABOVE DESIGNATED(2015)

(10 000 yuan)

餐费收入 Revenue From Meals	商品销售收入 Revenue From Commodities	其他收入 Others	客房数（间） Rooms (room)	床位数（个） Beds (unit)	餐位数（位） Tables of Catering (unit)	年末餐饮营业面积（平方米） Operational Area for Catering(sq. m)
1035287.9	**27406.2**	**7006.4**	**9562**	**15269**	**291145**	**1077068**
4663.9	3760.1	0.0	372	706	2649	4830
594721.1	27036.0	6994.9	9542	15243	236220	929719
333549.1	0.0	11.5	0	0	42240	130675
55279.1	370.2	0.0	20	26	10248	8560
54829.9	0.0	0.0	0	0	10028	8330
449.2	370.2	0.0	20	26	220	230
51738.6	0.0	0.0	0	0	2437	8114
34703.9	0.0	0.0	0	0	698	5340
16626.0	0.0	0.0	0	0	1500	2000
408.7	0.0	0.0	0	0	239	774
624009.2	26877.7	4862.7	8995	14381	235402	911669
691.8	0.0	0.0	245	478	550	630
203.1	0.0	0.0	0	0	350	360
3915.4	1898.5	0.0	0	0	4000	5000
3915.4	1898.5	0.0	0	0	4000	5000

8-12 续 表

单位:万元

指标名称 Item	法人企业数(个) Number of Enterprises (unit)	从业人员期末人数(人) Employed Person at Year-end (person)	营业额 Total Revenue	客房收入 Revenue From Hotel
有限责任公司 Companies of Limited Liabilities	202	20783	450292.0	30439.6
国有独资公司 Companies State-owned Exclusive Investment	2	388	6589.5	0.0
其他有限责任公司 Other Companies of Limited Liabilities	200	20395	443702.5	30439.6
股份有限公司 Share Holding	4	305	5347.0	262.2
私营企业 Private-owned	202	11785	235722.7	12165.5
私营独资企业 Private Owned	11	328	14825.3	379.3
私营合伙企业 Private Partnership	2	52	855.8	49.6
私营有限责任公司 Private Companies of Limited Liabilities	185	10904	207804.7	11532.3
私营股份有限公司 Private Cpmpanies of Limited Liabilities with Share Holding	4	501	12236.9	204.3
其他企业 Others	1	15	546.4	0.0
港、澳、台商投资企业 Enterprises funded by Entepreneurs from HongKong, Macao & Taiwan	11	3130	83969.8	519.1
与港澳台商合资经营企业 Joint Ventures with HongKong, Macao and Taiwan	4	365	5416.2	199.1
港澳台商独资企业 Manage with HongKong, Macao and Taiwan jointly	7	2765	78553.6	320.0
外商投资企业 Foreign funded	7	9030	331804.1	1303.9
中外合资经营企业 Chinese Foreign Equity Joint Ventures	1	420	5850.4	0.0
外资企业 Enterprises with Foreign Exclusive Investment	6	8610	325953.7	1303.9

8 - 12 Continued

(10 000 yuan)

餐费收入 Revenue From Meals	商品销售收入 Revenue From Commodities	其他收入 Others	客房数（间） Rooms (unit)	床位数（个） Beds (unit)	餐位数（位） Tables of Catering (unit)	年末餐饮营业面积（平方米） Operational Area for Catering (sq. m)
396511.1	20513.2	2828.1	6097	9484	155083	562507
2829.4	3760.1	0.0	0	0	1699	3200
393681.7	16753.1	2828.1	6097	9484	153384	559307
5066.4	18.4	0.0	90	180	2948	6850
217075.0	4447.6	2034.6	2563	4239	72371	336122
14082.1	173.9	190.0	168	314	3453	13897
806.2	0.0	0.0	16	28	885	5132
190817.5	3610.3	1844.6	2359	3871	64666	306418
11369.2	663.4	0.0	20	26	3367	10675
546.4	0.0	0.0	0	0	100	200
81182.8	491.7	1776.2	236	416	14996	31430
3440.9	0.0	1776.2	220	400	1490	6879
77741.9	491.7	0.0	16	16	13506	24551
330095.9	36.8	367.5	331	472	40747	133969
5850.4	0.0	0.0	0	0	2000	6000
324245.5	36.8	367.5	331	472	38747	127969

8－13 批发和零售业连锁经营情况(2015 年)

项　　目 Item	连锁总店数 (个) Number of Headquarters in Chain Stores (unit)	连锁门店数 (个) Number of Branches in Chain Stores (unit)	直营店 Direct Management
总　计 **Total**	**98**	**5768**	**4896**
#外商及港、澳、台投资 Foreign and HongKong, Macao and Taiwan Investment	10	537	520
按业态分 Grouped by Shape of Retail			
便利店 CVS	1	21	21
超　市 Supermarkets	6	1211	1175
大型超市 Large Scale Supermarket	4	76	76
百货店 Bazaar	3	203	203
专业店 Special Shop	52	3212	2441
其中:加油站 Among them:Gas Station	8	482	429
专卖店 Exclusive Shop	27	973	954
家具建材商店 Furniture Buliding Materials Store	1	8	8
其　他 Others	4	64	18

WHOLESALE AND RETAIL CHAIN BUSINESS(2015)

加盟店 Joining - in Stores	年末零售营业面积（万平方米） Space of Management (10 000m²)	从业人数（人） Number of Employees (person)	销售总额（亿元） Total Sales Revenue (100 million yuan)	零售额 Retail
872	**585.80**	**100282**	**1555.81**	**1322.97**
17	34.29	15452	178.15	150.90
0	0.10	94	0.42	0.42
36	121.98	34015	353.74	320.60
0	95.99	12190	184.43	177.23
0	224.09	16103	436.78	412.03
771	131.49	26813	494.62	357.21
53	29.73	6586	256.93	204.45
19	11.25	10661	84.25	54.55
0	0.30	120	0.28	0.28
46	0.60	286	1.29	0.65

8－14 住宿和餐饮业连锁经营情况(2015 年)

项目 Item	连锁总店数(个) Number of Headquarters in Chain Stores (unit)	连锁门店数(个) Number of Branches in Chain Stores (unit)	直营店 Direct Management	加盟店 Joining－in Stores
总计 **Total**	**28**	**813**	**811**	**2**
#外商及港、澳、台投资 Foreign and HongKong, Macao and Taiwan Investment	6	654	654	0
按行业分 Grouped by Sector				
住宿业 Accommodation	3	44	43	1
一般旅馆 General Hotel	2	21	20	1
其他住宿业 Other Accommodation Services	1	23	23	0
餐饮业 Catering	25	769	768	1
正餐服务 Dinner	19	111	110	1
快餐服务 Short Order	4	520	520	0
咖啡馆服务 Coffee Services	1	129	129	0
小吃服务 Snack Service	1	9	9	0

ACCOMMODATION AND CATERING INDUSTRY CHAIN OPERATION(2015)

年末餐饮营业面积（万平方米）Space of Management（10 000m²）	从业人数（人）Number of Employees（person）	客房数（间）Rooms（room）	床位数（个）Beds（unit）	餐位数（位）Tables of Catering（unit）	营业收入（亿元）Total Sales Revenue（100 million yuan）	商品销售额及餐费收入 Revenue from Meals and Commodities
33.05	**35972**	**6414**	**8182**	**128130**	**55.59**	**54.12**
6.71	26709	0	0	54808	38.66	38.66
0.02	768	3795	4719	220	1.68	0.29
0	348	1140	1909	0	0.63	0.19
0.02	420	2655	2810	220	1.05	0.10
33.03	35204	2619	3463	127910	53.90	53.83
26.74	8901	2619	3463	74561	12.72	12.65
4.92	24446	0	0	42959	32.25	32.25
1.06	1788	0	0	9980	5.47	5.47
0.31	69	0	0	410	3.47	3.47

8－15 限额以上批发业法人财务指标(2015年)

单位:万元

指标名称 Item	法人企业数(个) Number of Enterprises(unit)	执行《2006年企业会计准则》企业数(个) Implementation of Accounting Standards for Business Enterprises in 2006(unit)
总　计 Total	**937**	**824**
其中:国有控股 State Owned and State holding	78	78
1.按批发行业小类分 According to the classification of the wholesale industry		
农、林、牧产品批发 Wholesale of Farm Products and Livestock Products	27	25
谷物、豆及薯类批发 Wholesale of Grain, Beans and Potatoes	7	6
种子批发 Seed Wholesale	4	3
饲料批发 Fodder Wholesale	4	4
棉、麻批发 Cotton&hamp Wholesale	8	8
林业产品批发 forestry products wholesale	2	2
牲畜批发 Livestock Wholesale	2	2
食品、饮料及烟草制品批发 Wholeasle Trade of Food、Beverage Tobacco and Atricles for Family	102	95
米、面制品及食用油批发 Wholesale of Rice, Noodle and Edible Oil	15	14
糕点、糖果及糖批发 Wholesale of Cakes, Candy and Sugar	8	8
果品、蔬菜批发 Wholesale of Fruit and Vegetables	20	16
肉、禽、蛋、奶及水产品批发 Wholesale of Meat, Bird, Eggs, Milk and Aquatic products	17	17
盐及调味品批发 Wholesale of Salt and Seasoning	4	4
营养和保健品批发 Wholesale of Health Care products	1	1
酒、饮料及茶叶批发 Wholesale of Alcohol, Drinks and Tea	18	16
烟草制品批发 Wholesale of Tobaccos	2	2
其他食品批发 The Other foods Wholesale	17	17
纺织、服装及家庭用品批发 Wholesale of Textile, Clothing and Household Goods	103	89
纺织品、针织品及原料批发 Wholesale of Textiles, Knitwear and Raw Material	11	8
服装批发 Wholesale of Gamments	36	31
鞋帽批发 Wholesale of Shoes and Hats	4	4
化妆品及卫生用品批发 Wholesale of Conmetics and Hygiene	13	11
厨房、卫生间用具及日用杂货批发 Wholesale of Kitchen Supplies, Toilet Articles and Daily Necessities	3	1
灯具、装饰物品批发 Wholesale of Lampsand Ornament	2	1
家用电器批发 Wholesale of Household Electrical Appliances	22	22
其他家庭用品批发 Wholesale of Other household products	12	11

FINANCIAL INDICATORS OF ENTERPRISES ABOVE DESIGNATED SIZE IN WHOLE SALE(2015)

(10 000 yuan)

一、年初存货 The Beginning Inventory	二、期末资产负债 Late Assets and Liabilities			
	流动资产合计 Total Liquid Assets	应收账款 Accounts Receivable	存　货 Stock	固定资产合计 Fixed Assets
3466303.7	**17092946.5**	**4127582.6**	**3547372.6**	**2054309.7**
945860.3	4949556.6	975533.9	1081871.2	941145.1
79850.4	360805.1	23067.5	120648.9	33640.7
20549.8	34833.4	1387.2	19067.2	3037.1
27819.2	67283.7	14604.2	26793.7	12443.3
691.2	8432.0	1405.3	56.5	882.2
30767.7	212818.8	5514.1	74721.3	16903.6
12.3	421.6	0.0	0.0	209.6
10.2	37015.6	156.7	10.2	164.9
334620.0	2226732.8	154585.6	297157.1	257239.8
75489.4	557170.8	39946.2	56258.3	27134.1
16547.8	30142.7	5733.8	17741.9	395.6
1057.3	15341.0	5289.2	886.1	39919.7
11061.0	114724.7	14000.4	10342.9	67626.1
16761.9	73354.1	16540.5	5409.6	27918.4
1815.3	7627.7	1798.6	2712.2	110.0
67692.9	795698.0	29187.7	57706.1	11661.2
61265.1	450011.9	684.9	59037.4	70283.3
82929.3	182661.9	41404.3	87062.6	12191.4
385070.6	993205.7	85262.3	387920.7	23848.3
2274.6	26572.4	3456.2	5238.2	371.3
30676.3	110219.8	30906.9	37566.4	7161.5
4900.2	11307.8	3762.6	4175.6	298.7
38952.4	86503.4	23320.3	37757.5	734.5
2527.6	5880.0	1146.0	2551.5	2528.7
600.7	6629.5	2407.8	581.3	9.3
287166.8	707266.7	15103.2	282126.2	1611.1
17972.0	38826.1	5159.3	17924.0	11133.2

8-15 续 表 1

单位:万元

指标名称 Item	法人企业数(个) Number of Enterprises(unit)	执行《2006年企业会计准则》企业数(个) Implementation of Accounting Standards for Business Enterprises in 2006(unit)
文化、体育用品及器材批发 Wholesale of Cultural and Sports Goods	29	24
文具用品批发 Wholesale of Stationery	14	12
图书批发 Wholesale of Books	4	4
首饰、工艺品及收藏品批发 Wholesale of Jewely, Handicraft and Collection	9	7
其他文化用品批发 Wholesale of Other Cultural Goods	2	1
医药及医疗器材批发 Wholesale of Medicines and Medical Appliances	166	148
西药批发 Western Medicine Wholesale	113	104
中药批发 Traditional Chinese Medicine Wholesale	32	26
医疗用品及器材批发 Medical Supplies and Apparatus Wholesale	21	18
矿产品、建材及化工产品批发 Wholesale of Mineral Products, Building Meterial and Chemical Products	313	263
煤炭及制品批发 Wholesale of Coal and Related Products	22	19
石油及制品批发 Wholesale of Petroleum and related Products	31	27
非金属矿及制品批发 Wholesale of Non - Metal Minerals and Products	4	4
金属及金属矿批发 Wholesale of Metals and Metal Minerals	143	126
建材批发 Wholesale of Building Materials	31	24
化肥批发 Wholesale of Fertilizers	11	8
其他化工产品批发 Other Chemical Products Wholesale	71	55
机械设备、五金产品及电子产品批发 Wholesale Trade of Mechanical and Electrical Products	181	164
农业机械批发 Agricaltural Machinery Wholesale	1	1
汽车批发 Wholesale of Automobiles	24	23
汽车零配件批发 Wholesale of Auto Parts	21	18
摩托车及零配件批发 Wholesale of Motorcycles and Parts	2	1
五金产品批发 Hardware Products Wholesale	6	5
电气设备批发 Ecectrical Equipment Wholesale	13	13
计算机、软件及辅助设备批发 Wholesale of Computer, Software and Related Appliances	25	24
通讯及广播电视设备批发 Communication, Radio and Television Equipment Wholesale	14	14
其他机械设备及电子产品批发 Other mechanical Equipment and Ecectronic Products	75	65

8－15 Continued 1

(10 000 yuan)

一、年初存货 The Beginning Inventory	二、期末资产负债 Late Assets and Liabilities			
	流动资产合计 Total Liquid Assets	应收账款 Accounts Receivable	存　货 Stock	固定资产合计 Fixed Assets
198405.2	734972.4	68005.3	164187.2	71424.5
13490.4	223625.3	21587.7	39626.3	4725.2
68928.3	389949.3	31403.7	55247.6	64057.5
112902.2	112745.6	12497.5	65938.9	2617.8
3084.3	8652.2	2516.4	3374.4	24.0
802761.7	4472214.0	1323547.2	940028.5	312180.6
751338.2	4074532.5	1116814.7	882912.4	296530.2
29588.5	254980.3	127385.8	33247.0	4032.7
21835.0	142701.2	79346.7	23869.1	11617.7
1043500.4	4660703.9	1150954.4	920137.1	1294467.1
34093.5	355859.3	141359.2	24816.9	7301.2
434916.5	1255587.2	355146.4	491791.5	1155852.4
4511.7	38589.5	12605.6	7419.2	237.6
355424.8	2495324.0	535314.1	280487.0	79572.5
10607.1	122110.4	51985.0	10271.3	11683.7
175341.5	197099.7	8142.3	77455.9	27297.5
28605.3	196133.8	46401.8	27895.3	12522.2
561276.0	3436297.5	1285252.1	596626.5	58795.7
1190.4	3889.3	721.8	1935.1	19.7
347182.8	1354435.9	211647.2	360928.7	21288.6
69711.3	446504.3	115113.5	55013.3	10428.1
4429.7	8032.6	692.5	6031.3	18.5
4799.3	36109.3	23339.5	9795.8	358.5
4486.0	31375.1	13606.4	5774.6	1534.3
53485.3	926252.9	709546.1	59457.1	2177.2
22921.4	258628.0	94768.3	41996.9	856.4
53069.8	371070.1	115816.8	55693.7	22114.4

8-15 续 表 2

单位:万元

指标名称 Item	法人企业数(个) Number of Enterprises(unit)	执行《2006年企业会计准则》企业数(个) Implementation of Accounting Standards for Business Enterprises in 2006(unit)
贸易经纪与代理 Trade Brokerage and Agents	7	7
贸易代理 Trade Agent	7	7
其他批发业 Other Wholesale Trade	9	9
再生物资回收与批发 Wholesale of Recyded Matorials	6	6
其他未列明批发业 Other Non - listed Wholesale	3	3
2. 按登记注册类型分 **Grouped by Registration**		
内资企业 Domestic Investment	903	792
国有企业 State - owned	13	13
集体企业 Collective - owned	4	4
股份合作企业 Cooperative of Share Holding	2	2
有限责任公司 Companies of Limited Liabilities	466	418
国有独资公司 Companies State - owned Exclusive Investment	12	12
其他有限责任公司 Other Compaines of Limited Liabilities	454	406
股份有限公司 Share Holding	34	32
私营企业 Private - owned	377	316
私营独资企业 Private Exclusive Investment	1	0
私营有限责任公司 Private Compaines of Limited Liabilities	364	307
私营股份有限公司 Private Companies of Limited Liabilities with Share Holding	12	9
其他企业 Others	7	7
港、澳、台商投资企业 Enterprises Funded by Entepreneurs from HongKong, Macao & Taiwan	15	15
合资经营企业(港或澳、台资) Joint Ventures with HongKong, Macao and Taiwan	6	6
港、澳、台商独资经营企业 Manage with HongKong, Macao and Taiwan Jointly	8	8
港、澳、台商投资股份有限公司 Share Holding Corporations Funded from HongKong, Macao and Taiwan	1	1
外商投资企业 Foreign Funded	19	17
中外合资经营企业 Joint Venture Enterprises	9	8
外资企业 Enterprises with Foreign Exclusive Investment	7	6
外商投资股份有限公司 Companies Limited by Shares with Foreign Inevstment	1	1
其他外商投资企业 Other Foreign Investment Enterprises	2	2

8－15 Continued 2

(10 000 yuan)

一、年初存货 The Beginning Inventory	二、期末资产负债 Late Assets and Liabilities			
	流动资产合计 Total Liquid Assets	应收账款 Accounts Receivable	存货 Stock	固定资产合计 Fixed Assets
57291.9	194102.5	32408.1	117814.0	505.7
57291.9	194102.5	32408.1	117814.0	505.7
3527.5	13912.6	4500.1	2852.6	2207.3
2012.8	9556.0	3739.1	1959.1	2078.2
1514.7	4356.6	761.0	893.5	129.1
2955390.8	14881546.8	3786876.2	3090008.6	1928324.3
57790.8	585928.1	44841.3	64447.7	85869.5
8175.0	81874.6	7024.9	9217.4	6155.5
441.1	2074.4	1307.7	453.5	15.1
1553511.6	7899997.9	1825359.1	1561860.5	718927.4
142350.1	832391.4	363887.8	188953.0	361173.0
1411161.5	7067606.5	1461471.3	1372907.5	357754.4
941901.9	3471184.3	713659.4	1057942.3	1030923.3
391493.0	2797264.1	1193601.8	394755.7	82088.4
0.0	163.5	1.5	162.0	183.9
380276.7	2752852.4	1180457.7	382310.1	75622.9
11216.3	44248.2	13142.6	12283.6	6281.6
2077.4	43223.4	1082.0	1331.5	4345.1
145801.5	253162.9	71010.8	83377.9	103522.8
23038.2	103326.6	52965.6	21972.8	1333.1
117846.7	134138.5	13368.8	56539.5	102042.9
4916.6	15697.8	4676.4	4865.6	146.8
365111.4	1958236.8	269695.6	373986.1	22462.6
338664.8	1228503.4	233437.7	337359.0	14337.4
24073.2	698231.6	20995.4	32183.3	7538.5
0.0	4852.7	2790.4	0.0	67.2
2373.4	26649.1	12472.1	4443.8	519.5

8-15 续 表 3

单位:万元

指标名称 Item	二、期末资产负债 Assets and Liabilities at Year-end		
	固定资产原价 Original Value of Fixed Asset	累计折旧 Accumulated Depreciation	本年折旧 Depreciation of this year
总 计 Total	**3082730.5**	**1030162.1**	**163043.0**
其中:国有控股 State Owned and State holding	1366942.9	425955.2	79733.5
1.按批发行业小类分 **According to the classification of the wholesale industry**			
农、林、牧产品批发 Wholesale of Farm Products and Livestock Products	70690.0	37049.3	3745.9
谷物、豆及薯类批发 Wholesale of Grain, Beans and Potatoes	5368.7	2331.6	78.2
种子批发 Seed Wholesale	13882.2	1438.9	480.5
饲料批发 Fodder Wholesale	1058.4	176.2	46.2
棉、麻批发 Cotton&hamp Wholesale	49805.8	32902.2	3104.2
林业产品批发 forestry products wholesale	220.3	10.7	4.6
牲畜批发 Livestock Wholesale	354.6	189.7	32.2
食品、饮料及烟草制品批发 Wholoeasle Trade of Food、Beverage Tobacco and Atricles for Family	387220.8	130523.2	27989.7
米、面制品及食用油批发 Wholesale of Rice, Noodle and Edible Oil	44200.0	17065.9	8992.4
糕点、糖果及糖批发 Wholesale of Cakes, Candy and Sugar	1190.1	794.5	158.7
果品、蔬菜批发 Wholesale of Fruit and Vegetables	44520.1	4600.4	3276.1
肉、禽、蛋、奶及水产品批发 Wholesale of Meat, Bird, Eggs, Milk and Aquatic products	85841.4	18600.1	5234.8
盐及调味品批发 Wholesale of Salt and Seasoning	57257.1	29496.1	2468.5
营养和保健品批发 Wholesale of Health Care products	127.1	17.1	0.0
酒、饮料及茶叶批发 Wholesale of Alcohol, Drinks and Tea	19457.8	7796.6	1581.1
烟草制品批发 Wholesale of Tobaccos	117739.4	47456.1	5228.5
其他食品批发 The Other foods Wholesale	16887.8	4696.4	1049.6
纺织、服装及家庭用品批发 Wholesale of Textile, Clothing and Household Goods	39213.2	15364.9	2254.1
纺织品、针织品及原料批发 Wholesale of Textiles, Knitwear and Raw Material	933.2	561.9	53.4
服装批发 Wholesale of Gamments	12918.4	5756.9	868.2
鞋帽批发 Wholesale of Shoes and Hats	1030.6	731.9	125.5
化妆品及卫生用品批发 Wholesale of Conmetics and Hygiene	1663.3	928.8	173.7
厨房、卫生间用具及日用杂货批发 Wholesale of Kitchen Supplies, Toilet Articles and Daily Necessities	4329.0	1800.3	216.6
灯具、装饰物品批发 Wholesale of Lampsand Ornament	9.7	0.4	0.1
家用电器批发 Wholesale of Household Electrical Appliances	2424.1	813.0	340.0
其他家庭用品批发 Wholesale of Other household products	15904.9	4771.7	476.6

8－15 Continued 3

(10 000 yuan)

二、期末资产负债 Assets and Liabilities at Year－end				
在建工程 In the Construction Engineering	资产总计 Total Assets	流动负债合计 Total Liabilities	应付账款 Accounts Payable	非流动负债合计 Non Current Liabilities
2277868.1	**21677388.2**	**15561005.4**	**4226551.0**	**453495.2**
369182.8	7150771.3	4566170.4	1150707.3	123379.4
6151.8	433373.7	270982.7	13480.1	11322.1
4746.4	43657.1	36597.3	1729.9	3568.7
1405.4	87331.3	45322.6	5490.7	5373.1
0.0	10004.2	10783.4	1431.0	293.6
0.0	238757.1	151054.9	4641.3	183.6
0.0	1675.1	149.8	0.0	1351.6
0.0	51948.9	27074.7	187.2	551.5
25882.5	2768381.3	1937774.8	240970.1	36052.4
10584.4	690598.8	421133.1	30393.0	6437.9
0.0	36812.0	28632.9	13384.8	0.0
1986.2	57770.8	13668.0	3921.5	13829.2
5829.4	250964.7	157053.7	11382.5	12306.1
4506.1	134967.1	69318.9	34616.1	921.6
0.0	7737.7	7481.7	0.0	23.1
236.8	828735.5	916175.1	73351.7	225.0
2671.0	563478.5	162862.0	36349.9	0.0
68.6	197316.2	161449.4	37570.6	2309.5
0.0	1050831.6	960615.4	238237.0	17513.5
0.0	27019.8	23413.7	9959.9	0.0
0.0	125645.9	98755.3	44271.6	7468.2
0.0	15644.5	4144.6	2478.1	5565.0
0.0	88408.9	77863.9	31556.9	686.0
0.0	10360.9	7238.1	2914.3	33.9
0.0	6638.8	5285.6	4287.6	0.0
0.0	712254.7	706146.4	136070.4	2324.6
0.0	64858.1	37767.8	6698.2	1435.8

8－15 续 表 4

单位：万元

指标名称 Item	二、期末资产负债 Assets and Liabilities at Year－end		
	固定资产原价 Fixed Asset	累计折旧 Accumulated Depreciation	本年折旧 Depreciation of this year
文化、体育用品及器材批发 Wholesale of Cultural and Sports Goods	102351.0	30926.5	6344.0
文具用品批发 Wholesale of Stationery	5881.0	1155.8	245.0
图书批发 Wholesale of Books	87550.0	23492.5	4659.0
首饰、工艺品及收藏品批发 Wholesale of Jewely, Handicraft and Collection	8813.2	6195.4	1435.8
其他文化用品批发 Wholesale of Other Cultural Goods	106.8	82.8	4.2
医药及医疗器材批发 Wholesale of Medicines and Medical Appliances	421336.5	109179.8	11520.9
西药批发 Western Medicine Wholesale	392200.5	95694.2	6965.7
中药批发 Traditional Chinese Medicine Wholesale	7193.0	3160.3	541.3
医疗用品及器材批发 Medical Supplies and Apparatus Wholesale	21943.0	10325.3	4013.9
矿产品、建材及化工产品批发 Wholesale of Mineral Products, Building Meterial and Chemical Products	1939509.1	646183.2	103619.2
煤炭及制品批发 Wholesale of Coal and Related Products	11932.1	4630.9	596.4
石油及制品批发 Wholesale of Petroleum and related Products	1724423.6	568571.2	89234.2
非金属矿及制品批发 Wholesale of Non－Metal Minerals and Products	859.7	622.1	33.9
金属及金属矿批发 Wholesale of Metals and Metal Minerals	127352.3	48891.8	8623.5
建材批发 Wholesale of Building Materials	16523.2	4858.3	991.7
化肥批发 Wholesale of Fertilizers	36371.1	9077.9	2593.7
其他化工产品批发 Other Chemical Products Wholesale	22047.1	9531.0	1545.8
机械设备、五金产品及电子产品批发 Wholesale Trade of Mechanical and Electrical Products	117003.1	58241.4	7134.3
农业机械批发 Agricaltural Machinery Wholesale	48.4	28.7	24.7
汽车批发 Wholesale of Automobiles	54070.0	32782.6	3112.8
汽车零配件批发 Wholesale of Auto Parts	16554.8	6126.7	886.3
摩托车及零配件批发 Wholesale of Motorcycles and Parts	168.1	149.6	4.9
五金产品批发 Hardware Products Wholesale	770.3	442.6	128.7
电气设备批发 Ecectrical Equipment Wholesale	2500.0	965.7	174.0
计算机、软件及辅助设备批发 Wholesale of Computer, Software and Related Appliances	3592.8	1415.6	200.4
通讯及广播电视设备批发 Communication, Radio and Television Equipment Wholesale	2828.9	1972.5	439.0
其他机械设备及电子产品批发 Other mechanical Equipment and Ecectronic Products	36469.8	14357.4	2163.5

8-15 Continued 4

(10 000 yuan)

二、期末资产负债 Assets and Liabilities at Year-end				
在建工程 In the Construction Engineering	资产总计 Total Assets	流动负债合计 Total Liabilities	应付账款 Accounts Payable	非流动负债合计 Non Current Liabilities
1919.5	875346.0	608200.8	114430.6	1267.6
0.0	233698.1	207557.8	12002.3	143.2
1919.5	514994.6	353538.9	96838.9	1124.4
0.0	117977.1	38893.8	4258.9	0.0
0.0	8676.2	8210.3	1330.5	0.0
1743273.5	5104490.4	3498859.9	1097896.4	180409.1
1743273.5	4678076.7	3193234.5	968657.7	177225.9
0.0	263552.5	206872.3	81947.3	26.0
0.0	162861.2	98753.1	47291.4	3157.2
491266.3	7498622.8	4935347.4	752003.1	170880.9
624.3	405337.7	307766.7	75281.3	212.0
478385.1	3588489.6	1847464.3	422111.9	85192.6
0.0	49879.7	45688.6	6561.0	0.0
1869.7	2794189.4	2235921.9	179969.7	73963.5
340.7	151207.6	119792.5	22670.1	575.8
373.0	264793.8	211860.4	4584.4	4057.9
9673.5	244725.0	166853.0	40824.7	6879.1
9374.5	3734957.6	3161511.5	1624995.4	36005.8
0.0	3994.9	1560.8	447.8	0.0
185.0	1529571.1	1180278.2	319536.7	21016.8
5736.1	475405.5	391032.0	78703.2	28.6
0.0	8051.1	7219.0	3359.3	0.0
0.0	37152.5	34560.6	24544.6	154.0
11.2	33897.7	22118.1	5817.1	0.0
0.0	936839.4	857186.0	782488.6	401.9
0.0	259545.6	328179.1	275487.3	131.9
3442.2	450499.8	339377.7	134610.8	14272.6

8-15 续 表 5

单位:万元

指标名称 Item	二、期末资产负债 Assets and Liabilities at Year-end		
	固定资产原价 Original Value of Fixed Asset	累计折旧 Accumulated Depreciation	本年折旧 Depreciation of this year
贸易经纪与代理 Trade Brokerage and Agents	1015.3	509.6	80.4
贸易代理 Trade Agent	1015.3	509.6	80.4
其他批发业 Other Wholesale Trade	4391.5	2184.2	354.5
再生物资回收与批发 Wholesale of Recyded Matorials	3385.7	1307.5	251.2
其他未列明批发业 Other Non-listed Wholesale	1005.8	876.7	103.3
2.按登记注册类型分 Grouped by Registration			
内资企业 Domestic Investment	2891625.7	965042.7	148601.5
国有企业 State-owned	140998.2	55128.7	6714.6
集体企业 Collective-owned	10569.2	4853.0	524.9
股份合作企业 Cooperative of Share Holding	56.5	41.4	2.0
有限责任公司 Companies of Limited Liabilities	1092126.2	373828.1	73865.1
国有独资公司 Companies State-owned Exclusive Investment	530251.8	169236.2	32588.7
其他有限责任公司 Other Compaines of Limited Liabilities	561874.4	204591.9	41276.4
股份有限公司 Share Holding	1506014.4	475091.1	58058.4
私营企业 Private-owned	131338.8	49923.1	9136.5
私营独资企业 Private Exclusive Investment	237.8	53.9	5.4
私营有限责任公司 Private Compaines of Limited Liabilities	123329.8	48379.6	8819.5
私营股份有限公司 Private Companies of Limited Liabilities with Share Holding	7771.2	1489.6	311.6
其他企业 Others	10522.4	6177.3	300.0
港、澳、台商投资企业 Enterprises Funded by Entepreneurs from HongKong, Macao & Taiwan	146969.2	43446.4	7826.7
合资经营企业(港或澳、台资) Joint Ventures with HongKong, Macao and Taiwan	2912.7	1579.6	202.9
港、澳、台商独资经营企业 Manage with HongKong, Macao and Taiwan Jointly	143692.5	41649.6	7580.7
港、澳、台商投资股份有限公司 Share Holding Corporations Funded from HongKong, Macao and Taiwan	364.0	217.2	43.1
外商投资企业 Foreign Funded	44135.6	21673.0	6614.8
中外合资经营企业 Joint Venture Enterprises	29557.8	15220.4	5128.3
外资企业 Enterprises with Foreign Exclusive Investment	12577.7	5039.2	1245.1
外商投资股份有限公司 Companies Limited by Shares with Foreign Inevstment	128.5	61.3	14.6
其他外商投资企业 Other Foreign Investment Enterprises	1871.6	1352.1	226.8

8 - 15 Continued 5

(10 000 yuan)

二、期末资产负债 Late Assets and Liabilities				
在建工程 In the Construction Engineering	资产总计 Total Assets	流动负债合计 Total Current Liabilities	应付账款 Accounts Payable	非流动负债合计 Non Current Liabilities
0.0	194952.0	176669.5	141797.0	5.0
0.0	194952.0	176669.5	141797.0	5.0
0.0	16432.8	11043.4	2741.3	38.8
0.0	11840.5	7504.4	3146.5	38.8
0.0	4592.3	3539.0	-405.2	0.0
2270250.5	19167560.5	13472077.1	3858047.2	423029.8
7417.4	766604.0	312150.1	44332.5	15800.3
1051.2	90849.3	87203.5	5751.5	0.0
0.0	2089.5	1716.9	728.2	0.0
318392.8	9702295.5	7485637.3	1941839.0	138017.9
282902.5	1587474.2	1152517.2	303683.3	10762.8
35490.3	8114821.3	6333120.1	1638155.7	127255.1
1939575.1	5484614.2	3037287.0	764223.5	241923.3
3814.0	3064592.2	2498500.5	1100827.7	27233.3
0.0	348.9	98.5	42.0	76.4
3814.0	3009694.0	2463489.6	1096716.9	26686.8
0.0	54549.3	34912.4	4068.8	470.1
0.0	56515.8	49581.8	344.8	55.0
5948.4	394745.7	221274.5	60567.3	11911.6
24.1	106247.4	84741.6	42448.5	0.0
5924.3	272653.3	119801.0	7715.0	11911.6
0.0	15845.0	16731.9	10403.8	0.0
1669.2	2115082.0	1867653.8	307936.5	18553.8
1432.4	1346219.0	982962.9	228822.2	18335.7
236.8	723078.3	840295.4	49516.8	0.0
0.0	4927.5	-91.7	2.7	0.0
0.0	40857.2	44487.2	29594.8	218.1

8-15 续表 6

单位:万元

指标名称 Item	二、期末资产负债 Late Assets and Liabilities 负债合计 Total Liabilities	所有者权益合计 Total Interests of Own	实收资本 Total Capital Hold
总 计 Total	**16011714.1**	**5665674.1**	**4003146.0**
其中:国有控股 State Owned and State holding	4689549.8	2461221.5	1483954.7
1.按批发行业小类分 According to the classification of the wholesale industry			
农、林、牧产品批发 Wholesale of Farm Products and Livestock Products	282304.8	151068.9	69933.9
谷物、豆及薯类批发 Wholesale of Grain, Beans and Potatoes	40166.0	3491.1	4607.3
种子批发 Seed Wholesale	50695.7	36635.6	19000.0
饲料批发 Fodder Wholesale	11077.0	-1072.8	2720.0
棉、麻批发 Cotton&hamp Wholesale	151238.5	87518.6	28627.7
林业产品批发 forestry products wholesale	1501.4	173.7	173.7
牲畜批发 Livestock Wholesale	27626.2	24322.7	14805.2
食品、饮料及烟草制品批发 Wholeasle Trade of Food、Beverage Tobacco and Atricles for Family	1973827.2	794554.1	334405.4
米、面制品及食用油批发 Wholesale of Rice, Noodle and Edible Oil	427571.0	263027.8	133015.3
糕点、糖果及糖批发 Wholesale of Cakes, Candy and Sugar	28632.9	8179.1	6076.0
果品、蔬菜批发 Wholesale of Fruit and Vegetables	27497.2	30273.6	22728.5
肉、禽、蛋、奶及水产品批发 Wholesale of Meat, Bird, Eggs, Milk and Aquatic products	169359.8	81604.9	65386.7
盐及调味品批发 Wholesale of Salt and Seasoning	70240.5	64726.6	50260.0
营养和保健品批发 Wholesale of Health Care products	7504.8	232.9	232.9
酒、饮料及茶叶批发 Wholesale of Alcohol, Drinks and Tea	916400.1	-87664.6	21986.0
烟草制品批发 Wholesale of Tobaccos	162862.0	400616.5	15044.0
其他食品批发 The Other foods Wholesale	163758.9	33557.3	19676.0
纺织、服装及家庭用品批发 Wholesale of Textile, Clothing and Household Goods	978128.9	72702.7	64333.2
纺织品、针织品及原料批发 Wholesale of Textiles, Knitwear and Raw Material	23413.7	3606.1	2722.0
服装批发 Wholesale of Gamments	106223.5	19422.4	17581.0
鞋帽批发 Wholesale of Shoes and Hats	9709.6	5934.9	1653.9
化妆品及卫生用品批发 Wholesale of Conmetics and Hygiene	78549.9	9859.0	10584.8
厨房、卫生间用具及日用杂货批发 Wholesale of Kitchen Supplies, Toilet Articles and Daily Necessities	7272.0	3088.9	1090.0
灯具、装饰物品批发 Wholesale of Lampsand Ornament	5285.6	1353.2	430.0
家用电器批发 Wholesale of Household Electrical Appliances	708471.0	3783.7	15673.2
其他家庭用品批发 Wholesale of Other household products	39203.6	25654.5	14598.3

8－15 Continued 6

(10 000 yuan)

二、期末资产负债 Late Assets and Liabilities					
国家资本 National Capital	集体资本 Collective Capital	法人资本 Corporate Capital	个人资本 Private Capital	港澳台资本 HK Macao and Taiwan's Capital	外商资本 Foreign Capital
1146233.7	**60669.2**	**2132865.7**	**532855.6**	**111162.7**	**19359.1**
1140893.5	2137.8	319772.2	9871.2	2280.0	9000.0
13712.8	20018.1	17964.6	15958.4	2280.0	0.0
2727.7	0.0	1579.6	300.0	0.0	0.0
0.0	1800.0	11639.2	5560.8	0.0	0.0
0.0	0.0	1610.0	1110.0	0.0	0.0
0.0	18218.1	2040.0	8369.6	0.0	0.0
0.0	0.0	150.7	23.0	0.0	0.0
10985.1	0.0	945.1	595.0	2280.0	0.0
72295.4	1709.4	184328.3	27391.3	43656.0	5025.0
1970.4	1455.6	118010.3	1979.0	9600.0	0.0
270.0	0.0	4285.0	1521.0	0.0	0.0
0.0	0.0	18650.0	4078.5	0.0	0.0
1674.0	0.0	22788.0	6924.7	34000.0	0.0
50000.0	0.0	0.0	260.0	0.0	0.0
0.0	0.0	0.0	232.9	0.0	0.0
1022.2	242.8	11815.0	3906.0	0.0	5000.0
15044.0	0.0	0.0	0.0	0.0	0.0
2314.8	11.0	8780.0	8489.2	56.0	25.0
3020.0	2764.0	20435.7	37563.5	50.0	500.0
20.0	0.0	1202.0	1500.0	0.0	0.0
3000.0	284.0	9255.0	5042.0	0.0	0.0
0.0	0.0	1453.9	200.0	0.0	0.0
0.0	0.0	3234.8	7300.0	50.0	0.0
0.0	0.0	0.0	1090.0	0.0	0.0
0.0	0.0	100.0	330.0	0.0	0.0
0.0	800.0	4345.0	10528.2	0.0	0.0
0.0	1680.0	845.0	11573.3	0.0	500.0

8－15 续　表 7

单位:万元

指标名称 Item	二、期末资产负债 Late Assets and Liabilities		
	负债合计 Total Liabilities	所有者权益合计 Total Interests of Own	实收资本 Total Capital Hold
文化、体育用品及器材批发 Wholesale of Cultural and Sports Goods	609468.4	265877.6	123818.8
文具用品批发 Wholesale of Stationery	207701.0	25997.1	22394.9
图书批发 Wholesale of Books	354663.3	160331.3	68018.0
首饰、工艺品及收藏品批发 Wholesale of Jewely, Handicraft and Collection	38893.8	79083.3	33005.9
其他文化用品批发 Wholesale of Other Cultural Goods	8210.3	465.9	400.0
医药及医疗器材批发 Wholesale of Medicines and Medical Appliances	3679269.1	1425221.3	420256.0
西药批发 Western Medicine Wholesale	3370460.5	1307616.2	358481.2
中药批发 Traditional Chinese Medicine Wholesale	206898.3	56654.2	33693.0
医疗用品及器材批发 Medical Supplies and Apparatus Wholesale	101910.3	60950.9	28081.8
矿产品、建材及化工产品批发 Wholesale of Mineral Products, Building Meterial and Chemical Products	5105894.3	2392728.5	2769554.2
煤炭及制品批发 Wholesale of Coal and Related Products	307978.7	97359.0	682694.0
石油及制品批发 Wholesale of Petroleum and related Products	1932656.9	1655832.7	1596259.3
非金属矿及制品批发 Wholesale of Non－Metal Minerals and Products	45688.6	4191.1	5500.0
金属及金属矿批发 Wholesale of Metals and Metal Minerals	2309885.4	484304.0	373332.5
建材批发 Wholesale of Building Materials	120368.3	30839.3	27517.7
化肥批发 Wholesale of Fertilizers	215918.3	48875.5	28032.9
其他化工产品批发 Other Chemical Products Wholesale	173398.1	71326.9	56217.8
机械设备、五金产品及电子产品批发 Wholesale Trade of Mechanical and Electrical Products	3195064.7	539892.9	203316.0
农业机械批发 Agricultural Machinery Wholesale	1560.8	2434.1	1000.0
汽车批发 Wholesale of Automobiles	1201295.0	328276.1	66726.0
汽车零配件批发 Wholesale of Auto Parts	391060.6	84344.9	18395.0
摩托车及零配件批发 Wholesale of Motorcycles and Parts	7219.0	832.1	600.0
五金产品批发 Hardware Products Wholesale	34714.6	2437.9	2820.0
电气设备批发 Ecectrical Equipment Wholesale	22118.1	11779.6	8783.1
计算机、软件及辅助设备批发 Wholesale of Computer, Software and Related Appliances	857587.9	79251.5	15788.0
通讯及广播电视设备批发 Communication, Softeware and Auriliary Equipment Wholesale	328311.0	－68765.4	22661.0
其他机械设备及电子产品批发 The Other mechanical Equipment and Electronic Products	351197.7	99302.1	66542.9

8-15 Continued 7

(10 000 yuan)

二、期末资产负债 Late Assets and Liabilities					
国家资本 National Capital	集体资本 Collective Capital	法人资本 Corporate Capital	个人资本 Private Capital	港澳台资本 HK Macao and Taiwan's Capital	外商资本 Foreign Capital
77351.3	0.0	13508.4	10383.2	22575.9	0.0
11651.3	0.0	9508.4	1235.2	0.0	0.0
65500.0	0.0	0.0	2518.0	0.0	0.0
0.0	0.0	4000.0	6430.0	22575.9	0.0
200.0	0.0	0.0	200.0	0.0	0.0
23520.0	3150.0	245240.5	143845.5	4500.0	0.0
23320.0	3150.0	225805.5	101705.7	4500.0	0.0
0.0	0.0	15765.0	17928.0	0.0	0.0
200.0	0.0	3670.0	24211.8	0.0	0.0
916169.2	30282.7	1548818.9	236810.1	31487.3	5986.0
59026.9	0.0	606345.1	17322.0	0.0	0.0
818536.4	0.0	728119.3	14255.6	31348.0	4000.0
0.0	0.0	989.0	4511.0	0.0	0.0
12180.0	8350.0	199251.3	153551.2	0.0	0.0
3000.0	500.7	5183.0	18834.0	0.0	0.0
3303.0	18087.8	1721.1	4921.0	0.0	0.0
20122.9	3344.2	7210.1	23415.3	139.3	1986.0
36880.0	610.0	95540.8	55823.6	6613.5	7848.1
0.0	0.0	280.0	720.0	0.0	0.0
26500.0	0.0	18120.0	17106.0	0.0	5000.0
2500.0	0.0	10505.0	4205.0	0.0	1185.0
0.0	0.0	500.0	100.0	0.0	0.0
0.0	10.0	900.0	1910.0	0.0	0.0
0.0	0.0	2019.6	6678.4	0.0	85.1
0.0	0.0	12177.4	3610.6	0.0	0.0
0.0	0.0	19807.7	2853.3	0.0	0.0
7880.0	600.0	31231.1	18640.3	6613.5	1578.0

8-15 续 表 8

单位:万元

指标名称 Item	二、期末资产负债 Late Assets and Liabilities		
	负债合计 Total Liabilities	所有者权益合计 Total Interests of Own	实收资本 Total Capital Hold
贸易经纪与代理 Trade Brokerage and Agents	176674.5	18277.5	11120.0
贸易代理 Trade Agent	176674.5	18277.5	11120.0
其他批发业 Other Wholesale Trade	11082.2	5350.6	6408.5
再生物资回收与批发 Wholesale of Recy cled Matorials	7543.2	4297.3	3608.5
其他未列明批发业 Other Not - Listed Wholesale	3539.0	1053.3	2800.0
2.按登记注册类型分 Grouped by Registration			
内资企业 Domestic Investment	13892320.4	5275240.1	3822543.5
国有企业 State - owned	327950.4	438653.6	59757.4
集体企业 Collective - owned	87203.5	3645.8	4782.0
股份合作企业 Cooperative of Share Holding	1716.9	372.6	560.0
有限责任公司 Companies of Limited Liabilities	7620638.5	2081657.0	1912683.7
国有独资公司 Companies State - owned Exclusive Investment	1163280.0	424194.2	378746.0
其他有限责任公司 Other Compaines of Limited Liabilities	6457358.5	1657462.8	1533937.7
股份有限公司 Share Holding	3279210.3	2205403.9	1482881.3
私营企业 Private - owned	2525964.0	538628.2	351439.0
私营独资企业 Private Exclusive Investment	174.9	174.0	164.0
私营有限责任公司 Private Compaines of Limited Liabilities	2490406.6	519287.4	330998.2
私营股份有限公司 Private Companies of Limited Liabilities with Share Holding	35382.5	19166.8	20276.8
其他企业 Others	49636.8	6879.0	10440.1
港、澳、台商投资企业 Enterprises Funded by Entepreneurs from HongKong, Macao & Taiwan	233186.1	161559.6	111545.7
合资经营企业(港或澳、台资) Joint Ventures with HongKong, Macao and Taiwan	84741.6	21505.8	12994.0
港、澳、台商独资经营企业 Manage with HongKong, Macao and Taiwan Jointly	131712.6	140940.7	98526.7
港、澳、台商投资股份有限公司 Share Holding Corporations Funded from HongKong, Macao and Taiwan	16731.9	-886.9	25.0
外商投资企业 Foreign Funded	1886207.6	228874.4	69056.8
中外合资经营企业 Joint Venture Enterprises	1001298.6	344920.4	59429.2
外资企业 Enterprises with Foreign Exclusive Investment	840295.4	-117217.1	6441.6
外商投资股份有限公司 Companies Limited by Shares with Foreign Inevstment	-91.7	5019.2	1186.0
其他外商投资企业 Other Foreign Investment Enterprises	44705.3	-3848.1	2000.0

8－15 Continued 8

(10 000 yuan)

二、期末资产负债 Late Assets and Liabilities					
国家资本 National Capital	集体资本 Collective Capital	法人资本 Corporate Capital	个人资本 Private Capital	港澳台资本 HK Macao and Taiwan's Capital	外商资本 Foreign Capital
3285.0	2135.0	5700.0	0.0	0.0	0.0
3285.0	2135.0	5700.0	0.0	0.0	0.0
0.0	0.0	1328.5	5080.0	0.0	0.0
0.0	0.0	528.5	3080.0	0.0	0.0
0.0	0.0	800.0	2000.0	0.0	0.0
1134233.7	60669.2	2112207.2	512653.4	2280.0	500.0
27154.3	0.0	32603.1	0.0	0.0	0.0
0.0	4682.0	0.0	100.0	0.0	0.0
0.0	21.0	0.0	539.0	0.0	0.0
442684.7	46283.2	1200881.8	222334.0	0.0	500.0
265746.0	0.0	113000.0	0.0	0.0	0.0
176938.7	46283.2	1087881.8	222334.0	0.0	500.0
662079.9	9683.0	788510.5	20327.9	2280.0	0.0
2314.8	0.0	81545.4	267578.8	0.0	0.0
0.0	0.0	0.0	164.0	0.0	0.0
2314.8	0.0	70425.4	258258.0	0.0	0.0
0.0	0.0	11120.0	9156.8	0.0	0.0
0.0	0.0	8666.4	1773.7	0.0	0.0
0.0	0.0	2530.0	108.0	108882.7	25.0
0.0	0.0	2530.0	108.0	10356.0	0.0
0.0	0.0	0.0	0.0	98526.7	0.0
0.0	0.0	0.0	0.0	0.0	25.0
12000.0	0.0	18128.5	20094.2	0.0	18834.1
12000.0	0.0	17150.0	20094.2	0.0	10185.0
0.0	0.0	478.5	0.0	0.0	5963.1
0.0	0.0	0.0	0.0	0.0	1186.0
0.0	0.0	500.0	0.0	0.0	1500.0

8－15 续 表 9

单位:万元

指标名称 Item	三、损益及分配 Increase, Decrease and Assgning 营业收入 Sales Revenue	 主营业务收入 Main Sales Revenue
总 计 **Total**	**60090751.6**	**59761773.6**
其中:国有控股 State Owned and State holding	30472857.1	30340997.3
1. 按批发行业小类分 **According to the classification of the wholesale industry**		
农、林、牧产品批发 Wholesale of Farm Products and Livestock Products	1393383.4	1392668.0
谷物、豆及薯类批发 Wholesale of Grain, Beans and Potatoes	35400.6	35388.1
种子批发 Seed Wholesale	29179.0	29146.1
饲料批发 Fodder Wholesale	16143.2	16140.2
棉、麻批发 Cotton&hamp Wholesale	1283257.2	1282714.1
林业产品批发 forestry products wholesale	9861.4	9861.4
牲畜批发 Livestock Wholesale	19542.0	19418.1
食品、饮料及烟草制品批发 Wholeasle Trade of Food、Beverage Tobacco and Atricles for Family	5575693.0	5526675.5
米、面制品及食用油批发 Wholesale of Rice, Noodle and Edible Oil	863210.5	829077.5
糕点、糖果及糖批发 Wholesale of Cakes, Candy and Sugar	117663.1	115573.6
果品、蔬菜批发 Wholesale of Fruit and Vegetables	143159.6	140387.7
肉、禽、蛋、奶及水产品批发 Wholesale of Meat, Bird, Eggs, Milk and Aquatic products	287674.2	285948.3
盐及调味品批发 Wholesale of Salt and Seasoning	171638.2	171204.4
营养和保健品批发 Wholesale of Health Care products	12560.9	12560.9
酒、饮料及茶叶批发 Wholesale of Alcohol, Drinks and Tea	2159653.9	2159257.0
烟草制品批发 Wholesale of Tobaccos	1317057.4	1310286.4
其他食品批发 The Other foods Wholesale	503075.2	502379.7
纺织、服装及家庭用品批发 Wholesale of Textile, Clothing and Household Goods	1558848.2	1552227.4
纺织品、针织品及原料批发 Wholesale of Textiles, Knitwear and Raw Material	74387.6	74387.6
服装批发 Wholesale of Gamments	244318.7	243989.5
鞋帽批发 Wholesale of Shoes and Hats	31678.7	31606.1
化妆品及卫生用品批发 Wholesale of Conmetics and Hygiene	130590.9	126081.5
厨房、卫生间用具及日用杂货批发 Wholesale of Kitchen Supplies, Toilet Articles and Daily Necessities	30060.4	30060.4
灯具、装饰物品批发 Wholesale of Lampsand Ornament	8475.4	8475.4
家用电器批发 Wholesale of Household Electrical Appliances	935556.2	934835.2
其他家庭用品批发 Wholesale of Other household products	103780.3	102791.7

8－15 Continued 9

(10 000 yuan)

三、损益及分配 Increaes, Decrese and Assgning				
营业成本 Sales Cost	主营业务成本 Main Sales Cost	营业税金及附加 Business Taxes and Extras	主营业务税金及附加 Main Business Taxes and Extras	其他业务利润 Profits of Other Business
55642580.6	**55381283.3**	**212627.2**	**210035.7**	**73435.5**
28392077.0	28277848.0	148861.9	147452.8	16320.1
1349792.0	1349630.2	573.7	560.3	200.6
31930.2	31930.2	98.8	96.6	0.0
19467.5	19464.5	1.2	0.1	26.9
16006.5	16006.5	64.4	64.4	0.0
1254650.7	1254617.3	388.9	385.0	175.2
8760.0	8760.0	4.2	4.2	0.0
18977.1	18851.7	16.2	10.0	-1.5
4305284.3	4270393.0	140343.4	140250.3	3845.6
804815.3	776563.3	917.5	917.5	175.6
106109.5	104391.3	207.8	207.8	10.3
124554.7	122610.4	519.9	479.9	605.6
228814.9	228507.8	1018.8	1016.3	16.2
120519.4	120246.3	1149.2	1148.3	2375.3
11486.1	11486.1	64.2	64.2	0.0
1493190.4	1493182.1	11388.8	11368.0	275.1
963271.4	961425.4	124214.0	124214.0	0.0
452522.6	451980.3	863.2	834.3	387.5
1443610.5	1443169.6	3947.0	3889.8	6791.3
69177.3	69177.3	19.1	19.1	0.0
221479.1	221479.1	300.3	300.3	0.0
28568.1	28495.5	58.1	58.1	0.0
112775.7	112775.7	487.3	487.3	5627.9
25562.1	25562.1	78.4	78.4	0.0
8162.8	8162.8	6.6	6.6	0.0
888333.5	888124.1	686.7	686.7	388.5
89551.9	89393.0	2310.5	2253.3	774.9

8－15 续　表 10

单位:万元

指标名称 Item	三、损益及分配 Incxease, Decrease and Assgning 营业收入 Sales Revenue	 主营业务收入 Main Sales Revenue
文化、体育用品及器材批发 Wholesale of Cultural and Sports Goods	1766989.9	1756689.1
文具用品批发 Wholesale of Stationery	921211.9	920895.9
图书批发 Wholesale of Books	439699.4	432140.7
首饰、工艺品及收藏品批发 Wholesale of Jewely, Handicraft and Collection	404238.9	401812.8
其他文化用品批发 Wholesale of Other Cultural Goods	1839.7	1839.7
医药及医疗器材批发 Wholesale of Medicines and Medical Appliances	7721759.1	7692418.8
西药批发 Western Medicine Wholesale	7087981.4	7059087.9
中药批发 Traditional Chinese Medicine Wholesale	449558.9	449135.5
医疗用品及器材批发 Medical Supplies and Apparatus Wholesale	184218.8	184195.4
矿产品、建材及化工产品批发 Wholesale of Mineral Products, Building Meterial and Chemical Products	29508410.5	29293568.1
煤炭及制品批发 Wholesale of Coal and Related Products	495007.4	494367.7
石油及制品批发 Wholesale of Petroleum and related Products	21705373.3	21500578.9
非金属矿及制品批发 Wholesale of Non－Metal Minerals and Products	18223.3	18223.3
金属及金属矿批发 Wholesale of Metals and Metal Minerals	5326121.6	5321363.9
建材批发 Wholesale of Building Materials	578216.6	575138.2
化肥批发 Wholesale of Fertilizers	659374.5	658086.8
其他化工产品批发 Other Chemical Products Wholesale	726093.8	725809.3
机械设备、五金产品及电子产品批发 Wholesale Trade of Mechanical and Electrical Products	12131039.5	12113665.8
农业机械批发 Agricaltural Machinery Wholesale	4927.8	4927.8
汽车批发 Wholesale of Automobiles	8018805.8	8015311.9
汽车零配件批发 Wholesale of Auto Parts	661135.0	660331.4
摩托车及零配件批发 Wholesale of Motorcycles and Parts	14174.3	14174.3
五金产品批发 Hardware Products Wholesale	84667.0	84667.0
电气设备批发 Electronic Equipment Wholesale	57296.0	56934.6
计算机、软件及辅助设备批发 Wholesale of Computer, Software and Related Appliances	2046250.2	2046242.1
通讯及广播电视设备批发 Communication, Softeware and Auriliary Equipment Wholesale	677824.7	670850.0
其他机械设备及电子产品批发 The Other mechanical Equipment and Electronic Products	565958.7	560226.7

8－15 Continued 10

(10 000 yuan)

三、损益及分配 Increase, Decrease and Assgning				
营业成本 Sales Cost	主营业务成本 Main Sales Cost	营业税金及附加 Business Taxes and Extras	主营业务税金及附加 Main Business Taxes and Extras	其他业务利润 Profits of Other Business
1614678.8	1611860.5	4004.2	3461.0	7317.9
910091.3	910041.1	82.0	82.0	268.0
357804.4	355218.2	573.7	32.5	4805.5
345153.6	344971.7	3347.0	3345.0	2244.4
1629.5	1629.5	1.5	1.5	0.0
7136706.1	7135447.5	13384.4	13341.7	29308.3
6565910.8	6564652.2	11856.2	11841.9	28315.7
415659.7	415659.7	791.1	762.7	992.6
155135.6	155135.6	737.1	737.1	0.0
28492629.1	28279874.6	26318.6	24619.1	11021.3
484697.6	484179.4	374.3	371.3	216.7
20949719.2	20740730.6	18110.8	16757.8	5776.9
16394.4	16394.4	11.1	11.1	0.0
5171460.5	5169472.1	5168.5	5099.9	3628.6
555665.0	555665.0	1085.6	1003.6	143.0
638182.6	637053.4	485.1	292.8	2.5
676509.8	676379.7	1083.2	1082.6	1253.6
10870112.1	10861810.1	23518.9	23376.5	14850.0
2670.3	2670.3	43.8	43.8	0.0
6957606.9	6956894.0	9783.2	9783.2	8859.9
620320.2	620315.0	1006.7	937.6	290.8
13052.2	13052.2	16.5	16.5	105.8
81775.3	81775.3	7836.5	7836.5	0.0
49251.1	48990.6	182.9	181.2	101.0
1988723.4	1988723.4	735.5	735.5	292.4
645896.7	643455.5	720.9	655.8	4677.6
510816.0	505933.8	3192.9	3186.4	522.5

8-15 续 表 11

单位:万元

指标名称 Item	三、损益及分配 Increase, Decrease and Assgning 营业收入 Sales Revenue	主营业务收入 Main Sales Revenue
贸易经纪与代理 Trade Brokerage and Agents	360285.8	360285.1
贸易代理 Trade Agent	360285.8	360285.1
其他批发业 Other Wholesale Trade	74342.2	73575.8
再生物资回收与批发 Wholesale of Recycled Matorials	53155.0	52388.6
其他未列明批发业 Other Not - Listed Wholesale	21187.2	21187.2
2.按登记注册类型分 Grouped by Registration		
内资企业 Domestic Investment	49389103.6	49096178.7
国有企业 State - owned	1531656.6	1524704.4
集体企业 Collective - owned	49290.3	49211.9
股份合作企业 Cooperative of Share Holding	11261.6	11004.4
有限责任公司 Companies of Limited Liabilities	29830746.8	29750493.6
国有独资公司 Companies State - owned Exclusive Investment	14605050.0	14563186.0
其他有限责任公司 Other Compaines of Limited Liabilities	15225696.8	15187307.6
股份有限公司 Share Holding	12556660.6	12361026.4
私营企业 Private - owned	5298950.2	5289249.6
私营独资企业 Private Exclusive Investment	5412.4	5412.4
私营有限责任公司 Private Compaines of Limited Liabilities	5219204.4	5211386.1
私营股份有限公司 Private Companies of Limited Liabilities with Share Holding	74333.4	72451.1
其他企业 Others	110537.5	110488.4
港、澳、台商投资企业 Enterprises Funded by Entepreneurs from HongKong, Macao & Taiwan	712735.2	679974.2
合资经营企业(港或澳、台资) Joint Ventures with HongKong, Macao and Taiwan	173052.3	172675.9
港、澳、台商独资经营企业 Manage with HongKong, Macao and Taiwan Jointly	421795.0	389410.4
港、澳、台商投资股份有限公司 Share Holding Corporations Funded from HongKong, Macao and Taiwan	117887.9	117887.9
外商投资企业 Foreign Funded	9988912.8	9985620.7
中外合资经营企业 Joint Venture Enterprises	7846556.7	7844143.9
外资企业 Enterprises with Foreign Exclysive Investment	2057642.8	2056868.3
外商投资股份有限公司 Companies Limited by Shares with Foreign Inevstment	8138.3	8138.3
其他外商投资企业 Other Foreign Investment Enterprises	76575.0	76470.2

8－15 Continued 11

(10 000 yuan)

三、损益及分配 Increase, Decrease and Assgning				
营业成本 Sales Cost	主营业务成本 Main Sales Cost	营业税金及附加 Business Taxes and Extras	主营业务税金及附加 Main Business Taxes and Extras	其他业务利润 Profits of Other Business
360761.5	360761.5	21.0	21.0	100.5
360761.5	360761.5	21.0	21.0	100.5
69006.2	68336.3	516.0	516.0	0.0
47968.9	47299.0	456.6	456.6	0.0
21037.3	21037.3	59.4	59.4	0.0
46814041.1	46583078.6	186396.1	183808.9	61474.0
1171204.8	1169297.5	124688.2	124686.0	0.0
47412.9	47412.9	65.4	65.4	0.0
10353.3	10000.1	25.7	11.3	-96.1
28742000.2	28685101.6	32962.5	31773.0	18790.6
14304474.6	14263063.5	7884.6	7713.6	160.7
14437525.6	14422038.1	25077.9	24059.4	18629.9
11716850.6	11547940.2	17442.0	16171.8	33003.4
5023962.9	5021069.9	11011.5	10900.7	9776.1
5112.5	5112.5	12.5	12.5	0.0
4952284.7	4949391.7	10918.9	10808.1	9494.5
66565.7	66565.7	80.1	80.1	281.6
102256.4	102256.4	200.8	200.7	0.0
594205.6	566691.8	4095.9	4091.6	5234.5
156649.7	156388.6	309.2	307.2	115.4
331762.5	304509.8	3680.8	3678.5	5119.1
105793.4	105793.4	105.9	105.9	0.0
8234333.9	8231512.9	22135.2	22135.2	6727.0
6769676.8	6767530.0	10677.6	10677.6	6717.2
1413683.9	1413009.7	10825.7	10825.7	9.8
6154.9	6154.9	0.0	0.0	0.0
44818.3	44818.3	631.9	631.9	0.0

8-15 续 表 12

单位:万元

指标名称 Item	三、损益及分配 Increase, Decxease and Assgning		
	销售费用 Expenses for Sales	管理费用 Expenses for Management	税金 Taxes
总计 Total	**2230265.1**	**843593.4**	**36521.3**
其中:国有控股 State Owned and State holding	890930.1	348671.0	15240.4
1.按批发行业小类分 According to the classification of the wholesale industry			
农、林、牧产品批发 Wholesale of Farm Products and Livestock Products	9730.4	12448.6	775.3
谷物、豆及薯类批发 Wholesale of Grain, Beans and Potatoes	837.4	1190.9	26.1
种子批发 Seed Wholesale	5073.5	3967.6	125.6
饲料批发 Food Wholesale	281.8	252.5	2.8
棉、麻批发 Cotton&hamp Wholesale	3187.7	5964.0	581.6
林业产品批发 forestry products wholesale	207.0	185.9	14.0
牲畜批发 Livestock Wholesale	143.0	887.7	25.2
食品、饮料及烟草制品批发 Wholeasle Trade of Food、Beverage Tobacco and Atricles for Family	656148.4	206226.8	6106.0
米、面制品及食用油批发 Wholesale of Rice, Noodle and Edible Oil	34070.6	8810.7	389.8
糕点、糖果及糖批发 Wholesale of Cakes, Candy and Sugar	9185.4	1440.6	58.4
果品、蔬菜批发 Wholesale of Fruit and Vegetables	4991.2	4453.0	233.3
肉、禽、蛋、奶及水产品批发 Wholesale of Meat, Bird, Eggs, Milk and Aquatic products	39250.6	8327.9	1017.4
盐及调味品批发 Wholesale of Salt and Seasoning	26348.8	17078.4	734.1
营养和保健品批发 Wholesale of Health Care products	649.4	208.9	1.3
酒、饮料及茶叶批发 Wholesale of Alcohol, Drinks and Tea	488645.4	107357.2	1201.2
烟草制品批发 Wholesale of Tobaccos	22655.4	48846.9	1606.0
其他食品批发 The Other foods Wholesale	30351.6	9703.2	864.5
纺织、服装及家庭用品批发 Wholesale of Textile, Clothing and Household Goods	79331.2	25182.8	1049.2
纺织品、针织品及原料批发 Wholesale of Textiles, Knitwear and Raw Material	2984.4	1638.6	13.8
服装批发 Wholesale of Gamments	13381.4	7133.7	315.0
鞋帽批发 Wholesale of Shoes and Hats	1315.0	204.8	38.5
化妆品及卫生用品批发 Wholesale of Conmetics and Hygiene	12181.9	6282.5	42.5
厨房、卫生间用具及日用杂货批发 Wholesale of Kitchen Supplies, Toilet Articles and Daily Necessities	2916.5	1299.0	53.5
灯具、装饰物品批发 Wholesale of Lampsand Ornament	111.5	155.2	0.1
家用电器批发 Wholesale of Household Electrical Appliances	41020.3	6243.4	533.7
其他家庭用品批发 Wholesale of Other household products	5420.2	2225.6	52.1

8-15 Continued 12

(10 000 yuan)

三、损益及分配 Increase, Decrease and Assgning				
财务费用 Financial Expenditures	利息收入 Interest Revenue	利息支出 Interest Paid	资产减值损失 Impairment Loss of Assets	公允价值变动收益 Changes in Fair Value Gains
139614.7	**49129.4**	**153344.4**	**63569.8**	**-458.9**
3353.1	29968.2	36556.0	18710.6	-501.4
15265.4	1797.4	14634.4	87.7	52.3
895.6	8.0	881.3	0.0	0.0
1149.5	54.1	647.9	77.7	0.0
37.5	20.0	44.1	0.0	0.0
12174.5	630.6	12765.3	10.0	52.3
75.9	0.0	0.0	0.0	0.0
932.4	1084.7	295.8	0.0	0.0
-101.5	26147.8	21271.3	1835.2	370.4
4503.9	11449.8	15860.2	550.4	370.4
868.0	6.7	759.9	104.7	0.0
1588.8	44.1	69.1	0.0	0.0
1521.1	757.2	2221.1	3.2	0.0
227.3	109.4	316.0	174.0	0.0
134.8	0.0	0.0	0.0	0.0
506.7	839.4	1220.7	0.0	0.0
-12378.9	12894.5	496.8	958.6	0.0
2926.8	46.7	327.5	44.3	0.0
5493.6	-703.6	4169.9	163.8	0.0
251.8	9.6	-92.5	0.0	0.0
1189.6	278.0	687.4	39.7	0.0
85.8	0.2	85.8	3.1	0.0
1112.1	91.8	1204.7	15.5	0.0
10.5	-4.3	0.0	0.0	0.0
34.1	0.1	0.0	0.0	0.0
2811.5	-1110.4	2261.6	106.3	0.0
-1.8	31.4	22.9	-0.8	0.0

8-15 续 表 13

单位:万元

指标名称 Item	三、损益及分配 Increase, Decrease and Assgning 销售费用 Expenses for Sales	管理费用 Expenses for Management	税 金 Taxes
文化、体育用品及器材批发 Wholesale of Cultural and Sports Goods	61441.2	40424.0	3794.6
文具用品批发 Wholesale of Stationery	3002.0	2793.6	387.8
图书批发 Wholesale of Books	32458.0	28653.3	718.6
首饰、工艺品及收藏品批发 Wholesale of Jewely, Handicraft and Collection	25775.3	8901.2	2687.8
其他文化用品批发 Wholesale of Other Cultural Goods	205.9	75.9	0.4
医药及医疗器材批发 Wholesale of Medicines and Medical Appliances	224499.5	133599.0	5875.4
西药批发 Western Medicine Wholesale	199447.9	115072.0	5295.4
中药批发 Traditional Chinese Medicine Wholesale	14855.3	11333.5	441.1
医疗用品及器材批发 Medical Supplies and Apparatus Wholesale	10196.3	7193.5	138.9
矿产品、建材及化工产品批发 Wholesale of Mineral Products, Building Meterial and Chemical Products	430779.4	216319.7	11949.2
煤炭及制品批发 Wholesale of Coal and Related Products	5181.2	6249.7	198.6
石油及制品批发 Wholesale of Petroleum and related Products	339277.9	145293.5	7551.1
非金属矿及制品批发 Wholesale of Non - Metal Minerals and Products	644.4	448.9	10.2
金属及金属矿批发 Wholesale of Metals and Metal Minerals	48957.2	36139.4	3260.8
建材批发 Wholesale of Building Materials	5726.3	5921.4	131.6
化肥批发 Wholesale of Fertilizers	6838.7	8271.2	470.5
其他化工产品批发 Other Chemical Products Wholesale	24153.7	13995.6	326.4
机械设备、五金产品及电子产品批发 Wholesale Trade of Mechanical and Electrical Products	766150.6	206511.6	6711.9
农业机械批发 Agricaltural Machinery Wholesale	266.2	858.7	2.5
汽车批发 Wholesale of Automobiles	593761.3	156732.9	5398.6
汽车零配件批发 Wholesale of Auto Parts	10136.1	9957.3	467.1
摩托车及零配件批发 Wholesale of Motorcycles and Parts	17.3	949.1	28.7
五金产品批发 Hardware Products Wholesale	1449.6	1044.3	20.3
电气设备批发 Electronic Equipment Wholesale	4564.2	1515.7	23.1
计算机、软件及辅助设备批发 Wholesale of Computer, Software and Related Appliances	24553.4	7445.9	231.7
通讯及广播电视设备批发 Communication, Softeware and Auriliary Equipment Wholesale	99984.8	11662.2	208.1
其他机械设备及电子产品批发 The Other mechanical Equipment and Electronic Products	31417.7	16345.5	331.8

8－15 Continued 13

(10 000 yuan)

三、损益及分配 Increase, Decrease and Assgning				
财务费用 Financial Expenditures	利息收入 Interest Revenue	利息支出 Intertest Paid	资产减值损失 Impairment Loss of Assets	公允价值变动收益 Changes in Fair Value Gains
1400.0	725.8	604.8	3557.4	0.0
346.3	233.9	394.9	142.2	0.0
－397.9	466.9	7.0	3412.5	0.0
1460.1	15.2	202.8	2.7	0.0
－8.5	9.8	0.1	0.0	0.0
68863.3	9027.4	70969.6	6167.5	20.5
65587.0	8477.1	68113.8	5467.9	20.5
2298.4	289.4	1705.5	201.6	0.0
977.9	260.9	1150.3	498.0	0.0
59090.4	16387.0	50852.4	45949.8	8.8
6301.3	1161.8	5068.8	34100.3	0.0
11745.8	7591.5	10705.0	290.4	0.0
1520.3	116.5	1325.9	0.0	0.0
31817.2	7057.7	28834.0	11386.6	1.5
2674.7	49.5	2464.4	163.0	0.0
2327.5	94.2	547.6	25.2	7.3
2703.6	315.8	1906.7	－15.7	0.0
－10855.5	－4413.4	－9553.4	5808.4	－984.5
1.2	0.8	0.0	－0.2	0.0
－1291.5	－5458.4	4416.4	2543.2	0.0
3272.1	89.3	824.8	－1.1	0.0
148.7	0.1	0.0	0.0	0.0
129.7	0.2	76.6	0.0	0.0
222.4	10.5	180.3	0.0	0.0
－17021.9	285.3	－17028.1	3.8	0.0
974.0	－29.0	7.1	700.9	0.0
2709.8	687.8	1969.5	2561.8	－984.5

8-15 续 表 14

单位:万元

指标名称 Item	三、损益及分配 Increase, Decrease and Assgning 销售费用 Expenses for Sales	管理费用 Expenses for Management	税 金 Taxes
贸易经纪与代理 Trade Brokerage and Agents	783.9	1415.5	220.3
贸易代理 Trade Agent	783.9	1415.5	220.3
其他批发业 Other Wholesale Trade	1400.5	1465.4	39.4
再生物资回收与批发 Wholesale of Recyded Matorials	1141.7	1192.0	33.7
其他未列明批发业 Other Not - Listed Wholesale	258.8	273.4	5.7
2. 按登记注册类型分 Grouped by Registration			
内资企业 Domestic Investment	1086391.0	565366.8	28794.8
国有企业 State - owned	24433.2	52682.7	1729.1
集体企业 Collective - owned	0.0	2860.7	53.5
股份合作企业 Cooperative of Share Holding	528.9	318.4	18.0
有限责任公司 Companies of Limited Liabilities	534405.8	242502.9	13573.3
国有独资公司 Companies State - owned Exclusive Investment	79360.8	51370.2	3243.5
其他有限责任公司 Other Compaines of Limited Liabilities	455045.0	191132.7	10329.8
股份有限公司 Share Holding	400766.3	187692.9	9232.0
私营企业 Private - owned	125545.3	76541.7	4118.0
私营独资企业 Private Exclusive Investment	79.8	81.2	12.5
私营有限责任公司 Private Compaines of Limited Liabilities	123229.4	74654.1	4043.9
私营股份有限公司 Private Companies of Limited Liabilities with Share Holding	2236.1	1806.4	61.6
其他企业 Others	711.5	2767.5	70.9
港、澳、台商投资企业 Enterprises Funded by Entepreneurs from HongKong, Macao & Taiwan	63680.5	15518.0	846.2
合资经营企业(港或澳、台资) Joint Ventures with HongKong, Macao and Taiwan	9103.3	3059.0	84.4
港、澳、台商独资经营企业 Manage with HongKong, Macao and Taiwan Jointly	42835.5	11175.1	725.6
港、澳、台商投资股份有限公司 Share Holding Corporations Funded from HongKong, Macao and Taiwan	11741.7	1283.9	36.2
外商投资企业 Foreign Funded	1080193.6	262708.6	6880.3
中外合资经营企业 Joint Venture Enterprises	569065.4	157150.3	5695.5
外资企业 Enterprises with Sole Foreign Investment	478811.3	103657.8	1080.4
外商投资股份有限公司 Companies Limited by Shares with Foreign Inevstment	556.3	417.4	68.6
其他外商投资企业 Other Foreign Investment Enterprises	31760.6	1483.1	35.8

8－15 Continued 14

(10 000 yuan)

三、损益及分配 Increase, Decxease and Assgning				
财务费用 Financial Expenditures	利息收入 Interest Revenue	利息支出 Intertest Paid	资产减值损失 Impairment Loss of Assets	公允价值变动收益 Changes in Fair Value Gains
193.9	21.0	99.8	0.0	0.0
193.9	21.0	99.8	0.0	0.0
265.1	140.0	295.6	0.0	73.6
148.0	107.3	229.9	0.0	73.6
117.1	32.7	65.7	0.0	0.0
138389.4	53525.2	146630.2	61291.9	－458.9
－9708.1	13244.6	3543.4	738.4	－6.3
650.4	508.6	112.1	0.0	0.0
34.6	2.1	35.3	0.0	0.0
77313.8	23447.3	78381.9	56170.4	－510.4
3807.7	2650.7	3384.3	1524.4	0.0
73506.1	20796.6	74997.6	54646.0	－510.4
55987.9	11220.3	60469.2	4266.8	47.3
13781.0	4702.3	3582.5	116.3	10.5
24.0	0.0	0.0	0.0	0.0
13412.0	4545.3	3509.8	98.3	5.5
345.0	157.0	72.7	18.0	5.0
329.8	400.0	505.8	0.0	0.0
4102.1	737.0	4165.0	25.0	0.0
1364.1	74.4	1260.1	16.5	0.0
2758.6	640.0	2902.9	8.5	0.0
－20.6	22.6	2.0	0.0	0.0
－2876.8	－5132.8	2549.2	2252.9	0.0
－2901.2	－5604.4	2064.6	331.0	0.0
－299.5	470.1	173.2	0.0	0.0
－1.2	1.5	0.0	0.0	0.0
325.1	0.0	311.4	1921.9	0.0

8－15 续 表 15

单位:万元

指标名称 Item	三、损益及分配 Increase, Decrease and Assgning 投资收益 Income from Investment	营业利润 Operating Profits	营业外收入 Non－Operating Income
总 计 **Total**	**65995.8**	**1031038.3**	**80357.9**
其中:国有控股 State Owned and State holding	36550.8	700868.4	21853.3
1.按批发行业小类分 **According to the classification of the wholesale industry**			
农、林、牧产品批发 Wholesale of Farm Products and Livestock Products	3566.4	9165.4	4361.7
谷物、豆及薯类批发 Wholesale of Grain, Beaus and Potato	0.0	447.7	1057.5
种子批发 Seed Wholesale	95.4	－401.5	2170.6
饲料批发 Food Wholesale	189.6	－309.9	7.9
棉、麻批发 Cotton&hamp Wholesale	2837.9	9771.6	1034.4
林业产品批发 forestry products wholesale	0.0	628.4	89.3
牲畜批发 Livestock Wholesale	443.5	－970.9	2.0
食品、饮料及烟草制品批发 Wholeasle Trade of Food、Beverage Tobacco and Atricles for Family	358.1	267123.1	40756.4
米、面制品及食用油批发 Wholesale of Rice, Noodle and Edible Oil	－129.0	9756.3	7569.6
糕点、糖果及糖批发 Wholesale of Cakes, Candy and Sugar	0.0	－252.9	151.3
果品、蔬菜批发 Wholesale of Fruit and Vegetables	0.0	7083.7	215.0
肉、禽、蛋、奶及水产品批发 Wholesale of Meat, Bird, Eggs, Milk and Aquatic products	97.0	8834.8	2343.7
盐及调味品批发 Wholesale of Salt and Seasoning	219.0	6360.1	2.8
营养和保健品批发 Wholesale of Health Care products	0.0	17.5	0.0
酒、饮料及茶叶批发 Wholesale of Alcohol, Drinks and Tea	73.0	58837.7	25458.4
烟草制品批发 Wholesale of Tobaccos	92.9	169582.9	947.1
其他食品批发 The Other foods Wholesale	5.2	6903.0	4068.5
纺织、服装及家庭用品批发 Wholesale of Textile, Clothing and Household Goods	557.4	2085.4	257.5
纺织品、针织品及原料批发 Wholesale of Textiles, Knitwear and Bow Material	0.0	316.4	15.3
服装批发 Wholesale of Gamments	73.2	666.7	112.7
鞋帽批发 Wholesale of Shoes and Hats	0.0	1443.8	0.0
化妆品及卫生用品批发 Wholesale of Conmetics and Hygiene	0.0	－2244.0	0.8
厨房、卫生间用具及日用杂货批发 Wholesale of Kitchen Supplits, Toilet Artides and Daily Neiessities	0.0	193.9	12.0
灯具、装饰物品批发 Wholesale of Lampsand Ornament	0.0	5.2	3.4
家用电器批发 Wholesale of Household Electronic Appliances	13.5	－3042.0	99.9
其他家庭用品批发 Wholesale of Other household products	470.7	4745.4	13.4

8－15 Continued 15

(10 000 yuan)

三、损益及分配 Inctease, Decrease and Assgning				四、人工成本及增值税 Labor Cost and Value Added Tax	
政府补助 Government Subsidy	营业外支出 Non－Operating Costs	利润总额 Total Profits	应交所得税 Income Tax Payble	应付职工薪酬（本年贷方累计发生额） Employee Compensation	应交增值税 Value added Tax Payable
26501.4	246359.0	1093624.5	311884.8	712633.0	610752.0
16581.9	37383.0	724079.4	181208.8	214745.0	311348.0
3460.5	906.0	11779.4	1061.2	10137.0	1688.0
1049.5	0.0	592.5	205.3	2302.0	261.0
1765.6	759.0	1693.1	178.6	2721.0	5.0
0.0	0.0	－301.9	80.5	228.0	95.0
556.1	147.0	10046.9	583.9	4054.0	1325.0
89.3	0.0	717.7	12.9	348.0	2.0
0.0	0.0	－968.9	0.0	485.0	0.0
13493.3	71154.0	301904.6	81196.6	169294.0	155641.0
4091.6	488.0	17287.0	1850.9	9304.0	3399.0
7.4	104.0	865.3	152.6	3880.0	540.0
215.0	33694.0	4266.3	912.1	4268.0	1019.0
1785.8	21340.0	9044.9	3821.4	13369.0	6713.0
0.0	655.0	6297.5	1096.7	27502.0	7759.0
0.0	2.0	17.3	4.3	223.0	111.0
6599.5	8855.0	83206.5	28587.8	77541.0	72397.0
794.0	4896.0	170040.4	42618.0	21114.0	59930.0
0.0	1120.0	10879.4	2152.8	12094.0	3771.0
23.5	5376.0	1569.2	3011.5	37085.0	12135.0
13.2	0.0	325.9	82.8	1263.0	－371.0
0.0	241.0	755.5	379.3	8324.0	2974.0
0.0	31.0	1440.7	258.2	748.0	447.0
0.0	1.0	－2259.2	143.1	6626.0	1445.0
0.0	267.0	179.2	42.2	2752.0	774.0
0.0	0.0	8.6	1.2	74.0	52.0
0.0	493.0	－3317.4	1428.1	14969.0	4899.0
10.3	4343.0	4435.9	676.6	2329.0	1916.0

8-15 续 表 16

单位:万元

指标名称 Item	三、损益及分配 Increase, Decrease and Assgning		
	投资收益 Income from Investment	营业利润 Operating Profits	营业外收入 Non-Operating Income
文化、体育用品及器材批发 Wholesale of Cultural and Sports Goods	43.1	35227.7	2224.5
文具用品批发 Wholesale of Stationery	43.1	4797.6	201.4
图书批发 Wholesale of Books	0.0	10895.7	1952.6
首饰、工艺品及收藏品批发 Wholesale of Jewely, Handicraft and Collection	0.0	19599.0	70.5
其他文化用品批发 Wholesale of the Other Cultural activities	0.0	-64.6	0.0
医药及医疗器材批发 Wholesale of Medicines and Medical Appliances	15046.0	153326.0	8411.8
西药批发 Western Medicine Wholesale	15024.8	139415.9	7594.0
中药批发 Traditional Chinese Medicine Wholesale	21.2	4429.7	175.9
医疗用品及器材批发 Medical Supplies and Apparatus Wholesale	0.0	9480.4	641.9
矿产品、建材及化工产品批发 Wholesale of Mineral Products, Building Meterial and Chemical Products	17715.4	256203.6	20018.6
煤炭及制品批发 Wholesale of Coal and Related Products	1564.4	-40326.1	1163.8
石油及制品批发 Wholesale of Petroleum and related Products	7183.2	248088.3	4070.2
非金属矿及制品批发 Wholesale of Non Metal Minerals and Products	0.0	-795.8	0.0
金属及金属矿批发 Wholesale of Metals and Metal Minerals	3159.4	25379.0	7030.0
建材批发 Wholesale of Building Materials	7.1	7136.2	35.5
化肥批发 Wholesale of Fertilizers	5633.3	8887.5	7130.1
其他化工产品批发 The Other Chemical Products Wholesale	168.0	7834.5	589.0
机械设备、五金产品及电子产品批发 Wholesale Trade of Mechanical and Electrical Products	28709.4	308957.1	4315.2
农业机械批发 Agricaltural Machinery Wholesale	0.0	1087.8	10.9
汽车批发 Wholesale of Automobiles	27430.6	327099.9	1434.8
汽车零配件批发 Wholesale of Auto Parts	207.2	16650.8	457.8
摩托车及零配件批发 Wholesale of Motorcycles and Parts	0.0	-9.5	2.1
五金产品批发 Hardware Products Wholesale	0.0	294.8	2.9
电气设备批发 Electronic Equipment Wholesale	60.0	1619.7	1.8
计算机、软件及辅助设备批发 Wholesale of Computer, Software and Related Appliances	0.1	41594.4	527.3
通讯及广播电视设备批发 Communication, Softeware and Auriliary Equipment Wholesale	0.0	-80596.5	104.8
其他机械设备及电子产品批发 The Other mechanical Equipment and Electronic Products	1011.5	1215.7	1772.8

8－15 Continued 16

(10 000 yuan)

三、损益及分配 Inctease, Decrease and Assgning				四、人工成本及增值税 Labor Cost and Value Added Tax	
政府补助 Government Subsidy	营业外支出 Non－Operating Costs	利润总额 Total Profits	应交所得税 Income Tax Payble	应付职工薪酬（本年贷方累计发生额） Employee Compensation	应交增值税 Value added Tax Payable
1252.3	9914.0	42600.3	6269.4	51741.0	10465.0
150.0	176.0	4945.4	1322.8	2387.0	－3341.0
1102.3	9454.0	18202.9	58.3	25793.0	271.0
0.0	284.0	19505.5	4888.3	23377.0	13523.0
0.0	0.0	－53.5	0.0	183.0	13.0
486.2	38502.0	158990.6	38189.6	144390.0	89075.0
302.3	36772.0	144495.7	34298.3	129665.0	70883.0
55.3	509.0	4486.1	1288.7	8359.0	13600.0
128.6	1221.0	10008.8	2602.6	6366.0	4593.0
6381.9	99549.0	266537.6	75492.7	229705.0	214197.0
936.7	4764.0	－39534.9	2318.3	4474.0	1859.0
1045.3	47703.0	247368.8	56255.0	182396.0	162583.0
0.0	0.0	－795.8	1.8	334.0	5.0
2625.0	16995.0	35278.1	10782.2	25725.0	38152.0
5.8	4201.0	1716.4	1402.1	4022.0	4300.0
1511.3	25116.0	12859.0	3338.9	3716.0	1185.0
257.8	770.0	9646.0	1394.4	9039.0	6115.0
1400.2	20915.0	311381.5	106478.7	68139.0	125101.0
0.0	1.0	1098.6	167.0	953.0	214.0
1127.6	10286.0	327503.2	88541.9	29877.0	93563.0
74.9	1723.0	17067.0	4598.1	6156.0	19681.0
0.0	0.0	－13.7	0.7	244.0	47.0
0.0	0.0	195.6	7.5	902.0	322.0
0.6	382.0	1551.2	649.2	3116.0	1048.0
1.1	85.0	42319.1	10450.2	5812.0	1143.0
30.0	6452.0	－81260.8	510.9	4148.0	96.0
166.0	1986.0	2921.3	1553.2	16932.0	8989.0

8-15 续 表 17

单位:万元

指标名称 Item	三、损益及分配 Increase, Decrease and Assgning		
	投资收益 Income from Investment	营业利润 Operating Profits	营业外收入 Non-Operating Income
贸易经纪与代理 Trade Brokerage and Agents	0.0	-2890.0	5.2
贸易代理 Trade Agent	0.0	-2890.0	5.2
其他批发业 Other Wholesale Trade	0.0	1840.0	7.0
再生物资回收与批发 Wholesale of Recy cled Matorials	0.0	2321.4	1.8
其他未列明批发业 Other Non-Listed Wholesale	0.0	-481.4	5.2
2.按登记注册类型分 Grouped by Registration			
内资企业 Domestic Investment	65995.8	609793.9	53421.7
国有企业 State-owned	157.9	167775.5	2819.1
集体企业 Collective-owned	0.0	-1699.3	214.6
股份合作企业 Cooperative of Share Holding	0.0	0.6	2.9
有限责任公司 Companies of Limited Liabilities	43938.1	193406.5	28009.3
国有独资公司 Companies State-owned Exclusive Investment	1841.4	158469.1	2252.9
其他有限责任公司 Other Compaines of Limited Liabilities	42096.7	34937.4	25756.4
股份有限公司 Share Holding	21126.0	195550.3	11071.0
私营企业 Private-owned	773.8	50488.8	10242.9
私营独资企业 Private Exclusive Investment	0.0	102.4	0.0
私营有限责任公司 Private Compaines of Limited Liabilities	768.8	47129.2	10056.6
私营股份有限公司 Private Companies of Limited Liabilities with Share Holding	5.0	3257.2	186.3
其他企业 Others	0.0	4271.5	1061.9
港、澳、台商投资企业 Enterprises Funded by Entepreneurs from HongKong, Macao & Taiwan	0.0	31108.1	270.4
合资经营企业(港或澳、台资) Joint Ventures with HongKong, Macao and Taiwan	0.0	2550.5	16.4
港、澳、台商独资经营企业 Manage with HongKong, Macao and Taiwan Jointly	0.0	29574.0	136.3
港、澳、台商投资股份有限公司 Share Holding Corporations Funded from HongKong, Macao and Taiwan	0.0	-1016.4	117.7
外商投资企业 Foreign Funded	0.0	390136.3	26665.8
中外合资经营企业 Joint Venture Enterprises	0.0	342526.0	1122.1
外资企业 Enterprises with Sole Foreign Investment	0.0	50965.3	25524.3
外商投资股份有限公司 Companies Limited by Shares with Foreign Inevstment	0.0	1010.9	0.0
其他外商投资企业 Other Foreign Investment Enterprises	0.0	-4365.9	19.4

8 - 15 Continued 17

(10 000 yuan)

三、损益及分配 Increaes, Decrese and Assgning				四、人工成本及增值税 Labor Cost and Value Added Tax	
政府补助 Government Subsidy	营业外支出 Non - Operating Costs	利润总额 Total Profits	应交所得税 Income Tax Payble	应付职工薪酬（本年贷方累计发生额） Employee Compensation	应交增值税 Value added Tax Payable
3.5	14.0	-2886.3	15.6	770.0	132.0
3.5	14.0	-2886.3	15.6	770.0	132.0
0.0	29.0	1747.6	169.5	1371.0	2318.0
0.0	29.0	2223.8	154.4	994.0	2238.0
0.0	0.0	-476.2	15.1	377.0	81.0
18888.6	214503.0	647572.0	182443.8	563899.0	409950.0
2733.8	4891.0	169554.4	44332.0	26578.0	66758.0
1.2	20.0	-190.8	3.3	1258.0	140.0
0.0	0.0	2.6	1.8	256.0	94.0
13166.1	124999.0	213335.3	75979.4	235304.0	140099.0
1246.4	2227.0	160499.0	38523.3	60356.0	41591.0
11919.7	122772.0	52836.3	37456.1	174948.0	98508.0
1990.7	62812.0	199784.5	45009.2	240625.0	162067.0
996.8	21704.0	60673.0	17015.4	58327.0	40537.0
0.0	0.0	102.4	25.6	59.0	106.0
846.8	21535.0	57456.1	16213.1	56741.0	39505.0
150.0	169.0	3114.5	776.7	1528.0	927.0
0.0	77.0	4413.0	102.7	1551.0	256.0
14.0	21187.0	30353.0	8542.1	36050.0	19057.0
0.0	207.0	2546.3	1344.5	4869.0	2144.0
14.0	20850.0	28718.4	7197.6	26525.0	15854.0
0.0	130.0	-911.7	0.0	4656.0	1060.0
7598.8	10669.0	415699.5	120898.9	112684.0	181745.0
998.7	1631.0	343485.0	95195.0	30084.0	106305.0
6600.1	8501.0	75556.9	26289.6	73071.0	69461.0
0.0	12.0	1009.7	116.6	299.0	344.0
0.0	525.0	-4352.1	-702.3	9230.0	5636.0

8－16　限额以上零售业法人财务指标(2015年)

单位:万元

指标名称 Item	法人企业数(个) Number of Enterprises	执行《2006年企业会计准则》企业数(个) Implementation of Accounting Standards for Business Enterprises in 2006
总　计 Total	**838**	**750**
其中:国有控股 State－owned and State Holding	62	60
1.按零售行业小类分 According to the Classfication of Retail Industry		
综合零售 Comprehensive	81	70
百货零售 Department Store	42	39
超级市场零售 Super Market	26	23
其他综合零售 Other Comprehensive	13	8
食品、饮料及烟草制品专门零售 Wholeasle Trade of Food、Beverage Tobacco and Articles for Family	72	66
粮油零售 Grain and Oil	2	2
糕点、面包零售 Cake and Bread	5	5
果品、蔬菜零售 Fruits and Vegetables	11	10
肉、禽、蛋、奶及水产品零售 Wholesale of Meat, Bird, Eggs, Milk and Aquatic products	14	12
营养和保健品零售 Wholesale of Health Care products	3	3
酒、饮料及茶叶零售 Wholesale of Alcohol, Drinks and Tea	21	19
烟草制品零售 Wholesale of Tobaccos	5	4
其他食品零售 The Other foods Wholesale	11	11
纺织、服装及日用品专门零售 Textile Garment and Daily necessities	88	78
纺织品及针织品零售 Textiles and Knitwear	5	5
服装零售 Clothing	53	47
鞋帽零售 Shoes and Hats	11	10
化妆品及卫生用品零售 Cosmetics and Hygiene	2	2
钟表、眼镜零售 Clocks, Watch and Glasses	5	4
箱、包零售 Luggage and Bags	1	0
厨房用具及日用杂品零售 Kitchen Utensils and Daily Sundries	4	3
其他日用品零售 Other Daily Necessities	7	7
文化、体育用品及器材专门零售 Gultural and Sports Goodls	46	44
文具用品零售 Stationery	6	6
体育用品及器材零售 Sports Goods	1	1
图书、报刊零售 Books and Newspapers	11	11

FINANCIAL INDICATORS OF ENTERPRISES ABOVE DESIGNATED SIZE IN RETAIL(2015)

(10 000 yuan)

一、年初存货	二、期末资产负债 Late Assets and Liabilities			
	流动资产合计			固定资产合计
		应收账款	存　货	
The Beginning Inventory	Total Current Assets	Accounts Receivable	Stock	Fixed Assets Price
2156554.0	**8787421.3**	**1402374.3**	**2133389.1**	**2901496.3**
481107.4	2178187.5	261520.8	505247.1	1685939.9
511467.6	2172849.3	158789.6	510870.9	1546389.1
157033.1	1437960.9	11305.2	162656.5	1039012.0
341459.4	707205.7	143984.2	334161.6	501261.5
12975.1	27682.7	3500.2	14052.8	6115.6
60556.4	285246.1	41501.2	71714.9	46076.9
624.5	1337.2	425.2	614.5	380.3
1209.6	5561.5	948.3	941.7	5132.3
3502.4	11896.4	3325.1	4949.8	5670.3
9536.9	26177.7	6536.7	9059.7	5316.7
254.3	1038.6	316.7	379.0	1144.1
6285.4	33021.0	7750.8	5247.3	8178.3
28429.4	57325.9	6286.2	22551.6	9369.1
10713.9	148887.8	15912.2	27971.3	10885.8
138265.2	406364.9	89271.1	146238.9	131571.8
9668.8	12320.9	2316.2	8460.9	83.6
70014.5	267260.0	79321.5	84370.2	123760.9
50774.7	100492.2	2377.0	45309.6	5945.2
1200.1	1163.7	18.7	827.9	194.6
3591.4	14724.7	2225.2	4006.0	1149.4
79.9	404.2	102.2	102.2	0.0
345.2	4491.8	2291.0	583.4	122.8
2590.6	5507.4	619.3	2578.7	315.3
78613.8	164211.3	19428.3	74080.5	39019.6
331.2	3414.7	1816.3	448.5	322.0
0.4	202.4	172.0	3.2	75.6
34673.4	90948.3	8707.6	33338.5	30608.2

8-16 续 表 1

单位:万元

指标名称 Item	法人企业数(个) Number of Enterprises	执行《2006年企业会计准则》企业数(个) Implementation of Accounting Standards for Business Enterprises in 2006
珠宝首饰零售 Bijouterie	15	14
工艺美术品及收藏品零售 Arts and rafts and Collections	3	3
乐器零售 Musical Instruments	4	4
照相器材零售 Photographic Equipment	1	1
其他文化用品零售 Other Cultural Activities	5	4
医药及医疗器材专门零售 Medicine and Medical Equipment	122	106
药品零售 Medicine	97	85
医疗用品及器材零售 Medical Supplies and Equipment	25	21
汽车、摩托车、燃料及零配件专门零售 Automobile Motorcycle, Fuel and Spare Parts	268	251
汽车零售 The Car	218	207
汽车零配件零售 Auto Parts	7	6
摩托车及零配件零售 Motocycle and Spare Parts	2	2
机动车燃料零售 Motor Fuel	41	36
家用电器及电子产品专门零售 Houshold Appliances	84	71
家用视听设备零售 Home Auto - visual and Electronic Products Equipment	3	2
日用家电设备零售 Household Appliances	26	21
计算机、软件及辅助设备零售 Computer, Software and Auxliary Equipment	38	32
通信设备零售 Communication Equipment	11	10
其他电子产品零售 Other Electronic Products	6	6
五金、家具及室内装饰材料专门零售 Hardware, Furniture and Interion Decoration Materials	58	51
五金零售 Hardware	12	11
灯具零售 Lamps and Lanterns	2	2
家具零售 Furniture	18	17
涂料零售 Paint	1	1
卫生洁具零售 Sanitary ware	5	5
木质装饰材料零售 Wood Decoration	4	2
陶瓷、石材装饰材料零售 Ceramic and Stone	5	2
其他室内装饰材料零售 Other interior Decoration Materials	11	11

8－16 Continued 1

(10 000 yuan)

一、年初存货 The Beginning Inventory	二、期末资产负债 Late Assets and Liabilities			
	流动资产合计 Total Current Assets	应收账款 Accounts Receivable	存　货 Stock	固定资产合计 Fixed Assets Price
37035.4	53800.3	5488.3	32859.5	4439.7
50.7	3330.0	1237.4	60.5	3457.0
4247.2	6314.9	540.9	4728.8	117.1
61.9	552.9	383.3	102.5	0.0
2213.6	5647.8	1082.5	2539.0	0.0
178336.3	1564232.4	647013.9	181119.7	50865.3
169611.4	1489340.7	600257.4	172860.0	45618.0
8724.9	74891.7	46756.5	8259.7	5247.3
1053188.1	3481615.6	339524.1	1044524.5	864169.0
1026824.2	3375817.3	323056.9	1020652.9	587223.9
5680.5	19163.5	3504.6	7211.0	1312.5
441.5	1100.6	466.1	515.4	92.2
20241.9	85534.2	12496.5	16145.2	275540.4
111207.4	398785.7	62166.7	75844.3	136152.3
666.5	1979.3	542.9	571.3	347.4
87649.3	322541.3	45140.4	51947.9	132612.7
12191.5	55383.8	9960.0	15113.6	1740.4
7819.0	14041.7	5451.0	5338.2	1007.5
2881.1	4839.6	1072.4	2873.3	444.3
19266.3	267363.0	20370.7	19237.6	71235.1
1066.9	30807.3	6308.8	971.4	2395.6
191.4	1088.8	912.5	147.0	80.1
12400.9	213242.1	7752.4	12548.8	63618.4
117.4	0.0	0.0	0.0	94.0
1379.3	3524.6	1964.5	998.2	316.7
377.0	1034.5	377.5	484.9	1582.9
1432.7	3345.3	1101.1	1649.3	837.8
2300.7	14320.4	1953.9	2438.0	2309.6

8-16 续 表 2

单位:万元

指标名称 Item	法人企业数(个) Number of Enterprises	执行《2006年企业会计准则》企业数(个) Implementation of Accounting Standards for Business Enterprises in 2006
货摊、无店铺及其他零售业 Stalls, No - shop and Others	19	13
货摊纺织、服装及鞋零售 Textile, Clothing and Footwwear Stalls	1	1
互联网零售 Internet	10	5
邮购及电视、电话零售 Mail Order and TV, Telephone	1	1
生活用燃料零售 Domestic Fuel	4	4
其他未列明零售业 Other not Listed	3	2
2. 按登记注册类型分 **Grouped by Registration**		
内资企业 Domestic Investment	803	715
国有企业 State - owned	13	13
集体企业 Collective - owned	11	10
股份合作企业 Cooperative of Share Holding	5	4
有限责任公司 Companies of Limited Liabilities	410	370
国有独资公司 State Owned	4	4
其他有限责任公司 Other Compaines of Limited Liabilities	406	366
股份有限公司 Share Holding	20	18
私营企业 Private - owned	341	297
私营独资企业 Private Exclusive Investment	15	12
私营合伙企业 Private Partnership	1	0
私营有限责任公司 Private Compaines of Limited Liabilities	315	276
私营股份有限公司 Private Companies of Limited Liabilities with Share Holding	10	9
其他企业 Others	3	3
港、澳、台商投资企业 Enterprises funded by Entepreneurs from HongKong, Macao & Taiwan	17	17
与港澳台商合资经营企业 Joint Ventures with HongKong, Macao and Taiwan	3	3
港澳台商独资企业 HongKong and Marcro, Taiwan Owned	14	14
外商投资企业 Foreign Funded	18	18
中外合资经营企业 Chinese Foreign Equity Joint Ventures	5	5
外资企业 Foreign Enterprise	12	12
其他外商投资企业 Foreign Capital	1	1

8－16 Continued 2

(10 000 yuan)

一、年初存货 The Beginning Inventory	二、期末资产负债 Late Assets and Liabilities			
	流动资产合计 Total Current Assets	应收账款 Accounts Receivable	存 货 Stock	固定资产合计 Fixed Assets Price
5652.9	46753.0	24308.7	9757.8	16017.2
51.1	3710.4	1925.8	52.4	459.2
4157.7	36431.2	21342.3	7908.8	11217.1
0.0	1000.3	1.1	0.0	239.8
445.3	2716.0	393.9	556.1	3562.8
998.8	2895.1	645.6	1240.5	538.3
1816103.1	7762409.9	1239398.2	1927352.5	2713259.8
68423.4	624808.5	138551.0	70802.8	122692.7
3018.8	32091.4	2735.8	2791.8	70380.5
706.2	5269.8	908.6	688.1	1939.5
942208.8	3851420.4	669162.0	1037842.0	967135.8
5292.0	24480.2	161.7	7469.7	6647.9
936916.8	3826940.2	669000.3	1030372.3	960487.9
352463.9	1467762.0	148037.4	376159.3	1406692.8
448526.1	1778849.7	279871.4	437881.5	142915.8
1642.6	5641.4	984.4	1442.1	3574.9
112.3	302.5	81.2	113.5	380.7
404931.5	1528720.0	229965.4	410806.8	129268.8
41839.7	244185.8	48840.4	25519.1	9691.4
755.9	2208.1	132.0	1187.0	1502.7
275927.8	622494.4	144032.7	133427.2	50271.0
554.2	13421.9	3868.8	1876.2	2484.4
275373.6	609072.5	140163.9	131551.0	47786.6
64523.1	402517.0	18943.4	72609.4	137965.5
8355.2	55325.3	16531.1	8490.6	11076.6
53701.5	343955.7	2230.3	62084.8	120753.4
2466.4	3236.0	182.0	2034.0	6135.5

8－16 续 表 3

单位:万元

指标名称 Item	二、期末资产负债 Late Assets and Liabilities		
	固定资产原价 Fixed Asset Price	累计折旧 Accumulated Depreciation	本年折旧 Depreciation of this year
总 计 **Total**	**4185513.7**	**1284508.0**	**177094.1**
其中:国有控股 State－owned and State Holding	2223838.6	537898.6	76195.5
1.按零售行业小类分 **According to the Classfication of Retail Industry**			
综合零售 Comprehensive	2143021.7	596632.5	82099.6
百货零售 Department Store	1426201.5	387189.5	49787.2
超级市场零售 Super Market	708040.3	206778.7	31792.1
其他综合零售 Other Comprehensive	8779.9	2664.3	520.3
食品、饮料及烟草制品专门零售 Wholeasle Trade of Food、Beverage Tobacco and Articles for Family	61110.3	15033.4	2893.0
粮油零售 Grain and Oil	494.5	114.2	5.4
糕点、面包零售 Cake and Bread	7797.7	2665.4	285.0
果品、蔬菜零售 Fruits and Vegetables	6664.2	993.9	241.8
肉、禽、蛋、奶及水产品零售 Wholesale of Meat, Bird, Eggs, Milk and Aquatic products	6877.8	1561.1	381.6
营养和保健品零售 Wholesale of Health Care products	1276.7	132.6	18.2
酒、饮料及茶叶零售 Wholesale of Alcohol, Drinks and Tea	10088.4	1910.1	540.0
烟草制品零售 Wholesale of Tobaccos	13431.1	4062.0	636.2
其他食品零售 The Other foods Wholesale	14479.9	3594.1	784.8
纺织、服装及日用品专门零售 Textile Garment and Daily necessities	161951.7	30379.9	6603.5
纺织品及针织品零售 Textiles and Knitwear	181.0	97.4	31.9
服装零售 Clothing	147446.5	23685.6	5350.6
鞋帽零售 Shoes and Hats	9551.0	3605.8	705.0
化妆品及卫生用品零售 Cosmetics and Hygiene	620.6	426.0	80.2
钟表、眼镜零售 Clocks, Watch and Glasses	2190.2	1040.8	65.2
箱、包零售 Luggage and Bags	42.2	42.2	0.0
厨房用具及日用杂品零售 Kitchen Utensils and Daily Sundries	457.3	334.5	88.7
其他日用品零售 Other Daily Necessities	1462.9	1147.6	281.9
文化、体育用品及器材专门零售 Gultural and Sports Goodls	57701.8	18778.3	1699.0
文具用品零售 Stationery	369.1	143.2	22.6
体育用品及器材零售 Sports Goods	279.9	204.3	30.9
图书、报刊零售 Books and Newspapers	46406.0	15797.8	1341.0

8 - 16 Continued 3

(10 000 yuan)

二、期末资产负债 Late Assets and Liabilities				
在建工程 In the Construction Engineering	资产总计 Total Assets	流动负债合计 Total Liabilities	应付账款 Accounts Payable	非流动负债合计 Non Current Liabilities
343777.7	**14178373.7**	**9605125.4**	**2202453.5**	**1090448.1**
58694.4	4941893.9	3275077.9	752795.6	412273.2
24877.2	4621148.3	2897128.7	968024.1	530170.3
12587.8	3190905.8	1900271.9	511471.9	426103.1
12289.4	1388281.1	959697.7	435369.8	104067.2
0.0	41961.4	37159.1	21182.4	0.0
6440.5	369714.4	234010.4	65173.7	5233.2
0.0	2177.9	374.4	84.0	180.0
0.0	12241.0	7915.7	799.7	162.2
23.0	20157.4	8764.7	2277.0	167.0
3642.2	37436.8	16450.0	6193.0	537.1
0.0	2274.1	1277.1	384.9	12.4
356.1	48332.8	28960.8	4714.7	4174.5
133.7	69863.0	26416.4	8292.6	0.0
2285.5	177231.4	143851.3	42427.8	0.0
208.2	615428.1	316912.9	135375.8	50550.2
0.0	12448.2	10147.5	7379.5	860.0
208.2	464545.3	267125.6	118996.2	48480.5
0.0	108261.3	20407.4	2741.8	0.0
0.0	1436.0	1090.0	16.2	0.0
0.0	16246.7	6852.3	3012.0	440.1
0.0	430.7	222.4	104.9	112.9
0.0	4716.3	3961.6	1686.8	0.0
0.0	7343.6	7106.1	1438.4	656.7
394.7	218578.0	177891.3	86361.2	2487.4
0.0	3737.2	2592.5	298.2	12.0
0.0	1510.1	15558.9	15468.9	0.0
394.7	132192.5	94995.6	48097.4	1388.2

8-16 续 表 4

单位:万元

指标名称 Item	二、期末资产负债 Late Assets and Liabilities		
	固定资产原价 Fixed Asset Price	累计折旧 Accumulated Depreciation	本年折旧 Depreciation of this year
珠宝首饰零售 Bijouterie	5703.2	1263.5	228.4
工艺美术品及收藏品零售 Arts and rafts and Collectoons	4659.5	1202.5	68.9
乐器零售 Musical Instruments	173.0	55.9	7.2
照相器材零售 Photographic Equipment	0.0	0.0	0.0
其他文化用品零售 Other Cultural Activities	111.1	111.1	0.0
医药及医疗器材专门零售 Medicine and Medical Equipment	79059.1	28221.9	6702.2
药品零售 Medicine	72312.9	26694.9	6342.9
医疗用品及器材零售 Medical Supplies and Equipment	6746.2	1527.0	359.3
汽车、摩托车、燃料及零配件专门零售 Automobile Motorcycle, Fuel and Spare Parts	1409152.8	545319.0	65500.5
汽车零售 The Car	1018809.0	431920.2	49385.7
汽车零配件零售 Auto Parts	2207.2	894.7	239.8
摩托车及零配件零售 Motocycle and Spare Parts	130.7	38.5	2.0
机动车燃料零售 Motor Fuel	388005.9	112465.6	15873.0
家用电器及电子产品专门零售 Houshold Appliances	165569.7	29422.9	4564.7
家用视听设备零售 Home Auto-visual and Electronic Products Equipment	452.8	105.4	24.8
日用家电设备零售 Household Appliances	159167.9	26555.4	3955.1
计算机、软件及辅助设备零售 Computer, Software and Auxliary Equipment	3882.7	2147.6	443.8
通信设备零售 Communicaltion Equipment	1402.1	394.6	117.2
其他电子产品零售 Other Electronic Products	664.2	219.9	23.8
五金、家具及室内装饰材料专门零售 Hardware, Furniture and Interior Decoration Materials	85150.7	13941.4	4269.2
五金零售 Hardware	4202.9	1807.3	114.9
灯具零售 Lamps and Lanterns	115.7	61.4	11.3
家具零售 Furniture	73808.7	10190.3	3896.6
涂料零售 Paint	171.5	77.5	1.5
卫生洁具零售 Sanitary ware	428.9	112.2	77.9
木质装饰材料零售 Wood Decoration	1882.0	299.1	65.9
陶瓷、石材装饰材料零售 Ceramic and Stone	980.9	143.1	26.1
其他室内装饰材料零售 Other interior Decoration Materials	3560.1	1250.5	75.0

8－16 Continued 4

(10 000 yuan)

二、期末资产负债 Late Assets and Liabilities				
在建工程 In the Construction Engineering	资产总计 Total Assets	流动负债合计 Total Current Liabilities	应付账款 Accounts Payable	非流动负债合计 Non Current Liabilities
0.0	59992.1	46481.3	17631.4	1078.1
0.0	8440.1	7863.2	545.5	9.1
0.0	6505.2	5564.1	3175.5	0.0
0.0	552.9	425.9	59.0	0.0
0.0	5647.9	4409.8	1085.3	0.0
8085.1	1751345.8	1467373.8	418910.4	9591.3
8065.1	1666080.9	1413684.0	393329.2	8794.5
20.0	85264.9	53689.8	25581.2	796.8
251853.7	5447372.3	3814826.9	474858.5	363731.4
208069.1	4803124.6	3363301.5	397617.1	360958.9
0.0	22219.3	18594.6	7265.4	475.9
0.0	1196.1	914.1	836.5	0.0
43784.6	620832.3	432016.7	69139.5	2296.6
22525.3	601886.2	330582.0	－9408.2	8981.1
0.0	2333.4	720.1	196.0	286.5
21915.3	517754.6	276455.4	－33362.0	7992.2
610.0	60495.2	35445.2	10007.4	449.3
0.0	15605.1	13172.9	10132.0	130.1
0.0	5697.9	4788.4	3618.4	123.0
27561.0	461731.4	261550.0	31620.2	119733.4
24073.8	66181.3	54326.0	5244.0	43.8
0.0	1168.9	1003.8	756.5	0.0
3448.3	329566.9	155011.1	19123.8	119306.8
0.0	182.0	82.0	0.0	0.0
0.0	4437.4	2505.2	1308.0	65.0
0.0	2780.3	798.8	184.6	48.8
0.0	4256.9	1991.6	754.6	200.0
38.9	53157.7	45831.5	4248.7	69.0

8-16 续 表 5

单位:万元

指标名称 Item	二、期末资产负债 Late Assets and Liabilities		
	固定资产原价 Fixed Asset Price	累计折旧 Accumulated Depreciation	本年折旧 Depreciation of this year
货摊、无店铺及其他零售业 Stalls, No - shop and Others	22795.9	6778.7	2762.4
货摊纺织、服装及鞋零售 Textile, Clothing and Footwwear Stalls	2258.3	1799.1	76.5
互联网零售 Internet	14680.5	3463.4	2252.8
邮购及电视、电话零售 Mail Order and TV, Telephone	373.1	133.3	35.9
生活用燃料零售 Domestic Fuel	4577.7	1014.9	326.6
其他未列明零售业 Other not Listed	906.3	368.0	70.6
2. 按登记注册类型分 Grouped by Registration			
内资企业 Domestic Investment	3836002.6	1123233.4	157145.7
国有企业 State - owned	152987.2	30294.5	5709.0
集体企业 Collective - owned	101707.1	31326.6	6388.8
股份合作企业 Cooperative of Share Holding	3232.8	1293.3	149.1
有限责任公司 Companies of Limited Liabilities	1505994.2	539231.8	67313.9
国有独资公司 State Owned	10250.0	3602.1	402.6
其他有限责任公司 Other Compaines of Limited Liabilities	1495744.2	535629.7	66911.3
股份有限公司 Share Holding	1853826.5	447133.6	61004.3
私营企业 Private - owned	215959.1	73160.5	16460.1
私营独资企业 Private Exclusive Investment	4931.1	1356.2	411.9
私营合伙企业 Private Partnership	481.1	100.4	24.5
私营有限责任公司 Private Compaines of Limited Liabilities	196108.5	66956.9	15002.5
私营股份有限公司 Private Companies of Limited Liabilities with Share Holding	14438.4	4747.0	1021.2
其他企业 Others	2295.7	793.1	120.5
港、澳、台商投资企业 Enterprises funded by Entepreneurs from HongKong, Macao & Taiwan	86983.0	36712.0	5893.1
与港澳台商合资经营企业 Joint Ventures with HongKong, Macao and Taiwan	4816.3	2331.9	203.6
港澳台商独资企业 HongKong and Marcro, Taiwan Owned	82166.7	34380.1	5689.5
外商投资企业 Foreign Funded	262528.1	124562.6	14055.3
中外合资经营企业 Chinese Foreign Equity Joint Ventures	16761.1	5684.5	745.8
外资企业 Foreign Enterprise	238150.4	117397.0	12807.4
其他外商投资企业 Foreign Capital	7616.6	1481.1	502.1

8－16 Continued 5

(10 000 yuan)

二、期末资产负债 Late Assets and Liabilities				
在建工程 In the Construction Engineering	资产总计 Total Assets	流动负债合计 Total Current Liabilities	应付账款 Accounts Payable	非流动负债合计 Non Current Liabilities
1832.0	91169.2	104849.4	31537.8	-30.2
0.0	7378.5	4969.7	1247.7	0.0
1799.6	72404.0	94473.9	28836.4	-99.7
0.0	1256.1	738.5	245.7	0.0
32.4	6697.2	2319.0	84.7	0.0
0.0	3433.4	2348.3	1123.3	69.5
335902.6	12807058.7	8713489.6	1739179.6	1006090.3
25752.2	936211.1	748682.9	148173.5	346.8
480.0	106965.2	88596.0	8743.7	29665.9
0.0	10717.9	3000.7	1846.8	536.8
239356.3	5999007.5	3756256.4	750510.8	622659.7
0.0	33868.0	22603.2	5211.4	0.0
239356.3	5965139.5	3733653.2	745299.4	622659.7
35485.4	3641521.0	2344350.6	553121.9	341883.4
34828.7	2108847.6	1771486.5	276631.9	10151.0
0.0	9664.0	2686.0	578.2	767.7
0.0	683.2	69.8	36.2	86.9
30289.1	1799315.4	1532459.0	255494.0	8036.4
4539.6	299185.0	236271.7	20523.5	1260.0
0.0	3788.4	1116.5	151.0	846.7
1592.3	697273.1	520029.6	362791.6	8201.6
0.0	19944.1	21297.7	13095.6	0.0
1592.3	677329.0	498731.9	349696.0	8201.6
6282.8	674041.9	371606.2	100482.3	76156.2
267.1	74206.7	37407.9	8870.5	1796.0
6005.5	588856.2	321948.7	91410.9	74360.2
10.2	10979.0	12249.6	200.9	0.0

8-16 续 表 6

单位:万元

指标名称 Item	二、期末资产负债 Late Assets and Liabilities		
	负债合计 Total Liabilities	所有者权益合计 Total Interests of Own	实收资本 Total Capital Hold
总 计 **Total**	**10692611.6**	**3485762.1**	**2602993.8**
其中:国有控股 State - owned and State Holding	3687551.1	1254342.8	824557.1
1.按零售行业小类分 **According to the Classfication of Retail Industry**			
综合零售 Comprehensive	3427299.0	1193849.3	791336.8
百货零售 Department Store	2326375.0	864530.8	597444.3
超级市场零售 Super Market	1063764.9	324516.2	188686.2
其他综合零售 Other Comprehensive	37159.1	4802.3	5206.3
食品、饮料及烟草制品专门零售 Wholeasle Trade of Food、Beverage Tobacco and Artivles for Family	239243.6	130470.8	68626.6
粮油零售 Grain and Oil	554.4	1623.5	1017.7
糕点、面包零售 Cake and Bread	8077.9	4163.1	5054.7
果品、蔬菜零售 Fruits and Vegetables	8931.7	11225.7	6020.7
肉、禽、蛋、奶及水产品零售 Wholesale of Meat, Bird, Eggs, Milk and Aquatic products	16987.1	20449.7	17373.3
营养和保健品零售 Wholesale of Health Care products	1289.5	984.6	675.0
酒、饮料及茶叶零售 Wholesale of Alcohol, Drinks and Tea	33135.3	15197.5	10723.5
烟草制品零售 Wholesale of Tobaccos	26416.4	43446.6	5026.9
其他食品零售 The Other foods Wholesale	143851.3	33380.1	22734.8
纺织、服装及日用品专门零售 Textile Garment and Daily necessities	367006.3	248421.8	166822.6
纺织品及针织品零售 Textiles and Knitwear	11207.5	1240.7	3690.0
服装零售 Clothing	315606.1	148939.2	114320.8
鞋帽零售 Shoes and Hats	20407.4	87853.9	41033.3
化妆品及卫生用品零售 Cosmetics and Hygiene	1090.0	346.0	185.0
钟表、眼镜零售 Clocks, Watch and Glasses	7292.3	8954.4	6258.1
箱、包零售 Luggage and Bags	335.3	95.4	30.0
厨房用具及日用杂品零售 Kitchen Utensils and Daily Sundries	3961.6	754.7	455.0
其他日用品零售 Other Daily Necessities	7106.1	237.5	850.4
文化、体育用品及器材专门零售 Gultural and Sports Goodls	180590.9	37987.1	48224.1
文具用品零售 Stationery	2604.5	1132.7	1039.9
体育用品及器材零售 Sports Goods	15558.9	-14048.8	500.0
图书、报刊零售 Books and Newspapers	96383.8	35808.7	33043.6

8－16 Continued 6

(10 000 yuan)

二、期末资产负债 Late Assets and Liabilities					
国家资本 National Capital	集体资本 Collective Capital	法人资本 Corporate Capital	个人资本 Private Capital	港澳台资本 HK Macao and Taiwan's Capital	外商资本 Foreign Capital
761620.4	**62712.4**	**1138464.9**	**397777.9**	**52685.1**	**189733.1**
658658.5	12392.8	112967.0	35590.2	0.0	4948.6
445977.6	23277.2	96081.8	50094.1	37381.7	138524.4
445827.6	21419.8	42597.1	18062.4	28987.2	40550.2
0.0	0.0	52333.7	30383.8	7994.5	97974.2
150.0	1857.4	1151.0	1647.9	400.0	0.0
4416.9	759.7	38755.6	23542.5	651.9	500.0
0.0	0.0	914.5	103.2	0.0	0.0
0.0	0.0	3856.7	1198.0	0.0	0.0
0.0	0.0	2735.4	3285.3	0.0	0.0
0.0	0.0	7962.8	9410.5	0.0	0.0
0.0	0.0	50.0	625.0	0.0	0.0
0.0	759.7	7028.4	2283.5	651.9	0.0
4416.9	0.0	0.0	610.0	0.0	0.0
0.0	0.0	16207.8	6027.0	0.0	500.0
31650.0	150.0	101017.2	23927.8	7982.6	2095.0
0.0	0.0	3690.0	0.0	0.0	0.0
31620.0	50.0	58756.7	21674.1	300.0	1920.0
0.0	0.0	33322.5	528.2	7182.6	0.0
0.0	0.0	0.0	10.0	0.0	175.0
30.0	100.0	5018.0	610.1	500.0	0.0
0.0	0.0	30.0	0.0	0.0	0.0
0.0	0.0	0.0	455.0	0.0	0.0
0.0	0.0	200.0	650.4	0.0	0.0
16929.0	1206.5	5835.1	20084.6	4168.9	0.0
0.0	0.0	150.0	889.9	0.0	0.0
0.0	0.0	500.0	0.0	0.0	0.0
16928.9	0.0	540.0	15574.7	0.0	0.0

8-16 续　表 7

单位:万元

指标名称 Item	二、期末资产负债 Late Assets and Liabilities		
	负债合计 Total Liabilities	所有者权益合计 Total Interests of Own	实收资本 Total Capital Hold
珠宝首饰零售 Bijouterie	47771.6	12220.5	9503.9
工艺美术品及收藏品零售 Arts and rafts and Collections	7872.3	567.8	2056.7
乐器零售 Musical Instruments	5564.1	941.1	700.0
照相器材零售 Photographic Equipment	425.9	127.0	100.0
其他文化用品零售 Other Cultural Activities	4409.8	1238.1	1280.0
医药及医疗器材专门零售 Medicine and Medical Equipment	1476965.2	274380.6	177754.5
药品零售 Medicine	1422478.5	243602.4	171872.0
医疗用品及器材零售 Medical Supplies and Equipment	54486.7	30778.2	5882.5
汽车、摩托车、燃料及零配件专门零售 Automobile Motorcycle, Fuel and Spare Parts	4175777.5	1271594.8	637141.9
汽车零售 The Car	3722570.7	1080553.9	485268.9
汽车零配件零售 Auto Parts	18803.5	3415.8	2085.2
摩托车及零配件零售 Motocycle and Spare Parts	914.1	282.0	250.0
机动车燃料零售 Motor Fuel	433489.2	187343.1	149537.8
家用电器及电子产品专门零售 Houshold Appliances	339626.5	262259.7	573805.8
家用视听设备零售 Home Auto - visual and Electronic Products Equipment	1006.6	1326.8	826.0
日用家电设备零售 Household Appliances	284447.6	233307.0	52449.2
计算机、软件及辅助设备零售 Computer, Software and Auxliary Equipment	35928.6	24566.6	516837.6
通信设备零售 Communicaltion Equipment	13332.3	2272.8	2515.0
其他电子产品零售 Other Electronic Products	4911.4	786.5	1178.0
五金、家具及室内装饰材料专门零售 Hardware, Furniture and Interior Decoration Materials	381283.4	80448.0	96455.6
五金零售 Hardware	54369.8	11811.5	14636.4
灯具零售 Lamps and Lanterns	1003.8	165.1	100.0
家具零售 Furniture	274317.9	55249.0	55455.5
涂料零售 Paint	82.0	100.0	100.0
卫生洁具零售 Sanitary ware	2570.2	1867.2	1230.0
木质装饰材料零售 Wood Decoration	847.6	1932.7	1490.0
陶瓷、石材装饰材料零售 Ceramic and Stone	2191.6	2065.3	2100.0
其他室内装饰材料零售 Other interior Decoration Materials	45900.5	7257.2	21343.7

8－16 Continued 7

(10 000 yuan)

二、期末资产负债 Late Assets and Liabilities					
国家资本 National Capital	集体资本 Collective Capital	法人资本 Corporate Capital	个人资本 Private Capital	港澳台资本 HK Macao and Taiwan's Capital	外商资本 Foreign Capital
0.0	150.0	3295.0	1890.0	4168.9	0.0
0.1	1056.5	0.1	1000.0	0.0	0.0
0.0	0.0	100.0	600.0	0.0	0.0
0.0	0.0	100.0	0.0	0.0	0.0
0.0	0.0	1150.0	130.0	0.0	0.0
11636.6	2899.0	133247.8	28987.1	0.0	984.0
11636.6	1983.0	131077.8	27174.6	0.0	0.0
0.0	916.0	2170.0	1812.5	0.0	984.0
232050.4	34091.0	183884.6	166970.6	0.0	20145.3
115429.4	33906.0	175226.1	148025.5	0.0	12681.9
1000.0	0.0	175.6	909.6	0.0	0.0
0.0	0.0	200.0	50.0	0.0	0.0
115621.0	185.0	8282.9	17985.5	0.0	7463.4
135.9	80.0	548070.1	23019.8	2500.0	0.0
0.0	0.0	0.0	826.0	0.0	0.0
135.9	0.0	42638.9	9674.4	0.0	0.0
0.0	80.0	503281.2	10976.4	2500.0	0.0
0.0	0.0	1650.0	865.0	0.0	0.0
0.0	0.0	500.0	678.0	0.0	0.0
0.0	249.0	17770.8	50951.4	0.0	27484.4
0.0	170.0	2999.0	11467.4	0.0	0.0
0.0	0.0	25.5	74.5	0.0	0.0
0.0	0.0	8706.0	22787.0	0.0	23962.5
0.0	0.0	0.0	100.0	0.0	0.0
0.0	0.0	824.0	406.0	0.0	0.0
0.0	0.0	0.0	1490.0	0.0	0.0
0.0	0.0	350.0	1750.0	0.0	0.0
0.0	79.0	4866.3	12876.5	0.0	3521.9

8-16 续 表 8

单位:万元

指标名称 Item	二、期末资产负债 Late Assets and Liabilities		
	负债合计 Total Liabilities	所有者权益合计 Total Interests of Own	实收资本 Total Capital Hold
货摊、无店铺及其他零售业 Stalls, No-shop and Others	104819.2	-13650.0	42825.9
货摊纺织、服装及鞋零售 Textile, Clothing and Footwwear Stalls	4969.7	2408.8	18824.0
互联网零售 Internet	94374.2	-21970.2	17451.9
邮购及电视、电话零售 Mail Order and TV, Telephone	738.5	517.6	500.0
生活用燃料零售 Domestic Fuel	2319.0	4378.2	5100.0
其他未列明零售业 Other not Listed	2417.8	1015.6	950.0
2. 按登记注册类型分 Grouped by Registration			
内资企业 Domestic Investment	9716618.0	3090440.7	2362340.0
国有企业 State-owned	749029.7	187181.4	125186.0
集体企业 Collective-owned	118261.9	-11296.7	15002.2
股份合作企业 Cooperative of Share Holding	3537.5	7180.4	4558.7
有限责任公司 Companies of Limited Liabilities	4378404.7	1620602.8	773731.6
国有独资公司 State Owned	22603.2	11264.8	8000.0
其他有限责任公司 Other Compaines of Limited Liabilities	4355801.5	1609338.0	765731.6
股份有限公司 Share Holding	2686234.0	955287.0	579063.0
私营企业 Private-owned	1780000.1	328847.5	862968.9
私营独资企业 Private Exclusive Investment	3442.7	6221.3	5807.3
私营合伙企业 Private Partnership	156.7	526.5	500.0
私营有限责任公司 Private Compaines of Limited Liabilities	1538869.0	260446.4	802476.0
私营股份有限公司 Private Companies of Limited Liabilities with Share Holding	237531.7	61653.3	54185.6
其他企业 Others	1150.1	2638.3	1829.6
港、澳、台商投资企业 Enterprises funded by Entepreneurs from HongKong, Macao & Taiwan	528231.2	169041.9	77341.4
与港澳台商合资经营企业 Joint Ventures with HongKong, Macao and Taiwan	21297.7	-1353.6	22124.0
港澳台商独资企业 HongKong and Marcro, Taiwan Owned	506933.5	170395.5	55217.4
外商投资企业 Foreign Funded	447762.4	226279.5	163312.4
中外合资经营企业 Chinese Foreign Equity Joint Ventures	39203.9	35002.8	9048.6
外资企业 Foreign Enterprise	396308.9	192547.3	151263.8
其他外商投资企业 Foreign Capital	12249.6	-1270.6	3000.0

8－16　Continued　8

(10 000 yuan)

二、期末资产负债 Late Assets and Liabilities					
国家资本 National Capital	集体资本 Collective Capital	法人资本 Corporate Capital	个人资本 Private Capital	港澳台资本 HK Macao and Taiwan's Capital	外商资本 Foreign Capital
18824.0	0.0	13801.9	10200.0	0.0	0.0
18824.0	0.0	0.0	0.0	0.0	0.0
0.0	0.0	10701.9	6750.0	0.0	0.0
0.0	0.0	0.0	500.0	0.0	0.0
0.0	0.0	3000.0	2100.0	0.0	0.0
0.0	0.0	100.0	850.0	0.0	0.0
742796.4	61796.4	1115976.3	397177.9	500.0	44093.0
122252.9	0.0	2933.1	0.0	0.0	0.0
0.0	14703.5	298.7	0.0	0.0	0.0
0.0	634.9	150.0	3773.8	0.0	0.0
177711.2	42220.3	368341.4	145814.3	500.0	39144.4
7000.0	0.0	1000.0	0.0	0.0	0.0
170711.2	42220.3	367341.4	145814.3	500.0	39144.4
442032.3	1043.5	84011.6	47027.0	0.0	4948.6
800.0	2669.5	659046.6	200452.8	0.0	0.0
0.0	0.0	742.6	5064.7	0.0	0.0
0.0	0.0	0.0	500.0	0.0	0.0
800.0	2669.5	618574.4	180432.1	0.0	0.0
0.0	0.0	39729.6	14456.0	0.0	0.0
0.0	524.7	1194.9	110.0	0.0	0.0
18824.0	0.0	5832.3	500.0	52185.1	0.0
18824.0	0.0	0.0	500.0	2800.0	0.0
0.0	0.0	5832.3	0.0	49385.1	0.0
0.0	916.0	16656.3	100.0	0.0	145640.1
0.0	916.0	1606.7	100.0	0.0	6425.9
0.0	0.0	12049.6	0.0	0.0	139214.2
0.0	0.0	3000.0	0.0	0.0	0.0

8-16 续 表 9

单位:万元

指标名称 Item	三、损益及分配 Increase, Decrease and Assgning	
	营业收入 Sales Revenue	主营业务收入 Main Sales Revenue
总 计 **Total**	**24893700.6**	**24406737.2**
其中:国有控股 State-owned and State Holding	7918931.4	7693146.6
1.按零售行业小类分 **According to the Classfication of Retail Industry**		
综合零售 Comprehensive	6340368.5	5953631.1
百货零售 Department Store	3983736.3	3713233.1
超级市场零售 Super Market	2212855.7	2097270.7
其他综合零售 Other Comprehensive	143776.5	143127.3
食品、饮料及烟草制品专门零售 Wholeasle Trade of Food、Beverage Tobacco and Articles for Family	992026.2	984001.3
粮油零售 Grain and Oil	100191.3	100191.3
糕点、面包零售 Cake and Bread	63976.3	63821.0
果品、蔬菜零售 Fruits and Vegetables	98602.4	98602.4
肉、禽、蛋、奶及水产品零售 Wholesale of Meat, Bird, Eggs, Milk and Aquatic products	182409.3	182409.3
营养和保健品零售 Wholesale of Health Care products	4303.1	4303.1
酒、饮料及茶叶零售 Wholesale of Alcohol, Drinks and Tea	112689.4	112252.5
烟草制品零售 Wholesale of Tobaccos	96664.6	91501.9
其他食品零售 The Other foods Wholesale	333189.8	330919.8
纺织、服装及日用品专门零售 Textile Garment and Daily necessities	811763.9	807437.0
纺织品及针织品零售 Textiles and Knitwear	14622.3	14622.3
服装零售 Clothing	489767.6	486016.9
鞋帽零售 Shoes and Hats	166646.5	166646.5
化妆品及卫生用品零售 Cosmetics and Hygiene	59439.0	58922.8
钟表、眼镜零售 Clocks, Watch and Glasses	29736.5	29676.5
箱、包零售 Luggage and Bags	543.1	543.1
厨房用具及日用杂品零售 Kitchen Utensils and Daily Sundries	10495.5	10495.5
其他日用品零售 Other Daily Necessities	40513.4	40513.4
文化、体育用品及器材专门零售 Gultural and Sports Goodls	245832.8	243098.5
文具用品零售 Stationery	16440.8	16440.8
体育用品及器材零售 Sports Goods	6906.4	6902.0
图书、报刊零售 Books and Newspapers	100780.5	98732.0

8 - 16 Continued 9

(10 000 yuan)

三、损益及分配 Increase, Decrease and Assgning				
营业成本 Sales Cost	主营业务成本 Main Sales Cost	营业税金及附加 Business Taxes and Extras	主营业务税金及附加 Main Business Taxes and Extras	其他业务利润 Profits of Other Business
21816604.7	**21551942.1**	**122385.7**	**105007.8**	**676947.7**
6829191.6	6596638.2	43228.4	30121.9	403685.1
5014872.1	4804885.9	52736.0	37397.9	613294.2
3138631.8	3129654.3	34218.9	27470.9	602312.2
1756431.2	1555459.3	17426.6	8836.5	10369.6
119809.1	119772.3	1090.5	1090.5	612.4
785739.6	781896.5	9483.7	9432.4	596.7
96120.0	96120.0	220.7	220.7	0.0
45720.0	45619.3	1866.6	1866.6	219.5
89463.1	89462.1	175.6	175.6	0.0
144030.8	144005.3	3222.7	3222.7	0.0
2785.9	2785.9	76.3	76.3	0.0
89072.0	89036.7	1549.8	1498.6	0.0
82644.8	79322.6	410.1	410.0	46.6
235903.0	235544.6	1961.9	1961.9	330.6
630253.0	625640.4	6938.8	6665.7	6818.8
10482.8	10250.6	53.7	53.7	0.0
378719.3	374387.3	2819.5	2819.5	5959.7
128286.1	128286.1	1236.1	1236.1	0.0
48048.1	47999.7	264.5	264.0	467.4
22846.3	22846.3	473.9	201.3	310.6
268.3	268.3	7.1	7.1	0.1
9142.9	9142.9	29.5	29.5	37.2
32459.2	32459.2	2054.5	2054.5	43.8
203107.5	202437.0	2168.5	2092.5	1786.9
14280.5	14280.5	234.7	234.7	139.2
5727.8	5725.9	21.5	21.5	0.0
80776.9	80613.2	162.8	88.8	1465.7

8-16 续 表 10

单位:万元

指标名称 Item	三、损益及分配 Increase, Decrease and Assgning 营业收入 Sales Revenue	 主营业务收入 Main Sales Revenue
珠宝首饰零售 Bijouterie	95848.1	95166.7
工艺美术品及收藏品零售 Arts and rafts and Collevtions	7615.2	7615.2
乐器零售 Musical Instruments	8321.7	8321.7
照相器材零售 Photographic Equipment	1200.5	1200.5
其他文化用品零售 Other Cultural Activities	8719.6	8719.6
医药及医疗器材专门零售 Medicine and Medical Equipment	2067515.8	2057313.4
药品零售 Medicine	1957643.3	1947491.3
医疗用品及器材零售 Medical Supplies and Equipment	109872.5	109822.1
汽车、摩托车、燃料及零配件专门零售 Automobile Motorcycle, Fuel and Spare Parts	10965880.0	10905236.5
汽车零售 The Car	8491511.1	8456819.5
汽车零配件零售 Auto Parts	87293.6	87154.4
摩托车及零配件零售 Motocycle and Spare Parts	8260.9	8260.9
机动车燃料零售 Motor Fuel	2378814.4	2353001.7
家用电器及电子产品专门零售 Houshold Appliances	1495744.7	1486511.8
家用视听设备零售 Home Auto - visual and Electronic Products Equipment	6668.2	6668.2
日用家电设备零售 Household Appliances	1076771.7	1069045.2
计算机、软件及辅助设备零售 Computer, Software and Auxliary Equipment	307047.6	306781.2
通信设备零售 Communicaltion Equipment	66169.3	64983.2
其他电子产品零售 Other Electronic Products	39087.9	39034.0
五金、家具及室内装饰材料专门零售 Hardware, Furniture and Interior Decoration Materials	325463.2	321401.9
五金零售 Hardware	22840.9	22835.5
灯具零售 Lamps and Lanterns	2029.6	2029.6
家具零售 Furniture	219917.2	219128.6
涂料零售 Paint	780.1	780.1
卫生洁具零售 Sanitary ware	12111.1	12111.1
木质装饰材料零售 Wood Decoration	5901.6	5810.5
陶瓷、石材装饰材料零售 Ceramic and Stone	18770.8	18770.8
其他室内装饰材料零售 Other interior Decoration Materials	43111.9	39935.7

8－16 Continued 10

(10 000 yuan)

三、损益及分配 Increase, Decrease and Assgning				
营业成本 Sales Cost	主营业务成本 Main Sales Cost	营业税金及附加 Business Taxes and Extras	主营业务税金及附加 Main Business Taxes and Extras	其他业务利润 Profits of Other Business
79338.1	78833.2	1626.7	1626.7	182.0
6916.3	6916.3	92.4	92.4	0.0
7139.4	7139.4	15.8	15.8	0.0
1114.4	1114.4	0.5	0.5	0.0
7814.1	7814.1	14.1	12.1	0.0
1868673.4	1863588.6	7629.4	7622.7	9776.6
1792360.5	1787276.5	7200.0	7193.3	9398.6
76312.9	76312.1	429.4	429.4	378.0
10216642.5	10178471.9	31224.9	29669.9	17650.9
7886339.1	7867331.5	27564.0	26492.2	15886.8
82148.3	82027.5	162.3	80.2	25.2
7872.5	7872.5	9.8	9.8	0.0
2240282.6	2221240.4	3488.8	3087.7	1738.9
1289952.8	1288860.0	5159.3	5154.1	19884.5
5840.0	5840.0	27.6	27.6	330.1
905181.6	904398.8	4038.0	4035.5	18915.4
284767.7	284753.3	820.2	817.8	632.2
58319.9	58024.3	177.8	177.5	0.0
35843.6	35843.6	95.7	95.7	6.8
248300.4	247197.5	4447.1	4447.1	7097.0
17609.7	17609.7	131.7	131.7	0.0
1841.1	1841.1	2.8	2.8	0.0
164679.6	164679.6	2503.3	2503.3	7020.2
738.1	738.1	11.8	11.8	0.0
10616.7	10616.7	82.7	82.7	0.0
4304.2	4304.2	435.1	435.1	0.0
17790.0	17790.0	37.3	37.3	76.8
30721.0	29618.1	1242.4	1242.4	0.0

8－16 续 表 11

单位:万元

指标名称 Item	三、损益及分配 Increase, Decrease and Assgning 营业收入 Sales Revenue	主营业务收入 Main Sales Revenue
货摊、无店铺及其他零售业 Stalls, No－shop and Others	1649105.5	1648105.7
货摊纺织、服装及鞋零售 Textile, Clothing and Footwwear Stalls	12158.3	11212.4
互联网零售 Internet	1608238.0	1608184.1
邮购及电视、电话零售 Mail Order and TV, Telephone	6204.3	6204.3
生活用燃料零售 Domestic Fuel	10240.5	10240.5
其他未列明零售业 Other not Listed	12264.4	12264.4
2. 按登记注册类型分 Grouped by Registration		
内资企业 Domestic Investment	22646025.7	22331872.5
国有企业 State－owned	1724328.4	1712546.5
集体企业 Collective－owned	104039.5	97583.6
股份合作企业 Cooperative of Share Holding	38906.8	38906.8
有限责任公司 Companies of Limited Liabilities	11308907.7	11230377.0
国有独资公司 State Owned	66032.0	65332.5
其他有限责任公司 Other Compaines of Limited Liabilities	11242875.7	11165044.5
股份有限公司 Share Holding	5010183.3	4805952.5
私营企业 Private－owned	4447735.8	4434581.9
私营独资企业 Private Exclusive Investment	77507.8	77503.5
私营合伙企业 Private Partnership	2131.6	2131.6
私营有限责任公司 Private Compaines of Limited Liabilities	4088711.8	4076029.1
私营股份有限公司 Private Companies of Limited Liabilities with Share Holding	279384.6	278917.7
其他企业 Others	11924.2	11924.2
港、澳、台商投资企业 Enterprises funded by Entepreneurs from HongKong, Macao & Taiwan	1418177.7	1271976.9
与港澳台商合资经营企业 Joint Ventures with HongKong, Macao and Taiwan	108691.0	107745.1
港澳台商独资企业 HongKong and Marcro, Taiwan Owned	1309486.7	1164231.8
外商投资企业 Foreign Funded	829497.2	802887.8
中外合资经营企业 Chinese Foreign Equity Joint Ventures	105608.0	104206.8
外资企业 Foreign Enterprise	703425.3	678406.5
其他外商投资企业 Foreign Capital	20463.9	20274.5

8－16 Continued 11

(10 000 yuan)

三、损益及分配 Increase, Decrease and Assgning				
营业成本 Sales Cost	主营业务成本 Main Sales Cost	营业税金及附加 Business Taxes and Extras	主营业务税金及附加 Main Business Taxes and Extras	其他业务利润 Profits of Other Business
1559063.4	1558964.3	2598.0	2525.5	42.1
7376.3	7288.9	117.6	71.8	0.0
1527210.8	1527199.2	2339.2	2312.5	42.1
5665.2	5665.2	31.1	31.1	0.0
8207.2	8207.2	76.1	76.1	0.0
10603.9	10603.8	34.0	34.0	0.0
20075196.9	19812042.8	113612.0	96283.7	471746.4
1636296.4	1626436.2	1393.8	1376.9	2571.6
87349.1	87118.9	1012.8	1012.7	1175.7
34208.2	34208.1	219.8	213.6	0.0
10146654.2	10121402.2	48334.8	43517.3	60485.5
61821.9	61803.8	207.9	130.9	0.0
10084832.3	10059598.4	48126.9	43386.4	60485.5
4118999.3	3902905.7	34561.2	22337.6	399399.0
4041965.9	4030247.9	27951.9	27687.9	8031.6
70055.6	70055.6	409.8	229.1	0.0
1839.6	1839.6	7.5	7.5	0.0
3710734.7	3699078.6	26979.6	26896.3	8031.6
259336.0	259274.1	555.0	555.0	0.0
9723.8	9723.8	137.7	137.7	83.0
1113479.3	1112128.1	3417.5	3371.7	193572.8
99999.4	99904.9	197.4	151.6	2496.5
1013479.9	1012223.2	3220.1	3220.1	191076.3
627928.5	627771.2	5356.2	5352.4	11628.5
65028.9	64927.4	369.6	369.6	104.2
543665.6	543616.8	4980.8	4977.0	11341.9
19234.0	19227.0	5.8	5.8	182.4

8-16 续 表 12

单位:万元

指标名称 Item	三、损益及分配 Increase, Decrease and Assgning		
	销售费用 Expenses for Sales	管理费用 Expenses for Management	税 金 Taxes
总 计 Total	**1564989.7**	**730607.3**	**34929.0**
其中:国有控股 State - owned and State Holding	614411.2	232715.0	15709.6
1.按零售行业小类分 According to the Classfication of Retail Industry			
综合零售 Comprehensive	736820.9	282170.7	15068.1
百货零售 Department Store	367247.2	194055.2	9953.7
超级市场零售 Super Market	356568.9	81547.5	4825.8
其他综合零售 Other Comprehensive	13004.8	6568.0	288.6
食品、饮料及烟草制品专门零售 Wholesale Trade of Food、Beverage Tobacco and Articles for Family	93368.5	38158.9	1165.0
粮油零售 Grain and Oil	52.8	74.4	4.7
糕点、面包零售 Cake and Bread	10859.2	1746.1	30.9
果品、蔬菜零售 Fruits and Vegetables	2897.4	1844.6	80.6
肉、禽、蛋、奶及水产品零售 Wholesale of Meat, Bird, Eggs, Milk and Aquatic products	11775.8	5825.0	193.3
营养和保健品零售 Wholesale of Health Care products	229.9	793.3	59.3
酒、饮料及茶叶零售 Wholesale of Alcohol, Drinks and Tea	8374.8	4942.8	567.1
烟草制品零售 Wholesale of Tobaccos	6792.5	5607.4	70.0
其他食品零售 The Other foods Wholesale	52386.1	17325.3	159.1
纺织、服装及日用品专门零售 Textile Garment and Daily necessities	99703.2	45511.6	2414.7
纺织品及针织品零售 Textiles and Knitwear	3546.3	1113.7	128.9
服装零售 Clothing	67039.6	23625.6	1709.6
鞋帽零售 Shoes and Hats	17324.2	15363.6	294.8
化妆品及卫生用品零售 Cosmetics and Hygiene	4327.4	95.5	31.9
钟表、眼镜零售 Clocks, Watch and Glasses	4375.5	1627.8	85.7
箱、包零售 Luggage and Bags	267.2	0.2	0.1
厨房用具及日用杂品零售 Kitchen Utensils and Daily Sundries	159.7	923.0	64.6
其他日用品零售 Other Daily Necessities	2663.3	2762.2	99.1
文化、体育用品及器材专门零售 Gultural and Sports Goodls	23945.8	15370.6	471.6
文具用品零售 Stationery	797.5	409.9	15.5
体育用品及器材零售 Sports Goods	1003.3	20.0	6.1
图书、报刊零售 Books and Newspapers	11384.8	9637.4	259.7

8-16 Continued 12

(10 000 yuan)

三、损益及分配 Increase, Decrease and Assgning				
财务费用 Financial Expenditures	利息收入 Interest Revenue	利息支出 Interest Paid	资产减值损失 Impairment Loss of Assets	公允价值变动收益 Changes in Fair Value Gains
190511.4	**39358.3**	**159033.3**	**16021.1**	**2059.4**
50125.3	20009.0	62408.3	-626.5	0.0
38440.0	8359.0	35265.1	4602.1	27.8
26264.1	6307.8	25630.9	-617.6	26.2
11670.6	2024.4	9431.4	5216.4	1.6
505.3	26.8	202.8	3.3	0.0
4513.4	427.0	907.8	186.8	22.3
36.5	0.0	3.0	0.0	0.0
53.8	0.3	52.7	0.0	0.0
474.2	4.3	412.3	49.6	9.2
2580.5	0.1	24.7	0.0	0.0
2.4	0.4	1.1	0.0	0.0
1340.5	3.9	198.0	125.8	13.1
128.3	-80.0	166.2	9.7	0.0
-102.8	498.0	49.8	1.7	0.0
8943.5	325.9	8475.5	1627.0	0.0
95.7	2.4	6.4	377.0	0.0
8558.3	537.7	8293.8	1250.0	0.0
71.7	0.0	61.8	0.0	0.0
240.0	0.0	0.0	0.0	0.0
-33.5	-214.5	113.5	0.0	0.0
-0.1	-0.1	0.0	0.0	0.0
0.3	0.3	0.0	0.0	0.0
11.1	0.1	0.0	0.0	0.0
1004.8	114.4	701.3	57.0	0.0
71.9	2.4	13.9	0.0	0.0
12.9	0.0	11.2	34.9	0.0
-15.9	-3.3	167.5	21.2	0.0

8－16 续　　表 13

单位：万元

指标名称 Item	三、损益及分配 Increase, Decrease and Assgning 销售费用 Expenses for Sales	管理费用 Expenses for Management	税　金 Taxes
珠宝首饰零售 Bijouterie	9263.8	3506.6	162.7
工艺美术品及收藏品零售 Arts and rafts and Collectibles	67.7	1278.1	14.7
乐器零售 Musical Instruments	858.7	174.9	11.6
照相器材零售 Photographic Equipment	0.0	70.9	0.1
其他文化用品零售 Other Cultural Activities	570.0	272.8	1.2
医药及医疗器材专门零售 Medicine and Medical Equipment	84971.8	44227.0	2664.7
药品零售 Medicine	68666.2	37907.2	2459.0
医疗用品及器材零售 Medical Supplies and Equipment	16305.6	6319.8	205.7
汽车、摩托车、燃料及零配件专门零售 Automobile Motorcycle, Fuel and Spare Parts	301603.1	212008.1	11129.7
汽车零售 The Car	223491.4	186844.8	9783.0
汽车零配件零售 Auto Parts	1929.2	995.8	66.1
摩托车及零配件零售 Motocycle and Spare Parts	140.9	186.0	1.9
机动车燃料零售 Motor Fuel	76041.6	23981.5	1278.7
家用电器及电子产品专门零售 Houshold Appliances	86048.5	61446.4	795.7
家用视听设备零售 Home Auto－visual and Electronic Products Equipment	214.5	162.9	11.0
日用家电设备零售 Household Appliances	74322.4	53290.1	465.8
计算机、软件及辅助设备零售 Computer, Software and Auxliary Equipment	6498.5	5031.5	204.3
通信设备零售 Communicaltion Equipment	4707.3	2327.3	108.6
其他电子产品零售 Other Electronic Products	305.8	634.6	6.0
五金、家具及室内装饰材料专门零售 Hardware, Furniture and Interior Decoration Materials	34162.9	23973.8	1087.5
五金零售 Hardware	830.5	2038.8	34.5
灯具零售 Lamps and Lanterns	85.4	54.5	1.2
家具零售 Furniture	27087.3	19456.9	970.9
涂料零售 Paint	6.6	4.6	0.5
卫生洁具零售 Sanitary ware	551.7	56.9	9.0
木质装饰材料零售 Wood Decoration	442.2	248.0	14.1
陶瓷、石材装饰材料零售 Ceramic and Stone	433.2	278.7	31.0
其他室内装饰材料零售 Other interior Decoration Materials	4726.0	1835.4	26.3

8-16 Continued 13

(10 000 yuan)

三、损益及分配 Increase, Decrease and Assgning				
财务费用 Financial Expenditures	利息收入 Interest Revenue	利息支出 Interest Paid	资产减值损失 Impairment Loss of Assets	公允价值变动收益 Changes in Fair Value Gains
864.4	100.9	468.1	0.9	0.0
4.1	0.0	0.0	0.0	0.0
40.9	0.0	0.0	0.0	0.0
0.2	0.0	0.0	0.0	0.0
26.3	14.4	40.6	0.0	0.0
27238.5	14857.9	35396.6	1456.4	34.6
26756.4	14771.0	35347.0	1456.4	34.6
482.1	86.9	49.6	0.0	0.0
95786.7	11774.0	72746.6	7217.1	-68.0
92850.8	11786.5	70560.5	7469.8	-71.0
306.2	181.8	76.1	13.7	1.2
1.5	0.0	0.0	0.0	0.0
2628.2	-194.3	2110.0	-266.4	1.8
3874.4	1438.0	2000.0	310.2	5.5
107.5	2.3	109.8	0.0	0.0
3088.4	1217.0	1444.4	240.7	0.0
475.0	217.3	319.8	55.8	5.5
192.1	1.4	126.2	13.7	0.0
11.4	0.0	-0.2	0.0	0.0
10321.8	1996.6	3127.6	563.4	2037.2
673.6	0.6	93.3	0.0	0.0
0.0	0.0	0.0	0.0	0.0
8006.1	1992.5	2873.4	425.7	2001.1
1.3	0.0	0.0	0.0	0.0
84.2	3.1	69.7	0.0	0.0
87.3	0.0	49.2	80.0	30.0
31.3	0.0	0.0	0.0	0.0
1438.0	0.4	42.0	57.7	6.1

8-16 续 表 14

单位:万元

指标名称 Item	三、损益及分配 Increase, Decrease and Assgning		
	销售费用 Expenses for Sales	管理费用 Expenses for Management	税 金 Taxes
货摊、无店铺及其他零售业 Stalls, No-shop and Others	104365.0	7740.2	132.0
货摊纺织、服装及鞋零售 Textile, Clothing and Footwwear Stalls	2327.7	1917.5	4.1
互联网零售 Internet	100133.0	4372.9	99.7
邮购及电视、电话零售 Mail Order and TV, Telephone	593.1	669.3	0.0
生活用燃料零售 Domestic Fuel	798.7	330.4	2.9
其他未列明零售业 Other not Listed	512.5	450.1	25.3
2. 按登记注册类型分 **Grouped by Registration**			
内资企业 Domestic Investment	1330171.9	644114.0	33009.5
国有企业 State-owned	43623.6	11827.2	998.4
集体企业 Collective-owned	2568.9	13929.9	791.6
股份合作企业 Cooperative of Share Holding	825.7	862.1	181.3
有限责任公司 Companies of Limited Liabilities	563741.4	320659.8	15005.6
国有独资公司 State Owned	1869.2	1400.8	56.7
其他有限责任公司 Other Compaines of Limited Liabilities	561872.2	319259.0	14948.9
股份有限公司 Share Holding	532682.4	196099.8	11651.8
私营企业 Private-owned	186385.7	100101.4	4163.8
私营独资企业 Private Exclusive Investment	960.1	989.0	125.3
私营合伙企业 Private Partnership	65.3	52.0	7.5
私营有限责任公司 Private Compaines of Limited Liabilities	177366.0	96050.3	3803.9
私营股份有限公司 Private Companies of Limited Liabilities with Share Holding	7994.3	3010.1	227.1
其他企业 Others	344.2	633.8	217.0
港、澳、台商投资企业 Enterprises funded by Entepreneurs from HongKong, Macao & Taiwan	115915.5	48896.7	421.1
与港澳台商合资经营企业 Joint Ventures with HongKong, Macao and Taiwan	5104.5	4105.9	28.3
港澳台商独资企业 HongKong and Marcro, Taiwan Owned	110811.0	44790.8	392.8
外商投资企业 Foreign Funded	118902.3	37596.6	1498.4
中外合资经营企业 Chinese Foreign Equity Joint Ventures	26635.3	4360.1	24.2
外资企业 Foreign Enterprise	91705.0	32400.5	1385.9
其他外商投资企业 Foreign Capital	562.0	836.0	88.3

8－16 Continued 14

(10 000 yuan)

三、损益及分配 Increase, Decrease and Assgning				
财务费用 Financial Expenditures	利息收入 Interest Revenue	利息支出 Interest Paid	资产减值损失 Impairment Loss of Assets	公允价值变动收益 Changes in Fair Value Gains
388.3	65.5	412.8	1.1	0.0
92.2	13.4	99.8	0.0	0.0
116.8	16.9	113.5	1.1	0.0
－32.2	32.2	0.0	0.0	0.0
5.1	0.0	4.2	0.0	0.0
206.4	3.0	195.3	0.0	0.0
183083.1	36657.3	151295.6	13940.8	2033.2
12054.5	11506.2	23863.9	0.0	0.0
5640.0	63.4	2005.0	200.6	0.0
373.5	0.0	151.2	0.0	0.0
93677.9	14832.4	68813.9	13459.6	2027.3
144.9	49.8	180.2	26.0	0.0
93533.0	14782.6	68633.7	13433.6	2027.3
28597.5	7888.1	29350.7	－1398.9	0.0
42629.4	2367.2	27004.4	1679.5	5.3
230.4	0.0	0.9	0.0	0.0
48.5	1.6	50.1	0.0	0.0
38045.5	2085.8	24964.5	1567.3	5.3
4305.0	279.8	1988.9	112.2	0.0
110.3	0.0	106.5	0.0	0.6
1566.6	2686.0	2839.4	9.0	0.0
275.4	19.8	276.6	0.0	0.0
1291.2	2666.2	2562.8	9.0	0.0
5861.7	15.0	4898.3	2071.3	26.2
601.5	152.6	75.1	13.9	0.0
4637.8	－138.5	4216.3	2057.4	26.2
622.4	0.9	606.9	0.0	0.0

8-16 续 表 15

单位:万元

指标名称 Item	三、损益及分配 Increase, Decrease and Assgning		
	投资收益 Income from Investment	营业利润 Operating Profits	营业外收入 Non-Operating Income
总 计 Total	**41084.5**	**503059.9**	**74850.7**
其中:国有控股 State-owned and State Holding	18820.0	168922.1	12250.9
1.按零售行业小类分 According to the Classfication of Retail Industry			
综合零售 Comprehensive	11808.0	224177.9	14453.9
百货零售 Department Store	4725.9	230304.4	8352.2
超级市场零售 Super Market	7082.1	-8921.9	5918.3
其他综合零售 Other Comprehensive	0.0	2795.4	183.4
食品、饮料及烟草制品专门零售 Wholeasle Trade of Food、Beverage Tobacco and Articles for Family	50.1	60648.6	1697.5
粮油零售 Grain and Oil	0.0	3686.9	0.0
糕点、面包零售 Cake and Bread	0.0	3730.6	99.2
果品、蔬菜零售 Fruits and Vegetables	6.1	3713.2	243.1
肉、禽、蛋、奶及水产品零售 Wholesale of Meat, Bird, Eggs, Milk and Aquatic products	0.0	14974.5	140.6
营养和保健品零售 Wholesale of Health Care products	0.0	415.3	0.0
酒、饮料及茶叶零售 Wholesale of Alcohol, Drinks and Tea	44.0	7340.6	392.4
烟草制品零售 Wholesale of Tobaccos	0.0	1073.1	47.5
其他食品零售 The Other foods Wholesale	0.0	25714.4	774.7
纺织、服装及日用品专门零售 Textile Garment and Daily necessities	241.9	19543.6	2656.9
纺织品及针织品零售 Textiles and Knitwear	0.0	-815.2	2.6
服装零售 Clothing	241.9	8089.9	626.2
鞋帽零售 Shoes and Hats	0.0	4364.8	0.0
化妆品及卫生用品零售 Cosmetics and Hygiene	0.0	6463.5	8.8
钟表、眼镜零售 Clocks, Watch and Glasses	0.0	637.0	1942.2
箱、包零售 Luggage and Bags	0.0	0.4	0.0
厨房用具及日用杂品零售 Kitchen Utensils and Daily Sundries	0.0	240.1	71.7
其他日用品零售 Other Daily Necessities	0.0	563.1	5.4
文化、体育用品及器材专门零售 Gulturd and Sports Goodls	2.7	679.1	3180.2
文具用品零售 Stationery	0.0	646.3	2.6
体育用品及器材零售 Sports Goods	0.0	86.0	1.5
图书、报刊零售 Books and Newspapers	23.8	-946.6	3041.6

8 - 16 Continued 15

(10 000 yuan)

三、损益及分配 Increaes, Decrese and Assgning				四、人工成本及增值税 Labor Cost and Value Added Tax	
政府补助 Government Subsidy	营业外支出 Non - Operating Costs	利润总额 Total Profits	应交所得税 Income Tax Payble	应付职工薪酬（本年贷方累计发生额） Employee Compensation	应交增值税 Value added Tax Payable
8019.0	**239333.0**	**503376.9**	**153269.5**	**912956.0**	**504067.0**
2980.1	87185.0	170491.0	47660.4	365904.0	179665.0
4946.7	142769.0	224436.8	75361.6	409702.0	127243.0
2690.2	38789.0	235014.1	66026.6	201710.0	76541.0
2247.5	102005.0	-13358.9	8458.0	199060.0	49284.0
9.0	1975.0	2781.6	877.0	8932.0	1418.0
515.3	2628.0	59090.3	10849.7	41997.0	84718.0
0.0	0.0	512.8	70.7	131.0	446.0
0.0	193.0	3810.6	187.5	5743.0	1554.0
0.0	0.0	4171.3	203.3	1272.0	1063.0
0.0	137.0	15101.4	2241.4	4071.0	4842.0
0.0	0.0	415.2	20.3	678.0	80.0
358.0	106.0	7687.0	1036.2	4371.0	6427.0
0.0	28.0	1117.6	383.9	5099.0	7883.0
157.3	2164.0	26274.4	6706.4	20633.0	62424.0
133.3	6094.0	22793.0	4381.7	55329.0	26255.0
0.0	102.0	-822.2	12.6	1758.0	1854.0
16.5	4833.0	9390.6	1602.6	32452.0	15409.0
0.0	0.0	4364.8	2003.3	14680.0	5489.0
0.0	231.0	6449.2	486.2	898.0	2087.0
45.1	823.0	2616.8	72.9	3090.0	1104.0
0.0	0.0	0.4	0.1	188.0	54.0
71.7	0.0	348.8	41.4	163.0	130.0
0.0	105.0	444.6	162.6	2102.0	129.0
575.2	637.0	2628.9	1125.7	16947.0	2335.0
0.0	1.0	644.8	164.0	474.0	285.0
0.0	49.0	82.1	7.3	36.0	165.0
575.2	553.0	3273.1	767.7	9886.0	282.0

8－16 续 表 16

单位:万元

指标名称 Item	三、损益及分配 Increase, Decrease and Assgning		
	投资收益 Income from Investment	营业利润 Operating Profits	营业外收入 Non－Operating Income
珠宝首饰零售 Bijouterie	－21.1	1508.2	131.3
工艺美术品及收藏品零售 Arts and rafts and Collectibles	0.0	－743.4	0.0
乐器零售 Musical Instruments	0.0	92.0	0.0
照相器材零售 Photographic Equipment	0.0	14.5	0.0
其他文化用品零售 Other Cultural Activities	0.0	22.1	3.2
医药及医疗器材专门零售 Medicine and Medical Equipment	5750.0	40083.1	1577.4
药品零售 Medicine	5777.8	30088.4	1497.5
医疗用品及器材零售 Medical Supplies and Equipment	－27.8	9994.7	79.9
汽车、摩托车、燃料及零配件专门零售 Automobile Motorcycle, Fuel and Spare Parts	20001.2	123005.9	14734.2
汽车零售 The Car	19998.2	88597.6	13157.6
汽车零配件零售 Auto Parts	1.3	1740.6	44.1
摩托车及零配件零售 Motocycle and Spare Parts	0.0	50.2	0.0
机动车燃料零售 Motor Fuel	1.7	32617.5	1532.5
家用电器及电子产品专门零售 Houshold Appliances	2008.5	51292.1	35571.8
家用视听设备零售 Home Auto－visual and Electronic Products Equipment	0.0	315.7	0.0
日用家电设备零售 Household Appliances	1835.9	38407.8	35425.9
计算机、软件及辅助设备零售 Computer, Software and Auxliary Equipment	1.2	9741.7	119.5
通信设备零售 Communicaltion Equipment	171.4	569.3	16.2
其他电子产品零售 Other Electronic Products	0.0	2257.6	10.2
五金、家具及室内装饰材料专门零售 Hardware, Furniture and Interior Decoration Materials	1222.1	8680.2	385.1
五金零售 Hardware	0.0	－866.7	2.0
灯具零售 Lamps and Lanterns	0.0	45.8	2.2
家具零售 Furniture	1182.8	7387.4	366.0
涂料零售 Paint	0.0	17.7	0.0
卫生洁具零售 Sanitary ware	0.0	718.9	1.7
木质装饰材料零售 Wood Decoration	20.0	354.8	0.0
陶瓷、石材装饰材料零售 Ceramic and Stone	0.0	200.3	2.5
其他室内装饰材料零售 Other interior Decoration Materials	19.3	822.0	10.7

8－16 Continued 16

(10 000 yuan)

三、损益及分配 Increase, Decrease and Assgning				四、人工成本及增值税 Labor Cost and Value Added Tax	
政府补助 Government Subsidy	营业外支出 Non－Operating Costs	利润总额 Total Profits	应交所得税 Income Tax Payble	应付职工薪酬（本年贷方累计发生额） Employee Compensation	应交增值税 Value added Tax Payable
0.0	24.0	－758.5	133.2	5455.0	1358.0
0.0	0.0	－743.4	0.7	358.0	15.0
0.0	10.0	91.0	18.7	316.0	137.0
0.0	0.0	14.5	2.5	14.0	2.0
0.0	0.0	25.3	31.6	407.0	91.0
272.1	7309.0	39335.1	10140.3	48942.0	64120.0
234.5	7133.0	29287.5	7651.8	43154.0	62183.0
37.6	176.0	10047.6	2488.5	5788.0	1937.0
853.0	69815.0	91518.0	27880.5	259948.0	152129.0
822.6	42966.0	57750.4	19146.8	219740.0	127197.0
30.4	－37.0	2295.4	396.3	1299.0	2981.0
0.0	0.0	50.2	24.1	137.0	70.0
0.0	26886.0	31422.0	8313.3	38772.0	21882.0
352.2	4600.0	88155.9	21869.1	50010.0	25824.0
0.0	0.0	315.7	49.4	210.0	110.0
326.1	3711.0	75248.7	18888.0	35906.0	20593.0
21.1	831.0	9814.8	2428.0	10172.0	3791.0
5.0	42.0	564.7	155.8	3172.0	537.0
0.0	16.0	2212.0	347.9	551.0	793.0
4.5	2076.0	313.3	1317.8	10855.0	4132.0
1.0	6.0	－865.3	68.0	989.0	353.0
0.0	0.0	48.0	3.4	115.0	22.0
1.0	1995.0	－942.3	722.7	6590.0	2440.0
0.0	0.0	17.7	1.4	21.0	133.0
0.0	0.0	732.0	169.8	435.0	480.0
0.0	0.0	340.2	58.9	308.0	86.0
2.5	32.0	199.6	59.8	491.0	152.0
0.0	43.0	783.4	233.8	1905.0	467.0

8－16 续 表 17

单位:万元

指标名称 Item	三、损益及分配 Increase, Decrease and Assgning		
	投资收益 Income from Investment	营业利润 Operating Profits	营业外收入 Non－Operating Income
货摊、无店铺及其他零售业 Stalls, No－shop and Others	0.0	－25050.6	593.7
货摊纺织、服装及鞋零售 Textile, Clothing and Footwwear Stalls	0.0	327.0	3.2
互联网零售 Internet	0.0	－25935.7	587.0
邮购及电视、电话零售 Mail Order and TV, Telephone	0.0	－722.2	0.0
生活用燃料零售 Domestic Fuel	0.0	822.8	2.3
其他未列明零售业 Other not Listed	0.0	457.5	1.2
2.按登记注册类型分 Grouped by Registration			
内资企业 Domestic Investment	39747.8	335010.6	67584.1
国有企业 State－owned	4987.4	24336.5	937.1
集体企业 Collective－owned	0.0	－5486.1	167.2
股份合作企业 Cooperative of Share Holding	0.0	2417.5	0.0
有限责任公司 Companies of Limited Liabilities	24714.7	155353.5	48849.4
国有独资公司 State Owned	0.0	561.3	193.1
其他有限责任公司 Other Compaines of Limited Liabilities	24714.7	154792.2	48656.3
股份有限公司 Share Holding	10865.8	111741.4	12347.9
私营企业 Private－owned	－820.7	45589.2	5281.5
私营独资企业 Private Exclusive Investment	－5.0	4911.9	0.0
私营合伙企业 Private Partnership	0.0	118.7	0.0
私营有限责任公司 Private Compaines of Limited Liabilities	－815.7	36486.6	5212.8
私营股份有限公司 Private Companies of Limited Liabilities with Share Holding	0.0	4072.0	68.7
其他企业 Others	0.6	1058.6	1.0
港、澳、台商投资企业 Enterprises funded by Entepreneurs from HongKong, Macao & Taiwan	997.0	135902.9	5157.5
与港澳台商合资经营企业 Joint Ventures with HongKong, Macao and Taiwan	276.6	－702.2	72.3
港澳台商独资企业 HongKong and Marcro, Taiwan Owned	720.4	136605.1	5085.2
外商投资企业 Foreign Funded	339.7	32146.4	2109.1
中外合资经营企业 Chinese Foreign Equity Joint Ventures	－19.7	8579.0	120.2
外资企业 Foreign Enterprise	359.4	24363.7	1976.1
其他外商投资企业 Foreign Capital	0.0	－796.3	12.8

8-16 Continued 17

(10 000 yuan)

三、损益及分配 Increase, Decrease and Assgning				四、人工成本及增值税 Labor Cost and Value Added Tax	
政府补助 Government Subsidy	营业外支出 Non-Operating Costs	利润总额 Total Profits	应交所得税 Income Tax Payble	应付职工薪酬（本年贷方累计发生额）Employee Compensation	应交增值税 Value added Tax Payable
366.7	3405.0	-24894.4	343.1	19226.0	17310.0
0.0	56.0	324.6	0.0	1182.0	16.0
365.5	3294.0	-25750.4	98.8	16986.0	16696.0
0.0	0.0	-722.2	0.0	216.0	0.0
0.0	5.0	824.6	127.1	515.0	354.0
1.2	50.0	429.0	117.2	328.0	244.0
5496.3	239467.0	368498.3	113468.8	804988.0	468668.0
0.0	157.0	21867.4	4602.4	18544.0	17658.0
30.0	242.0	-5349.1	47.0	4786.0	2109.0
0.0	0.0	2417.5	501.5	816.0	423.0
2385.6	138618.0	183793.4	56473.6	344697.0	209977.0
126.0	226.0	730.8	157.1	1616.0	834.0
2259.6	138392.0	183062.6	56316.5	343081.0	209143.0
2924.7	84660.0	116981.1	35120.2	323556.0	137744.0
155.0	15790.0	47728.4	16682.0	112243.0	100284.0
0.0	5320.0	4379.9	729.1	1066.0	729.0
0.0	0.0	118.7	29.7	60.0	69.0
155.0	9576.0	39178.6	14869.5	105084.0	96471.0
0.0	894.0	4051.2	1053.7	6033.0	3015.0
1.0	0.0	1059.6	42.1	346.0	472.0
2506.0	10786.0	99530.6	28569.6	52992.0	22210.0
0.0	1810.0	-810.9	0.0	3002.0	269.0
2506.0	8976.0	100341.5	28569.6	49990.0	21941.0
16.7	-10920.0	35348.0	11231.1	54975.0	13190.0
0.0	558.0	8643.6	1931.6	9227.0	1926.0
16.7	-11478.0	27487.9	9299.5	45317.0	11223.0
0.0	0.0	-783.5	0.0	432.0	41.0

8－17 限额以上住宿业法人财务指标(2015 年)

单位:万元

指标名称 Item	法人企业数(个) Number of Enterprises	执行《2006 年企业会计准则》企业数(个) Implementation of Accounting Standards for Business Enterprises in 2006
总　计 Total	**199**	**182**
其中:国有控股 State Holding	39	37
1. 按住宿业行业小类分 Grouped by Small Class		
旅游饭店 Traveling Hotel	114	106
一般旅馆 Generel Hotel	83	74
其他住宿业 Other Accomodation Service	2	2
2. 按登记注册类型分 Grouped by Registration		
内资企业 Domestic Investment	183	167
国有企业 State－owned	21	19
集体企业 Collective－owned	2	2
有限责任公司 Companies of Limited Liabilities	95	87
国有独资公司 Companies State－owned Exclusive Investment	5	5
其他有限责任公司 Other Companies of Limited Liabilities	90	82
股份有限公司 Share Holding	4	4
私营企业 Private－owned	60	54
私营合伙企业 Private Partnership	1	1
私营有限责任公司 Private Companies of Limited Liabilities	57	51
私营股份有限公司 Private Companies of Limited Liabilities with Share Holding	2	2
其他企业 Others	1	1
港、澳、台商投资企业 Enterprises funded by Entepreneurs from HongKong, Macao & Taiwan	15	14
与港澳台商合资经营企业 Joint Ventures with HongKong, Macao and Taiwan	3	3
与港澳台商合作经营企业 Co－operation Companies	2	2
港澳台商独资企业 Exclusive investment of HongKong, Macao, and Taiwan	8	7
港澳台商投资股份有限公司 Manage with HongKong, Macao and Taiwan jointly	2	2
外商投资企业 Foreign funded	1	1
外资企业 Enterprises with Sole Foreign Investment	1	1

FINANCIAL INDICATORS OF ENTERPRISES ABOVE DESIGNATED SIZE IN ACCOMMODATION (2015)

(10 000 yuan)

一、年初存货 The Beginning Inventory	二、期末资产负债 Late Assets and Liabilities			
	流动资产合计 Total Current Assets	应收账款 Accounts Receivable	存货 Stock	固定资产合计 Fixed Assets Price
12408.9	**330155.4**	**25478.3**	**13215.7**	**563828.9**
3522.1	84081.0	3869.7	2965.0	185613.1
10388.8	262213.2	11997.4	9183.0	509348.7
1908.2	65053.0	10962.7	3921.2	49339.0
111.9	2889.2	2518.2	111.5	5141.2
11079.1	297364.9	21943.0	11817.9	460819.5
2243.0	23638.9	1512.5	1561.4	56312.0
424.4	11011.7	269.4	335.9	12114.3
5969.7	192977.0	4275.7	7185.3	308558.4
197.0	34366.7	671.8	215.2	46245.3
5772.7	158610.3	3603.9	6970.1	262313.1
314.5	3410.1	744.2	298.8	8243.5
2049.4	66196.2	15141.2	2358.4	75566.8
0.0	23.0	0.0	13.5	100.0
2035.1	65927.0	15136.2	2327.3	75393.3
14.3	246.2	5.0	17.6	73.5
78.1	131.0	0.0	78.1	24.5
1325.0	32669.1	3531.7	1280.0	102982.4
333.8	6862.7	1038.7	288.4	55267.0
284.7	6100.2	275.3	237.8	7992.5
561.9	15680.0	2095.9	606.5	38823.3
144.6	4026.2	121.8	147.3	899.6
4.8	121.4	3.6	117.8	27.0
4.8	121.4	3.6	117.8	27.0

8-17 续 表 1

单位:万元

指标名称 Item	二、期末资产负债 Late Assets and Liabilities		
	固定资产原价 Fixed Asset Price	累计折旧 Accumulated Depreciation	本年折旧 Depreciation of this year
总 计 Total	**985864.5**	**425578.5**	**40596.6**
其中:国有控股 State Holding	296725.7	111434.0	10614.1
1.按住宿业行业小类分 Grouped by Small Class			
旅游饭店 Traveling Hotel	896844.3	390469.6	35063.9
一般旅馆 Generel Hotel	82141.9	33371.8	5319.1
其他住宿业 Other Accomodation Service	6878.3	1737.1	213.6
2.按登记注册类型分 Grouped by Registration			
内资企业 Domestic Investment	790178.5	332728.1	35269.5
国有企业 State - owned	113384.0	57393.4	4060.9
集体企业 Collective - owned	41213.0	29098.7	1475.2
有限责任公司 Companies of Limited Liabilities	517565.5	211485.9	25469.2
国有独资公司 Companies State - owned Excluasive Investment	60997.8	14752.5	2207.2
其他有限责任公司 Other Companies of Limited Liabilities	456567.7	196733.4	23262.0
股份有限公司 Share Holding	11128.5	2885.0	497.6
私营企业 Private - owned	106838.3	31840.4	3765.6
私营合伙企业 Private Partnership	126.0	26.0	24.0
私营有限责任公司 Private Companies of Limited Liabilities	106358.0	31533.6	3716.2
私营股份有限公司 Private Companies of Limited Liabilities with Share Holding	354.3	280.8	25.4
其他企业 Others	49.2	24.7	1.0
港、澳、台商投资企业 Enterprises funded by Entepreneurs from HongKong, Macao & Taiwan	195449.3	92640.7	5300.9
与港澳台商合资经营企业 Joint Ventures with HongKong, Macao and Taiwan	113028.6	57761.6	2920.5
与港澳台商合作经营企业 Co - operation Companies	26968.0	18975.5	1345.3
港澳台商独资企业 Exclusive investment of HongKong, Macao, and Taiwan	53568.8	14919.3	1025.0
港澳台商投资股份有限公司 Manage with HongKong, Macao and Taiwan jointly	1883.9	984.3	10.1
外商投资企业 Foreign funded	236.7	209.7	26.2
外资企业 Enterprises with Sole Foreign Investment	236.7	209.7	26.2

8-17 Continued 1

(10 000 yuan)

二、期末资产负债 Late Assets and Liabilities				
在建工程 In the Construction Engineering	资产总计 Total Assets	流动负债合计 Total Current Liabilities	应付账款 Accounts Payable	非流动负债合计 Non Current Liabilities
37289.3	**1203717.9**	**483270.3**	**71490.2**	**326310.5**
3388.8	406380.7	108152.0	14651.4	107569.0
24411.4	1032714.2	396769.1	44768.7	308414.0
12877.9	162599.1	84381.3	26379.8	14074.4
0.0	8404.6	2119.9	341.7	3822.1
32791.2	1043707.2	399616.4	66613.1	268206.3
3303.1	90681.4	52600.6	11205.2	8135.2
54.7	24127.9	3253.9	624.4	2357.8
14446.2	718041.7	231363.6	41592.6	209663.6
0.0	179954.9	20870.0	1300.3	74632.1
14446.2	538086.8	210493.6	40292.3	135031.5
22.7	25871.5	4330.5	2831.8	17053.2
14964.5	184829.2	108039.7	10331.0	30996.5
0.0	123.0	23.0	20.0	0.0
14964.5	184356.9	107816.2	10188.9	30996.5
0.0	349.3	200.5	122.1	0.0
0.0	155.5	28.1	28.1	0.0
4498.1	159851.4	83781.7	5046.4	58104.2
61.3	72266.9	16383.8	818.6	28132.9
0.0	14092.7	24566.9	600.5	0.0
4436.8	68350.8	35062.5	2923.8	29971.3
0.0	5141.0	7768.5	703.5	0.0
0.0	159.3	-127.8	-169.3	0.0
0.0	159.3	-127.8	-169.3	0.0

8-17 续 表 2

单位:万元

指标名称 Item	二、期末资产负债 Late Assets and Liabilities		
	负债合计 Total Liabilities	所有者权益合计 Total Interests of Own	实收资本 Total Capital Hold
总 计 Total	**809403.8**	**394314.1**	**423165.7**
其中:国有控股 State Holding	215721.0	190659.7	190421.8
1.按住宿业行业小类分 Grouped by Small Class			
旅游饭店 Traveling Hotel	705006.1	327708.1	358549.8
一般旅馆 Generel Hotel	98455.7	64143.4	60395.9
其他住宿业 Other Accomodation Service	5942.0	2462.6	4220.0
2.按登记注册类型分 Grouped by Registration			
内资企业 Domestic Investment	667645.7	376061.5	333559.6
国有企业 State - owned	60735.8	29945.6	118190.9
集体企业 Collective - owned	5611.7	18516.2	5550.0
有限责任公司 Companies of Limited Liabilities	441027.2	277014.5	148507.3
国有独资公司 Companies State - owned Excluasive Investment	95502.1	84452.8	4334.8
其他有限责任公司 Other Companies of Limited Liabilities	345525.1	192561.7	144172.5
股份有限公司 Share Holding	21383.7	4487.8	5200.0
私营企业 Private - owned	138859.2	45970.0	56061.4
私营合伙企业 Private Partnership	23.0	100.0	100.0
私营有限责任公司 Private Companies of Limited Liabilities	138635.7	45721.2	55812.6
私营股份有限公司 Private Companies of Limited Liabilities with Share Holding	200.5	148.8	148.8
其他企业 Others	28.1	127.4	50.0
港、澳、台商投资企业 Enterprises funded by Entepreneurs from HongKong, Macao & Taiwan	141885.9	17965.5	88861.4
与港澳台商合资经营企业 Joint Ventures with HongKong, Macao and Taiwan	44516.7	27750.2	50954.2
与港澳台商合作经营企业 Co - operation Companies	24566.9	-10474.2	2665.0
港澳台商独资企业 Exclusive investment of HongKong, Macao, and Taiwan	65033.8	3317.0	32186.2
港澳台商投资股份有限公司 Manage with HongKong, Macao and Taiwan jointly	7768.5	-2627.5	3056.0
外商投资企业 Foreign funded	-127.8	287.1	744.7
外资企业 Enterprises with Sole Foreign Investment	-127.8	287.1	744.7

8-17 Continued 2

(10 000 yuan)

二、期末资产负债 Late Assets and Liabilities					
国家资本 National Capital	集体资本 Collective Capital	法人资本 Corporate Capital	个人资本 Private Capital	港澳台资本 HK Macao and Taiwan's Capital	外商资本 Foreign Capital
152141.8	11741.9	142372.2	60028.0	50737.1	6144.7
151141.8	0.0	39237.9	42.1	0.0	0.0
139763.0	10590.0	109636.6	47423.1	50737.1	400.0
12378.8	1151.9	28515.6	12604.9	0.0	5744.7
0.0	0.0	4220.0	0.0	0.0	0.0
152141.8	11741.9	105620.9	58655.0	0.0	5400.0
113796.3	0.0	4394.6	0.0	0.0	0.0
0.0	5500.0	50.0	0.0	0.0	0.0
38345.5	6174.4	70315.0	28272.4	0.0	5400.0
1334.8	0.0	3000.0	0.0	0.0	0.0
37010.7	6174.4	67315.0	28272.4	0.0	5400.0
0.0	0.0	100.0	5100.0	0.0	0.0
0.0	67.5	30711.3	25282.6	0.0	0.0
0.0	0.0	0.0	100.0	0.0	0.0
0.0	67.5	30562.5	25182.6	0.0	0.0
0.0	0.0	148.8	0.0	0.0	0.0
0.0	0.0	50.0	0.0	0.0	0.0
0.0	0.0	36751.3	1373.0	50737.1	0.0
0.0	0.0	12172.2	1373.0	37409.0	0.0
0.0	0.0	0.0	0.0	2665.0	0.0
0.0	0.0	24393.4	0.0	7792.8	0.0
0.0	0.0	185.7	0.0	2870.3	0.0
0.0	0.0	0.0	0.0	0.0	744.7
0.0	0.0	0.0	0.0	0.0	744.7

8－17 续 表 3

单位:万元

指标名称 Item	三、损益及分配 Increase, Decrease and Assgning	
	营业收入 Sales Revenue	主营业务收入 Main Sales Revenue
总 计 Total	**435141.6**	**431373.1**
其中:国有控股 State Holding	106506.2	105992.1
1. 按住宿业行业小类分 Grouped by Small Class		
旅游饭店 Traveling Hotel	347408.6	344130.3
一般旅馆 Generel Hotel	85838.4	85348.2
其他住宿业 Other Accomodation Service	1894.6	1894.6
2. 按登记注册类型分 Grouped by Registration		
内资企业 Domestic Investment	354499.7	350731.2
国有企业 State－owned	57199.1	56712.7
集体企业 Collective－owned	9027.5	9027.5
有限责任公司 Companies of Limited Liabilities	225664.2	222516.7
国有独资公司 Companies State－owned Excluasive Investment	17879.2	17879.2
其他有限责任公司 Other Companies of Limited Liabilities	207785.0	204637.5
股份有限公司 Share Holding	8519.3	8519.3
私营企业 Private－owned	53817.2	53682.6
私营合伙企业 Private Partnership	250.0	250.0
私营有限责任公司 Private Companies of Limited Liabilities	51970.0	51835.4
私营股份有限公司 Private Companies of Limited Liabilities with Share Holding	1597.2	1597.2
其他企业 Others	272.4	272.4
港、澳、台商投资企业 Enterprises funded by Entepreneurs from HongKong, Macao & Taiwan	80236.7	80236.7
与港澳台商合资经营企业 Joint Ventures with HongKong, Macao and Taiwan	19910.1	19910.1
与港澳台商合作经营企业 Co－operation Companies	9693.3	9693.3
港澳台商独资企业 Exclusive investment of HongKong, Macao, and Taiwan	42102.4	42102.4
港澳台商投资股份有限公司 Manage with HongKong, Macao and Taiwan jointly	8530.9	8530.9
外商投资企业 Foreign funded	405.2	405.2
外资企业 Enterprises with Sole Foreign Investment	405.2	405.2

8-17 Continued 3

(10 000 yuan)

三、损益及分配 Increase, Decrease and Assgning				
营业成本 Sales Cost	主营业务成本 Main Sales Cost	营业税金及附加 Business Taxes and Extras	主营业务税金及附加 Main Business Taxes and Extras	其他业务利润 Profits of Other Business
166241.2	**164954.1**	**21567.5**	**21504.4**	**14386.5**
58042.8	57742.7	4332.3	4321.1	291.9
135117.2	133931.8	17188.0	17154.5	13105.5
30021.2	29919.5	4260.5	4230.9	1281.0
1102.8	1102.8	119.0	119.0	0.0
145129.5	143842.4	17075.6	17012.5	8513.6
38569.3	38269.2	1737.7	1726.5	175.1
1502.2	1502.2	498.2	498.2	690.7
83351.7	82480.1	11676.0	11625.5	6271.1
8880.0	8880.0	817.2	817.2	89.2
74471.7	73600.1	10858.8	10808.3	6181.9
2532.6	2532.6	319.9	319.9	0.5
18999.7	18884.3	2816.6	2815.2	1376.2
130.0	130.0	9.0	9.0	0.0
18699.1	18583.7	2717.2	2715.8	1375.9
170.6	170.6	90.4	90.4	0.3
174.0	174.0	27.2	27.2	0.0
20740.4	20740.4	4468.9	4468.9	5872.9
2627.4	2627.4	1076.1	1076.1	5532.2
3724.9	3724.9	534.1	534.1	0.0
9339.3	9339.3	2384.8	2384.8	340.5
5048.8	5048.8	473.9	473.9	0.2
371.3	371.3	23.0	23.0	0.0
371.3	371.3	23.0	23.0	0.0

8－17 续 表 4

单位:万元

指标名称 Item	三、损益及分配 Increase, Decrease and Assgning		
	销售费用 Expenses for Sales	管理费用 Expenses for Management	税 金 Taxes
总 计 Total	**120648.7**	**125170.6**	**3854.4**
其中:国有控股 State Holding	20696.1	25031.4	1481.8
1. 按住宿业行业小类分 Grouped by Small Class			
旅游饭店 Traveling Hotel	94361.4	102421.6	3301.2
一般旅馆 Generel Hotel	26287.3	21984.3	553.0
其他住宿业 Other Accomodation Service	0.0	764.7	0.2
2. 按登记注册类型分 Grouped by Registration			
内资企业 Domestic Investment	93116.3	97980.7	3472.3
国有企业 State－owned	10477.6	8610.2	412.8
集体企业 Collective－owned	2582.4	4904.5	285.1
有限责任公司 Companies of Limited Liabilities	60373.8	64461.1	2474.0
国有独资公司 Companies State－owned Excluasive Investment	1460.9	6316.7	575.0
其他有限责任公司 Other Companies of Limited Liabilities	58912.9	58144.4	1899.0
股份有限公司 Share Holding	2160.2	2378.5	10.4
私营企业 Private－owned	17522.3	17588.3	289.8
私营合伙企业 Private Partnership	0.0	100.0	6.0
私营有限责任公司 Private Companies of Limited Liabilities	16803.3	16780.5	283.7
私营股份有限公司 Private Companies of Limited Liabilities with Share Holding	719.0	707.8	0.1
其他企业 Others	0.0	38.1	0.2
港、澳、台商投资企业 Enterprises funded by Entepreneurs from HongKong, Macao & Taiwan	27508.1	27189.9	382.1
与港澳台商合资经营企业 Joint Ventures with HongKong, Macao and Taiwan	8132.6	9765.7	154.2
与港澳台商合作经营企业 Co－operation Companies	2627.7	3628.8	0.0
港澳台商独资企业 Exclusive investment of HongKong, Macao, and Taiwan	16029.7	11880.5	203.3
港澳台商投资股份有限公司 Manage with HongKong, Macao and Taiwan jointly	718.1	1914.9	24.6
外商投资企业 Foreign funded	24.3	0.0	0.0
外资企业 Enterprises with Sole Foreign Investment	24.3	0.0	0.0

8 – 17 Continued 4

(10 000 yuan)

三、损益及分配 Increase, Decrease and Assgning			
财务费用 Financial Expenditures	利息收入 Interest Revenue	利息支出 Interest Paid	资产减值损失 Impairment Loss of Assets
17756.5	1968.8	11986.7	445.3
3849.6	1660.1	5263.1	455.4
15966.4	1905.3	11096.3	435.9
1503.5	63.5	890.4	9.4
286.6	0.0	0.0	0.0
13591.8	1917.9	9748.9	465.8
-68.5	190.5	16.9	383.6
116.2	0.0	0.0	0.0
11744.5	1720.1	9453.8	81.0
2470.7	1400.4	3808.1	0.0
9273.8	319.7	5645.7	81.0
234.1	0.0	23.2	0.0
1564.9	7.3	255.0	1.2
1.0	0.0	1.0	0.0
1559.8	7.3	254.0	1.2
4.1	0.0	0.0	0.0
0.6	0.0	0.0	0.0
4162.4	50.9	2237.8	-20.5
1704.2	47.4	767.8	-20.8
77.2	0.0	74.0	0.0
2361.9	1.3	1396.0	0.3
19.1	2.2	0.0	0.0
2.3	0.0	0.0	0.0
2.3	0.0	0.0	0.0

8-17 续 表 5

单位:万元

指标名称 Item	三、损益及分配 Increase, Decrease and Assgning	
	投资收益 Income from Investment	营业利润 Operating Profits
总 计 Total	**2664.4**	**-12021.5**
其中:国有控股 State Holding	2647.4	-2721.1
1.按住宿业行业小类分 Grouped by Small Class		
旅游饭店 Traveling Hotel	2664.4	-13677.1
一般旅馆 Generel Hotel	0.0	2034.1
其他住宿业 Other Accomodation Service	0.0	-378.5
2.按登记注册类型分 Grouped by Registration		
内资企业 Domestic Investment	2664.4	-8784.4
国有企业 State-owned	0.0	-1977.9
集体企业 Collective-owned	0.0	-576.0
有限责任公司 Companies of Limited Liabilities	2664.4	-2707.8
国有独资公司 Companies State-owned Excluasive Investment	2640.4	574.1
其他有限责任公司 Other Companies of Limited Liabilities	24.0	-3281.9
股份有限公司 Share Holding	0.0	894.5
私营企业 Private-owned	0.0	-4449.7
私营合伙企业 Private Partnership	0.0	10.0
私营有限责任公司 Private Companies of Limited Liabilities	0.0	-4365.0
私营股份有限公司 Private Companies of Limited Liabilities with Share Holding	0.0	-94.7
其他企业 Others	0.0	32.5
港、澳、台商投资企业 Enterprises funded by Entepreneurs from HongKong, Macao & Taiwan	0.0	-3221.4
与港澳台商合资经营企业 Joint Ventures with HongKong, Macao and Taiwan	0.0	-2784.3
与港澳台商合作经营企业 Co-operation Companies	0.0	-899.4
港澳台商独资企业 Exclusive investment of HongKong, Macao, and Taiwan	0.0	106.2
港澳台商投资股份有限公司 Manage with HongKong, Macao and Taiwan jointly	0.0	356.1
外商投资企业 Foreign funded	0.0	-15.7
外资企业 Enterprises with Sole Foreign Investment	0.0	-15.7

8－17 Continued 5

(10 000 yuan)

三、损益及分配 Increase, Decrease and Assgning				四、人工成本及增值税 Labor Cost and Value Added Tax
营业外收入 Non－Operating Income	政府补助 Government Subsidy	利润总额 Total Profits	应交所得税 Income Tax Payble	应付职工薪酬（本年贷方累计发生额） Employee Compensation
5478.0	837.1	－6422.0	1883.9	101953.4
4307.5	744.2	901.7	883.7	26706.8
5237.6	749.5	－8550.4	894.1	83169.2
240.0	87.6	2506.5	986.5	18218.5
0.4	0.0	－378.1	3.3	565.7
5164.5	801.4	－3451.6	1824.2	81786.1
4104.9	742.2	1556.8	185.7	14502.8
16.1	0.0	－579.6	0.0	2788.8
583.8	59.2	－971.1	1288.3	49582.0
40.1	2.0	564.3	176.4	4523.1
543.7	57.2	－1535.4	1111.9	45058.9
6.2	0.0	899.4	80.9	1724.4
453.5	0.0	－4389.6	266.1	13129.3
0.0	0.0	－2.5	2.5	39.8
451.2	0.0	－4295.3	263.6	12706.5
2.3	0.0	－91.8	0.0	383.0
0.0	0.0	32.5	3.2	58.8
310.2	35.7	－2958.0	59.7	20105.9
72.6	0.0	－2735.7	5.7	4567.2
44.6	0.0	－854.8	0.0	2786.4
159.6	35.7	244.1	54.0	10398.7
33.4	0.0	388.4	0.0	2353.6
3.3	0.0	－12.4	0.0	61.4
3.3	0.0	－12.4	0.0	61.4

8－18 限额以上餐饮业法人财务指标(2015 年)

单位:万元

指标名称 Item	法人企业数(个) Number of Enterprises	执行《2006 年企业会计准则》企业数(个) Implementation of Accounting Standards for Business Enterprises in 2006
总　计 **Total**	**431**	**393**
其中:国有控股 State Holding	5	5
1. 按餐饮业行业小类分 **Gropued by Small Class**		
正餐服务 Dinner Service	413	377
快餐服务 Fast Food Service	12	11
饮料及冷饮服务 Beverage and Related Services	3	3
咖啡馆服务 Cafe Service	2	2
其他饮料及冷饮服务 Other Catering Trade	1	1
其他餐饮业 Other Catering Trade	3	2
小吃服务 Snack Service	1	1
餐饮配送服务 Food Distribution Service	1	0
其他未列明餐饮业 Other Not － Listed Catering	1	1
2. 按登记注册类型分 **Grouped by registration**		
内资企业 Domestic Investment	413	376
国有企业 State－owned	2	2
股份合作企业 Cooperative of Share Holding	1	1
联营企业 Joint Venture	1	0
集体联营企业 Collective Joint	1	0

FINANCIAL INDICATORS OF ENTERPRISES ABOVE DESIGNATED SIZE IN CATERING TRADE(2015)

(10 000 yuan)

一、年初存货 The Beginning Inventory	二、期末资产负债 Late Assets and Liabilities			
	流动资产合计 Total Gurrent Assets	应收账款 Accounts Receivable	存 货 Stock	固定资产合计 Fixed Assets Price
34896.3	**395156.8**	**40769.8**	**35849.7**	**305210.1**
498.4	8757.9	1115.5	485.1	5391.7
23815.9	356520.6	38402.9	26163.1	254959.2
10046.0	25083.1	870.5	8440.6	44459.9
884.7	8738.2	382.2	1033.5	5214.0
852.4	8450.1	360.9	1001.5	4938.0
32.3	288.1	21.3	32.0	276.0
149.7	4814.9	1114.2	212.5	577.0
48.0	406.7	285.4	48.0	193.2
50.1	4230.4	809.8	108.3	118.8
51.6	177.8	19.0	56.2	265.0
19175.0	341866.7	38271.4	19925.7	219071.2
92.5	738.5	59.6	101.7	1450.1
1.6	0.0	0.0	0.0	32.2
2010.0	4261.0	1301.2	1968.7	6770.2
2010.0	4261.0	1301.2	1968.7	6770.2

8-18 续 表 1

单位:万元

指标名称 Item	法人企业数(个) Number of Enterprises	执行《2006 年企业会计准则》企业数(个) Implementation of Accounting Standards for Business Enterprises in 2006
有限责任公司 Companies of Limited Liabilities	202	183
国有独资公司 Companies State - owned Excluasive Investment	2	2
其他有限责任公司 Other Companies of Limited Liabilities	200	181
股份有限公司 Share Holding	4	4
私营企业 Private - owned	202	186
私营独资企业 Privately Owned	11	10
私营合伙企业 Private Partnership	2	2
私营有限责任公司 Private Companies of Limited Liabilities	185	170
私营股份有限公司 Private Companies of Limited Liabilities with Share Holding	4	4
其他企业 Others	1	0
港、澳、台商投资企业 Enterprises funded by Entepreneurs from HongKong, Macao & Taiwan	11	10
与港澳台商合资经营企业 Joint Ventures with HongKong, Macao and Taiwan	4	4
港澳台商独资企业 Exclusive investment of HongKong. Macao and Taiwan	7	6
外商投资企业 Foreign funded	7	7
中外合资经营企业 Chinese Foreign Equity Joint Ventures	1	1
外资企业 Enterprises with Sole Foreign Investment	6	6

8 -18 Continued 1

(10 000 yuan)

一、年初存货 The Beginning Inventory	二、期末资产负债 Late Assets and Liabilities			
	流动资产合计 Total Gurrent Assets	应收账款 Accounts Receivable	存　货 Stock	固定资产合计 Fixed Assets Price
10010.7	253909.0	23669.8	11493.7	173077.4
337.2	5138.9	981.5	326.3	3807.9
9673.5	248770.1	22688.3	11167.4	169269.5
206.9	1767.0	66.5	158.8	678.3
6853.3	80982.3	13174.3	6202.8	37063.0
353.5	1374.7	638.8	219.0	2339.8
46.0	235.2	32.1	37.0	770.1
6382.3	73959.1	12433.4	5881.9	33321.2
71.5	5413.3	70.0	64.9	631.9
0.0	208.9	0.0	0.0	0.0
1974.8	20543.2	634.4	1867.9	25115.4
572.9	8288.5	162.0	358.0	13812.4
1401.9	12254.7	472.4	1509.9	11303.0
13746.5	32746.9	1864.0	14056.1	61023.5
14.0	1430.3	941.6	24.1	19.0
13732.5	31316.6	922.4	14032.0	61004.5

8-18 续 表 2

单位:万元

指标名称 Item	二、期末资产负债 Late Assets and Liabilities		
	固定资产原价 Fixed Asset Price	累计折旧 Accumulated Depreciation	本年折旧 Depreciation of this year
总 计 Total	**418582.3**	**177804.5**	**28677.0**
其中:国有控股 State Holding	9489.0	4097.3	418.2
1.按餐饮业行业小类分 Gropued by Small Class			
正餐服务 Dinner Service	349428.4	141327.3	23156.1
快餐服务 Fast Food Service	58416.5	31518.9	4173.7
饮料及冷饮服务 Beverage and Related Services	8995.6	3781.6	1246.0
咖啡馆服务 Cafe Service	8664.6	3726.6	1235.5
其他饮料及冷饮服务 Other Catering Trade	331.0	55.0	10.5
其他餐饮业 Other Catering Trade	1741.8	1176.7	101.2
小吃服务 Snack Service	320.9	139.6	6.7
餐饮配送服务 Food Distribution Service	280.9	162.1	33.1
其他未列明餐饮业 Other Not - Listed Catering	1140.0	875.0	61.4
2.按登记注册类型分 Grouped by registration			
内资企业 Domestic Investment	300648.0	128446.8	20681.0
国有企业 State - owned	2151.8	701.7	144.3
股份合作企业 Cooperative of Share Holding	64.6	32.4	3.2
联营企业 Joint Venture	8070.5	1300.3	60.9
集体联营企业 Collective Joint	8070.5	1300.3	60.9

8-18 Continued 2

(10 000 yuan)

二、期末资产负债 Late Assets and Liabilities				
在建工程 In the Construction Engineering	资产总计 Total Assets	流动负债合计 Total Current Liabilities	应付账款 Accounts Payable	非流动负债合计 Non Current Liabilities
152742.4	**1065520.5**	**777313.8**	**190257.0**	**161007.2**
591.6	16250.7	10112.6	837.0	0.8
141005.8	896695.2	674579.2	172141.1	142128.0
10364.5	135298.3	90596.0	14052.8	17421.5
1266.6	27787.4	9972.9	3176.7	958.9
1266.6	27108.3	9673.9	3006.7	945.4
0.0	679.1	299.0	170.0	13.5
105.5	5739.6	2165.7	886.4	498.8
11.9	810.7	450.2	8.6	498.8
0.0	4381.1	1633.0	858.1	0.0
93.6	547.8	82.5	19.7	0.0
131580.4	830676.5	610786.2	157709.9	128172.6
0.0	3070.0	2500.2	28.3	0.8
0.0	63.0	60.0	0.0	0.0
0.0	11401.0	652.0	150.0	1551.1
0.0	11401.0	652.0	150.0	1551.1

8-18 续 表 3

单位:万元

指标名称 Item	二、期末资产负债 Late Assets and Liabilities		
	固定资产原价 Fixed Asset Price	累计折旧 Accumulated Depreciation	本年折旧 Depreciation of this year
有限责任公司 Companies of Limited Liabilities	209648.8	83293.0	13774.0
国有独资公司 Companies State - owned Excluasive Investment	6981.4	3173.5	237.4
其他有限责任公司 Other Companies of Limited Liabilities	202667.4	80119.5	13536.6
股份有限公司 Share Holding	1603.5	925.2	110.2
私营企业 Private - owned	79108.8	42194.2	6588.4
私营独资企业 Privately Owned	2956.8	627.8	82.0
私营合伙企业 Private Partnership	869.1	99.0	14.5
私营有限责任公司 Private Companies of Limited Liabilities	74004.6	40821.0	6465.3
私营股份有限公司 Private Companies of Limited Liabilities with Share Holding	1278.3	646.4	26.6
其他企业 Others	0.0	0.0	0.0
港、澳、台商投资企业 Enterprises funded by Entepreneurs from HongKong, Macao & Taiwan	39412.1	14296.7	3051.6
与港澳台商合资经营企业 Joint Ventures with HongKong, Macao and Taiwan	19785.6	5973.2	859.6
港澳台商独资企业 Exclusive investment of HongKong. Macao and Taiwan	19626.5	8323.5	2192.0
外商投资企业 Foreign funded	78522.2	35061.0	4944.4
中外合资经营企业 Chinese Foreign Equity Joint Ventures	67.1	48.1	12.0
外资企业 Enterprises with Sole Foreign Investment	78455.1	35012.9	4932.4

8－18 Continued 3

(10 000 yuan)

二、期末资产负债 Late Assets and Liabilities				
在建工程 In the Construction Engineering	资产总计 Total Assets	流动负债合计 Total Gurrent Liabilities	应付账款 Accounts Payable	非流动负债合计 Non Current Liabilities
122168.0	638321.6	487696.5	126955.4	117127.2
591.6	10075.8	5267.1	750.1	0.0
121576.4	628245.8	482429.4	126205.3	117127.2
44.2	3426.3	3918.6	193.0	650.0
9368.2	174185.7	115901.9	30326.2	8843.5
22.0	5427.8	1526.5	782.0	461.0
0.0	1035.6	11.1	7.8	114.9
9345.8	155369.6	104608.7	28033.5	8132.1
0.4	12352.7	9755.6	1502.9	135.5
0.0	208.9	57.0	57.0	0.0
3769.8	66266.1	42168.5	13872.4	15413.1
2503.2	26590.6	17410.0	1246.5	14500.0
1266.6	39675.5	24758.5	12625.9	913.1
17392.2	168577.9	124359.1	18674.7	17421.5
19.0	1455.9	1832.6	1288.6	0.0
17373.2	167122.0	122526.5	17386.1	17421.5

8-18 续 表 4

单位:万元

指标名称 Item	二、期末资产负债 Late Assets and Liabilities		
	负债合计 Total Liabilities	所有者权益合计 Total Interests of Own	实收资本 Total Capital Hold
总 计 Total	**936929.7**	**128319.2**	**240303.5**
其中:国有控股 State Holding	10113.4	6137.3	5463.4
1. 按餐饮业行业小类分 Gropued by Small Class			
正餐服务 Dinner Service	815316.1	81107.5	199523.8
快餐服务 Fast Food Service	108017.5	27280.8	38028.4
饮料及冷饮服务 Beverage and Related Services	10931.7	16855.7	2056.3
咖啡馆服务 Cafe Service	10619.2	16489.1	1790.3
其他饮料及冷饮服务 Other Catering Trade	312.5	366.6	266.0
其他餐饮业 Other Catering Trade	2664.4	3075.2	695.0
小吃服务 Snack Service	948.9	-138.2	30.0
餐饮配送服务 Food Distribution Service	1633.0	2748.1	200.0
其他未列明餐饮业 Other Not - Listed Catering	82.5	465.3	465.0
2. 按登记注册类型分 Grouped by registration			
内资企业 Domestic Investment	737567.5	92837.4	188717.1
国有企业 State-owned	2501.0	569.0	1169.6
股份合作企业 Cooperative of Share Holding	60.0	3.0	3.0
联营企业 Joint Venture	2203.1	9197.9	8000.0
集体联营企业 Collective Joint	2203.1	9197.9	8000.0

8－18 Continued 4

(10 000 yuan)

二、期末资产负债 Late Assets and Liabilities					
国家资本 National Capital	集体资本 Collective Capital	法人资本 Corporate Capital	个人资本 Private Capital	港澳台资本 HK Macao and Taiwan's Capital	外商资本 Foreign Capital
5740.9	**313.0**	**95784.5**	**92336.4**	**9246.6**	**36882.1**
5453.4	0.0	10.0	0.0	0.0	0.0
5540.9	313.0	95068.1	90867.2	7506.3	228.3
0.0	0.0	686.4	688.2	0.0	36653.8
0.0	0.0	0.0	316.0	1740.3	0.0
0.0	0.0	0.0	50.0	1740.3	0.0
0.0	0.0	0.0	266.0	0.0	0.0
200.0	0.0	30.0	465.0	0.0	0.0
0.0	0.0	30.0	0.0	0.0	0.0
200.0	0.0	0.0	0.0	0.0	0.0
0.0	0.0	0.0	465.0	0.0	0.0
5740.9	313.0	93023.9	89639.3	0.0	0.0
1169.6	0.0	0.0	0.0	0.0	0.0
0.0	0.0	0.0	3.0	0.0	0.0
0.0	0.0	8000.0	0.0	0.0	0.0
0.0	0.0	8000.0	0.0	0.0	0.0

8－18 续　　表 5

单位:万元

指标名称 Item	二、期末资产负债 Late Assets and Liabilities		
	负债合计 Total Liabilities	所有者权益合计 Total Interests of Own	实收资本 Total Capital Hold
有限责任公司 Companies of Limited Liabilities	604287.0	33763.0	120706.7
国有独资公司 Companies State－owned Excluasive Investment	5267.1	4808.7	4283.8
其他有限责任公司 Other Companies of Limited Liabilities	599019.9	28954.3	116422.9
股份有限公司 Share Holding	4568.6	－1142.3	10.0
私营企业 Private－owned	123890.8	50294.9	58726.8
私营独资企业 Privately Owned	1987.5	3440.3	3489.0
私营合伙企业 Private Partnership	126.0	909.6	808.1
私营有限责任公司 Private Companies of Limited Liabilities	111886.2	43483.4	50895.6
私营股份有限公司 Private Companies of Limited Liabilities with Share Holding	9891.1	2461.6	3534.1
其他企业 Others	57.0	151.9	101.0
港、澳、台商投资企业 Enterprises funded by Entepreneurs from HongKong, Macao & Taiwan	57581.6	8684.5	11995.1
与港澳台商合资经营企业 Joint Ventures with HongKong, Macao and Taiwan	31910.0	－5319.4	7395.9
港澳台商独资企业 Exclusive investment of HongKong. Macao and Taiwan	25671.6	14003.9	4599.2
外商投资企业 Foreign funded	141780.6	26797.3	39591.3
中外合资经营企业 Chinese Foreign Equity Joint Ventures	1832.6	－376.7	240.4
外资企业 Enterprises with Sole Foreign Investment	139948.0	27174.0	39350.9

8 - 18 Continued 5

(10 000 yuan)

二、期末资产负债 Late Assets and Liabilities					
国家资本 National Capital	集体资本 Collective Capital	法人资本 Corporate Capital	个人资本 Private Capital	港澳台资本 HK Macao and Taiwan's Capital	外商资本 Foreign Capital
4533.8	310.0	58843.8	57019.1	0.0	0.0
4283.8	0.0	0.0	0.0	0.0	0.0
250.0	310.0	58843.8	57019.1	0.0	0.0
0.0	0.0	0.0	10.0	0.0	0.0
37.5	3.0	26180.1	32506.2	0.0	0.0
0.0	0.0	2790.2	698.8	0.0	0.0
0.0	0.0	100.0	708.1	0.0	0.0
37.5	3.0	20232.6	30622.5	0.0	0.0
0.0	0.0	3057.3	476.8	0.0	0.0
0.0	0.0	0.0	101.0	0.0	0.0
0.0	0.0	2748.5	0.0	9246.6	0.0
0.0	0.0	2588.5	0.0	4807.4	0.0
0.0	0.0	160.0	0.0	4439.2	0.0
0.0	0.0	12.1	2697.1	0.0	36882.1
0.0	0.0	12.1	0.0	0.0	228.3
0.0	0.0	0.0	2697.1	0.0	36653.8

8－18 续 表 6

单位:万元

指标名称 Item	三、损益及分配 Increase, Decrease and Assgning 营业收入 Sales Revenue	 主营业务收入 Main Sales Revenue
总　计 Total	**1124215.7**	**1121633.3**
其中:国有控股 State Holding	11116.7	11116.7
1.按餐饮业行业小类分 Gropued by Small Class		
正餐服务 Dinner Service	669064.6	666482.2
快餐服务 Fast Food Service	349788.5	349788.5
饮料及冷饮服务 Beverage and Related Services	55853.6	55853.6
咖啡馆服务 Cafe Service	54829.9	54829.9
其他饮料及冷饮服务 Other Catering Trade	1023.7	1023.7
其他餐饮业 Other Catering Trade	49509.0	49509.0
小吃服务 Snack Service	32474.3	32474.3
餐饮配送服务 Food Distribution Service	16626.0	16626.0
其他未列明餐饮业 Other Not － Listed Catering	408.7	408.7
2.按登记注册类型分 Grouped by registration		
内资企业 Domestic Investment	690112.7	687530.6
国有企业 State－owned	2031.5	2031.5
股份合作企业 Cooperative of Share Holding	203.1	203.1
联营企业 Joint Venture	4969.1	4969.1
集体联营企业 Collective Joint	4969.1	4969.1

8-18 Continued 6

(10 000 yuan)

三、损益及分配 Increase, Decrease and Assgning				
营业成本 Sales Cost	主营业务成本 Main Sales Cost	营业税金及附加 Business Taxes and Extras	主营业务税金及附加 Main Business Taxes and Extras	其他业务利润 Profits of Other Business
534208.3	**533601.4**	**56646.7**	**56441.5**	**5247.9**
6165.5	6165.5	405.9	405.9	0.0
350701.1	350095.2	34520.7	34316.4	5248.8
162250.6	162249.6	18220.7	18219.8	-0.9
14054.3	14054.3	2908.2	2908.2	0.0
13454.2	13454.2	2853.2	2853.2	0.0
600.1	600.1	55.0	55.0	0.0
7202.3	7202.3	997.1	997.1	0.0
0.0	0.0	45.5	45.5	0.0
7030.8	7030.8	928.3	928.3	0.0
171.5	171.5	23.3	23.3	0.0
344724.1	344117.4	33497.7	33292.6	5209.4
687.9	687.9	119.3	119.3	0.0
116.6	116.6	8.9	8.9	0.0
4062.1	4062.1	135.8	135.8	0.0
4062.1	4062.1	135.8	135.8	0.0

8-18 续　　表 7

单位:万元

指标名称 Item	三、损益及分配 Increase, Decrease and Assgning	
	营业收入 Sales Revenue	主营业务收入 Main Sales Revenue
有限责任公司 Companies of Limited Liabilities	443574.1	441590.9
国有独资公司 Companies State - owned Exclusive Investment	7165.3	7165.3
其他有限责任公司 Other Companies of Limited Liabilities	436408.8	434425.6
股份有限公司 Share Holding	5207.3	5207.3
私营企业 Private - owned	233581.2	232982.3
私营独资企业 Privately Owned	14351.0	14311.0
私营合伙企业 Private Partnership	855.8	855.8
私营有限责任公司 Private Companies of Limited Liabilities	206137.5	205578.6
私营股份有限公司 Private Companies of Limited Liabilities with Share Holding	12236.9	12236.9
其他企业 Others	546.4	546.4
港、澳、台商投资企业 Enterprises funded by Entepreneurs from HongKong, Macao & Taiwan	83848.8	83848.8
与港澳台商合资经营企业 Joint Ventures with HongKong, Macao and Taiwan	5416.2	5416.2
港澳台商独资企业 Exclusive investment of HongKong. Macao and Taiwan	78432.6	78432.6
外商投资企业 Foreign funded	350254.2	350253.9
中外合资经营企业 Chinese Foreign Equity Joint Ventures	5850.4	5850.4
外资企业 Enterprises with Sole Foreign Investment	344403.8	344403.5

8－18 Continued 7

(10 000 yuan)

三、损益及分配 Increase, Decrease and Assgning				
营业成本 Sales Cost	主营业务成本 Main Sales Cost	营业税金及附加 Business Taxes and Extras	主营业务税金及附加 Main Business Taxes and Extras	其他业务利润 Profits of Other Business
216580.0	216031.8	19538.2	19351.7	3401.8
5171.8	5171.8	178.1	178.1	0.0
211408.2	210860.0	19360.1	19173.6	3401.8
2158.8	2158.8	296.4	296.4	0.0
120752.7	120694.2	13380.9	13362.3	1807.6
10207.9	10203.9	495.5	490.7	131.7
495.1	495.1	33.3	33.3	0.0
105899.4	105844.9	12366.7	12352.9	1554.2
4150.3	4150.3	485.4	485.4	121.7
366.0	366.0	18.2	18.2	0.0
25580.2	25580.0	4480.5	4480.4	39.4
1804.7	1804.5	351.2	351.2	39.4
23775.5	23775.5	4129.3	4129.2	0.0
163904.0	163904.0	18668.5	18668.5	-0.9
5119.7	5119.7	329.5	329.5	0.0
158784.3	158784.3	18339.0	18339.0	-0.9

8-18 续 表 8

单位:万元

指标名称 Item	三、损益及分配 Increase, Decrease and Assgning		
	销售费用 Expenses for Sales	管理费用 Expenses for Management	税金 Taxes
总计 Total	**372979.8**	**113009.4**	**3960.6**
其中:国有控股 State Holding	3986.1	324.3	97.3
1. 按餐饮业行业小类分 Gropued by Small Class			
正餐服务 Dinner Service	207609.8	76859.9	3869.3
快餐服务 Fast Food Service	129113.2	32531.2	84.1
饮料及冷饮服务 Beverage and Related Services	27112.5	2777.3	7.0
咖啡馆服务 Cafe Service	26882.4	2679.6	0.0
其他饮料及冷饮服务 Other Catering Trade	230.1	97.7	7.0
其他餐饮业 Other Catering Trade	9144.3	841.0	0.2
小吃服务 Snack Service	528.3	266.1	0.0
餐饮配送服务 Food Distribution Service	8312.3	572.6	0.2
其他未列明餐饮业 Other Not - Listed Catering	303.7	2.3	0.0
2. 按登记注册类型分 Grouped by registration			
内资企业 Domestic Investment	206552.6	73788.9	3684.5
国有企业 State - owned	1071.9	129.6	10.5
股份合作企业 Cooperative of Share Holding	59.5	16.6	5.0
联营企业 Joint Venture	101.0	258.7	0.0
集体联营企业 Collective Joint	101.0	258.7	0.0

8－18 Continued 8

(10 000 yuan)

三、损益及分配 Increase, Decrease and Assgning				
财务费用 Financial Expenditures	利息收入 Interest Revenue	利息支出 Interest Paid	资产减值损失 Impairment Loss of Assets	公允价值变动收益 Changes in Fair Value Gains
12074.1	**－347.6**	**1949.4**	**1131.3**	**44.4**
－26.9	0.2	－28.3	30.0	0.0
8962.6	－239.5	1922.6	343.1	43.3
2781.5	－108.2	0.8	778.1	0.0
278.1	0.0	7.4	10.1	1.1
270.7	0.0	0.0	0.0	0.0
7.4	0.0	7.4	10.1	1.1
51.9	0.1	18.6	0.0	0.0
－0.1	0.1	0.0	0.0	0.0
47.3	0.0	18.6	0.0	0.0
4.7	0.0	0.0	0.0	0.0
7687.5	－243.5	1561.2	353.2	44.4
16.3	0.0	14.7	0.0	0.0
0.0	0.0	0.0	0.0	0.0
105.4	0.0	0.0	0.0	0.0
105.4	0.0	0.0	0.0	0.0

8－18 续　表 9

单位:万元

指标名称 Item	三、损益及分配 Increase, Decrease and Assgning		
	销售费用 Expenses for Sales	管理费用 Expenses for Management	税　金 Taxes
有限责任公司 Companies of Limited Liabilities	131849.6	47580.8	2488.7
国有独资公司 Companies State－owned Excluasive Investment	1674.4	155.8	86.4
其他有限责任公司 Other Companies of Limited Liabilities	130175.2	47425.0	2402.3
股份有限公司 Share Holding	2343.0	558.6	59.5
私营企业 Private－owned	71039.3	25196.6	1120.8
私营独资企业 Privately Owned	1546.7	594.2	99.2
私营合伙企业 Private Partnership	67.9	99.1	3.8
私营有限责任公司 Private Companies of Limited Liabilities	66689.5	23196.8	994.3
私营股份有限公司 Private Companies of Limited Liabilities with Share Holding	2735.2	1306.5	23.5
其他企业 Others	88.3	48.0	0.0
港、澳、台商投资企业 Enterprises funded by Entepreneurs from HongKong, Macao & Taiwan	40066.4	5718.8	0.1
与港澳台商合资经营企业 Joint Ventures with HongKong, Macao and Taiwan	4901.5	175.8	0.0
港澳台商独资企业 Exclusive investment of HongKong. Macao and Taiwan	35164.9	5543.0	0.1
外商投资企业 Foreign funded	126360.8	33501.7	276.0
中外合资经营企业 Chinese Foreign Equity Joint Ventures	0.0	505.1	0.0
外资企业 Enterprises with Sole Foreign Investment	126360.8	32996.6	276.0

8－18 Continued 9

(10 000 yuan)

三、损益及分配 Increase, Decrease and Assgning				
财务费用 Financial Expenditures	利息收入 Interest Revenue	利息支出 Interest Paid	资产减值损失 Impairment Loss of Assets	公允价值变动收益 Changes in Fair Value Gains
5605.2	－292.7	826.3	291.4	10.9
－0.1	0.2	0.1	30.8	0.0
5605.3	－292.9	826.2	260.6	10.9
101.5	0.0	0.0	0.0	0.0
1856.0	49.2	720.2	61.8	33.5
82.5	4.2	27.3	0.0	0.0
2.4	0.0	2.4	0.0	0.0
1183.5	43.4	104.4	51.7	32.4
587.6	1.6	586.1	10.1	1.1
3.1	0.0	0.0	0.0	0.0
1627.4	2.9	383.1	0.0	0.0
924.7	0.9	383.1	0.0	0.0
702.7	2.0	0.0	0.0	0.0
2759.2	－107.0	5.1	778.1	0.0
－0.9	1.0	0.1	0.0	0.0
2760.1	－108.0	5.0	778.1	0.0

8-18 续 表 10

单位:万元

指标名称 Item	三、损益及分配 Increase, Decrease and Assgning	
	投资收益 Income from Investment	营业利润 Operating Profits
总 计 Total	**94.5**	**6681.3**
其中:国有控股 State Holding	7.4	239.2
1.按餐饮业行业小类分 Gropued by Small Class		
正餐服务 Dinner Service	92.3	-5762.7
快餐服务 Fast Food Service	0.0	4125.0
饮料及冷饮服务 Beverage and Related Services	2.2	8716.4
咖啡馆服务 Cafe Service	0.0	8689.8
其他饮料及冷饮服务 Other Catering Trade	2.2	26.6
其他餐饮业 Other Catering Trade	0.0	-397.4
小吃服务 Snack Service	0.0	-35.3
餐饮配送服务 Food Distribution Service	0.0	-265.3
其他未列明餐饮业 Other Not - Listed Catering	0.0	-96.8
2.按登记注册类型分 Grouped by registration		
内资企业 Domestic Investment	94.5	-4160.3
国有企业 State - owned	0.0	6.5
股份合作企业 Cooperative of Share Holding	0.0	1.5
联营企业 Joint Venture	0.0	306.1
集体联营企业 Collective Joint	0.0	306.1

8－18 Continued 10

(10 000 yuan)

三、损益及分配 Increase, Decrease and Assgning				四、人工成本及增值税 Labor Cost and Value Added Tax
营业外收入 Non－Operating Income	政府补助 Government Subsidy	利润总额 Total Profits	应交所得税 Income Tax Payble	应付职工薪酬（本年贷方累计发生额） Employee Compensation
4180.4	**632.8**	**5502.7**	**11039.8**	**177060.9**
12.2	10.7	245.6	102.5	3529.4
3243.6	632.8	－5271.9	8543.5	123819.4
895.4	0.0	2592.6	477.1	43517.6
32.5	0.0	8574.6	2015.2	7409.9
32.5	0.0	8548.0	2014.0	7323.9
0.0	0.0	26.6	1.2	86.0
8.9	0.0	－392.6	4.0	2314.0
8.9	0.0	－26.4	0.5	196.0
0.0	0.0	－269.4	0.0	1977.0
0.0	0.0	－96.8	3.5	141.0
3161.2	592.0	－3569.9	8109.1	121287.8
0.0	0.0	1.5	32.5	460.9
0.0	0.0	1.5	1.2	64.8
0.0	0.0	306.1	76.5	148.0
0.0	0.0	306.1	76.5	148.0

8-18 续 表 11

单位:万元

指标名称 Item	三、损益及分配 Increase, Decrease and Assgning	
	投资收益 Income from Investment	营业利润 Operating Profits
有限责任公司 Companies of Limited Liabilities	2.9	-9066.8
国有独资公司 Companies State - owned Excluasive Investment	0.0	-45.5
其他有限责任公司 Other Companies of Limited Liabilities	2.9	-9021.3
股份有限公司 Share Holding	0.0	-251.0
私营企业 Private - owned	91.6	4821.3
私营独资企业 Privately Owned	0.0	1424.2
私营合伙企业 Private Partnership	0.0	158.0
私营有限责任公司 Private Companies of Limited Liabilities	89.4	274.0
私营股份有限公司 Private Companies of Limited Liabilities with Share Holding	2.2	2965.1
其他企业 Others	0.0	22.1
港、澳、台商投资企业 Enterprises funded by Entepreneurs from HongKong, Macao & Taiwan	0.0	6375.5
与港澳台商合资经营企业 Joint Ventures with HongKong, Macao and Taiwan	0.0	-2741.7
港澳台商独资企业 Exclusive investment of HongKong. Macao and Taiwan	0.0	9117.2
外商投资企业 Foreign funded	0.0	4466.1
中外合资经营企业 Chinese Foreign Equity Joint Ventures	0.0	-103.0
外资企业 Enterprises with Sole Foreign Investment	0.0	4569.1

8－18 Continued 11

(10 000 yuan)

三、损益及分配 Increase, Decrease and Assgning				四、人工成本及增值税 Labor Cost and Value Added Tax
营业外收入 Non－Operating Income	政府补助 Government Subsidy	利润总额 Total Profits	应交所得税 Income Tax Payble	应付职工薪酬（本年贷方累计发生额） Employee Compensation
2118.2	222.6	－4874.0	4641.5	77000.9
10.7	10.7	－34.8	0.1	2440.7
2107.5	211.9	－4839.2	4641.4	74560.2
4.0	0.0	－247.1	14.9	1174.3
1039.0	369.4	1220.0	3340.7	42396.9
0.0	0.0	1424.2	195.1	1145.6
0.0	0.0	158.0	8.0	140.8
1039.0	369.4	627.3	3123.4	39589.5
0.0	0.0	－989.5	14.2	1521.0
0.0	0.0	22.1	1.8	42.0
133.0	40.8	6333.2	2464.1	13128.6
80.2	40.8	－2661.9	13.4	1655.3
52.8	0.0	8995.1	2450.7	11473.3
886.2	0.0	2739.4	466.6	42644.5
2.1	0.0	－102.7	0.0	1333.6
884.1	0.0	2842.1	466.6	41310.9

8－19　亿元商品交易市场分类成交额(2015 年)

项　　目 Item	摊位数 (个) Number of Booth (unit)	成交额 (万元) Sales Revenue (10 000 yuan)
总　计 **Total**	**26758**	**8283708**
1. 粮油、食品类 grain and oil, food	5850	3190239
其中:粮油类 Among them:grain and oil	826	286993
肉禽蛋类 Poultry and eggs	364	21417
水产品类 Aquatic product category	1918	1934950
蔬菜类 Vegetables	1516	674517
干鲜果品类 Dry and fresh fruit	706	210829
2. 饮料类 drinks	409	28544
3. 烟酒类 tobacco and alcohol	10	2206
4. 服装、鞋帽、针纺织品类 clothing, footwear, textiles	8748	941033
(1)服装类 clothing	7188	824867
(2)鞋帽类 shoes and hats	1004	72218
(3)针纺织品类 textiles	556	43948
5. 化妆品类 cosmetics category	47	514
6. 金银珠宝类 gold and silver jewelry	64	450
7. 日用品类 daily necessities	86	31254
其中:儿童玩具类 Children's Toys	0	0
8. 五金、电料类 hardware, electrical materials	1342	93231
9. 体育、娱乐用品类 sports, entertainment products	0	0
其中:照相器材类 Among them:photographic equipment	0	0
10. 书报杂志类 books and magazies	201	14070
11. 电子出版物及音像制品类 electronic publications and audio－visual products	65	4530

CLASSIFICATION TURNOVER ALL TRANSACTION OVER 100 MILLION YUAN (2015)

项　　目 Item	摊位数 （个） Number of Booth （unit）	成交额 （万元） Sales Revenue （10 000 yuan）
12. 家用电器和音像器材类 Household Appliances and Audio – visual Equipment	830	103104
13. 中西药品类 Drugs	2	213
其中:西药类 Among them: Western Medicine	0	0
中草药及中成药类 Chinese Medicine	0	0
14. 文化办公用品类 Cultural office Supplies	1634	447141
其中:计算机及其配套产品 Among them: Computer and its supporting products	83	4633
15. 家具类 Furniture	558	68483
16. 通讯器材类 Communication Equipment	543	197658
17. 煤炭及制品类 Coal and Products	0	0
18. 木材及制品类 Wood and Products	310	31154
19. 石油及制品类 Petroleum and Products	0	0
20. 化工材料及制品类 Chemical Materials and Products	165	38042
其中:化肥类 Among them: Chemical Fertillizer	34	14704
21. 金属材料类 Metallic Materical	2116	1538091
22. 建筑及装潢材料类 Consturction and Decoration Materials	2009	176057
23. 机电产品及设备类 Mechanical and Electronic Products and Equipment	77	9475
其中:农机类 Among them: Agricultural Machinery	0	0
24. 汽车类 The Car	1287	1330109
25. 种子饲料类 Seed and Feed	35	4810
26. 棉麻类 Cotton and Hemp	0	0
27. 其他类 Others	370	33300

8－20　亿元商品交易市场分类(2015 年)

项　　目 Item	市场数量(个) Number(unit)	总摊位数(个) All Booths(unit)	年末出租摊位数(个) Booths rental end of the year(year)	营业面积(平方米) Sapce of Management(m^2)	成交额(万元) Sales Revenue(10 000 yuan)
总　计 Total	**51**	**30539**	**26758**	**2447945**	**8283708**
一、按市场类别分组 Group by Market					
1. 综合市场 Integration Markets	7	5956	5748	635322	972365
综合贸易市场 Comprehensive trade Market	7	5956	5748	635322	972365
生产资料综合市场 Integration Markets of Capital Goods	1	3533	3410	519100	295843
工业消费品综合市场 Integration Markets of Industrial Products	2	381	381	12440	20151
农产品综合市场 Integration Markets of Farming Products	4	2042	1957	103782	656371
其他综合市场 Others	0	0	0	0	0
2. 专业市场 Speciality Markets	44	24583	21010	1812623	7311343
生产资料市场 Capital Goods Markets	7	2924	2423	269177	1558087
建材市场 Building and Decorating Material Markets	1	280	220	5000	10300
金属材料市场 Metal Materials Market	6	2644	2203	264177	1547787
农产品市场 Farm Products Markets	5	3568	3568	271070	2518727
水产品市场 Aquatic Products Market	2	2492	2492	233468	2397225
蔬菜市场 Vegetables Markets	1	191	191	12827	20116
干鲜果品市场 Dry and Fresh Fruit Markets	1	365	365	12775	39853
其他农产品市场 Other Farm Products Markets	1	520	520	12000	61533
食品、饮料及烟酒市场 Markets for Food, Berveage, Cigarette and Liquor	2	385	385	18000	24082
食品饮料市场 Food, Beverage Markets	1	250	250	8000	10003
茶叶市场 Tea Markets	1	135	135	10000	14079
纺织、服装、鞋帽市场 Textile, Clothing, Shoe and Hat Markets	12	11186	8372	573634	922472
布料及纺织品市场 Fabric and Textile Markets	2	265	263	6174	24541
服装市场 Clothing Markets	8	10201	7412	517460	846488

THE CLASSIFICATION OF ALL TRANSACTION OVER 100 MILLION YUAN (2015)

项　　目 Item	市场数量（个） Number（unit）	总摊位数（个） All Booths（unit）	年末出租摊位数（个） Booths rental end of the year（year）	营业面积（平方米） Sapce of Management（m^2）	成交额（万元） Sales Revenue（10 000 yuan）
鞋帽市场 Shoes and Hats Markets	2	720	697	50000	51443
日用品及文化用品市场 Articles for Daily use and Cultural Products Markets	5	1648	1478	163776	474001
箱包市场 Luggage Market	1	530	370	47000	33300
图书、报刊杂志市场 Books, Newspaper and Magazine Markets	1	265	265	4100	18550
其他日用品及文化用品市场 Others	3	853	843	112676	422151
电器、通讯器材、电子设备市场 Electrical Appliance, Communication Equipment and Electronic and Markets	5	1955	1892	112150	351671
家电市场 Household Electrical Appliance	1	518	518	15150	100000
通讯器材市场 Communication Equipment Markets	1	435	435	25000	182000
计算机及辅助设备市场 Computer and Auxiliary	3	1002	939	72000	69671
家具、五金及装饰材料市场 Furniture, Hardware and Decoration Makets	4	1626	1605	206616	132194
家具市场 Funiture Makets	1	185	185	52722	29081
装饰材料市场 Decoration Materials Markets	2	890	890	118000	81113
五金材料市场 Hardware Markets	1	551	530	35894	22000
汽车、摩托车及零配件市场 Auto, Motocycle and its Spare Parts Markets	4	1291	1287	198200	1330109
汽车市场 Auto Markets	3	391	387	187000	1318853
机动车零配件市场 Motor Vehicle Spare Parts Markets	1	900	900	11200	11256
二、按经营方式分组 Group by way of Operation					
1. 以批发为主 Wholesale Based	38	25452	22169	1971819	7238216
2. 以零售为主 Retail Oriented	13	5087	4589	476126	1045492
三、按经营环境分组 Group by Business Environment					
1. 露天式 Open air	10	5389	5214	378321	3184541
2. 封闭式 Closed	40	24599	21014	2033730	5077167
3. 其　他 Other	1	551	530	35894	22000

8－21　商业综合体总体情况(2015年)

一、基本情况

商业综合体调查个数:14个

全部可出租(使用)面积:114.03万平方米

车位数:1.29万个

全年总客流量:11140.21万人次

二、自营、联营部分的经营情况

项目	Item	商户数(个) Number of Merchants (unit)	法人 Corporation	分支机构 Branches	个体户 Individual Merchants
合计	Total	698	139	38	521
一、零售业	Retail	481	108	30	343
1.百货店	Department Stores	1	0	1	0
2.超市	Supermarkets	3	3	0	0
3.专业、专卖店	Specialty Stores	151	80	1	70
4.其他	Others	326	25	28	273
二、餐饮业	Catering	138	18	7	113
三、服务业	Serive	79	13	1	65
1.电影院	Cinemas	4	4	0	0
2.游乐游艺	Music and Arts	4	3	0	1
3.KTV	KTV	0	0	0	0
4.教育培训	Education Training	3	3	0	0
5.健身养生	Body Building and Healthcare	2	0	1	1
6.其他	Others	66	3	0	63

三、租赁部分的经营情况

项目	Item	商户数(个) Number of Merchants (unit)	法人 Corporation	分支机构 Branches	个体户 Individual Merchants	商户从业人员期末人数(人) Number of Late Employees of Merchants
合计	Total	2148	377	621	1150	18514
一、零售业	Retcal	1316	182	414	720	7734
二、餐饮业	Catering	636	133	146	357	8608
三、服务业	Service	196	62	61	73	2172
1.电影院	Cinemas	8	6	1	1	296
2.游乐游艺	Music and Arts	33	12	8	13	388
3.KTV	KTV	5	2	3	0	175
4.教育培训	Education Training	40	11	17	12	493
5.健身养生	Body Building and Health Care	18	7	5	6	387
6.其他	Others	92	24	27	41	433

TOTAL CONDITIONS OF COMMERCIAL SYNTHESES(2015)

Basic Conditions

Number of Commercial Syntheses Surveyed:14

Total Leasable Space:114.03 Square metres

Number of Poking Places:12900

Total Passenger Flow of The Year:11140.21 thousand persons pertome

Operating Conditions of Self Owned and Affilliated Merchants

商户从业人员期末人数(人) Number of Late Employees of merchants	商户销售额(营业额) Operating Revenue of Merchants (万元) (10 000 yuan)		营业面积(平方米) Operating Spate(m^2)
	本年 This Year	上年 Last Year	
3355	70444	81987	150209
2089	54033	58437	99299
163	9000	10000	25000
145	13586	10006	23914
850	10698	6301	28100
931	20749	32130	22285
912	8901	16781	19817
354	7510	6769	31093
134	6901	6291	14686
25	144	76	3048
0	0	0	0
42	120	100	1984
27	4	1	1021
126	341	301	10354

Operating Conditions of Rental Merchants

租金总额(万元) Rental Income (10 000 yuan)		商户销售额(营业额) Operating Revenue of Merchants (万元) (10 000 yuan)		营业面积(平方米) Operating Space(m^2)
本年 This Year	上年 Last Year	本年 This Year	上年 Last Year	
52319	33294	431536	233397	557153
29677	19749	255137	143986	310376
15100	8650	133377	64534	126487
7542	4895	43022	24877	120290
2211	1516	12684	8323	40427
1613	1253	6647	4537	18734
402	284	1303	580	13793
1062	543	7141	4926	15562
1082	555	4282	2417	17594
1172	744	10965	4094	14180

8－22 进出口贸易总额
TOTAL IMPORTS AND EXPORTS OF FOREIGN TRADE COMPANIES

单位:万美元 (10 000 USD)

年份 Year	进出口总额 Total Imports and Exports	进口 Imports	出口 Exports
1988	38828	16656	22172
1989	40405	14712	25693
1990	35607	9124	26483
1991	51570	16130	35440
1992	57929	23041	34888
1993	79277	42680	36597
1994	198840	71109	127731
1995	254641	104325	150316
1996	183968	82593	101375
1997	212345	89522	122823
1998	183634	77812	105822
1999	173972	82549	91423
2000	203085	85678	117407
2001	215648	120969	94679
2002	220207	111153	109054
2003	313611	165483	148128
2004	429848	236707	193141
2005	618786	364777	254009
2006	801214	423464	377750
2007	996179	520861	475318
2008	1397710	707268	690442
2009	1147256	564733	582523
2010	1805506	930091	875415
2011	2278958	1105697	1173261
2012	2035353	960577	1074776
2013	2175189	980898	1194291
2014	2642887	1263798	1379089
2015	2807164	1291910	1515254

8－23 实际利用外资
AMOUNT OF FOREIGN CAPITAL ACTUALLY USED

单位：万美元 (10 000 USD)

年份 Year	合计 Total	境外客商直接投资 Foreign Direct Investments	实际利用外资比上年增长±% Increase Rate of Foreign Capital Actually Used Over Last Year (%)
1990	8044	1135	2.7
1991	10187	1507	26.6
1992	21261	7138	108.7
1993	46427	29485	118.4
1994	91343	44961	96.7
1995	111514	59150	22.1
1996	92024	46730	－17.5
1997	93083	45333	1.2
1998	105618	45397	13.5
1999	116585	47550	10.4
2000	130279	75415	11.7
2001	143201	72223	10.0
2002	157602	86300	10.1
2003	176155	111147	11.8
2004	152003	116063	20.6
2005	174001	133998	14.5
2006	200143	151091	15.0
2007	225005	169763	12.4
2008	257338	193841	14.4
2009	293501	217331	14.1
2010	329265	245031	12.2
2011	376015	275400	14.2
2012	444424	342174	18.2
2013	525011	410081	18.1
2014	619858	524208	18.1
2015	734303	647553	18.5

8-24 旅 游 基 本 情 况
STATISTICS ON TOURISM

	计量单位 unit	2015 年	2014 年
国内旅游人数 Total Number of Domestic Tourists	万人次 10 000 people	20532.98	19126.75
接待海外旅游者人数 Total Number of International Tourists Received	万人次 10 000 people	202.35	170.58
其中:外国人 Foreigners	万人次 10 000 people	164.12	138.38
港澳台同胞 Compatriots from HongKong, Macao and Taiwan	万人次 10 000 people	38.23	32.20
接待海外旅游者人天数 Total Number of Tourist and Days Received (10,000 person-day)	万人天 10 000 people Perday	562.83	491.94
其中:外国人 Foreigners	万人天 10 000 people perday	456.78	400.99
港澳台同胞 Compatriots from Hongkong, Macao and Taiwan	万人天 10 000 people perday	106.05	90.95
旅游总收入 Total Tourism Earnings	亿元 100 million yuan	2197.41	1949.46
其中:国际旅游(外汇)收入 International Tourism Foreign Exchange Earnings	亿美元 100 million dollars	13.37	9.34
国内旅游收入 Domestic Tourism Earnings	亿元 100 million yuan	2115.23	1892.06
年末星级以上宾馆数 Number of Star-ranking and above Hotels	个 unit	81	87
其中:五星级 Five-Star	个 unit	14	14
四星级 Four-Star	个 unit	29	31
三星级 Three-Star	个 unit	29	31
旅游星级饭店客房合计 Number of Guest Rooms	间 unit	14746	15045
旅游星级饭店床位合计 Number of Beds	张 unit	24708	25238
旅游星级饭店客房实际出租间天数 Actual Number of Days Hired for Guest Rooms	间/天 unitper day	2555043	2910111
旅游星级饭店客房核定出租间天数 Checking Number of Days Hlred for Guest Rooms	间/天 unit per day	4441888	5068016
国际、国内旅行社个数 Number of International Travel Agencies and Domestic Travel Agercies	个 unit	334	323
年末旅游景区数 Number of Traveling	个 unit	36	39
其中:4A 级及以上 Four A class and Above	个 unit	18	22

主 要 统 计 指 标 解 释

社会消费品零售总额 指企业(单位、个体户)通过交易直接售给个人、社会集团非生产、非经营用的实物商品金额,以及提供餐饮服务所取得的收入金额。个人包括城乡居民和入境人员,社会集团包括机关、社会团体、部队、学校、企事业单位、居委会或村委会等。

商品购进额 指从本企业以外的单位和个人购进(包括从国外直接进口)作为转卖或加工后转卖的商品金额(含增值税)。本指标反映批发和零售业从国内外市场上购进商品的总价。

商品购进包括:(1)从工农业生产者、批发和零售业企业、住宿和餐饮业企业、出版社或报社的出版发行部门和其他服务业企业购进的商品;(2)从机关团体、事业单位购进的商品;(3)从海关、市场管理部门购进的缉私和没收的商品;(4)从居民收购的废旧商品等。

不包括:(1)企业为本单位自身经营用,不是作为转卖而购进的商品,如材料物资、包装物、低值易耗品、办公用品等;(2)未通过买卖行为而收入的商品,如接受其他部门移交的商品、借入的商品、收入代其他单位保管的商品、其他单位赠送的样品、加工回收的成品等;(3)经本单位介绍,由买卖双方直接结算,本单位只收取手续费的业务;(4)销售退回和买方拒付货款的商品;(5)商品溢余。

商品销售额 指对本单位以外的单位和个人出售的商品金额(包括售给本单位消费用的商品,含增值税),本指标反映批发和零售业在国内市场上销售商品以及出口商品的总量。

商品销售包括:(1)售给城乡居民和社会集团消费用的商品;(2)售给农业、工业、建筑业、服务业等国民经济各行业用于生产、经营用的商品,包括售予批发和零售业作为转卖或加工后转卖的商品;(3)对国(境)外直接出口的商品。

商品销售不包括:(1)未通过买卖行为付出的商品,如随机构变动移交给其他企业单位的商品、借出的商品、归还受其他单位委托代保管的商品、付出的加工原料和赠送给其他单位的样品等;(2)经本单位介绍,由买卖双方直接结算,本单位只收取手续费的业务;(3)购货退回的商品;(4)商品损耗和损失;(5)出售本单位自用的废旧物资。

营业额 指住宿和餐饮业单位在经营活动中因提供服务或销售商品等取得的全部收入,包括:客房收入、餐费收入、商品销售额(含增值税)和其他收入。不包括法人单位附营的其他行业产业活动单位的餐费收入、商品销售收入等各项收入。

连锁总店(总部) 负责连锁企业资源(商号、商誉、经营模式、服务标准、管理模式等等)的开发、配置、控制或使用等功能的企业核心管理机构。连锁经营是指经营同类商品或服务,使用统一商号的若干店铺,在同一总店(总部)的管理下,采取统一采购或特许经营等方式,实现规模效益的组织形式,包括直营连锁、特许连锁和自愿连锁三种形式。

商品交易市场 是指经有关部门和组织批准设立,有固定场所、设施,有经营管理部门和监管人员,若干市场经营者入内,常年或实际开业三个月以上,集中、公开、独立地进行生活消费品、生产资料等现货商品交易以及提供相关服务的交易场所,包括各类消费品市场、生产资料市场等。

进出口总额、海关进出口总额 指实际进出我国国境的货物总金额。包括对外贸易实际进出口货物,来料加工装配进出口货物,国家间、联合国及国际组织无偿援助物资和赠送品,华侨、港澳台同胞和外籍华人捐赠品,租赁期满归承租人所有的租赁货物,来料加工进出口货物,边境地方贸易及边境地区小额贸易进出口货物(边民互市贸易除外),中外合资企业、中外合作经营企业、外商独资经营企业进出口货物和公用物品,到、离岸价格在规定限额以上的进出口货样和广告品(无商业价值、无使用价值和免费提供出口的除外),从保税仓库提取在中国境内销售的进口货物,以及其他进出口货物。进出口总额用以观察一个国家在对外贸易方面的总规模。我国规定出口货物按离岸价格统计,进口货物按到岸价格统计。

利用外资 指我国各级政府、部门、企业和其他经济组织通过对外借款、吸收外商直接投资以及用其他方式筹措的境外现汇、设备、技术等。

外商直接投资 指外国企业和经济组织或个人(包括华侨、港澳台胞以及我国在境外注册的企业)按我国有关政策、法规,用现汇、实物、技术等在我国境内开办外商独资企业、与我国境内的企业或经济组织共同举办中外合资经营企业、合作经营企业或合作开发资源的投资(包括外商投资收益的再投资),以及经政府有关部门批准的项目投资总额内企业从境外借入的资金。

旅游者人数 包括入境国际旅游者人数、出境居民人数和国内旅游者人数。

(1)入境国际旅游者人数:指来中国参观、访问、旅行、探亲、访友、休养、考察、参加会议和从事经济、科技、文化、教育、宗教等活动的外国人、华侨、港澳同胞和台湾同胞的人数。不包括外国在我国的常驻机构,如使领馆、通讯社、企业办事处的工作人员;来我国常住的外国专家、留学生以及在岸逗留不过夜人员。

(2)出境居民人数:指大陆居民因公务活动或私人事务短期出境的人数。公务活动出境居民人数包括在国际交通工具上的中国服务员工,因私出境居民人数不包括在国际交通工具上的中国服务员工。

(3)国内旅游者人数:指我国大陆居民和在我国常住1年以上的外国人、华侨、港澳台同胞离开常住地在境内其他地方的旅游设施内至少停留一夜,最长不超过6个月的人数。国际旅游(外汇)收入指入境旅游的外国人、华侨、港澳同胞和台湾同胞在中国大陆旅游过程中发生的一切旅游支出,对于国家来说就是国际旅游(外汇)收入。

Explanatory Notes on Main Statistical I ndicators

Total Retail Sales of Consumer Goods refer to the amount obtained by enterprises(units, self – employed individuals) through direct sales of non – production and non – business physical commodity to individuals, social institutions, and revenue from providing catering services. Individuals include rural and urban households, population from abroad, social institutions include government agencies, social organizations, military units, schools, institutions, neighbourhood(village) committees.

Total Purchases of Commodities refer to the value of commodities(including VAT) purchased by the enterpises from other units or individuals(including dirct import from abroad) for the purpose of reselling, either with or without further processing of commodities purchased. This indicator is used to show the total value of purchases of commodities by wholesale and retail establishments from domestic and overseas market.

The total purchases include: (1) Commodities purchased from agricultural and industrial producers, wholesle and retail establishments, accommodation and catering establishments, publishers or distribution dapartment of newspaper offices, and other service establishments; (2) Commodities purchased from government agencies and public institutions; (3) Confiscated goods purchased from customs authories or market management agencies; (4) Second – hand goods and wastes purchased from residents.

Excluded are : (1) Commodities purchased by enterprises for use in their own business operation without buying or selling procedures, including material assets, packing, low – value consumables and office supplies, etc; (2) Commodities obtained without buying or selling procedures, such as goods handed over from other enterprises and institutions, borrowed goods, goods preserved for other units, samples donated by others, finished products recycled after processing, etc; (3) Commission income from brokerage in transactions whose settlement is directly handled by buyers and sellers; (4) Rejected commodities in purchase and goods which buyers refuse to pay the price; (5) Commodities overage.

Total Sales of Commodities refer to value of commodities sold by the establishments to other establishments and individuals(involving commodities sold for self consumption, including VAT). This indicator is used to show the total value of sales of commodities at domestic markets and exports.

The total sales include: (1) commodities sold to urban and rural residents and social groups for their consumption; (2) commodities sold to establishments in agriculture, industry, construction service and other professions for their production and operation, including wholessle and retail establishments for re – selling, with or without further processing; (3) commdities for direct export to other countries.

Excluded are: (1) commodities transferred without buying or selling procedures, such an goods handed over to other enterprises and institutions because of the change of the organizations, lent goods, returned good preserved for others, extended processing materials and samples donated to others, etc; (2) commission income from brokerage in transactions whose settlement is directly handled by buyers and sellers; (3) rejected commodities in the purchase; (4) loss in commodities; (5) waste and used materials used by the establishments themselves.

Business Revenue refer to revenue received from providing services or selling commodities by establishments in hotel and catering services, including income from hotel rooms, from catering services, from selling of commodities and from other services. Income from catering, selling commodities and other sources by units attached to the corporated enterprises but in other professions are excluded.

Chain Head Store(headquarter) refer to the core leading stores responsible for development , allocation, administration and utilization of resources(name of stores, brand of stores, operation model, service standard, management way, etc.) of chain stores. Chain store operation refers to the organization of stores which engaged in providing homogeneous commodities or services, using unique name of stores, under the central leadership of head store , adopting centralized purchasing or franchising or other ways in order to gain scale benefits. There are three organizations to achieve scale benefits in chain stores, including direct management, special permit, voluntary arrangement.

Commodity Trading Markets Refers to the trading places established with the approval of relevant departments and organizations, with a fixed place, facilities, management department and supervisors, in which the number of market operators trading consumer goods, means of production and other spot commodities, and providing related services independently openly with concentration for more than three months or all the year round, including all kinds of consumer goods market, production market, etc.

Total Import and Export of Goods refer to the real value of commodities imported and exported across the border of China. They include the actual imports and exports through foreign trade, imported and exported goods under the processing and assembling trades and materials, supplies and gifts as aid given gratis between governments and by the United Nations and other international organizations, and contributions donated by overseas Chinese, compatriots in Hong Kong and Macao and Chinese with foreign citizenship, leasing commodities owned by tenant at the expiration of leasing period, the imported and exported commodities processed with imported materials, commodities trading in border areas(excluding mutual exchange goods) , the imported and exported commodities and articles for public use of the Sino—foreign joint ventures, cooperative enterprises and ventures with sole foreign investment. Also included is import or export of samples and advertising goods for which CIF or FOB value are beyond the permitted ceiling(excluding goods of no trading or use value and free commodities for export) , imported goods sold in China from bonded warehouses and other imported or exported goods. The indicator of the total imports and exports at customs can be used to observe the total size of external trade in a country. In accordance with the stipulation of the Chinese government, imports are calculated at CIF, while exports are calculated at FOB.

Utilization of Foreign Capital refers to remittance, equipment and technology financed from abroad, by loans, foreign direct investment and other forms undertaken by the Chinese governments at all levels, by various departments, enterprises and other economic units.

Foreign Direct Investment refer to the investments inside China by foreign enterprises and economic organizations or individuals (including overseas Chinese, compatriots from Hong Kong, Macao and Taiwan, and Chinese enterprises registered abroad) , following the relevant policies and laws of China, for the establishment of ventures exclusively with foreign own investment, Sino – foreign joint ventures and cooperative enterprises or for co – operative exploration of resources with enterprises or economic organizations in China. It includes the re – investment of the foreign entrepreneurs with the profits gained from the investment and the funds that enterprises borrow from abroad in the total investment of projects which are approved by the relevant depantment of the government.

Number of Tourists (1) International tourists refer to foreigners, overseas Chinese, Chinese compatriots from Hong Kong, Macao and Taiwan coming to China for sight – seeing, visits, tours, family reunions, vacations, study tours, conferences and other activities of a business, scientifc and technolongical, cultural, educational and religious nature. It does not include representatives and employees of resident instiututions of foreign countries in China such as embassies, consulates, news agencies and offices of foreign companies and organizations, nor does it include long – term foreign experts or studentss residing in China, or persons in transition without spending a night in China.

(2) Chinese residents goning abroad refer to Chinese residents going abroad for short terms for either public business or private purposes. Chinese employees working on international transport carriers are included in those going abroad for public business purpose, not in those for private purpose.

(3) Domestic tourists refer to residents of the mainland of China who stay for one night at least but no more than 6 months at tourist facilities in other places than their permanent residece within the territory of the mainland China, including foreigners, overseas Chinese and Chinese compatriots from Hong Kong, Macao and Taiwan who have resided in China for over one year.

Foreign Exchange Earnings form Internationa Tourism refer to the total expenditrues of foreigners, overseas Chinese, Chinese compatriots from Hong Kong, Macao and Taiwan during their stay in the mainland of China, which are earnings of foreign exchange from international tourism from the point of view form China.

International Travel Agencies refer to travel agencies engaged in the promotion, solicitation, organization and reception of tours to the mainland of China by foreigners, overseas Chinese, Chinese compatriots from Hong Kong, Macao and Taiwan.

Domestic Travel Agencies refer to travel agencies engaged in the promotion, solicitation, organization and reception of domestic tourists, and in the reception of roreigners, overseas Chinese, Chinese compatriots from Hong Kong, Macao and Taiwan organized by internationa travel agencies or other departments concerned, without their own promotion and solicitation programmes.

Star – Hotels refer to hotels rated with stars.

九 财政 金融和保 险

FINANCE, BANKING AND INSURANCE

资料整理人员: 胡开锋　刘　洁　肖从新　杨　凡　吴华章

STAFF FOR DATA PROCESSING:

Hu Kaifeng　Liu Jie　Xiao Congxin　Yang Fan　Wu Huazhang

简要说明

本篇反映我市财政收支、金融、证券和保险业发展情况。财政收支资料来源于市财政局;反映金融经营情况的"金融机构资金来源与运用"、"银行资金来源与运用"、"金融机构年末储蓄存款余额"等资料,为中国人民银行武汉分行营业管理部整理提供;反映证券经营情况的"证券市场交易情况",由中国证券监督管理委员会湖北监管局提供;反映保险经营情况的"历年保险业务经营情况"、"保险业务经营情况",由中国保险监督管理委员会湖北监管局提供。

Brief Description

This chapter shows the government revenue and expenditure, banking, security and insurance in Wuhan. The data on government revenue and expenditure come from Wuhan city bureau of finance. Data on banks source and banks uses、cash income and expenditures of financial institutions reflecting financial business are collected and prepared on the basis of information from the Wuhan branch of People's Bank of China. Data on transactions of securities reflecting security business are provided by Hubei Regulatory Bureau of China Insurance Regulatory commission. Data on economic indicators of insurances business in various years reflecting insurance business are provided by Hubei Regulatory Bureau of China Insurance Regulatary commission.

9－1 财政收入与支出
BUDGETARY GOVERNMENT REVENUES AND EXPENDITURES OF THE WHOLE CITY

单位：万元 (10 000 yuan)

项目 Item	2015	2014
一般公共预算总收入 General public Budget Revenue	22316736	19795311
其中：地方一般公共预算收入 Local General Public Budget Revenue	12456338	11120903
#税收收入 Tax Revenue	10159072	9067595
#增值税 Value Added Tax	978973	1313849
营业税 Revenue	3312013	2798185
城市维护建设税 Tax on City Maintenance and Construction	765903	691758
企业所得税 Enterprises Income Tax	1623007	1448108
一般公共财政预算支出 General public Financial Expenditure	13380508	11751039
#一般公共服务 General public services	1230698	1293632
国防和公共安全 National Defence and Public Security	726079	711790
教　育 Education	1842041	1442633
科学技术 Science and Technology	681890	568956
文化体育与传媒 Culture, Sports and Media	193385	173899
社会保障和就业 Social Security and Employment	2040891	1664650
医疗卫生与计划生育 Medical Health	1125317	862300
节能环保 Enviromental Protection	268320	218454
城乡社区事务 Community in City and Rural	2352449	1942191
农林水事务 Water Affairs of Agriculture and Forestry	728270	670157
交通运输 Traffic and Transport	638921	524281
商业服务业等事务 Expenditure for Commerce and Sevice Business	115504	144440
金融支出 Banking Expenditure	14312	70085

9-2 税收完成情况
GOVERNMENT TAXES REVENUES

单位:万元　　　　(10 000 yuan)

项目	Item	2015	2014
市国家税务局总计	Subtotal by State Taxation Bureau of Wuhan	12594696	11287190
按税种分:	Categories of Taxes		
#增值税(国内)	Value added Tax(Domestic)	4468292	4116119
消费税(国内)	Consumption Tax(Domestic)	3588831	3065765
市地方税务局总计	Subtotal of Local Taxation Bureau of Wuhan	13904085	12332287
#税收收入	Revenue	8861895	7858063
#营业税	Business Tax	3312012	2798186
企业所得税	Business Income Tax	1028722	991874
个人所得税	Personal Income Tax	1193653	891167
城建税	Tax on City Maintenance Construction	792203	717607
车船使用和牌照税	Tax on Use of Vehicles and Ships	74903	61968
房产税	Tax on Real Estates	288121	233791
资源税	Tax on Resources	864	763
土地使用税	Tax on Use of Land	146456	139291
印花税	Stamp Tax	167395	145699
教育费附加	Extra - charges for Education	381387	335980

注:市国家税务局总计中含海关代征。

Note:The customs generation is included in subtotal by State Taxation Bureau of Wuhan.

9－3　金融机构资金来源与运用

CREDIT FUNDS BALANCE SHEET OF BANKS－SOURCES AND BANKS－USES OF FINANCIAL INSTITUTIONS

单位：亿元　　　　(100 million yuan)

项　　目 Item	2015
资金来源本外币合计 All Sources from Local and Foreign Currency	**20684.17**
#本　　币 Local Currency	20210.37
金融机构本外币存款 Local and Foreign currency deposits of financial institutions	19393.16
#本　　币 Local Currency	19057.17
#住户存款 Households Deposits	5975.44
非金融企业存款 Non－Financial Enterprises Deposits	8162.52
广义政府存款 General Government Deposits	3605.42
资金运用本外币合计 All Uses for Local and Foreing Currency	**20684.17**
#本　　币 Local Currency	20210.37
金融机构本外币贷款 Local and Foreign currency loans of financial institutions	17135.79
#本　　币 Local Currency	16018.30
#住户贷款 Households Deposits	3569.31
短期贷款 Short－term Loans	531.22
中长期贷款 Medium & Long－term Loans	3038.09
非金融企业贷款 Non－Financial Enterprises Deposits	12446.52
短期贷款 Short－term Loans	3271.12
中长期贷款 Medium & Loug－term Loans	8177.84
票据融资 Bill Financing	534.80
融资租赁 Finance Lease	424.30
各项垫款 The Advances	38.46
非银行业金融机构贷款 Non－Bank Financial Institutions Loans	0.09

9-4 银行资金来源与运用(2015年)
CREDIT FUNDS BALANCE SHEET OF BANKS - SOURCES AND BANKS USES IN BANKING SYSTEM(2015)

单位:万元 (10 000 yuan)

项目 Item	合计 Total	武汉地区政策性银行 Policy Banks in Wuhan	中资全国性四家银行 Four Commercial Banks of State	股份制商业银行 Shareholding System comm - ercial Banks	城市商业银行 Urban Commercial Banks	外资银行 Foreign Capital Banks
资金来源合计 All Sources	**226285354**	**42181004**	**75494804**	**81231770**	**25649600**	**1728176**
#各项存款 Deposits	165572342	9980374	70003589	71816376	12926781	845222
#个人存款 Personal Deposits	50395644		31870514	14616179	3826078	82873
单位存款 Unit of Account	99783715	9340373	33435424	47773076	8550299	684543
#活期存款 Demand Deposits	47907611	8385214	15966410	18406748	4960131	189108
定期存款 Time Depostis	16589442	369157	7202280	7191925	1476959	349121
国库定期存款 Treasury Time Deposits	1837300	140000	1039300	401000	257000	
非存款类金融机构存款 Deposits of Non - Deposits Financial Institutions	13308136	500000	3537131	8934628	289333	47044
资金运用合计 All uses	**226285354**	**42181004**	**75494804**	**81231770**	**25649600**	**1728176**
#各项贷款 Loans	150079186	43375144	51865263	45877639	7855268	1105872
#短期贷款 Short - term Loans	32787229	2581797	10488844	16339827	2828126	548635
中长期贷款 Medium - term and Long - term Loans	104195806	32122065	39236542	28393639	3974680	468880
票据融资 Notes Financing	4034338		2101371	904040	953309	75618
融资租赁 Finance Lease						
各项垫款 The Advances	350239		20469	229960	98912	898

注:本表为含外资本外币口径。

Note:Data in this table contains local and foreign currency of foreign investment.

9-5 证券市场交易情况
STATISTICS ON TRANSCACTIONS OF SECURITIES

单位:万元 (10 000 yuan)

项目 Item	2011	2012	2013	2014	2015
一、交易量合计 Total Transcation Value of Securties	171701000	175185900	277648400	379945200	945907000
(一)股票交易量 Subtotal of Value of Stock Transcation	146691100	108674500	155772700	240689700	763408700
(二)基金 Value of Transcaction of Funds	1577100	3020500	5508700	7630800	34111900
(三)债券 Value of Government Bonds Transcations	1034800	2277600	3445700	5186600	4391600
(四)权证 Value of Warrants Transcation	730200				
(五)债券融资回购交易 Bond Repurchase Trading	2072300	3285500	10940200	7421600	3516900
(六)债券融券回购交易 Bond Securities Repurchase Trading	19589900	56717000	101522300	118763400	139868300
(七)其他证券 Others	5600	1210800	458800	253100	609600
二、网点数(个) Number of Newwork(unit)	89	92	100	118	136

9-6 历年保险业务经营情况
ECONOMIC INDICATORS OF INSURANCE BUSINESS IN VARIOUS YEARS

单位:万元 (10 000 yuan)

年份 Year	保费收入 Premium	赔款和给付 Claim and Benefits
1993	63081	26240
1994	67398	45657
1995	86419	53277
1996	119571	36245
1997	161036	36314
1998	187055	65972
1999	228178	48509
2000	224530	43602
2001	264023	67625
2002	398889	98151
2003	438849	107588
2004	456315	130028
2005	542889	142602
2006	554398	162084
2007	660387	254532
2008	1020521	331739
2009	1229012	277528
2010	1662284	303019
2011	1872413	407510
2012	1752754	461543
2013	2022253	604818
2014	2657141	753343
2015	3245705	995023

9－7 保险业务经营情况(2015年)
ECONOMIC INDICATORS OF INSURANCE BUSINESS(2015)

单位:万元 (10 000 yuan)

指　　标	保费收入 Premium	赔款、给付金额 Claim and Benefits
全市总计	**3245704.92**	**995022.68**
一、财产保险 Property Insurance	**1030434.44**	**458626.59**
企业财产保险 Enterprises Property Insurance	73742.59	26391.77
家庭财产保险 Family Property Insurance	3057.21	398.73
机动车辆保险 Insurance of Motor Vehicles & Responsibility	794941.94	380751.75
工程保险 Construction Insurance	33404.92	7470.42
责任保险 Responsibility Insurance	26312.94	11907.96
信用保险 Credit Insurance	16928.52	2497.24
保证保险 Guarantee Insurance	49445.17	15606.19
船舶保险 Shipping Insurance	7642.10	4151.09
货运险 Cargo Insurance	12094.32	3910.43
特殊风险保险 Special Risk Insurance	1699.00	133.82
农业保险 Agriculture Insurance	7691.72	3079.09
其它险 Other Insurance	3474.01	2328.10
二、人身保险 Life Insurance	**2215270.48**	**536396.09**
寿　险 Common Life Insurance	1715440.87	411517.44
意外伤害险 Accident Insurance	87530.31	18147.34
健康保险 Health Insurance	412299.30	106731.31

注:本表数据为"企业会计准则2号解释"下新口径数据。新口径数据具体是指保险业保费收入核算采用新计量方法,投连和万能险等险种与保险风险相关的业务收入将计为保费收入,其余不相关部分将不计为保费收入。

Note: Data from this table are new statistic scrope data under No. 2 Explanation of Accounting Standards. New statistic Scrope refers to new calculating method of insurance premium accounting. Income from investment linked and universal life and other insurance related to insurance risk will be included in insurance premium Not Relevant Parts are excluded.

主 要 统 计 指 标 解 释

财政收入 国家财政参与社会产品分配所取得的收入，是实现国家职能的财力保证。财政收入所包括的内容几经变化，目前主要包括：(1)各项税收；(2)专项收入；(3)其他收入等。

财政支出 国家财政将筹集起来的资金进行分配使用，以满足经济建设和各项事业的需要，主要包括：(1)一般公共服务支出；(2)国防支出；(3)公共安全支出；(4)教育支出；(5)科学技术支出；(6)文化体育与传媒支出；(7)社会保障和就业支出；(8)医疗卫生支出；(9)环境保护支出；(10)城乡社区事务支出；(11)农村水事务支出；(12)交通运输支出等。

信贷资金 国家银行用于发放贷款的资金叫信贷资金。中国人民银行信贷资金的来源有各项存款、对国际金融机构负债、流通中货币、银行自有资金及当年结益等。信贷资金的运用有各项贷款、黄金占款、外汇占款、财政借款及在国际金融机构中的资产等。

存款 企业、机关、团体或居民根据资金必须收回的原则，把货币资金存入银行或其他信用机构保管并取得一定利息的一种信用活动形式。根据存款对象的不同可划分为单位存款、代理财政性存款、个人存款等科目。它是银行信贷资金的主要来源。

贷款 银行或其他信用机构根据资金必须归还的原则，按一定利率，为企业、个人等提供资金的一种信用活动形式。我国银行贷款分为个人消费贷款、经营贷款、固定资产贷款等科目。

保费 又叫保险费。是保险人根据保险合同的有关规定，为被保险人取得因约定危险事故发生所造成的经济损失补偿(或给付)权利，付给保险人的代价。包括财产险和人身险储金收入。

赔款 保险事故发生后，经查证确属保险责任范围以内的保险标的损失，保险人根据保险合同的规定履行赔偿义务，给予被保险人的款项叫做赔款。赔款可分为已决赔款和未决赔款两种。

Explanatory Notes on Main Statistical Indicators

Government Revenue refers to the revenue of the government finance by means of participating in the distribution of the social products, which is the financial resources for ensuring the government to function。The contents of government revenue have been changed several times. Now it includes the following main items:

(1) Various tax revenues, (2) Special revenues, (3) Other revenues.

Government Expenditure refers to the distribution and use of the funds the government finance has raised, so as to meet the needs of economic construction and various causes. It includes the following main items: (1) expenditure for general public services; (2) expenditure for national defence; (3) expenditure for public security; (4) expenditure for education; (5) expenditure for science and technology; (6) expenditure for culture, sport and media; (7) expenditure for social safety net and employment effort; (8) expenditure for medical and health care; (9) expenditure for environment protection; (10) expenditure for urban and rural community affairs; (11) expenditure for agriculture, forestry and water conservancy; (12) expenditure for transportation.

Credit Funds refer to the funds issued as loans by state banks. The sources of credit funds of the People's Bank of China included deposits, liabilities to international financial institutions, currency in circulation, self – owned fund and current retained profits, etc. The credit funds can be used in forms of loans, gold, foreign exchange, government debt and assets in the international financial institulions

Deposits is a form of credit by which enterprises, institutions, organizations or households can put money into banks and other credit institutions for safekeeping and interest earning under the principle of free withdrawal. According to different depositors, deposits are divided into enterprise deposits, treasury deposits, deposits of government agencies and organizations, capital construction deposits, urban savings deposits, rural deposits and other deposits. Deposits are major sources of the credit funds of banks.

Loan is a form of credit by which banks and other credit institutions provide funds at certain interest rate to enterprises and individuals in the light of the principle of unconditional repayment. Loans from Chinese banks include circulating capital loans, fixed assets-loans, loans to urban and rural individuals engaged in industrial and commercial business and agricultural loans.

Premium refers to the fee paid by the insurant to the insurer for the rights to gain compensation of economic loss from the insurer after accidents in the range have happened, according to the relevant items on insurance contract. It includes the income from the deposit of property insurance and personal insurance.

Settled Claim is the compensation paid by the insurant to the insurance in accordance with the insurance contract for the loss which has been checked and found to be in the range of liability of the insurance after all accident has happened to the insured property or to a person who has insured his life. It iS further divided into settled and unsettled claim.

十　物价指数和人民生活

PRICE INDICES AND PEOPLES LIVELIHOOD

资料整理人员:金翠华　胡红九　郭淑华　瞿　芳　龚勇军　刚　玮　江　红

STAFF FOR DATA PROCESSING:

Jin Cuihua　Hu Hongjiu　Guo Shuhua　Qu Fang　Gong Yongjun　Gang Wei　Jiang Hong

简要说明

本篇资料反映我市生产、流通与消费等环节的价格变动趋势和幅度以及我市城乡居民收入、消费及其他生活状况。价格变动趋势和幅度的数据主要包括居民消费价格指数、商品零售价格指数、工业生产者出厂价格指数和工业生产者购进价格指数;城乡居民生活状况主要内容包括居民现金和实物收支情况、住户成员及劳动力从业情况、住房和耐用消费品拥有情况等。

居民消费、商品零售价格指数根据国家统计局统一组织的分层抽样调查方法,经过对调查点的选定、代表规格品的选择,采用"三定一直"原则,即定点、定时、定人用 PDA 直接采集价格,取得资料后,按住户调查的居民家庭消费支出构成和社会消费品零售额统计确定的权数分别进行计算得到。工业生产者价格包括工业企业产品第一次出售时的出厂价格和企业作为中间投入的原材料、燃料、动力购进价格(简称工业生产者购进价格)。该项调查按照国家统计局工业生产者价格统计调查制度规定,采用重点调查和典型调查相结合的调查方法,其价格指数由选定的企业按确定的代表产品采用联网直报的形式上报资料,按工业销售产值、投入产出数据及工业企业产品权数调查数据确定的权数计算。重点调查对象为年主营业务收入 2000 万元以上的工业企业,采用主观选样的方法选择调查企业;典型调查对象为年主营业务收入 2000 万元以下的工业企业作为抽样,采用随机抽样的调查方法选择企业。

城乡居民生活状况数据来源于国家统计局武汉调查队住户收支与生活状况调查,是对城乡居民家庭抽样调查汇总评估的结果。住户收支与生活状况调查由国家统计局武汉调查队组织实施,调查小区、调查住宅均由国家统计局按《住户收支与生活状况调查方案》统一抽选。抽样以省为总体,在对市县级调查网点代表性进行评估的基础上,采用分层、多阶段随机抽样方法抽选调查住宅,确定调查户;抽中调查小区五年内保持不变,抽中住宅每年轮换一半。调查对象为中华人民共和国境内的所有住户,无论是本地户籍还是外地户籍,无论是农业户籍还是非农业户籍,也无论是家庭形式居住还是以集体形式居住。基础数据的采集方式采用日记账和问卷调查相结合的方式。我市目前按上述方法在 7 个中心城区和 6 个新城区共计 113 个调查小区,约 1200 户中开展住户收支与生活状况调查。调查员采用入户访问形式调查搜集城乡居民家庭收入、消费及其他生活状况等资料。调查资料经审核汇总后上报国家统计局湖北调查总队,由湖北调查总队评估核定反馈数据,根据湖北总队反馈数据形成我市城镇常住居民可支配收入、支出和农村常住居民可支配收入、支出等指标。

Brief Description

This information is reflected in the price fluctuation trend and range of production, circulation and consumption, and the income, consumption and other living conditions of urban and rural residents in Wuhan. The price fluctuation trend and amplitude data mainly include consumer price index. commodity retail price index, industrial producer price index and producer price index. The main contents of urban and rural residents living conditions include the residents' cash and real income, housing and labor employment, housing and consumer durable goods.

Consumer price index and commodity retail price index: According to the stratified sampling method that the State Statistical Bureau unified organized, after the choice of the survey point and representative specification, designated person use a PDA direct acquisition price at appointed time in designated place. Then, according the weight calculated through Household consumption expenditure composition and retail sales of social consumer goods, the consumer price index and the commodity retail price index could be calculated. Industrial producer prices: Industrial producer prices include the first factory price of enterprise products and purchase price of raw materials. ruel and power as the middle input. (Abbreviation is Industrial producer purchased price). Provisions on State Statistical Bureau ' s system of investigation about Industrial producer price statistics, using the survey method based on key investigation and typical investigation, through the Representative products ' s data submitted by designated enterprise, according Industrial sales value, input – output data, and the weight of industrial products, we calculated Industrial producer prices. Key research object are the industrial enterprises selected by subj ective sample method in which annual main business income is more than 20000000 yuan. Typical survey object are the industrial enterprises selected by random sampling method in which annual main business income is less than 20000000 yuan.

Living condition data of urban and rural residents inspired from Household income and living conditions survey data by Wuhan investigation team of State Statistical Bureau collected. this is a result through carrying out sampling investigation to urban and rural residents. Household income and living conditions survey is arranged by Wuhan investigation team of State Statistical Bureau. investigated district and investigated residential were United selected according the"Plan of household income and living condi. tions survey" formulated by State Statistical Bureau. Investigation housing were selected by the method of random sampling of different levels and stages, based on the assessment of the representative of the county survey network, taking the province as the main body. Selected cells will be kept on 5 years. selected residents will be changed a half yearly. Investigation object are all residents in the territory of the people, s Republic of China. Whether they are local household or field. Whether they are agricultural household or non Agricultural household. whether their residential style are families or groups. The Basic Data is selected by means of the combination of journalizing and questionnaires. In accordance with the above method, We conducted investigation in about 1 200 households distributing in 11 3 investigated district of 7 central areas and 6 new urban areas. The investigators collected information about household income and consumption and other living conditions through a home visit. Feedback is responsed from Hubei Investigation Corps of State Statistical Bureau. after the survey data is sent to them and assessed by them. Then we get the data of resident disposable income and expenditure according the feedback.

10－1 历年居民消费价格指数
CONSUMER PRICE INDEX IN VARIOUS YEARS

年份 Year	上年=100 preceding year=100		1952年=100 1952's=100		1978=100 1978's=100	
	居民消费价格指数 General Consumer Price Index	商品零售价格指数 General Retail Price Index	居民消费价格指数 General Consumer Price Index	商品零售价格指数 General Retail Price Index	居民消费价格指数 General Consumer Price Index	商品零售价格指数 General Retail Price Index
1950	198.3	198.3				
1951	112.6	116.0				
1952	105.7	106.7	100.0	100.0		
1953	101.9	101.6	101.9	101.6		
1954	100.7	100.9	102.6	102.5		
1955	100.2	100.4	102.8	102.9		
1956	100.2	100.2	103.0	103.1		
1957	104.1	103.9	107.2	107.1		
1958	99.2	99.1	106.3	106.1		
1959	101.2	101.4	107.6	107.6		
1960	103.1	103.0	110.9	110.8		
1961	123.5	126.0	137.0	139.6		
1962	99.0	98.8	135.6	137.9		
1963	98.7	98.6	133.8	136.0		
1964	97.3	97.2	130.2	132.2		
1965	94.3	93.9	122.8	124.1		
1966	98.9	99.8	121.4	123.9		
1967	100.2	100.6	121.6	124.6		
1968	100.2	100.3	121.8	125.0		
1969	100.6	100.0	122.5	125.0		
1970	99.6	99.5	122.0	124.4		
1971	99.7	99.6	121.6	123.9		
1972	100.1	100.1	121.7	124.0		
1973	100.3	100.3	122.1	124.4		
1974	99.9	100.3	122.0	124.8		
1975	99.9	99.9	121.9	124.7		
1976	100.1	100.1	122.0	124.8		
1977	100.1	100.1	122.1	124.9		
1978	100.8	100.7	123.1	125.8	100.0	100.0
1979	102.5	102.8	126.2	129.3	102.5	102.8
1980	106.6	107.2	134.5	138.6	109.3	110.2
1981	101.2	101.3	136.1	140.4	110.6	111.6
1982	101.2	101.1	137.7	141.9	111.9	112.8

续 表 Continued

年份 Year	上年=100 preceding year=100		1952年=100 1952's=100		1978=100 1978's=100	
	居民消费价格指数 General Consumer Price Index	商品零售价格指数 General Retail Price Index	居民消费价格指数 General Consumer Price Index	商品零售价格指数 General Retail Price Index	居民消费价格指数 General Consumer Price Index	商品零售价格指数 General Retail Price Index
1983	101.1	101.1	139.2	143.5	113.1	114.0
1984	104.1	104.0	144.9	149.2	117.7	118.6
1985	111.1	111.6	161.0	166.5	130.8	132.4
1986	106.2	105.8	171.0	176.2	138.9	140.1
1987	108.2	108.2	185.0	190.6	150.3	151.6
1988	120.5	121.8	222.9	232.2	181.1	184.6
1989	113.4	113.9	252.8	264.5	205.4	210.3
1990	103.0	102.5	260.4	271.1	211.6	215.6
1991	107.3	106.7	279.4	289.3	227.0	230.0
1992	111.4	110.0	311.3	318.2	252.9	253.0
1993	119.8	118.8	372.9	378.0	303.0	300.6
1994	126.3	124.1	471.0	469.1	382.7	373.0
1995	118.4	114.0	557.7	534.8	453.1	425.2
1996	112.2	106.0	625.7	566.9	508.4	450.7
1997	103.1	100.7	645.1	570.9	524.2	453.9
1998	97.4	96.2	628.3	549.2	510.6	436.7
1999	96.1	93.7	603.8	514.6	490.7	409.2
2000	100.6	97.4	607.4	501.2	493.6	398.6
2001	99.5	96.0	604.4	481.2	491.1	382.7
2002	98.6	97.7	595.9	470.1	484.2	373.9
2003	102.3	100.4	609.4	472.0	495.3	375.4
2004	103.3	101.0	629.5	476.7	511.6	379.2
2005	102.7	100.9	646.5	481.0	525.4	382.6
2006	101.4	100.7	655.6	484.4	532.8	385.3
2007	104.1	103.0	682.5	498.9	554.6	396.9
2008	105.7	105.1	721.4	524.3	586.2	417.1
2009	99.4	98.4	717.1	515.9	582.7	410.4
2010	103.0	103.1	738.6	531.9	600.2	423.1
2011	105.2	104.7	777.0	556.9	631.4	443.0
2012	102.8	102.3	798.8	569.7	649.1	453.2
2013	102.4	100.9	818.0	574.8	664.7	457.3
2014	101.9	100.5	833.5	577.7	677.3	459.6
2015	101.4	100.0	845.2	577.7	686.8	459.6

10－2 居民消费价格分类指数
CONSUMER PRICE INDEX BY CATEGORY

（上年＝100） （Last year＝100）

项目	Item	2015	2014
居民消费价格总指数	**General Consumer Price Index**	**101.4**	**101.9**
非食品价格指数	Non－Food Consumer Price Index	101.3	101.7
服务项目价格指数	Serving Item Price Index	101.8	103.5
扣除鲜菜鲜果总指数	Not－Including Fresh Vegetables and Fruits Price Index	101.3	101.7
消费品价格指数	**Consumer Goods Price Index**	**101.2**	**101.2**
一、食　　品	**Food**	**101.5**	**102.3**
1.粮　　食	Grain	101.2	103.1
2.淀粉及制品	Starches and Products	101.3	99.6
3.干豆类及豆制品	Bean and Its Products	103.1	103.2
4.油　　脂	Oil or Fat	94.9	92.6
5.肉禽及其制品	Meat，Poultry and Their Products	104.5	100.2
6.蛋	Eggs	100.1	108.1
7.水产品	Aquatic Products	102.5	99.6
8.菜	Vegetables	104.1	101.9
9.调味品	Flavouring	101.8	103.2
10.糖	Carbohydrate	101.4	102.0
11.茶及饮料	Tee and Beverage	101.3	100.2
12.干鲜瓜果	Dried and Fresh Melons & Fruits	98.2	114.1
13.糕点饼干面包	Cake	101.5	101.9
14.液体乳及乳制品	Milk and It's Products	98.4	104.3
15.在外用膳食品	Outward food	100.3	103.1
16.其它食品	Others	100.1	100.4
二、烟　　酒	**Tobacco，Liquor and others**	**103.5**	**100.4**
1.烟　草	Tobacco	104.2	100.0
2.酒	Liquor	102.3	101.0

继 表 Continued

（上年 = 100） （Last year = 100）

项 目	Item	2015	2014
三、衣　　着	**Clothing**	**103.0**	**101.2**
1. 服　　装	Garments	102.8	101.2
2. 衣着材料	Clothing Materials	105.3	109.1
3. 鞋袜帽	Footwear, Hats and Other Clothing	102.7	100.0
4. 衣着加工服务费	Clothing Processing Services	113.3	105.7
四、家庭设备用品及维修服务	**Household Facilities and Amending**	**99.3**	**101.1**
1. 耐用消费品	Durable Consumer Goods	96.1	98.1
2. 室内装饰品	Interior Decorations	99.6	99.4
3. 床上用品	Bed Articles	99.3	102.6
4. 家庭日用杂品	Daily Use Sundry Goods	101.7	102.1
5. 家庭服务及加工维修服务	Family Services and Processing and Amending	105.3	110.5
五、医疗保健和个人用品	**Medicine and Medical Articles and Personal Articles**	**102.0**	**99.7**
1. 医疗保健	Medicine and Medical Articles	103.6	99.8
2. 个人用品及服务费	Personal Articles and services	97.8	99.6
六、交通和通信	**Means of Transport and Communication**	**100.5**	**99.8**
1. 交　通	Means of Transportation	101.4	100.0
2. 通　信	Means of Communication	99.6	99.7
七、娱乐教育文化用品及服务	**Recreation, Education, Culture Articles**	**101.4**	**100.7**
1. 文娱用耐用消费品及服务	Durable Consumer Goods for Recreational Use	91.1	88.7
2. 教　育	Education	103.0	102.3
3. 文化娱乐类	Articles for Cultural, Recreational Use	101.5	100.4
4. 旅　游	Travelling	100.3	101.8
八、居　住	**Residence**	**100.6**	**104.6**
1. 建房及装修材料	Building and Decorating Materials	100.6	102.8
2. 住房租金	Rent	101.3	105.2
3. 自有住房	Housing Individual – Owned	101.1	107.4
4. 水、电、燃料	Water, Electricity and Fuel	99.6	101.5

10－3 商品零售价格分类指数
RETAIL PRICE INDICES BY CATEGORY OF COMMODITIES

（上年＝100） （Last year＝100）

项目	Item	2015	2014
商品零售价格总指数	**General Retail Price Index**	**100.0**	**100.5**
一、食　　品	**Food**	**101.4**	**102.4**
1. 粮　　食	Grain	101.0	103.1
2. 淀粉及制品	Starches and Tubers	101.3	99.6
3. 干豆类及豆制品	Bean and Its Products	103.1	103.2
4. 油　　脂	Oil or Fat	94.9	92.6
5. 肉禽及其制品	Meal, Polltry and their Products	104.4	100.3
6. 蛋	Eggs	100.1	108.1
7. 水产品	Aquatic Products	102.5	99.6
8. 菜	Vegetables	104.1	101.9
9. 调味品	Flavoring	101.8	103.2
10. 糖	Carbohyaratre	101.1	101.0
11. 干鲜瓜果	Dried and Fresh Melons and Fruits	98.2	114.1
12. 糕点饼干面包	Cake, Biscuit and Bread	101.5	101.9
13. 液体乳及乳制品	Milk and its Products	98.4	104.3
14. 在外用膳食品	Outward Dinner	100.3	103.1
15. 其它食品	Other Foods	100.1	100.4
二、饮料、烟酒	**Beverage, Tobacco & Liquor**	**103.3**	**100.4**
1. 茶及饮料	Tea and Beverage	101.1	100.3
2. 烟　　草	Tabacco	104.2	100.0
3. 酒	Liquor	102.3	101.0
三、服装、鞋帽	**Garments, Shoes and Hats**	**102.7**	**100.9**
1. 服　装	Garments	102.8	101.2
2. 鞋袜帽	Shoes and Hats	102.7	100.0
3. 其　它	Others	97.8	100.2
四、纺织品	**Textiles**	**100.4**	**104.3**
1. 衣着材料	Clothing Material	105.3	109.1
2. 床上用品	Bed Articles	99.3	103.4
五、家用电器及音像器材	**Household Appliances and Audio Equipment**	**93.4**	**93.4**
1. 家庭设备	Household Facilities	93.9	95.7
2. 文娱用耐用消费品	Durable Consumer goods of Culture and Receation	91.5	88.3
3. 专业用音像器材	Audio－Visual Apliances	99.9	99.5

续　表　Continued

(上年=100)　　(last year=100)

项　目	Item	2015	2014
六、文化办公用品	**Culture Articles**	**97.6**	**96.4**
七、日用品	**Articles for Daily Use**	**100.8**	**100.3**
1. 日用百货	Daily Use Articles	99.8	100.1
2. 日用杂品	Daily Use Household Articles	101.8	105.7
3. 洗涤用品	Washing Articles	100.9	99.8
4. 其他日用品	Other Daily Use Articles	101.0	97.8
八、体育娱乐用品	**Sports and Recreational Articles**	**100.0**	**100.1**
1. 体育用品	Sports Goods	101.3	100.2
2. 娱乐用品	Recreational Articles	98.9	100.0
九、交通、通信用品	**Articles of Transportation and Telecommunication**	**96.1**	**96.5**
1. 交通运输机械	Traffic Transportation Machinery	96.3	96.2
2. 通信器材	Telecommunication Appliances	95.8	96.9
十、家　具	**Furniture**	**99.6**	**102.2**
十一、化妆品	**Cosmetic**	**97.8**	**99.7**
十二、金银珠宝	**Jewelry**	**83.9**	**90.1**
十三、中西药品及医疗保健用品	**Chinese and Medicine and Health Care**	**104.6**	**99.7**
1. 医疗器具及用品	Medical Instrument and Articales	100.0	97.7
2. 中药材及中成药	Trraditinal Chinese Medicine	110.3	100.2
3. 西　药	Western Medicine	101.9	99.6
4. 保健器具及用品	Health Care Machinery and Aricles	102.6	99.0
十四、书报杂志及电子出版物	**Newpapers and Magazine**	**101.7**	**100.6**
1. 教材及参考书	Teaching Materials and Reference Books	99.7	99.8
2. 书报杂志	Newpapers and Magazine	104.3	103.4
3. 电子音像制品	Electionic Audio - Visual Product	101.1	96.8
十五、燃　料	**Fuel**	**90.6**	**99.9**
1. 煤炭及制品	Coal and Its Products	99.9	101.1
2. 石油及制品	Petroleum and its Products	89.2	99.8
十六、建筑材料及五金电料	**Building materials and Hardware**	**100.3**	**102.9**
1. 建筑装璜材料	Building Decoration Materials	100.4	103.3
2. 五金电料	Hardware and Electrical Applicaces	99.9	102.3

10－4 工业生产者出厂价格指数
EX－FACTORY PRICE INDICES OF INDUSTRIAL PRODUCERS

(上年＝100) (last year＝100)

年份 Year	总指数 General Index	按轻重工业分 Grouped By Light And Heavy Industry		按两大部类分 Grouped By Type of Products	
		轻工业 Light Industry	重工业 Heavy Industry	生产资料 Producer Goods	生活资料 Consumer Goods
1994	119.6	120.6	118.5	118.1	121.7
1995	107.9	117.9	101.4	103.9	114.0
1996	104.6	104.9	104.5	105.1	103.3
1997	98.6	98.1	98.9	98.8	98.2
1998	93.5	95.6	92.5	92.5	96.1
1999	96.1	96.8	95.8	95.7	97.4
2000	103.9	99.4	105.8	105.5	99.1
2001	98.4	97.5	98.8	98.7	97.6
2002	96.3	98.1	95.6	95.7	97.6
2003	105.5	98.9	109.6	109.1	98.2
2004	104.6	100.0	107.0	107.9	97.6
2005	102.7	99.7	104.3	106.0	96.0
2006	100.3	101.6	99.6	100.4	99.9
2007	102.5	101.4	103.1	103.7	99.8
2008	105.1	101.2	107.1	107.8	99.1
2009	94.0	97.1	92.4	92.0	98.3
2010	104.8	100.9	106.9	106.6	99.9
2011	106.0	105.2	106.1	107.3	102.1
2012	101.1	101.7	100.9	100.8	101.9
2013	102.4	103.3	102.2	102.3	102.6
2014	98.0	100.2	97.6	97.3	100.2
2015					

10－5 工业生产者购进价格指数
PURCHASING PRICE INDEX OF INDUSTRIAL PRODUCERS

年份 Year	总指数 General Index	燃料、动力 Fuels, Motive Power	黑色金属材料 Ferrous Metals	有色金属材料 Non－Ferrous Metals	化工原料 Raw Chemical Materials	木材及纸浆 Timber and Pulp	建筑材料 Building Materials	非金属矿 Non－metal Minerals	农副产品 Fam and Sideline Products	纺织原料 Raw Textile Materials	其他工业原料及半成品 Other Raw Industrial Products and Semifinished Products
1994	122.3	131.0	105.4	120.4	114.4	—	112.3	116.2	127.7	121.5	—
1995	118.6	114.7	97.9	132.0	124.4	—	104.8	113.0	167.0	96.0	—
1996	109.2	111.0	97.8	91.1	101.6	—	104.5	117.9	134.5	—	—
1997	101.8	110.0	98.0	100.4	95.5	—	106.9	—	91.0	98.0	95.9
1998	97.3	98.5	98.1	90.9	92.3	—	97.4	—	98.5	97.9	90.3
1999	95.3	94.6	94.2	101.6	96.2	101.6	99.8	—	91.1	100.4	92.2
2000	103.6	115.0	102.7	104.3	105.2	107.3	98.0	—	90.4	100.5	101.2
2001	100.8	101.8	100.9	96.3	100.5	95.9	99.3	—	100.5	100.6	102.0
2002	98.4	103.7	97.0	96.1	97.4	98.5	97.9	—	94.0	97.5	98.0
2003	106.5	108.5	114.1	103.1	104.2	100.3	100.1	—	119.3	106.6	100.3
2004	114.5	114.8	125.8	125.1	112.3	102.5	108.4	—	111.7	106.5	106.7
2005	110.6	121.8	113.2	115.5	110.6	100.6	105.5	—	98.3	97.3	103.2
2006	105.2	110.4	96.6	121.9	99.9	102.9	103.0	—	104.4	102.9	104.1
2007	104.2	102.6	104.3	110.5	102.3	109.7	102.6	—	99.1	100.0	105.2
2008	111.9	124.5	119.2	98.0	114.9	107.7	100.6	—	102.8	101.0	103.1
2009	92.2	88.4	83.0	86.2	88.2	93.5	100.2	—	105.0	100.3	99.9
2010	107.8	113.2	102.9	118.0	113.4	109.1	102.6	—	104.1	116.5	103.2
2011	109.2	110.7	106.9	111.3	109.3	105.5	111.9	—	107.2	115.7	109.4
2012	100.0	103.6	97.4	97.4	98.9	100.7	102.2	—	101.6	98.5	98.7
2013	98.4	98.0	97.2	92.3	98.8	100.2	101.9	—	110.9	101.8	96.4
2014	98.4	98.2	97.1	94.5	100.5	100.4	100.1	—	104.3	96.1	97.8
2015	94.4	90.6	93.9	95.5	90.9	98.8	98.8	—	101.8	90.2	96.9

10－6 城镇常住居民家庭基本情况
BASIC CONDITIONS OF URBAN RESIDENT HOUSEHOLDS

项目 Item	2011	2012	2013	2014	2015
调查户数(户) Number of Households Surveyed(household)	500	500	562	852	857
调查户人口合计(人) Total Number (person)	1445	1440	1521	2251	2279
平均每户(人) Average Number per Household(person)	2.89	2.88	2.71	2.64	2.66
调查户就业人数合计(人) Number of Employees(person)	705	720	777	1280	1251
平均每户(人) Auerage Number Per Household(person)	1.41	1.44	1.38	1.50	1.46
调查户离退休人数合计(人) Number of Retirees(person)	410	425	457	428	460
平均每户(人) Aerage Number of Retirees Per Household(person)	0.82	0.85	0.81	0.50	0.54
平均每一就业者负担人数(人) Number of Persons Supported by Each Employee Including the Employee Himself or Herself(person)	2.05	2.00	1.96	1.76	1.82
平均每一有收入者负担人数(人) Number of Persons Supported by Each Person Who has Income(person)	1.30	1.26	1.37	1.32	1.33
可支配收入合计(元) Disposable Income(yuan)	34301540	38967840	45368433	74890770	83037644
平均每人每月(元) Per Capita Monthly Disposable Income(yuan)	1978.17	2255.08	2485.10	2772.50	3036.33
消费性支出合计(元) Living Expenditure(yuan)	24768687	27090922	30666280	49526502	54566097
平均每人每月(元) Per Capita Monthly Living Expenditures (yuan)	1428.41	1567.76	1679.78	1833.50	1995.25

注:2012 年起国家进行了住户收支调查城乡一体化改革,2014 年开始公布新口径数据,所有收支调查指标名称前均冠以城镇(农村)常住居民;2014 年以前的所有数据均为老口径。

Note:In 2012, the state has carried out reform about Household income and expenditure survey of urban and rural integration, began to publish new caliber data since 2014. All income and expenditure survey indicators are preceded by the name of the town (rural) resident. All data in this table are old caliber data before 2014.

10－7 城镇常住居民家庭平均每人每月收支情况
PER CAPITA MONTHLY CASH INCOME AND EXPENDITURES IN URBAN RESIDENT HOUSEHOLDS

单位:元 (yuan)

项目 Item	2011	2012	2013	2014	2015
总收入 Total revenue	**2228.13**	**2542.32**	**2820.59**	**3051.68**	**3456.18**
#可支配收入 Disposable income	1978.17	2255.08	2485.10	2772.50	3036.33
工资性收入 Wage income	1344.86	1530.34	1712.10	1698.10	1843.08
经营性收入 Operating income	191.91	205.76	211.54	306.69	402.30
财产性收入 Property income	38.41	51.38	64.87	287.72	303.85
转移性收入 Transfer income	652.95	754.83	832.07	759.16	906.95
借贷性所得 Loan income	365.03	369.36	193.58	74.00	41.33
提取储蓄存款 Exracted savings deposit	313.99	304.87	187.28	66.90	34.95
借入款 Borrowed money	7.39	16.95	2.66	4.82	5.15
收回借出款 Recalled loan	0.27	0.00	1.52	2.12	0.34
收回储蓄性保险本金 Recalled savings insurance principal	0.00	0.17	0.00	0.00	0.05
住房贷款 Housing loan	43.29	46.45	0.25	0.16	0.68
汽车贷款 Auto loan	0.00	0.00	0.00	0.00	0.00
教育贷款 Educational loan	0.00	0.00	0.00	0.00	0.00
其他贷款 Other loans	0.09	0.00	1.80	0.00	0.00
其他借贷所得 Other borrowings	0.00	0.06	0.07	0.00	0.16

注:2012 年起国家进行了住户收支调查城乡一体化改革,2014 年开始公布新口径数据,所有收支调查指标名称前均冠以城镇(农村)常住居民;2014 年以前的所有数据均为老口径。

Note:In 2012, the state has carried out reform about Household income and expenditure survey of urban and rural integration, began to publish new caliber data since 2014. All income and expenditure survey indicators are preceded by the name of the town (rural) resident. All data in this table are old caliber data before 2014.

续 表 Continued

单位:元 (yuan)

项 目 Item	2011	2012	2013	2014	2015
总支出 Total expenditure	**1938.20**	**2157.14**	**2271.47**	**2316.77**	**2459.11**
消费支出 Consumption expenditure	1428.41	1567.76	1679.78	1833.50	1995.25
生产经营费用支出 Production and operating expenses	—	—	—	57.30	14.33
财产性支出 Property expenses	3.57	123.94	4.00	4.67	12.69
转移性支出 Transfer expenditure	171.74	195.88	224.08	211.17	238.57
部分商业保险支出 Part of commercial insurance expenses	—	—	—	5.66	4.24
购置资产及非经常性转移支出 Acquisition of assets and non recurring transfer expenses	—	—	—	109.74	121.09
借贷性支出(老口径不计入总支出) Borrowing expenses	592.17	726.76	662.19	94.72	72.94
存入储蓄款 Saving deposit	540.66	660.76	584.50	58.64	25.37
借出款 Loan	0.75	7.10	4.02	1.74	0.29
归还借款 Return loan	13.94	21.29	4.78	3.26	2.57
购买有价证券 Purchase securities	9.14	5.57	0.69	0.15	0.13
其他投资支出 Other investment spending	0.19	0.00	15.28	0.00	0.52
归还住房贷款 Return of housing loans	18.23	17.78	48.36	30.42	38.90
归还汽车贷款 Return of auto loan	1.19	1.18	0.28	0.04	2.44
归还教育贷款 Return education loan	0.00	0.00	0.00	0.00	0.00
归还其他贷款 Return other loans	0.00	0.00	1.12	0.39	2.72
其他借贷支出 Other borrowing costs	0.03	0.30	0.05	0.07	0.00
储蓄性保险支出(老口径) Savings insurance costs(old caliber)	8.06	12.78	3.11	—	—

10－8 城镇常住居民家庭平均每人每月消费支出
PER CAPITA MONTHLY EXPENDITURES FOR CONSUMPTION BY CATEGORY IN URBAN RESIDENT HOUSEHOLDS

单位:元 (yuan)

项　　目 Item	2011	2012	2013	2014	2015
消费支出 Consumption expenditure	**1428.41**	**1567.76**	**1679.78**	**1833.52**	**1995.25**
一、食品烟酒 food, alcohol and tobacco	**565.20**	**626.87**	**647.56**	**581.32**	**629.12**
1. 食品 food	498.88	552.02	572.15	393.03	416.98
2. 烟酒 alcohol and tobacco	66.32	74.85	75.41	54.63	55.73
3. 饮料 drinks				8.96	9.20
4. 饮食服务 catering services	93.47	107.39	113.01	124.69	147.21
二、衣着 Clothing	**182.19**	**179.98**	**194.01**	**138.34**	**150.25**
1. 衣类 Garments category	142.15	144.45	152.80	107.42	114.41
2. 鞋类 footwear	40.04	35.54	41.21	30.92	35.84
三、居住 Living	**115.53**	**124.82**	**137.41**	**472.41**	**514.25**
1. 租赁房房租 rental housing rent	30.38	33.36	36.67	39.84	40.89
2. 住房维修及管理 housing maintenance and management	9.94	9.52	12.40	46.32	50.25
3. 水电燃料及其他 Water, electricity fuel and other	75.21	81.94	88.34	91.17	84.24
4. 自有住房折算租金 the conversion of private housing rent	—	—	—	295.08	338.87
四、生活用品及服务 Daily necessities and services	**78.51**	**98.81**	**109.19**	**109.02**	**113.83**
1. 家具及室内装饰品 furniture and interior decorations	—	—	—	8.62	9.93
2. 家用器具 household appliances	—	—	—	30.40	35.75
3. 家用纺织品 home textiles	—	—	—	8.86	9.20
4. 家庭日用杂品 the family daily sundry goods	—	—	—	34.65	33.76
5. 个人用品 personal products	—	—	—	16.59	21.72
6. 家庭服务 family services	—	—	—	9.90	3.47

注:2012 年起国家进行了住户收支调查城乡一体化改革,2014 年开始公布新口径数据,所有收支调查指标名称前均冠以城镇(农村)常住居民;2014 年以前的所有数据均为老口径。

Note: In 2012, the state has carried out reform about Household income and expenditure survey of urban and rural integration, began to publish new caliber data since 2014. All income and expenditure survey indicators are preceded by the name of the town (rural) resident. All data in this table are old caliber data before 2014.

续 表 Continued

单位:元 (yuan)

项 目 Item	2011	2012	2013	2014	2015
五、交通通信 Transportation & Communication	**171.98**	**182.18**	**212.13**	**188.65**	**219.88**
1.交 通 transportation	104.02	106.41	126.37	107.71	146.44
2.通 信 communication	67.96	75.77	85.77	80.94	73.44
六、教育文化娱乐 Educatioomal, cultural & entertainment	**174.90**	**200.18**	**216.71**	**177.53**	**197.67**
1.教 育 Education	76.06	84.33	75.85	76.64	98.88
2.文化娱乐 Cultural & entertainment	98.84	115.85	140.87	100.90	98.79
(1)文娱耐用消费品 consumer durable goods	27.26	30.92	31.77	10.43	9.93
(2)其他文娱用品 other recreational articles				11.48	11.10
(3)文化娱乐服务 cultural entertainment services	71.58	84.93	109.10	78.99	77.76
七、医疗保健 Health care	**106.03**	**114.95**	**119.77**	**120.43**	**124.32**
1.医疗器具及药品 medical equipment and drugs	47.36	43.34	44.24	39.02	51.49
2.医疗服务 medical services	58.67	71.61	75.53	81.41	72.83
(1)门诊总费用 total cost of outpatient service	—	—	—	26.05	25.79
(2)住院总费用 total cost of hospitalization	—	—	—	55.36	47.04
八、其他用品和服务 other supplies and services	**34.08**	**39.98**	**43.00**	**45.82**	**45.93**
1.其他用品 other supplies	23.97	30.94	32.44	30.32	28.28
2.其他服务 other services	10.11	9.04	10.56	15.50	17.65

10－9 城镇常住居民家庭每百户耐用消费品拥有量(2015 年)
NUMBER OF DURABLE CONSUMER GOODS OWNED PER 100 URBAN RESIDENT HOUSEHOLDS

项目	Item	2015	2014
1. 助力车	Helping Hand Car	24. 36	24. 68
2. 家用汽车	Automobile	30. 28	25. 10
3. 洗衣机	Washing Machine(unit)	103. 18	102. 13
4. 电冰箱(柜)	Refrigerator(unit)	103. 87	103. 13
5. 彩色电视机	Color Television Set(unit)	144. 37	144. 21
6. 计算机	Computer(unit)	113. 38	111. 12
7. 组合音响	Hi－Fi Stereo Component System(set)	9. 78	12. 72
8. 摄像机	Pickup Cameras(set)	15. 11	15. 28
9. 照相机	Camera(set)	59. 96	60. 63
10. 其它中高档乐器(含钢琴)	Other musical Instruments of Medium and High Grade induding Piano(set)	3. 21	3. 26
11. 微波炉	Microwave Oven	99. 20	98. 50
12. 空调器	Air Conditioner(unit)	204. 28	203. 80
13. 淋浴热水器	Shower(unit)	109. 67	108. 32
14. 消毒碗柜	Disinfected Cupboard	26. 43	25. 52
15. 洗碗机	Dishwasher	2. 10	1. 88
16. 健身器材	Healthy Equipment	3. 81	6. 15
17. 固定电话	Telephone Sets(unit)	48. 18	49. 28
18. 移动电话	Mobile Telephone(unit)	245. 40	230. 50

10－10 不同收入分组的城镇常住居民家庭基本情况(2015 年)

项目	Item	合计 Total	低收入户 Low Income Households (Second Decile)
调查户数(户)	Number of Households Surveyed(Household)	857	172.00
比　重(%)	Ratio(%)	100.00	20.00
家庭人口合计(人)	Total Number(person)	2279	522.75
平均每户家庭人口(人)	Average Number per Household(person)	2.66	3.04
平均每一就业者负担人数(人)	Number of Persons Supported by Each Emplolyee (person)	1.82	1.77
平均每一有收入者负担人数(人)	Number of Persons Supported by Each Person Who HasIncome(person)	1.33	1.52
平均每人每月可支配收入(元)	Per Capita Monthly Disposable Income(yuan)	3036.33	1367.31
平均每人每月消费性支出(元)	Per Capita Monthly Living Expenditures(yuan)	1995.25	1040.90

注明:调查户数原则上按相对收入等距五组划分,因人均可支配收入相同的户归于同一组,故产生分组户数不一致。

Note:The Surveyed Households grouped by Income to Fin principal, Since the Households which have same disposable Income per Capitaare taken to same group, the number of households are not same in different group.

BASIC CONDITIONS OF URBAN RESIDENT HOUSEHOLDS IN DIFFERENT INCOME LEVEL(2015)

中等偏下户 Lower Middle Income Households (Second quintile)	中等收入户 Middle Income Households (third quintile)	中等偏上户 Upper Income Households (fourth quintile)	高收入户 High Income Households (ninth decile)
172.17	170.75	171.83	170.17
20.00	20.00	20.00	20.00
499.00	477.21	416.00	364.42
2.90	2.79	2.42	2.14
1.76	1.91	1.91	1.78
1.35	1.28	1.24	1.27
2320.70	3022.23	3912.58	6189.18
1631.86	1958.58	2307.25	3117.81

10－11 不同收入分组的城镇常住居民家庭收支情况(2015 年)

项目	Item	合计 Total	低收入户 Low Income Households (Second Decile)
可支配收入	Disposable income	36436.00	16407.75
1、工资性收入	wage income	22117.00	11012.84
2、经营净收入	operating net income	3352.00	2750.42
3、财产净收入	property net income	3716.00	1150.21
4、转移净收入	the transfer of net income	7251.00	1494.27
非收入所得	Non income income	1189.51	494.12
借贷性所得	Loan income	495.96	642.26
总支出	Total expenditure	29509.32	16532.11
消费支出	Consumption expenditure	23943.05	12490.81
1、食品烟酒	food alcohol and tobacco	7549.44	4297.61
2、衣着	clothing	1803.00	652.57
3、居住	living	6171.00	2977.34
4、生活用品及服务	daily necessities and services	1366.01	578.24
5、交通和通信	traffic and communication	2638.56	1994.91
6、教育文化娱乐服务	education and cultural entertainment services	2372.04	1216.00
7、医疗保健	health care	1491.84	547.76
8、其他用品和服务	other supplies and services	551.16	226.38
借贷性支出	Borrowing expenses	875.28	177.03

HOUSEHOLD INCOME AND EXPENDITURE OF URBAN RESIDENTS OF DIFFERENT INCOME GROUPS(2015)

中等偏下户 Lower Middle Income Households (Second quintile)	中等收入户 Middle Income Households (third quintile)	中等偏上户 Upper Income Households (fourth quintile)	高收入户 High Income Households (ninth decile)
27848.46	36266.77	46950.97	74270.19
16992.75	21415.49	26959.96	38928.50
2163.60	2556.11	3679.65	13669.49
2608.56	3367.00	5102.71	6406.33
6083.54	8928.18	11208.65	15265.87
812.95	619.21	500.66	3624.90
584.47	297.83	235.37	695.43
23910.35	28423.65	33619.63	47198.49
19582.37	23503.02	27687.05	37413.76
6435.64	7955.19	8695.16	9885.46
1259.53	1733.31	2195.11	3449.08
4683.20	6052.20	7348.08	9625.69
1054.70	1371.49	1571.42	2655.82
3168.07	2429.16	2861.25	4253.21
1714.86	2397.23	2915.77	3233.24
931.85	1141.97	1599.38	3328.09
334.52	422.46	500.89	983.17
673.00	749.05	946.71	2208.63

10－12　城镇常住居民家庭住房构成情况
THE COMPOSITION OF URBAN RESIDENTS FAMILY HOUSING

单位:%　　　　　　　　　　　　　　　　　　　　　　　　　　　　　　　　　　　　　(%)

项　　目	Item	2015	2014
本住户居住空间样式	Residential space style	100.0	100.0
1. 单栋楼房	single building	21.3	24.2
2. 单栋平房	single bungalow	3.9	4.9
3. 四居室及以上单元房	Four bedroom and above of unit room	3.2	2.8
4. 三居室单元房	Three bedroom unit room	24.6	22.0
5. 二居室单元房	Two bedroom unit room	31.8	32.0
6. 一居室单元房	One bedroom unit room	12.1	12.2
7. 筒子楼或连片平房	Tube－shaped apartment or connected bungalows	3.2	1.9
8. 其他	other	0.0	0.0
现住房房屋来源	The source of now housing	100.0	100.0
1. 租赁公房	lease public housing	6.8	7.4
2. 租赁私房	private rental	11.5	11.3
3. 自建住房	self built housing	17.3	20.2
4. 购买商品房	the purchase of commercial housing	35.4	30.4
5. 购买房改住房	the purchase of housing reform housing	17.9	20.3
6. 购买保障性住房	the purchase of affordable housing	3.2	3.4
7. 拆迁安置房	removal and resettlement housing	3.8	3.1
8. 继承或获赠住房	inheritance or receive housing	0.4	0.5
9. 免费借用房	free use of room	0.8	0.6
10. 雇主提供免费住房	employers provide free housing	2.0	1.9
11. 其他来源	other sources	1.0	0.9
住宅有管道供水情况	Housing pipeline water supply	100.0	100.0
1. 管道供水入户	pipeline water supply into the home	99.4	99.7
2. 管道供水至公共取水点	pipeline water supply to public water point	0.6	0.3
3. 没有管道设施	no pipeline facilities	0.0	0.0
住户主要饮用水来源情况	Household main source of drinking water	100.0	100.0
1. 经过净化处理的自来水	after purification treatment of tap water	98.5	98.7
2. 受保护的井水和泉水	protected well water and springs	0.0	0.0
3. 不受保护的井水和泉水	not protected well water and springs	0.0	0.0

续 表 Continued

单位:% (%)

项目	Item	2015	2014
4. 江河湖泊水	Rivers and lakes	0.0	0.0
5. 收集雨水	Rainwater collected	0.0	0.0
6. 桶装水	Bottled water	1.5	1.3
7. 其他水源	Others	0.0	0.0
住户厕所使用情况	Household toilet use	100.0	100.0
1. 本住户独用	The sole use of the household	89.5	88.5
2. 几户合用	Several households apply	5.5	6.5
3. 公用厕所	Communal toilet	5.0	5.0
住户洗澡设施情况	Household bathing facilities	100.0	100.0
1. 统一供热水	Uniffied supply of hot water	2.4	2.8
2. 家庭自装热水器	Home self installed water heater	92.4	92.2
3. 其他	Others	0.0	0.0
4. 无洗澡设施	No bathing facilities	5.2	5.0
住户主要取暖设备状况	Household main heating equipment status	100.0	100.0
1. 由市政或小区集中供暖	Central heating by municipal or district	2.0	2.0
2. 自行供暖	Self heating	85.1	84.9
3. 无取暖设备	No heating equipment	12.9	13.1
主要炊用能源状况	The main cooking energy situation	100.0	100.0
1. 柴　草	Firewood	0.0	0.0
2. 煤　炭	Coal	4.5	4.0
3. 罐装液化石油气	Canned liqudfied petroleum gas	42.2	42.7
4. 管道液化石油气	Pipeline liquefied petroleum gas	2.5	2.4
5. 管道煤气	Pipe gas	0.0	0.0
6. 管道天然气	Natural gas pipeline	45.0	43.4
7. 电	Electric	3.1	4.7
8. 燃料用油	Fuel oil	0.0	0.0
9. 沼气	Biogas	0.0	0.0
10. 其他	Other energy	0.0	0.0
11. 无炊用行为	No cooking behavior	2.6	2.8

10－13 历年城镇常住居民年人均可支配收入与消费支出
ANNUAL PER CAPITA DISPOSABLE INCOME OF CONSUMPTION EXPENDITURE OF URBAN RESIDENT HOUSEHOLDS IN VARIOUS YEARS

年份 Year	可支配收入 Dispasable Income	消费支出 Comsumption Expenditure	年份 Year	可支配收入 Dispasable Income	消费支出 Comsumption Expenditure
1951			1984	636.00	546.72
1952			1985	778.44	713.76
1953			1986	964.80	881.76
1954			1987	1071.96	955.44
1955			1988	1261.08	1220.04
1956	195.60	174.36	1989	1407.12	1285.08
1957	210.12	189.00	1990	1555.80	1406.16
1958	201.60	184.68	1991	1771.68	1652.04
1959	230.64	201.00	1992	2116.73	1844.28
1960			1993	2872.90	2551.08
1961			1994	3769.80	3318.24
1962	300.48	228.12	1995	4453.90	4058.76
1963	297.12	223.56	1996	4915.86	4455.84
1964	248.40	222.36	1997	5573.04	4719.12
1965	240.12	212.76	1998	5912.52	5264.40
1966			1999	6262.08	5452.80
1967			2000	6760.68	6074.76
1968			2001	7305.00	6342.24
1969			2002	7820.28	6833.40
1970			2003	8524.56	7251.36
1971			2004	9564.05	7792.63
1972			2005	10849.72	8234.48
1973			2006	12359.98	9182.04
1974			2007	14357.64	10600.00
1975			2008	16712.44	11432.97
1976			2009	18385.02	12710.29
1977	293.28		2010	20806.32	14490.07
1978	359.04	320.64	2011	23738.09	17140.96
1979	401.64		2012	27061.00	18813.14
1980	537.84	467.04	2013	29821.22	20157.32
1981	508.68	458.28	2014	33270.39	22002.22
1982	540.12	475.56	2015	36436.00	23943.05
1983	554.28	498.84			

注:2012 年起国家进行了住户收支调查城乡一体化改革,2014 年开始公布新口径数据,所有收支调查指标名称前均冠以城镇(农村)常住居民;2014 年以前的所有数据均为老口径。

Note:In 2012, the state has carried out reform about Household income and expenditure survey of urban and rural integration, began to publish new caliber data since 2014. All income and expenditure survey indicators are preceded by the name of the town (rural) resident. All data in this table are old caliber data before 2014.

10－14 农村常住居民家庭基本情况
BASIC CONDITIONS OF RURAL RESIDENT HOUSEHOLDS FORSAMPLING SURVEY

项目 Item	2011	2012	2013	2014	2015
调查户数(户) Number of Households Surveyed(unit)	700	700	329	270	269
家庭常住人口(人) Permanent Residents(person)	2540	2560	1121	741	726
常住人口中劳动力(人) Full－time & Part－time Laborers(person)	2012	2021	816	559	553
农业劳动力(人) Agriculture Laborers(person)	772	750	255	211	195
非农业劳动力(人) Non－agriculture Laborers(person)	1240	1271	561	348	358
户均经营耕地面积(亩) Per Family Operating Cultivated Area(Mu)	6.21	6.15	6.63	5.61	4.86
户均拥有生产性固定资产原值(元) Per Family Productive Fixed Assets(yuan)	11175.19	11336.44	10318.86	10337.22	7890.97
人均年末住房面积(平方米) Per Capita Floor Space of Houses at Year－end(sq. m)	51.83	51.40	47.82	48.20	49.08
#钢混面积比重(%) Ratio of Reinforced Concrete(%)	83.79	86.60	85.30	85.80	86.77

注:2012 年起国家进行了住户收支调查城乡一体化改革,2014 年开始公布新口径数据,所有收支调查指标名称前均冠以城镇(农村)常住居民;2014 年以前的所有数据均为老口径。

Note:In 2012, the state has carried out reform about Household income and expenditure survey of urban and rural integration, began to publish new caliber data since 2014. All income and expenditure survey indicators are preceded by the name of the town (rural) resident. All data in this table are old caliber data before 2014.

10－15　农村常住居民人均收入情况

COMPOSITION OF PER CAPITA ANNUAL NET INCOME OF RURAL RESIDENT HOUSEHOLDS

单位：元　　　　(yuan)

项　　目 Item	2011	2012	2013	2014	2015
总收入 Total revenue	**13628.40**	**15392.47**	**18030.54**	**20581.68**	**22407.76**
工资性收入 Wage income	4321.09	5001.77	5852.48	7625.93	8489.55
1、工　资 wages	—	—	—	7140.68	7944.07
2、实物福利 physical benefits	—	—	—	140.61	170.86
3、其　他 other	—	—	—	344.64	374.62
经营性收入 Operating income	8195.61	9024.14	10481.00	7710.77	8203.76
第一产业经营收入 First industry operating income	5884.59	6421.15	7639.00	6011.50	4782.67
1、农　业 agriculture	4313.50	4685.16	5708.48	2301.81	2935.60
2、林　业 forestry	63.02	65.94	30.34	93.18	109.90
3、牧　业 animal husbandry	478.56	414.56	555.11	2586.90	511.09
4、渔　业 Fisheries	1029.50	1255.49	1345.07	1029.61	1226.08
第二产业经营收入 Second industry operating income	709.14	807.95	858.00	68.53	62.56
1、制造业 manufacturing	270.89	272.60	360.36	1.69	2.39
2、建筑业 construction industry	438.25	535.35	497.64	66.84	60.17
第三产业经营收入 Third industry operating income	1601.89	1795.03	1984.00	1630.74	3358.54
财产性收入 Property income	294.50	351.41	462.80	825.84	830.35
转移性收入 Transfer income	817.20	1015.14	1234.26	4419.14	4884.09
#养老金或离退休金 pension or retirement pension	—	—	—	2636.82	2817.56
#家庭外出从业人员寄回带回收入 income of Out employees returned	—	—	—	919.03	960.25

注：2012 年起国家进行了住户收支调查城乡一体化改革，2014 年开始公布新口径数据，所有收支调查指标名称前均冠以城镇（农村）常住居民；2014 年以前的所有数据均为老口径。

Note: In 2012, the state has carried out reform about Household income and expenditure survey of urban and rural integration, began to publish new caliber data since 2014. All income and expenditure survey indicators are preceded by the name of the town (rural) resident. All data in this table are old caliber data before 2014.

10－16　农村常住居民可支配收入分组(2015 年)

DIFFERENT INCOME GROUPS OF VRBAN RESIDENTS OF THE BASIC SITUATION OF RURAL RESIDENTS(2015)

计量单位:户　　　　(household)

项　目 Item	2015 年	占　比(%) Composition(%)
总户数 The Total Number	**269**	**100**
1000 元以下 Below 1 000 yuan	2	0.7
1000～3000 元	1	0.4
3000～6000 元	17	6.3
6000～9000 元	16	5.9
9000～12000 元	36	13.4
12000～15000 元	32	11.9
15000～18000 元	27	10.0
18000～21000 元	23	8.6
21000～24000 元	38	14.1
24000～27000 元	20	7.4
27000～30000 元	14	5.2
30000～50000 元	30	11.2
50000 元以上 50 000 yuan or more	13	4.8

10－17 农村常住居民人均可支配收入构成情况
THE DISPOSABLE INCOME OF RURAL RESIDENT

单位:元 （yuan）

项 目 Item	2015	2014
可支配收入 Disposable income	17722.18	16160.14
工资性收入 Wage income	8489.55	7625.93
1、工 资 wages	7944.07	7140.68
2、实物福利 physical benefits	170.86	140.61
3、其 他 other	374.62	344.64
经营净收入 Net operating income	4485.48	4113.44
第一产业经营净收入 Net income of the first industry	2754.95	2766.10
第二产业经营净收入 Net income of second industries	54.33	39.29
第三产业经营净收入 Net income of third industries	1676.20	1308.05
财产净收入 Property net income	830.35	821.61
转移净收入 Transfer net income	3916.79	3599.16
转移性收入 Transfer income	4884.09	4419.14
#养老金或离退休金 pension or retirement pension	2817.56	2636.82
#家庭外出从业人员寄回带回收入 income of Out employees returned	960.25	919.03
转移性支出 Transfer expenditure	967.29	819.98

10－18 农村常住居民人均支出情况
COMPOSITION OF PER CAPITA EXPENDITURE OF RURAL RESIDENTS

单位:元 (yuan)

项目 Item	2011	2012	2013	2014	2015
总支出 Total expenditure	**11631.03**	**13204.35**	**15056.13**	**20398.96**	**21563.78**
消费支出 Consumption expenditure	7102.70	8166.74	9127.00	11671.78	12939.52
1、食品烟酒 food alcohol and tobacco	3068.38	3244.46	3459.00	3713.86	4127.79
2、衣着 clothing	524.41	598.02	698.00	633.60	653.91
3、居住 living	1000.71	1255.56	1427.00	3222.42	3616.36
4、生活用品及服务 daily necessities and services	496.85	644.92	712.00	642.44	674.73
5、交通通信 communication	608.84	707.57	784.00	1161.67	1375.46
6、教育文化娱乐 educational and cultural entertainment	465.05	592.70	704.00	844.00	970.31
7、医疗保健 health care	626.51	822.01	994.00	1199.95	1252.26
8、其他用品和服务 other supplies and services	311.96	301.50	349.00	253.85	268.69
生产经营费用支出 Production and operating expenses	3367.47	3713.28	4829.84	3398.46	2941.31
第一产业经营费用支出 First industry operating expenses	2470.95	2595.17	3693.64	3163.52	2027.72
1、农业 agriculture	1701.01	1734.03	2673.50	732.49	974.56
2、林业 forestry	21.36	22.04	25.14	19.94	22.94
3、牧业 animal husbandry	267.42	190.44	310.00	1836.98	185.70
4、渔业 Fisheries	481.17	648.66	685.00	574.10	844.52
第二产业经营费用支出 Second industrial operating expenses	260.00	362.46	325.00	0.22	0.04
第三产业经营费用支出 Third industrial operating expenses	636.52	755.65	811.20	234.72	913.55
财产性支出 Property expenses	—	—	—	2.85	12.44
转移性支出 Transfer expenditure	—	—	—	819.99	967.29
部分商业保险支出 Part of commercial insurance expenses	—	—	—	40.16	35.35
购置资产及非经常性转移支出 Acquisition of assets and non recurring transfer expenses	—	—	—	2839.68	3287.24
借贷性支出 Borrowing expenses	—	—	—	1626.04	1380.64

注:2012 年起国家进行了住户收支调查城乡一体化改革,2014 年开始公布新口径数据,所有收支调查指标名称前均冠以城镇(农村)常住居民;2014 年以前的所有数据均为老口径。

Note: In 2012, the state has carried out reform about Household income and expenditure survey of urban and rural integration, began to publish new caliber data since 2014. All income and expenditure survey indicators are preceded by the name of the town (rural) resident. All data in this table are old caliber data before 2014.

10－19　农村常住居民家庭人均消费情况表
PER CAPITA COMSUMPTION OF RURAL RESIDENT HOUSEHOLDS

单位:公斤　　(kilogram)

项　　目	Item	2011	2012	2013	2014	2015
蔬　　菜	Vegetable	151.49	110.16	106.33	105.88	83.61
植 物 油	Vegetable Oil	11.05	11.48	13.56	14.97	14.24
动 物 油	Animal Oil	0.19	0.21	0.27	0.44	0.29
猪　　肉	Pork	15.14	15.39	14.23	16.66	19.18
牛 羊 肉	Beef & Mutton	1.54	1.53	1.72	2.08	2.32
家　　禽	Poultry	3.62	3.33	2.99	2.30	2.65
蛋　　类	Eggs	7.89	6.97	6.41	6.78	7.29
鱼　　虾	Fish, Shrimp	18.88	17.05	16.90	14.99	16.91
食　　糖	Sugar	0.51	0.61	0.75	0.65	0.63
酒	Liquor	11.25	11.02	9.95	12.02	8.72
茶　　叶	Tea	0.1	0.13	0.11	0.18	0.12
糖果糕点	Candy & Cake	3.67	4.27	3.52	2.55	2.52
水　　果	Fruit	33.31	25.37	33.68	22.48	18.32

注:2012 年起国家进行了住户收支调查城乡一体化改革,2014 年开始公布新口径数据,所有收支调查指标名称前均冠以城镇(农村)常住居民;2014 年以前的所有数据均为老口径。

Note: In 2012, the state has carried out reform about Household income and expenditure survey of urban and rural integration, began to publish new caliber data since 2014. All income and expenditure survey indicators are preceded by the name of the town (rural) resident. All data in this table are old caliber data before 2014.

10－20　农村常住居民家庭平均每人全年购买商品情况
PER CAPITA ANNUAL CONSUMPTION OF COMMODITIES IN RURAL RESIDENT HOUSEHOLDS

单位:元　　(yuan)

项　　目	Item	2011	2012	2013	2014	2015
植 物 油	Vegetable Oil	135.00	146.83	134.53	169.84	164.63
动 物 油	Animal Oil	3.24	3.89	4.58	5.10	4.98
蔬　　菜	Vegetable	225.84	219.22	194.85	233.90	345.41
豆 制 品	Beans and Related Products	14.14	15.21	13.30	16.63	59.79
猪　　肉	Park	340.82	371.49	360.76	380.00	482.59
牛　　肉	Beef	32.35	36.85	54.68	76.27	72.71
羊　　肉	Mutton	9.10	13.73	22.87	28.68	38.87
家　　禽	Poultry	38.30	44.62	36.00	56.23	63.29
蛋　　类	Eggs	37.49	44.89	35.50	55.76	84.04
奶　　类	Milk	11.27	9.13	7.87	23.50	65.90
鱼　　类	Fish	151.08	150.71	135.50	163.39	213.72
食　　糖	Sugar	3.65	4.55	5.00	5.70	5.54
糕　　点	Cake	24.08	29.71	20.28	26.19	25.23
糖　　果	Candy	7.16	10.06	11.02	12.87	13.50
卷　　烟	Cigrettes	327.91	374.48	326.00	448.52	383.08
酒	Liquor	128.15	153.56	162.00	205.47	198.90
茶　　叶	Tea	7.67	9.06	7.00	23.29	18.23
水　　果	Fruit	53.27	65.71	76.21	133.05	127.46
洗涤及卫生用品	Washing and Health Articles	97.28	112.22	93.59	110.98	115.34
生活用煤	Living Coal	16.33	11.32	4.17	4.61	6.59
生活用液化气	Living Liquified Gas	94.02	113.14	122.20	156.14	163.34

注:2012 年起国家进行了住户收支调查城乡一体化改革,2014 年开始公布新口径数据,所有收支调查指标名称前均冠以城镇(农村)常住居民;2014 年以前的所有数据均为老口径。

Note: In 2012, the state has carried out reform about Household income and expenditure survey of urban and rural integration, began to publish new caliber data since 2014. All income and expenditure survey indicators are preceded by the name of the town (rural) resident. All data in this table are old caliber data before 2014.

10-21 农村常住居民家庭平均每百人全年购买商品情况
NUMBER OF DURABLE CONSUMBER GOODS PURCHASED ANNUALLY PER 100 RURAL RESIDENT HOUSEHOLDS

项目	Item	2011	2012	2013	2014	2015
洗衣机(台)	Washing Machine(unit)	1.26	1.72	1.25	1.89	1.79
电冰箱(台)	Refrigerator(unit)	2.17	1.21	1.69	1.08	2.47
空调机(台)	Air - Conditioner(unit)	2.13	1.99	2.68	2.48	3.03
微波炉(台)	Micro - Wave Oven(unit)	0.63	0.16	0.54	0.54	0.14
热水器(台)	Water Heater(unit)	2.17	1.76	0.98	0.40	1.51
自行车(辆)	Bicycle(unit)	1.19	3.11	0.89	1.35	1.00
摩托车(辆)	Motocycle(unit)	1.14	1.02	0.98	0.94	1.64
固定电话(部)	Telephone(set)	1.14	1.13	0.89	0.81	0.40
移动电话(部)	Mobile Telephone(set)	8.03	9.45	13.04	16.18	16.74
彩色电视机(台)	Color TV Set(unit)	1.73	2.11	2.32	1.94	3.58
照像机(架)	Camera(unit)	0.08	0.08	0.09	0.00	0.00
家用计算机(台)	Computer(unit)	1.77	1.55	1.16	1.81	1.38

注:2012 年起国家进行了住户收支调查城乡一体化改革,2014 年开始公布新口径数据,所有收支调查指标名称前均冠以城镇(农村)常住居民;2014 年以前的所有数据均为老口径。

Note:In 2012, the state has carried out reform about Household income and expenditure survey of urban and rural integration, began to publish new caliber data since 2014. All income and expenditure survey indicators are preceded by the name of the town (rural) resident. All data in this table are old caliber data before 2014.

10-22 农村常住居民家庭每百户耐用消费品拥有量
NUMBER OF DURABLE CONSUMBER GOODS OWNED PER 100 RURAL RESIDENT HOUSEHOLDS

项目	Item	2011	2012	2013	2014	2015
洗衣机	Washing Machine(unit)	80.9	83.1	83.3	83.4	83.5
电冰箱	Refrigerator(unit)	96.7	95.9	96.1	98.2	98.9
空调机	Air - Conditioner(unit)	86.4	93.6	88.5	89.0	93.5
抽油烟机	Smoke Absorber(unit)	43.3	52.6	46.3	46.5	46.7
微波炉	Micro - Wave Over(unit)	23.9	26.6	24.1	24.7	25.3
热水器	Water Heater(unit)	71.1	80.0	83.7	85.5	87.5
摩托车	Motocycle(unit)	53.1	52.1	55.1	58.2	58.7
固定电话	Telephone(set)	59.1	54.6	43.1	45.6	45.9
移动电话	Mobile Telephone(set)	211.1	227.4	228.7	229.1	232.5
彩色电视机	Color TV Set (unit)	129.4	129.1	125.1	125.2	125.8
摄像机	Pickup Camera(unit)	1.3	1.4	2.2	2.7	2.7
照像机	Camera(unit)	10.1	12.9	12.8	13.0	14.0
家用计算机	Computer(unit)	26.6	32.1	36.6	37.5	36.9
中高档乐器	Medium and High Grade Musical Instruments(unit)	0.3	0.1	0.6	0.8	0.0

注:2012 年起国家进行了住户收支调查城乡一体化改革,2014 年开始公布新口径数据,所有收支调查指标名称前均冠以城镇(农村)常住居民;2014 年以前的所有数据均为老口径。

Note:In 2012, the state has carried out reform about Household income and expenditure survey of urban and rural integration, began to publish new caliber data since 2014. All income and expenditure survey indicators are preceded by the name of the town (rural) resident. All data in this table are old caliber data before 2014.

主 要 统 计 指 标 解 释

总收入 指调查户在调查期内获得的工资性收入、经营性收人、财产性收入、转移性收入的总和，不包括非收入所得和借贷性所得。

可支配收入 指调查户在调查期内获得的、可用于最终消费支出和储蓄的总和，即调查户可以用来自由支配的收入。可支配收入既包括现金，也包括实物收入。按照收入的来源，可支配收入包含四项，分别为：工资性收入、经营净收入、财产净收入和转移净收入。计算公式为：

可支配收入 = 工资性收入 + 经营净收入十财产净收入 + 转移净收人

其中：经营净收入 = 经营收人一经营费用一生产性固定资产折旧一生产税

财产净收入 = 财产性收人一财产性支出

转移净收人 = 转移性收入一转移性支出

总支出 指调查户在调查期内全部实际支出，包括消费支出、生产经营费用支出、财产性支出、转移性支出、部分商业保险支出、购置资产及非经常性转移支出、借贷性支出。

消费支出 指住户用于满足家庭日常生活消费需要的全部支出，包括用于消费品的支出和用于服务性消费的支出。根据用途不同，消费支出可划分为食品烟酒、衣着、居住、生活用品及服务、交通通信、教育文化娱乐、医疗保健、其他用品及服务八大类。根据来源不同，消费支出可划分为现金消费支出、实物消费支出（含自产自用、来自单位、来自政府和其他社会组织）。

Explanatory Notes on Main Statistical Indicators

Total revenue: The summation of Wage income, Operating income, Property income, Transfer income that Survey households got in Investigation period, not include loan income.

Disposable income: The income could be used for Final expenditure and consumption that Survey households got in Investigation period. That iS the income Survey households can Free control. Disposable income could be cash or Material object. According to the source of income, disposable income include 4 items: Wage income, Operating income, Property income, Transfer income. Calculation formula is:

Disposable income = Wage income + Operating net income + Property net income + Transfer net income

Among them: Operating net income = Operating income – Operating expenses – Deperciation of productive fixed assets – Production tax

Property net vncome = Property income – Property expenses

Transfer net income = Transfer income – Transfer expenditure

Total expenditure: The summation of all expenditure that Survey households expended in Investigation period, include Consumption, Production and operating expenses, Property expenses, Transfer expenses, Part of commercial insurance expenses, Asset purchase expenditure, Non recurrent transfer expenses, Bloan expenses.

Consumption expenditure: The all expenditure that households must pay for the needs of family daily life. including expenses for consumption goods and services. According to different uses, consumption expenditure Is divided into Food alcohol and tobacco, Clothing, Living category, Daily necessities and services, Communications and transportation, Education and culture and entertainment, Medical and health care, Other supplies and services. According to the source of expenditure, consumption expenditure is divided into cash expenses and material object expenses. (include Self occupied, from company, from govern ment, from the other organization)

十一 科技、教育、文化、卫生及其他

SCIENCE, TECHNOLOGY, EDUCATION, CULTURE, HEALTH AND OTHERS

资料整理人员:胡　增　金　英　谷润芳　刘　江　陈　巍　李　晖　王保汉　史　瑾
汪　冲　万庆敏

STAFF FOR DATA PROCESSING:

Hu Zeng　Jin Jing　Gu Runfang　Liu Jiang　Chen Wei　Li Hui　Wang Baohan
Shi Jing　Wang Chong　Wan Qingmin

简要说明

本篇资料反映科技、教育、文化、卫生、体育、民政、公检法、环境保护各项社会事业发展情况。

科技统计资料包括高新技术产业发展情况和规模以上工业企业科技活动情况，资料提供单位为武汉市科技局；教育统计资料内容包括高等教育、普通中等教育、初等教育、幼儿教育、特殊教育、职工教育，资料提供单位为武汉市教育局、武汉市人力资源和社会保障局和湖北省人力资源和社会保障厅；文化统计资料内容包括各类文化事业机构、人员、经费和主要业务活动情况，资料提供单位为武汉市文新广局、湖北省文化厅、湖北新闻广播局；体育统计资料内容包括体委系统职工情况、运动员教练员情况、运动会举办情况等，资料提供单位为武汉市体育局、湖北省体育局；民政统计资料内容包括优抚和救济情况、福利企事业机构、床位、业务情况、婚姻登记情况，资料提供单位为武汉市民政局；公检法统计资料内容包括刑事案件情况、交通和火灾事故情况、检察机关办案情况、以及律师、公证、调解情况，资料提供单位为武汉市公安局、武汉市检察院、武汉市司法局；卫生统计资料包括医疗机构人员、疾病、对居民保证程度等情况，由武汉市卫生和计划生育委员会提供。

Brief Description

Data in this chapter mainly show the development of Science and technology、education culture public health sports、Civil administration、Public security organs、Environmental protectionetc. The content of Science includes development of high technology industry and science – technology conditions in above designated size inclustrical enterprises. These data are provided by Wuhan city bureau of science and technology. The content of education statistics includes advanced education、regular secondary education、elementary education、kindergarten education、special education、education for staff and workers. These data are provided by Wuhan city bureau of education、Wuhan city bureau of works and social security、Hubei province bureau of works and social security. The content of culture statistics includes number of institutions、personnel and cost and other main activity. These data are provided by Wuhan City Press and Broadcasting Bureau, Hubei Provincial Department of culture, The news bureau of Hubei Province. The content of sports statistics includes staff and worker of Sports Commissions、Sportsman and coach and run of sports meeting. These data are provided by wuhan city bureau of sport、hubei province bureau of sport. Data of Civil administration statistics include persons enjoying favoured treatment and receiving special pensions、number of social welfare enterprises、number of beds、statistics on marriages. These data are provided by wuhan city bureau of Civil administration. Data of public security statistics include criminal and offense cases、traffic accidents and fire cases handled、procuratorial organ inuestigcotiens lawyer、Notarial documents and Civil disputes mediated. These data are provided wuhan city bureau of public security administration、Wuhan city office of procuratorate、wuhan city bureau of justice. Health statistics include medical institutions, personnel, disease, security degree to the resiclerts. Provided by the city health and family planning committee.

11－1 高新技术产业发展情况
STATISTICS ON NEW AND HIGH TECHNIC INDUSTRY DEVELOPMENT IN WUHAN

单位:万元 (10 000 yuan)

指标 Item	2004	2005	2006	2007	2008	2009
总产值 Total Output Value	6410188	8370207	11004382	13801172	17341131	20549913
增加值 Value Added	2261669	2920023	3796512	4747603	6017362	7110270
#电子信息 Electronic Information	625653	766666	1021137	1197520	1657625	2176018
先进制造 Advanced Manufacturing	614299	658425	955727	1241271	1387088	2056036
新材料 New Materials	533170	689903	754696	1046049	1521088	1237953
生物医药和医疗器械 Bio－technology and medical Appliance	218141	313169	358323	405962	348295	406313
产品出口交货值 Value of Delivery for Export	310049	523212	951432	920808	1189337	1284882
产品销售收入 Sales Revenue of Products	6040485	7952966	10124031	12559066	15953841	19383916
利税总额 Total Value of Profits and Taxes	741531	945981	1103981	1553558	1570285	2222988

指标 Item	2010	2011	2012	2013	2014	2015
总产值 Total Output Value	26380353	34489139	45560041	56044728	65996966	74992058
增加值 Value Added	8830955	10741142	13534010	17001874	19949152	21851004
#电子信息 Electronic Information	2711109	3462841	3742258	4464821	4885294	4621875
先进制造 Advanced Manufacturing	2849183	3891344	5013158	6113839	7546989	8358013
新材料 New Materials	1551093	1602444	1430334	1662238	1715856	1672231
生物医药和医疗器械 Bio－technology and medical Appliance	319263	344720	496650	613295	679403	677499
产品出口交货值 Value of Delivery for Export	1947344	3767699	5546199	4529562	5264094	5921431
产品销售收入 Sales Revenue of Products	25753287	38172227	45103564	49589496	50668563	56913967
利税总额 Total Value of Profits and Taxes	2944291	3297328	3516910	3949666	4065001	5571862

11－2 规模以上高新技术产业工业各技术领域主要经济指标
MAJOR ECONOMIC INDICATORS ON TECHNIC FIELDS OF HIGH NEW AND TECHNIC INDUSTRY ABOVE DESIGNATED SIZE

	企业数（户）Number of Entepries (Unit)	从业人员（人）Employees (person)	总产值（千元）Total Output Value(1 000 yuan)	增加值（千元）Volue Added (1 000 yuan)
总　计 Total	806	451165	622257598	157529592
电子信息 Electronic Information	164	130240	195008368	45454827
先进制造 Advanced Manufacturing	337	144354	290709031	78577616
新材料 New Materials	131	112443	73039390	15881160
新能源与高效节能 New Energy and Efficient Enerth Sxving	41	8156	7292788	1855663
生物医药与医疗器械 Bio－technology and New Medicine and Medical Applicnce	66	32905	21534107	6774982
环境保护 Environment Protection	18	3970	16668481	4575841
农业 AgriGulture	32	5020	9855260	2584190
其他 Other	17	14077	8150173	1825313

	产品销售收入（千元）Sales Revenue of Products (1 000 yuan)	利税总额（千元）Total Value of Profits and Taxes (1 000 yuan)	应交增值税（千元）Value added Tax Payable (1 000 yuan)	出口交货值（千元）Delivery Value of Export (1 000 yuan)
总计 Total	569139666	55718619	14739388	59214307
电子信息 Electronic Information	184899276	6878718	1901162	45750357
先进制造 Advanced Manufacturing	254857030	40063361	9136258	4430963
新材料 New Materials	73283063	2475185	1868040	893304
新能源与高效节能 New Energy and Efficient Enerth Sxving	6651961	563863	92880	1620901
生物医药与医疗器械 Bio－technology and New Medicine and Medical Applicnce	23086126	4014519	1461329	1141804
环境保护 Environment Protection	10926499	1290862	17413	3643087
农业 AgriGulture	9291379	594839	59838	154189
其他 Other	6144332	－162728	202468	1579702

11－3　规模以上高新技术产业工业主要指标及构成情况(表一)
MAJOR INDICATORS AND COMPOSITION ON NEW AND HIGH TECHNIC INDUSTRY ABOVE DESIGNATED SIZE(TABLE 1)

	企业数(户) Number of Enterprises (unit)	从业人数(人) Employees (person)	总产值(千元) Total Output Value(1 000 yuan)	增加值(千元) Value Added (1 000 yuan)
总计 Total	**806**	**451165**	**622257598**	**157529592**
一、按企业规模分组 Grouped by Enterprise Scale				
大型 Large	67	310286	438683986	109818158
中型 Medium－Sized	167	77888	107883039	28257467
小型 Small－Sized	567	62948	75609899	19432870
微型 Micro－Sized	5	43	80674	21096
二、按隶属关系分组 Grouped by Affiliation				
中央 Centre	47	165283	156123719	38875680
省(自治区、直辖市) Province(Autonomous Region,Municipalities)	21	6227	5086186	1349491
地(区、市、州、盟) Prefecture(zone、Gity、Atonomous Prefecture、League)	87	66363	74149150	17907372
县(区、市、旗) County(District、City、Banner)	31	10554	16875534	3888290
街道 Soreet	13	2273	4228509	1113882
乡 Town	1	90	3000	815
其他 Others	606	200375	365791500	94394063
三、按登记注册类型分组 Grouped by Type of Registration				
内资企业 Domestic Funded Enterprises	655	333686	350764055	84089924
国有企业 State－owned	15	113274	58373597	10999484
集体企业 Collective－owned	2	229	472762	116190
股份合作企业 Cooperative Enterprises of Share Holding	1	123	350031	86458
联营企业 Joint－owned	0	0	0	0
国有联营企业 Joint State－owned	0	0	0	0
集体联营企业 Collective State－owned	0	0	0	0
国有与集体联营企业 Joint State and Colleaive－owned	0	0	0	0
其他联营企业 Other Joint－owned	0	0	0	0

续 表 一 Continued 1

	企业数（户）Number of Enterprises（unit）	从业人数（人）Employees（person）	总产值（千元）Total Output Value(1 000 yuan)	增加值（千元）Value Added（1 000 yuan）
有限责任公司 Companies of Limited Liabilities	370	131303	160696006	38183166
国有独资公司 Companies State – owned Excluasive Investment	23	17289	21419404	4448001
其他有限责任公司 Other Companies of Limited Liabilities	347	114014	139276602	33735165
股份有限公司 Share Holding Co,Ltd	91	62686	90785561	24284018
私营企业 Private – owned	176	26071	40086098	10420608
私营独资企业 Private Exclusive Investment	2	217	380759	89050
私营合伙企业 Private Partnership	0	0	0	0
私营有限责任公司 Private Companies of Limited Liabilities	157	22302	35035710	9110065
私营股份有限公司 Private Companies of Limited Liabilities with Share Holding	17	3552	4669629	1221494
其他企业 Others	0	0	0	0
港、澳、台商投资企业 Enterprises funded by Entepreneurs from HongKong, Macao and Taiwan	26	34473	57332270	13852787
合资经营企业（港或澳、台资） Joint Ventures with HongKong, Macao and Taiwan	13	27378	39531121	8825166
合作经营企业（港或澳、台资） Cooperative Enterprises with HongKong, Macao and Taiwan	0	0	0	0
港、澳、台商独资经营企业 HongKong, Macao and Taiwan owned Enterpries	9	5671	16436685	4690715
港、澳、台商投资股份有限公司 Companies of Share HongKong funded by Entrepreneurs from HongKong Macao and Taiwan	3	1424	1364464	336907
其他港澳台投资企业 Others	1	0	0	0
外商投资企业 Foreign Investment	125	83006	214161273	59586880
中外合资经营企业 Chinese Foreign Equity Joint Ventures	74	56879	186818646	52857610
中外合作经营企业 Chinese Foreign Equity Cooperative Enterprises	1	443	483410	126798
外资企业 Foreign Enterprise	48	23877	24424945	5953027
外商投资股份有限公司 Companies of Share Holding funded by foveign entreprenrurs	2	1807	2434272	649444

11-4 规模以上高新技术产业工业主要指标及构成情况(表二)
MAJOR INDICATORS AND COMPOSITION ON NEW AND HIGH TECHNIC INDOSTRY ABOVE DESIGNATED SIZE (TABLE 2)

	企业数(户) Number of Enterprises (unit)	从业人数(人) Employees (person)	总产值(千元) Total Output Value(1 000 yuan)	增加值(千元) Value Added (1 000 yuan)
总计 Total	**806**	**451165**	**622257598**	**157529592**
按国民经济行业大类分组 Grouped by Sector				
其他采矿业 Mining of Others Ores	1	150	34000	11067
农副食品加工业 Farm and Sideline Food Processing	22	3295	6249645	1672460
食品制造业 Food Production	9	1456	1953425	521114
酒、饮料和精制茶制造业 Liquor, Beverage and Refined Tea Production	3	5457	3377153	865564
烟草制品业 Tobacco Processing	1	212	335316	185664
纺织业 Textile Industry	4	1343	1407441	354816
纺织服装、服饰业 Carments, Shoes and Hats Products	3	770	330781	90369
木材加工和木、竹、藤、棕、草制品业 Timber Processing, Bamboo, Cane, Palm Fiber and Straw Products	2	184	67405	17708
家具制造业 Furniture Manufacturing	2	202	103774	28452
造纸和纸制品业 Papermaking and Paper Products	7	1368	3970375	982398
印刷和记录媒介复制业 Printing and Record Processing	12	2483	5270327	1587926
文教、工美、体育和娱乐用品制造业 Cultural, Educational and Sports Goods	5	681	2337072	526233
石油加工、炼焦和核燃料加工业 Petroleum Processing, Coking and Nucless Fuel Processing	3	112	67124	10787
化学原料和化学制品制造业 Raw Chemical Material and Chemical Products	51	7178	13784960	3322628
医药制造业 Medical and Pharmaceutical Products	49	27877	20094504	6310062
化学纤维制造业 Chemical Fiber Manufacturing	1	175	347650	73841

续 表 一 Continued 1

	企业数（户）Number of Enterprises (unit)	从业人数（人）Employees (person)	总产值（千元）Total Output Value(1 000 yuan)	增加值（千元）Value Added (1 000 yuan)
橡胶和塑料制品业 Rubber and Plastic Products	15	4374	13072435	3733440
非金属矿物制品业 Non - metal Material Products	33	5182	4236209	1175812
黑色金属冶炼和压延加工业 Smelting and Pressing of Ferrous Metals	6	85276	33194048	5568411
有色金属冶炼和压延加工业 Smelting and Pressing of Ferrous Metals	4	392	1812956	442271
金属制品业 Metal Products	36	10198	11189593	2829512
通用设备制造业 General Purpose Machinery Manufacturing	74	18418	23108079	6466156
专用设备制造业 Special Purpose equipment Manufacturing	82	28957	31628759	7622258
汽车制造业 Automobile Industry	112	73828	211954994	60011743
铁路、船舶、航空航天和其他运输设备制造业 Railway, Ship, Aerospace and Other transportation Equipment	14	13656	5357263	1070558
电气机械和器材制造业 Eletric Machinery and Equipment	116	50674	66265639	13827600
计算机、通信和其他电子设备制造业 Computer, Telecommunication and Other Electronic Devices	90	96411	153177198	36260924
仪器仪表制造业 Instruments and Meters Machinery	43	9104	4611822	1238144
其他制造业 Other Industry	1	570	93739	20060
废弃资源综合利用业 Utilization of Discard Resource and Material	1	620	1404137	354966
金属制品、机械和设备修理业 Mineral Products, Machinery and Repair of Equipment	2	397	1280811	266716
电力、热力生产和供应业 Electric, Heat Pouer Production and Supply	1	132	123050	77275
水的生产和供应业 Tap Water Production and Supply	1	33	15914	2658

11－5 规模以上工业企业科技活动情况

项 目 Item	R&D 活动企业（个） Number of Enterprises with R&D Activities (unit)		R&D 人员合计（人） R&D Personels (person)	
	2015	2014	2015	2014
总 计 **Total**	**418**	**386**	**38040**	**46992**
一、按登记注册类型分组 **Grouped by Type of Registration**				
内资企业 Domestic Enterprises	357	329	32735	40783
国有企业 State－owned Enterprises	13	10	7251	11151
集体企业 Collective－owned Enterprises	0	1	0	14
股份合作企业 Cooperative Enterprises	0	0	0	0
联营企业 Joint－owned Enterprises	0	0	0	0
有限责任公司 Companies of Limited Liabilities	193	183	14452	18242
股份有限公司 Share Holding Co.，Ltd	75	64	9306	9076
私营企业 Private－owned Enterprises	76	71	1726	2300
其他企业 Other Domestic－funded Enterprises	0	0	0	0
港、澳、台商投资企业 Hongkong，Macao and Taiwan－invested Enterprises	12	12	1110	1283
外商投资企业 Foreign－invested Enterprises	49	45	4195	4926
二、按国民经济行业分组 **Grouped by Sector**				
其他采矿业 Other Minerals Mining and Processing	1	1	15	53
农副食品加工业 Food and Sideline Food Processing	13	12	356	522
食品制造业 Food production	5	4	237	232
酒、饮料和精制茶制造业 Wine，Drinks and Refined Tea Processing	1	1	16	15
烟草制品业 Tobacco Processing	1	1	178	367
纺织业 Textile Industry	3	1	92	7
纺织服装、服饰业 Textile，Garments，Shoes and Hats Products	1	2	35	80
木材加工和木、竹、藤、棕、草制品业 Timber Processing，Wood，Bamboo，Cane，Palm and Straw Products	2	0	41	0
家具制造业 Furniture Manufacturing	2	2	13	66

SCIENCE AND TECHNONOGY ACTIVITIES OF INDUSTRIAL ENTERPRIESE ABOVE DISIGNATED SIZE

R&D 经费支出（万元）Funding for R&D Expenditure（10 000 yuan）		新产品开发经费支出（万元）Funding for New Product Development Expenditures（10 000 yuan）		新产品销售收入（万元）Revenue of New Product Sales（10 000 yuan）		专利申请数（件）Amount of Applications Examined（unit）	
2015	2014	2015	2014	2015	2014	2015	2014
1473266	**1651122**	**1533548**	**1601822**	**14751598**	**16569475**	**7187**	**6589**
							5961
1106650	1324827	1138852	1170446	7255471	7957152	6225	1944
471280	711263	424454	479093	1619886	2048785	1939	0
0	366	449	366	0	0	0	0
0	0	0	9	0	0	0	0
0	0	0	0	0	0	0	2428
335182	326106	414288	368966	2782085	3233022	2642	1027
273707	245473	265810	271411	2529114	2190392	1154	562
26482	41619	33851	50600	324386	484952	490	0
0	0	0	0	0	0	0	144
29676	29211	25725	31609	94803	82835	412	484
336940	297084	368972	399767	7401325	8529488	550	
							9
157	191	96	111	0	0	4	33
7689	6730	10534	11148	37180	57756	6	11
3372	2968	3655	3384	38414	36143	17	17
690	513	990	513	0	0	11	236
7915	17722	7868	17330	0	18041	717	0
1477	72	2239	322	54160	2151	7	67
931	3662	1872	2937	52370	70469	22	0
402	0	402	34	0	6061	0	1
183	1010	364	439	8376	22650	27	0

续 表

项 目 Item	R&D 活动企业（个） Number of Enterprises with R&D Activities (unit)		R&D 人员合计（人） R&D Personels (person)	
	2015	2014	2015	2014
造纸和纸制品业 Papermaking and Paper Products	1	2	2	67
印刷和记录媒介复制业 Printing and Record Processing	5	5	85	196
石油加工、炼焦和核燃料加工业 Petroleum Processing, Coking Products and Nuclear Fuel Processing	3	3	60	108
化学原料和化学制品制造业 Raw Chemical Material and Chemical Products	28	30	993	1278
医药制造业 Medical and Pharmaceutical Products	40	40	3134	3808
橡胶和塑料制品业 Rubber and Plastic Products	7	7	162	198
非金属矿物制品业 Nonmetal Material Products	13	13	240	693
黑色金属冶炼和压延加工业 Smelting and Pressing of Ferrous Metals	5	5	3498	6782
有色金属冶炼和压延加工业 Smelting and Pressing of Non – ferrous Metals	1	0	38	0
金属制品业 Metal Products	20	15	1030	1513
通用设备制造业 General Piopose Machinery Manufacturing	30	23	1657	1649
专用设备制造业 Special Purpose equipment Manufacturing	42	42	2145	2426
汽车制造业 Automobile Industry	43	35	3622	4170
铁路、船舶、航空航天和其他运输设备制造业 Railway, Ship, Aerospace and Other transportation Equipment	6	7	3195	3461
电气机械和器材制造业 Eletric Machinery and Equipment	60	56	4611	4697
计算机、通信和其他电子设备制造业 Telecommunication Equipment, Computer and Other Electronic Equipment Manufacturing	59	57	11378	13645
仪器仪表制造业 Instruments, Meters, Machinery	22	19	975	674
其他制造业 Other Manufacturing	1	1	29	50
废弃资源综合利用业 Vtilization of Discard Resource and Material	1	0	20	0
金属制品、机械和设备修理业 Mineral Products, Machinery and Repair of Equipment	2	2	183	235

Continued

R&D 经费支出（万元）Funding for R&D Expenditure（10 000 yuan）		新产品开发经费支出（万元）Funding for New Product Development Expenditures（10 000 yuan）		新产品销售收入（万元）Revenue of New Product Sales（10 000 yuan）		专利申请数（件）Amount of Applications Examined（unit）	
2015	2014	2015	2014	2015	2014	2015	2014
22	9122	2	8224	1709	635	6	207
2005	4896	4577	3644	4873	6292	57	10
475	358	250	293	0	42	10	162
17428	23401	16327	16855	148167	385208	181	360
82153	76629	90656	87411	638645	544818	180	21
5878	4364	7083	5098	10777	241635	14	63
3427	13979	5233	12267	10811	16919	68	1345
275585	542859	229009	314197	1142313	1573337	1236	3
384	0	480	446	7903	3524	0	193
20171	24607	30283	28897	342295	241347	305	311
43915	32729	32337	50668	704267	639308	281	487
35641	36023	34314	45981	402297	451847	399	462
298019	258389	346421	342372	6519887	7482949	458	259
21531	23764	24382	23414	140864	95166	305	590
108691	92829	123534	122338	1961916	2333757	532	1524
511616	457069	533997	482720	2390413	2251639	1885	200
18096	11487	23069	19646	113641	72021	409	0
832	1226	897	946	427	960	0	0
1067	0	0	0	0	0	18	1
3516	4524	2449	0	4999	0	14	

11－6 专利申请、授权与有效量情况
EXAMINED AND GRANTED PATENT APPLICATIONS

单位：件 (10 000 yuan)

指 标 Item	2011	2012	2013	2014	2015
专利申请 Applied Patent					
专利申请量 Amount of Applications Examined	21879	24105	25680	27802	33620
#发 明 Creations and Inventions	6362	8071	9735	11871	15077
实用新型 Utility Models	10100	13547	14048	13783	16158
外观设计 Appearance	5147	2487	1897	2148	2385
专利授权 Granted Patents					
专利授权量 Amount of Applications Granted	11588	13689	15901	16553	21740
#发 明 Creations and Inventions	2585	3233	3171	3874	6003
实用新型 Utility Models	6631	9100	11015	10871	13609
外观设计 Appearance	2372	1356	1715	1590	2128
专利有效 Valid Patent					
专利有效量 Amount of Valid Patent	31819	39205	48748	58015	
#发 明 Creations and Inventions	7426	9879	12233	15007	19610
实用新型 Utility Models	18324	24367	31189	36970	
外观设计 Appecarance Designs	6069	4959	5326	6038	

11－7 各级各类教育分年度基本情况
BASIC STATISTICS ON INSTITUTIONS OF EDUCATION

单位：人 person

指标 Item	2011	2012	2013	2014	2015
学校数(所) Number of Innstitutions(unit)	1254	1211	1222	1216	1205
普通高等院校 Institutions of Higher Eucation	79	79	80	80	82
普通中学 Regular Secondary Schools	380	374	369	365	361
技工学校 Technical Schools	49	40	39	33	28
中等职业学校 Specialized Secondary Schools	114	111	144	141	134
小　学 Primary Schools	623	598	590	588	591
盲、聋、哑学校 Schools for the Blind and the Deaf－wute	9	9	9	9	9
毕业生数 Number of Graduates	543431	509451	498395	489382	475196
普通高等院校 Institutions of Higher Eucation	241101	240720	247327	265978	261988
普通中学 Regular Secondary Schools	133649	122319	115747	106385	102437
技工学校 Technical Schools	31240	17405	11975	8927	7135
中等职业学校 Specialized Secondary Schools	70401	62121	58095	43382	38153
小　学 Primary Schools	66788	66607	65251	64428	65215
盲、聋、哑学校 Schools for the Blind and the Deaf－wute	252	279	394	282	268
招生数 New Student Enrollment	515397	496566	502722	492292	494819
普通高等院校 Institutions of Higher Eucation	278678	273131	271204	269177	264636
普通中学 Regular Secondary Schools	108293	103574	101567	100220	100421
技工学校 Technical Schools	11951	9678	10351	8230	6983
中等职业学校 Specialized Secondary Schools	40851	35762	42053	38529	37683
小　学 Primary Schools	75320	74145	77547	84069	91805
盲、聋、哑学校 Schools for the Blind and the Deaf－wute	304	276	405	297	274

续 表 Continued

指　　标 Item	2011	2012	2013	2014	2015
在校学生数 Students Enrollment	1918340	1847472	1854230	1828320	1863010
普通高等院校 Institutions of Higher Eucation	920373	946991	966438	962106	956789
普通中学 Regular Secondary Schools	352098	329870	314045	306581	302803
技工学校 Technical Schools	66634	35471	25690	21426	19580
中等职业学校 Specialized Secondary Schools	162612	120545	124287	113181	108139
小　学 Primary Schools	414840	412781	423770	444528	473922
盲、聋、哑学校 Schools for the Blind and the Deaf - wute	1783	1814	1890	1924	1777
教职员工数 Number of Teachers and Staff	172869	171818	175209	170184	171387
普通高等院校 Institutions of Higher Eucation	90109	90052	91941	90607	90840
普通中学 Regular Secondary Schools	40596	40288	39485	39456	38622
技工学校 Technical Schools	3941	3972	3532	2871	2979
中等职业学校 Specialized Secondary Schools	9640	9158	12031	11382	10265
小　学 Primary Schools	28272	28040	28220	28415	28391
盲、聋、哑学校 Schools for the Blind and the Deaf - mute	311	308	328	324	290
专任教师 Full - time Teachers	122886	123126	126513	123191	125306
普通高等院校 Institutions of Higher Eucation	53999	55016	57038	56494	57205
普通中学 Regular Secondary Schools	32463	32094	31510	31523	31207
技工学校 Technical Schools	3091	3218	2808	2236	2249
中等职业学校 Specialized Secondary Schools	6081	5908	8490	7979	7391
小　学 Primary Schools	26991	26630	26667	26931	27019
盲、聋、哑学校 Schools for the Blind and the Deaf - mute	261	260	262	264	235

注:不包含研究生教育机构、成人教育高校及民办教育机构等。

Note:Postgraduate Education Institutions, Adult Education Colleges and Non - governmental Education Organizations are not inducled.

11－8　普通中学、小学专任教师学历情况(2015 年)
BASIC STATISTICS ON ACADEMIC CREDENCIALS OF FULL－TIME TEACHERS IN REGULAR SECONDARY SCHOOLS AND PRIMARY SCHOOLS(2015)

单位:人　　　　(person)

项　目	Item	普通中学 Regular Secondary Schools 合计 Subtotal	高中 Senior	初中 Junior	小学 Primary Schools
专任教师总计	**Total Number of Full－time Teachers**	**31207**	**11767**	**19440**	**27019**
高等学校本科毕业及以上	Graduated from Regular College Course and above	28661	11611	17050	15936
高等学校专科毕业	Graduated from Specialized Subject(three Years)	2528	153	2375	9632
高中毕业及以下	Graduated from Senior Secondary Schools and below	18	3	15	1451
比　重(%)	**Proportion of Full－time Teachers(%)**				
高等学校本科毕业及以上	Graduated from Regular College Course and above	91.84	98.67	87.71	58.98
高等学校专科毕业	Graduated from Specialized Subject(three Years)	8.10	1.30	12.22	35.65
高中毕业及以下	Graduated from Senior Secondary Schools and below	0.06	0.03	0.08	5.37

11－9　平均每一专任教师负担的学生数情况
THE RATIO OF STUDENTS AND FULL－TIME TEACHERS

单位:人　　　　(person)

项　目	Item	2011	2012	2013	2014	2015
普通高等学校	Institutions of Higher Education	17.05	17.21	16.94	17.03	16.70
中等专业学校	Specialized Secondary Schools	26.74	20.4	14.64	14.18	14.63
技工学校	Technical Schools	21.56	11.02	9.15	9.58	8.7
普通中学	Regular Secondary Schools	10.85	10.28	9.97	9.73	9.70
#高　中	Senior	12.01	10.99	9.95	9.42	9.24
初　中	Junior	10.15	9.85	9.98	9.91	9.98
小　学	Primary Schools	15.37	15.5	15.89	16.51	17.54

11－10　平均每万人口在校学生数情况
STUDENT ENROLLMENT PER 10 000 POPULATION

单位:人　　　　(person)

项　目	Item	2011	2012	2013	2014	2015
高等学校	Institutions of Higher Education	1291.33	1341.78	1384.89	1369.61	1462.46
中等专业学校	Specialized Secondary Schools	194.34	145.72	151.25	137.68	130.71
技工学校	Technical Schools	21.04	14.21	11.02	11.5	13.2
普通中学	Regular Secondary Schools	420.8	398.76	382.18	372.95	366.01
#高　中	Senior	174.7	160.48	145.96	136.54	131.44
初　中	Junior	246.1	238.28	236.22	236.6	234.57
小　学	Primary Schools	495.79	498.99	515.72	540.76	572.86

11-11 幼儿园基本情况
BASIC STATISTICS ON KINDERGARTENS

单位:人 (person)

项目	Item	2011	2012	2013	2014	2015
幼儿园数(所)	Number of Kindergartens(unit)	785	888	1024	1097	1184
在园幼儿数	Student Enrollment	186921	203448	224274	240162	268747
教职员工数	Number of Staff and Teachers	19227	22204	26029	29141	32701
#园　长	Chiefs of Kindergartens	1320	1514	1738	1894	1964
教　师	Teachers	9582	10906	12832	14032	15758
保健员	Health Workers	4396	5079	6876	7701	8292
平均每一教养员负担幼儿	Ratio of Students and Kinder garten Teachers	19.51	18.65	17.48	17.12	17.05

11-12 普通中小学和职业中学校舍情况
BASIC STATISTICS ON SCHOOLHOUSE OF REGULAR SECONDARY SCHOOLS, PRIMARY SCHOOLS AND VOCATIONAL SCHOOLS

单位:万平方米 (10 000sq. m)

项目	Item	2011	2012	2013	2014	2015
学校数(所)	Number of Schools(unit)					
普通中学(所)	Regular Secvondary Schools(unit)	380	374	369	365	361
小　学(所)	Primary Schools(unit)	623	598	590	588	591
学校占地面积	Area of Schools					
普通中学	Regular Secondary Schools	1310.44	1313.82	1301.55	1309.86	1295.31
职业中学	Vocational Secondary Schools	334.43	423.18	405.24	409.62	331.98
小　学	Primary Schools	855.85	837.39	858.41	858.49	876.03
校舍建筑面积	Floor Space of School Building					
普通中学	Regular Secvondary Schools(unit)	548.29	557.37	571.35	587.46	582.5
职业中学	Vocational Secondary Schools	210.06	223.27	219.58	224.51	192.18
小　学	Primary Schools	296.57	308.58	318.16	332.77	342.59
本年新增面积	Newly Increased Floor Space of Building					
普通中学	Regular Secvondary Schools(unit)	6.87	2.41	-12.27	8.72	4.26
小　学	Primary Schools	2.14	4.11	21.02	4.56	9.54
危险房屋面积	Floor Space of Buildings with Danger of Collapse					
普通中学	Regular Secvondary Schools(unit)	2.67	1.53	0.7	0.48	0.02
小　学	Primary Schools	1.59	0.73	0.05	0.03	0.01

11－13　文化产业机构和人员情况
NUMBER OF INSTTUTIONS AND PERSONNEL IN CULTURE, ARTS AND CULTURAL INSTITVTIONS

项　　目 Item		机　构　数(个) Number of Institutions(unit)		从　业　人　员　数(人) Number of Persons Engaged(person)	
		2015	2014	2015	2014
总　计	**Total**	**2527**	**2699**	**27498**	**31764**
艺术业	Art Institutions	31	31	2454	2576
图书馆业	Libraries	17	17	679	677
群众文化业	Mass Culture	185	180	777	737
艺术教育业	Art Education	3	3	551	519
娱乐业	Recreation	2147	2300	18292	20002
文艺科研	Art Research	2	2	77	68
文物业	Cultural Relics	71	70	1623	1594
其他文化产业	Other Cultural Units	71	96	3045	5591

11－14　艺术表演机构和人员情况
STATISTICS ON INSTITUTIONS AND PERSONNEL IN ART PERFORMANCE

项　　目 Item	机　构　数(个) Number of Institutions(unit)		从　业　人　员　数(人) Number of Persons Engaged(person)	
	2015	2014	2015	2014
总　计 Total	**31**	**31**	**2454**	**2576**
一、艺术表演团体 Art Performance Troupes	17	17	1974	1988
1. 话剧、儿童剧、滑稽剧团 Drama, Children, Plays and Comedy Troupes	2	2	233	243
2. 歌剧、舞剧、歌舞剧团 Opera, Ballet and Dance Troupes	5	5	667	668
3. 歌舞团、轻音乐团 Song and Dance Group、Pops Orchesrta	0	0	0	0
4. 乐　　团 Philharmonic Troupes	0	0	0	0
5. 戏曲剧团 Local Opera Troupes	3	3	533	539
其中:京　　剧 Local Beijing Opera Troupes	2	2	299	295
6. 曲、杂、木、皮剧团 Recitation and Ballad Troupes, Acrobatics and Circus Troupes, Pupet Show Troupes and Shadow Play Troupes	6	6	520	527
7. 综合艺术表演团体 Comprehensive Art Troupes	1	1	21	11
二、艺术表演场所 Art Centers	14	14	480	588

11－15 文化部门艺术表演团体基本情况(2015 年)
STATISTICS ON INSTITUTIONS AND PERSONNEL OF ART PERFORMANCE IN CULTURAL DEPARTMENT(2015)

项目 Item	剧团数(个) Number of Troupes (unit)	本年新排上演剧目(个) Newly Rehearsal and Performance Plays in the Year(play)	国内演出场次(千场) Number of Domestic Performances (10 00 shows)	国内观众(千人次) Number of Domestic Spectators (1000 person－times)	本年收入合计(千元) Total Income (1000 yuan)	本年支出合计(千元) Total Expenditures (1000 yuan)
总计 Total	**17**	**28**	**4.01**	**4205.96**	**353457**	**361068**
话剧、儿童剧、滑稽剧团 Drama, Children, Plays and Comedy Troupes	2	8	0.99	640.50	49236	50987
歌剧、舞剧、歌舞剧团 Opera, Ballet and Dance Troupes	5	9	0.83	977.35	97595	105380
歌舞团、轻音乐团 Song and Dance Group、Pops Orchestra	0	0	0	0	0	0
乐团 Philharmonic Troups	0	0	0	0	0	0
戏曲剧团 Local Opera Troupes	6	7	1.62	1782.61	162488	160311
#京剧 Local Beijing Opera Troupes	2	2	0.34	390.30	64179	62120
曲、杂、木、皮剧团 Recitation and Ballad Troupes, Acrobatics and Circus Troupes, Puppet Show Troupes and Shadow Play Troupes	2	4	0.43	625.50	39670	39830
综合性艺术表演团体 Comprehensive Art Troupes	1	0	0.14	180	4468	4560

11－16 文化部门艺术表演场所演出情况
BASIC STATISTICS ON PERFORMANCE OF CULTURAL DEPARTMENT

项目	Item	2015	2014
剧场(个)	Theaters(unit)	14	14
剧场座席(万个)(10000)	Seating－room of Theaters(10 000 seats)	1.54	1.53
演出场次(万场)(10000)	Number of Performances(10 000 shows)	0.40	0.15
#艺术场次	Number of Art Performances	0.15	0.10
观众人次(万人次)(10000)	Number of Spectators(10 000 person－times)	124.02	111.22
#艺术观众(万人次)	Number of Spectators for Art	91.36	82.24
总收入(万元)(10000)	Total Income(10 000 yuan)	12101.60	9804.30
#艺术演出收入	Income From Art Performances	6275.80	3474.90
总支出(万元)(10000)	Total Expenditures(10 000 yuan)	11654.80	9753.20

11－17 群众艺术馆、文化馆
STATISTICS ON MASS ART CENTERS AND CULTURAL CENTERS

项　　目 Item	2011	2012	2013	2014	2015
机构数(个) Number of Institutions(unit)	15	15	15	15	15
举办展览个数(个) Number of Exhibitions(unit)	74	80	106	137	126
组织文艺活动次数(次) Art Performances and Culture Sessions(times)	749	635	1015	1551	1180
举办培训班(个) Training Courses(times)	255	391	728	413	509
结业人次数(千人次)(1000) Number of Persons Completing Courses(1000 person－times)	255.1	0.26	0.55	0.55	0.15

11－18 公共图书馆基本情况
BASIC STATISTICS ON PUBLIC LIBRARIES

项　　目 Item	2011	2012	2013	2014	2015
机构数(个) Number of Institutions(unit)	17	17	17	17	17
藏　　书(万册)(10000) Collections(10 000 volumes)	1145.78	1182.87	1223.7	1325.82	1445.24
发放借书证数(万个)(10000) Number of Library Cards Distributed(10 000 units)	34.29	36.04	28.03	52.35	67.69
图书流通人次(万人次)(10000) Total Number of Circulation(10 000 person－times)	474.5	504.81	583.11	627.73	648.9
为读者举办各种活动(次) Service Activities Provided for Readers(times)	721	951	1149	1364	1211
参加人次(万人次)(10000) Number of Readers Involved(10 000 person－times)	29.2	42.25	105.63	106.25	83.29
本年新购图书(万册)(10000) Number of Books Purchased During the Year(10 000 Volumes)	44.7	67.92	73.44	97.18	117.66
公用房屋建筑面积(万平方米)(10000) Floor Space of Public Building(10 000sq. m)	7.5	15.72	17.64	17.36	17.79
阅览室座席数(万个)(10000) Seats of Reading Rooms(10 000 seats)	0.59	1.20	1.12	1.06	1.16

11-19 广播电视基本情况
BASIC STATISTICS ON BROADCASTING AND TELEVISION

项　　目 Item	2011	2012	2013	2014	2015
广播电台(座) Broadcasting Stations(seat)	1	1	1	1	1
电视台(座) Television Stations(seat)	1	1	1	1	1
广播电视台(座) Radio Television Stations(seta)	4	4	4	4	6
调频转播发射台(座) Number of Broadcast Transmission Stations(seat)	8	8	8	7	7
电视转播发射台(座) Number of Television Transmission Stations(seat)	6	6	6	5	5
广播节目套数(套) Number of Broadcasting Programs(seat)	18	18	19	15	15
公共广播节目每日播出时间(时、分) Average Public Broadcasting Hours per Day(hour、minute)	324:42:00	337:41:00	347:05:00	120:11:00	119:06:00
电视节目套数(套) Number of Television Programs(seat)		20	20	19	16
公共电视节目每日播出时间(时、分) Average Public Television Hours per Day(hour、minute)	386:44:00	402:59:00	401:15:00	193:46:00	192:05:00

11-20 图书、杂志、报纸出版数量
NUMBER OF BOOK、MAGAZINES AND NEWSPAPER PUBLISHED

项目 Item	2011	2012	2013	2014	2015
图书 Books					
出版社图书种数合计(种) Books from Publishing House(unit)	11886	14256	13905	16043	15939
#出版新图书(种) #New Books Published(unit)	6853	8476	8446	9662	8932
总印数(万册)(10000) Impression(10 000 copies)	25982	25972	26274	27193	26298
总印数(万张)(10000) Printed Sheets(10 000 unit)	1943309	2045531	2088162	2288053	2245605
杂志 Magazine					
种数(种) Class(unit)	359	360	363	364	365
平均期印数(万册)(10000) Number of Average Impression(10 000 copies)	1205.98	1255.07	1143.02	1087.93	926.7
总印数(万册)(10000) Impression(10 000 copies)	29736.61	33651.88	30463.73	27621.07	24714.65
总印张(千印张)(1000) Printed Sheets(1 000 unit)	1588565.62	1842724.97	1758399.64	1637791.57	1438680.18
报纸 Newspaper					
种数(种) Class	64	64	64	65	64
平均期印数(万册)(10000) Number of Average Impression(10 000 copies)	813.33	698.65	682.92	651.63	523.85
总印数(万册)(10000) Impression(10 000 copies)	162555.42	164955.31	159425.62	153146.28	119031.2
总印张(千印张)(1000) Printed Sheets(1 000 unit)	7875050.45	8251147.94	7597363.7	7317979.09	4530878.41

11－21　博物馆基本情况
NUMBER OF MUSEVMS INSTITUTIONS

项　　目	Item	2011	2012	2013	2014	2015
机构数(个)	Number of Centers(unit)	24	46	53	56	57
全部职工人数(人)	Total Number of Staffs(person)	526	1016	1158	1242	1266
藏　　品(件)	Cultural Relics of Collection(case)	269785	503869	528038	739256	550465
参观人次(万人次)	Vistors(10 000 person－times)	420.67	675.63	779.18	963.59	945.05
总收入(万元)	Total Income(10 000 yuan)	13355.9	21914.4	34212.5	34151.1	33058.8
总支出(万元)	Total Expenditures(10 000 yuan)	13723.7	22245.6	34219.2	34362.2	34031.1

11－22　卫生事业机构数
NUMBER OF HEALTH INSTITUTIONS

单位:个　　(unit)

项　　目	Item	2011	2012	2013	2014	2015
合　计	**Total**	**2848**	**2860**	**2760**	**2782**	**3695**
医　　院	Hospitals	154	159	164	197	303
社区卫生服务中心	Community Health Service Centers	125	125	126	129	133
卫生院	Health Centers	79	79	78	69	69
门诊部	Out－patoent Departrment	113	127	138	204	747
急救中心	First－aid Centers	1	1	1	1	2
采供血机构	Blood Centers	1	1	1	1	1
妇幼保健机构	Maternity and Child Care Centers	14	14	14	14	16
专科防治机构	Special Prevention and Treatment Centers or Stations	14	14	14	19	17
疾病控制机构	Disease Controling Centers	20	20	19	19	19
卫生监督机构	Sanitation supervision Centers	16	16	16	14	17
医学培训机构	Physic Training Centers	2	2	2	2	2
其他卫生机构	Other Health Care Institutions	4	4	24	10	7
诊　　所	Clinics	1800	1797	1790	1695	1844
卫生所医务室	Clinic Infirmary	102	98	98	101	201
社区卫生服务站	Community Health Service Stations	403	403	275	307	317

11－23　医疗机构基本情况(2015 年)
STATISTICS ON HOPITAL AFFAIRS(2015)

项　　目	Item	诊疗人次(千次) Total Number of Patients Treated (1000 person－times)	入院人数(千人) Hospital Admissions (1000 patients)	病　床周转次数(次) Turnover of Beds (times)	病床使用率(%) Utilization Rate of Beds (%)
合　计	**Total**	**73361**	**2470**	**32.6**	**90.09**
一、医　　院	Hospitals	43169	2160	33.8	95.76
综合医院	General Hospitals	31613	1623	35.6	98.04
中医医院	Hospitals of Chinese Medicine	3882	157	31.2	86.55
中西医结合医院	Hospitals of Chinese and Westen Medicine	2544	102	33.6	92.01
专科医院	Specialized Hospitals	5130	278	27.2	91.19
二、疗养院	Sanatoriums	/	/	/	/
三、社区卫生服务中心(站)	Community Health Service Centers	8886	112	20.7	51.35
四、卫生院	Health Centers	3887	99	25.5	57.79
街道卫生院	Urban Township Hospitals	406	11	24.3	64.46
乡镇卫生院	Rural Township Hospitals	3481	88	25.6	56.91
五、门诊部	Out－pactient Department	1600	/	/	/
六、妇幼保健机构	Maternity and Child Care Centers	2623	75	42.4	79.37
七、疾病预防控制机构	Disease Prevention and Treatment Centers	/	/	/	/
八、专科疾病防治机构	Specialized Disease Prevention & Treatment Centers	235	24	25	83.51

11－24　卫生事业床位数
NUMBER OF BEDS IN HEALTH INSTITUTIONS

单位:张　　(unit)

项　　目	Item	2011	2012	2013	2014	2015
合　　计	**Total**	**56540**	**62178**	**66563**	**72827**	**80726**
医　　院	Hospitals	46716	51721	55076	60127	67550
卫生院	Health Centers	2810	3209	3469	4077	4226
社区卫生服务中心	Community Health Service Centers	5108	5416	5673	6086	6175
门诊部、所	Clinics	133	76	78	77	50
专科防治所、站	Special Prevention and Treatment Centers or Stations	760	742	843	904	959
妇幼保健所、站	Maternity and Child Care Centers	1013	1014	1424	1556	1766

11－25 医疗机构所属人员情况(2015 年)

单位:人

项　目 Item	合　计 Total	各类卫生技术人员 All Health Technicians		
		小　计 Total	执业助理医师 Certified Assistant Doctors	其中:执业医师 Certified Doctors
总　计 Total	**114367**	**91763**	**32888**	**30582**
#医　院 Hospitals	83182	67725	22238	21681
社区卫生服务中心(站) Community Health Service Centers	8776	7337	2863	2579
卫生院 Health Centers	5465	4504	1930	1221
门诊部 Out－patient Department	3259	2785	1448	1257
诊所卫生所医务室 Clinics	4543	4402	2402	2168
疾病预防控制中心 Centers for Disease Control and Prevention	1058	803	373	326
专科疾病防治院(所、站) Specialized Hospitals for Disease Control and Prevention	1128	885	324	294
健康教育所(站、中心) Institute for Health Education	28	11	3	2
妇幼保健院(所、站) Maternity and Child Health Care	2508	2177	778	758
急救中心(站) First Aid Center	181	76	48	46
采供血机构 Blood Services	302	210	39	25
卫生监督所(中心) Health Supervision Institution	267	244	0	0
医学科学研究机构 Medical Scientific Reserach Instvtutions	40	30	11	11
医学在职培训机构 Medical Institutions of on－the－job Training	38	20	14	13
临床检验中心(所、站) Clinical Test Center	11	4	0	0
其　他 Others	188	64	23	13

注:本表总计含计划生育技术服务机构、村卫生室人员及乡村医生和卫生员

Note:The table contains a total of family planning technical services village health staff and rural doctors and health workers.

THE NUMBER OF EMPLOYED PERSONNEL IN MEDICAL INSTITUTIONS(2015)

(person)

各类卫生技术人员 All Health Technicians				其他技术人员 Others	管理人员 Adinistrative Staff	工勤技能人员 Ground Skilled Staff
注册护士 Enrolling Nurses	药剂人员 Junior Pharmacists	技师(士) laboratory Technicians	其　他 Other Technicians			
45204	4409	4581	4681	4991	5946	8777
35813	3151	3366	3157	3781	4648	7028
3154	527	350	443	445	452	542
1562	319	226	467	287	288	386
1085	84	114	54	35	130	309
1712	177	53	58	0	0	141
110	9	211	100	93	78	84
370	65	85	41	66	84	93
8	0	0	0	5	11	1
1125	63	129	82	160	100	71
27	1	0	0	6	37	62
131	7	33	0	52	20	20
0	0	0	244	0	11	12
4	0	9	6	0	6	4
3	0	2	1	8	6	4
4	0	0	0	0	6	1
13	4	2	22	42	65	17

11－26　医疗卫生事业对居民的保证程度
NUMBER OF BEDS AND PERSONS ENGAGED IN MEDICAL AND HEALTH INSTITUTIONS PER 1000 POPULATION

单位：张、人　　(unit, person)

项　目 Item	2011	2012	2013	2014	2015
每千人口卫生床位数 Number of Beds per 1000 population	6.51	7.07	7.12	8.85	7.61
#每千人口医院床位数 Number of Hospital beds per 1000 population	5.6	6.14	6.74	7.31	6.36
每千人口卫生工作人员数 Number of Medical Personnel per 100 population	9.86	10.41	11.02	11.83	10.78
#每千人口卫生技术人员数 Number of Medical Technical Personnel per 1000 population	7.82	8.31	8.78	9.54	8.65
每千人口医生数 Number of Doctors per 1000 population	3.08	3.3	3.33	3.59	3.1
每千人口护师、护士数 Number of Senior and Junior Nurses per 1000 population	3.2	3.4	3.89	4.41	4.26

11－27　居民死亡十种主要疾病构成情况(2015 年)

THE COMPOSITION OF TEN MAIN DISEASES CAUSING DEATH OF RESIDENTS(2015)

项　目 Item	病　名		死亡率 1/10 万 Death Rate (per 100000 Persons)	构　成(%) Constitution
合　计 Total	恶性肿瘤	Malignant Tumour	195.44	28.85
	脑血管	Cerebrovascular Disease	167.43	24.71
	心脏病	Heart Trouble	127.63	18.84
	呼吸系统疾病	Respiratory Disease	60.83	8.98
	损伤与中毒	Trauma and Toxicosis	38.45	5.68
	内、营、代疾病	Discase about endocrine, nutritionl and metabolic	21.69	3.2
	消化系统疾病	Digestive Disease	16.82	2.48
	神经系统疾病	Nervous System Disease	8.7	1.28
	泌尿生殖系统疾病	Urinary Disease	7.32	1.08
	起源于围生期的某些疾病	Disease Result from Perinatal Period	2.26	0.33
男　性 Male	恶性肿瘤	Malignant Tumour	248.64	32.6
	脑血管病	Cerebrovascular Disease	175.96	23.07
	心脏病	Heart Trouble	128.42	16.84
	呼吸系统疾病	Respiratory Disease	71.83	9.42
	损伤和中毒外部原因	Trauma and Toxicosis	46.5	6.1
	内分泌,营养和代谢疾病	Discase about endocrine, nutritionl and metabolic	19.82	2.6
	消化系统疾病	Digestive Disease	19.58	2.57
	神经系统疾病	Nervous System Disease	9.17	1.2
	泌尿生殖系统疾病	Urinary Disease	8.37	1.1
	起源于围生期的某些疾病	Disease Result from Perinatal Period	2.52	0.33
女　性 Female	脑血管病	Cerebrovascular Disease	158.58	26.92
	恶性肿瘤	Malignant Tumour	140.3	23.81
	心脏病	Heart Trouble	126.8	21.52
	呼吸系统疾病	Respiratory Disease	49.44	8.39
	损伤和中毒外部原因	Trauma and Toxicosis	30.1	5.11
	内分泌,营养和代谢疾病	Discase about endocrine, nutritionl and metabolic	23.63	4.01
	消化系统疾病	Digestive Disease	13.96	2.37
	神经系统疾病	Nervous System Disease	8.21	1.39
	泌尿生殖系统疾病	Urinary Disease	6.22	1.06
	起源于围生期的某些疾病	Disease Result from Perinatal Period	1.98	0.34

11－28　体育事业基本情况
BASIC STATISTICS ON SPORTS AFFAIRS

项　　目 Item	2015	2014
体育局系统职工人数(人) Number of Staffand Workers in Sports Commissions(person)	773	3197
#市　　属(人) Municipal Units(person)	344	212
优秀运动队人数(人) Number of Personnel of Excellent Sports Teams(person)	46	131
等级裁判员人数(人) Number of Referees in Grades(person)	478	289
等级运动员发展人数(人) Number of Newly Increased Athletes in Grades(person)	518	548
少年儿童业余体校(所) Sparetime Sports Schools for Children(unit)	13	13
在校学生人数(人) Students Enrollment(person)	2426	3072
全市举办运动会次数(次) Number of Games Held in the City(times)	213	215
参加运动会运动员人数(人) Number of Atheltes Involved in the Games(person)	134500	134800

注:2015 年体育局系统职工人数中,不含省直在汉部分数据。

11－29　农村自然灾害情况
STATISTICS ON RURAL NATURAL DISASTER

项　　目 Item	2011	2012	2013	2014	2015
农作物受灾面积(百亩)(100) Covered Areas of Farm Crops(100 mu)	13812	7289.05	13182	2223	3220
成灾人口(人) Population Affected(person)	596861	122611	459600	102316	138763
因灾缺粮(吨) Insufficient Amount of Grains Because of Disaster(ton)	445	88	6805	4794	3030
缺粮人口(人) Number of Persons Suffering From Shortage of Grains(person)	15996	2499	77200	54389	70255

11－30 优抚和社会福利事业情况
STATISTICS ON SOCIAL WELFARE HOMES

项　目 Item	2011	2012	2013	2014	2015
优抚事业 Preferential Treatment Policy					
单位数(个) Number of Homes(unit)	5	4	4	4	5
床位数(张) Number of Beds(unit)	646	855	893	1007	1037
年末收养人员(人) Number of Persons Housed(person)	616	708	762	783	821
享受伤残抚恤金人数(人) Number of Persons Enjoying Disability Benfit(person)	5803	5817	5722	5615	5750
定期抚恤金人数(人) Number of Persons Who Have Regular Pension(person)	2061	2088	1293	1175	1118
定期补助人数(人) Number of Persons Who Have Regular Subsides(person)	17907	23744	22630	23399	23430
优抚对象户数(户) Number of Households Emoying Preferential Treatment(household)	6239	29660			
社会福利 Social Welfare					
社会福利院单位数(个) Number of Social Welfare Home	15	14	16	16	15
床位数(张) Number of Beds	5628	4527	5847	8820	9042
在院总人数、天数(人、天) Number of Hospitalizations and Days	1292104	598302	921315	768457	712785
#市儿童福利院(个) Number of Children's Welfare Institution	1	1	1	1	1
年末收养人员(人) Number of Persons Housed(person)	615	607	618	607	635

#少年儿童(人)
Juvenile(person)
	396	300	618	607	635

11－31 殡 葬 事 业 情 况
BASIC STATISTICS ON FUNERAL AND INTERMENT AFFAIRS

项　目	Item	2011	2012	2013	2014	2015
火葬场(个)	Cremateria(unit)	7	7	7	7	7
火化炉(台)	Cremators(unit)	66	79	79	83	83
火化尸体数(具)	Corpses Cremated(unit)	43536	49399	49291	49325	50937

11－32 婚姻登记情况(2015 年)
STATISTICS ON MARRIAGES(2015)

项　　目	Item	准予登记结婚数(对) Registered Marriages (couples)	准予离婚(对) Ratifications for Divorces (couples)
合　计	**Total**	**99560**	**31359**
江岸区	Jiang'an	8010	3663
江汉区	Jianghan	5586	2418
硚口区	Qiaokou	5510	2378
汉阳区	Hanyang	4560	1946
武昌区	Wuchang	16358	4310
青山区	Qingshan	4838	2043
洪山区	Hongshan	6054	1980
东西湖区	Dongxihu	3509	1417
汉南区	Hannan	1470	474
蔡甸区	Caidian	5164	1732
江夏区	Jianxia	6723	2148
黄陂区	Huangpi	12875	2766
新洲区	Xinzhou	11361	2261
武汉经济技术开发区	Wuhan Economic Technological Development Zone	2173	541
东湖新技术开发区	East Lake High－Tech Development Zone	5066	1196
东湖生态旅游风景区	East Lake Ecotoutism Scenic Zone	303	86
武汉化学工业区	Wuhan Chemical Indurstry Park		0

11－33 市属公证、律师机构及人员
NUMBER OF NOTARIAL INSTITUTIONS AND PERSONNEL ENGAGED AT MUNICIPALITY LEVEL AND BELOW

项　　目	Item	2011	2012	2013	2014	2015
公证机构	Notarial Institutions					
公证机构数(个)	Number of Notarial Institutions(unit)	13	13	13	13	13
#市　级(个)	Municipality Level(unit)	7	7	7	7	7
区　级(个)	District Level(unit)	6	6	6	6	6
公证人员数(人)	Number of Notarial Personnel(person)	158	168	196	204	237
办理各类公证(件)	Number of Notarial Documnets Issued(piecces)	100945	104795	141712	189672	243702
律师事务所	Law Offices					
律师事务所(个)	Number of Law Offices(unit)	161	174	191	209	241
市　级(个)	Municipality Level(unit)	63	63	63	64	65
区　级(个)	District Level(unit)	98	111	128	145	176
律师事务所实有人数(人)	Number of Staff and Workers in Law Offices(person)	2956	3082	3365	4103	4330
#专业律师工作者(人)	Full－time Lawyers(person)	2236	2327	2564	3031	3234
兼职律师工作者(人)	Part－time Lawyers(person)	85	85	111	94	118

11－34 市属民事纠纷调解情况
STATISTICS ON CIVIL DISPUTES MEDIATED AT MUNICIPALITY LEVEL AND BELOW

项　　目 Item	2011	2012	2013	2014	2015
一、调解纠纷合计(件) Number of Civil Disputes Mediated(case)	40621	44439	50574	52352	53186
二、调解成功纠纷(件) Number of Cases Successfully Mediated(case)	40560	44392	50541	52300	53125
三、本年突出纠纷 Highlight Disputes in the Year					
#婚姻家庭纠纷(件) Family Disputes(case)	21110	20334	18698	29716	30656
邻里纠纷(件) Neighborhood Disputes(case)			8932	20104	22380
房屋纠纷(件) Housing Disputes(case)	555	930	667	246	205
四、避免非正常死亡(人) Abnormal Deaths Avoided(person)	112	10	56	49	23

11-35 社会治安及安全情况
BASIC STATISTICS OR CRIMINAL AND OFFENSE CASE

项目 Item	2011	2012	2013	2014	2015
刑事治安案件 Criminal Cases Registered					
刑事发案总数(起) Number of Criminal Cases Registered(case)	80204	104091	88572	81947	105528
刑事破案总数(起) Number of Criminal Cases Cracked(case)	15733	32727	39191	27302	28714
治安案件受理(起) Number of Offense Cases Registered(case)	102772	227953	236755	88477	105812
治安案件查处(起) Number of Offense Cases Disposed(case)	89540	216628	229047	83433	95802
交通事故 Traffic Accidents					
次　数(次) Number of Traffic Accidents(case)	3271	2810	2611	2407	1919
死　亡(人) Deaths(person)	357	355	355	357	343
伤　人(人) Injuries(person)	3640	3058	2684	2481	1930
损失折款(万元)(10000) Losses Converted into Cash(10 000 yuan)	486.3	684.4	433.7	633.4	659
火灾情况 Fires					
次　数(次) Number of Fires(case)	2662	1344	3694	3345	2833
死　亡(人) Deaths(person)	36	4	8	4	8
伤　人(人) Injuries(person)	3	1	3	2	12
损失折款(万元)(10000) Losses Converted into Cash(10 000 yuan)	2724.4	491.3	840.1	710.1	953.6

11－36 检察机关办理各类案件情况
CASES CHARGED AND APPEALED BY PROCURATORIAL AGENCY

单位:件 (unit)

项目	Item	2015	2014
举报贪污贿赂、渎职侵权案件线索情况	Report corruption and bribery, dereliction of duty infringement case clues		
首次举报受理数	First report acceptance number	1111	1236
贪污贿赂案件线索	Corruption and bribery case clues number	913	1041
处理数	Processing number	891	1015
渎职侵权案件线索	Cases of dereliction of duty infringement claes	198	195
处理数	Processing number	195	186
职务犯罪案件	Duty crime cases		
贪污贿赂案件	Corruption and bribery cases		
受理数(件/人)	Acceptance number(case/person)	335/409	368/438
侦结数(件/人)	The number of nodes(case/person)	211/273	229/288
逮捕数(件/人)	Arrest number(case/person)	169/186	146/158
起诉数(件/人)	Prosecution number(case/person)	199/252	221/273
渎职侵权案件	Cases of dereliction of duty		
受理数(件/人)	Cases Accepted	104/141	87/119
侦结数(件/人)	Acceptance number(case/person)	57/83	47/72
逮捕数(件/人)	The number of nodes(case/person)	14/15	22/28
起诉数(件/人)	Arrest number(case/person)	37/44	27/39
控告申诉案件	Prosecution number(case/person)		
控告合计	Complaint case	411	653
处理数	Total charges	405	651
申诉合计	Processing number	720	664
处理数	Total appeal	702	661
民事、行政检察案件	Civil and administrative procuratorial cases		
受案数	Case number	1279	1278
审查处理	Review process	1362	1414
不服生效裁判监督案件审查结果	Number of cases against the results of the case	359	357

11－37　刑事案件批捕与起诉
ARRESTS AND LAWSUITS IN CRIMINAL CASES

项　　目 Item	2011	2012	2013	2014	2015
受理刑事案件批捕总数(件) Number of Arrests Appealed in Criminal Cases(case)	7014	9066	9662	10201	10631
其中:批捕数(件) Authorizing Arrests(case)	6352	8143	8374	8877	9272
受理刑事案件批捕总数(人) Number of Persons Appealed Arresting in Criminal Cases(person)	10254	13354	13123	13365	13860
其中:批捕数(人) Authorizing Arrests(person)	9248	11864	11089	11327	11773
受理刑事案件起诉免诉总数(件) Number of Cases Appealed Prosecutions and Exempting from Prosecutions(case)	11190	16870	18046	19095	20362
其中:不诉(件) Exempting from Prosecutions(case)	6780	8802	10302	11298	12655
受理刑事案件起诉免诉总数(人) Number of Persons Appealed Prosecutions and Exempting from Prosecutions(person)	109	130	221	259	309
其中:起诉(件) Prosecutions(case)	17957	30656	26375	26276	27527
起　诉(人) Prosecutions(person)	9991	12799	14073	14519	15727
不　诉(人) Exempting from Prosecutions(person)	159	164	247	301	374

11－38 环境保护基本情况
BASIC STATISTICS ON ENVIRONMENTAL PROTECTION

项目 Item	2011	2012	2013	2014	2015
一、"三废"排放情况 Discharge and Treatment of Waste Water, Waste Gas and Solid Wastes					
(一)废水排放及处理情况 Dicharge and Treatment of Waste Water					
废水排放总量(万吨) Total Volume of Waste Water Discharged(10 000 tons)	76581.90	82242.70	85401.81	88755.35	92399.98
工业废水排放量(万吨) Volume of Industrial Waste Water Discharged(10 000 tons)	23304.34	20704.00	18814.67	17097.45	15452.85
(二)废气排放总量(亿标立方米) Total Volume of Waste Gas Emission(100 million cu. m)	6359.95	6027.81	5641.77	5873.20	6011.05
废气中:二氧化硫排放量(万吨) Volume of Sulphur Dioxide Emission(10 000 tons)	10.85	10.58	10.19	9.02	8.19
工业二氧化硫排放量(万吨) Volume of Industrial Sulphur Dioxide Emission(10 000 tons)	10.28	10.01	9.62	8.45	7.50
工业二氧化硫去除量(万吨) Volume of Industrial Sulphur Dioxide Removed(10 000 tons)	6.12	15.08	20.33	19.01	16.56
工业二氧化硫去除率(%) Percentage of Industrial Sulphur Dioxide Removed(%)	59.53	60.10	67.88	69.23	68.83
烟粉尘排放量(万吨) Volume of Soot Emission(10 000 tons)	2.84	2.65	2.57	2.75	2.68
工业烟粉尘排放量(万吨) Volume of Industrial Soot Emission(10 000 tons)	2.26	2.05	1.98	2.16	2.08
工业烟粉尘去除量(万吨) Volume of Industrial Soot Removed(10 000 tons)	358.45	320.53	312.31	330.15	382.62
工业烟粉尘去除率(%) Percentage of Industrial Soot Removed(%)	99.35	99.36	99.37	99.35	99.46
(三)工业固体废弃物产生量(万吨) Volume of Industrial Solid Wastes Produced(10 000 tons)	1379.65	1381.21	1381.55	1400.47	1334.23
工业固体废弃物综合利用和处置量(万吨) Volume of Industrial Solid Wastes Utilized(10 000 tons)	1373.83	1364.18	1363.41	1382.44	1307.00
工业固体废弃物综合处置利用率(%) Percentage of Industrial Solid Wastes Utilized(%)	97.58	95.05	97.26	98.71	97.96

主要统计指标解释

R&D(研究与试验发展)活动 指在科学技术领域,为增加知识总量以及运用这些知识去创造新的应用进行的系统的创造性的活动,包括基础研究、应用研究、试验发展三类活动。

基础研究 指为了获得关于现象和可观察事实的基本原理的新知识(揭示客观事物的本质、运动规律、获得新发现、新学说)而进行的实验性或理论性研究,它不以任何专门或特定的应用或使用为目的。其成果以科学论文和科学著作为主要形式。

应用研究 指为获得新知识而进行的创造性研究,主要针对某一特定的目的或目标。应用研究是为了确定基础研究成果可能的用途,或是为达到预定的目标探索应采取的新方法(原理性)或新途径。其成果形式以科学论文、专著、原理性模型或发明专利为主。

试验发展 指利用从基础研究、应用研究和实际经验所获得的现有知识,为产生新的产品、材料和装置,建立新的工艺、系统和服务,以及对已产生和建立的上述各项作实质性的改进而进行的系统性工作。其成果形式主要是专利、专有技术、具有新产品基本特征的产品,原型或具有新装置基本特征的原始样机等。在社会科学领域,试验发展是指把通过基础研究、应用研究获得的知识转变成可以实施的计划(包括为进行检验和评估实施示范项目)的过程。人文科学领域没有对应的试验发展活动。

R&D 人员 指单位内部从事基础研究、应用研究和试验发展三类活动的人员。包括直接参加上述三类项目活动的人员以及这三类项目的管理人员和直接服务人员,为研发活动提供直接服务的人员包括直接为研发活动提供资料文献、材料供应、设备维护等服务的人员。

R&D 经费支出 指调查单位在报告年度内用于内部开展 R&D 活动(基础研究、应用研究和应用发展)的实际支出。包括用于 R&D 项目(课题)活动的直接支出,以及间接用于 R&D 活动的管理费、服务费、与 R&D 有关的基本建设支出以及外协加工费等。不包括生产性活动支出、归还贷款支出以及与外单位合作或委托外单位进行 R&D 活动而转拨给对方的经费支出。

专利有效量 是指在报告期末处于专利权维持状态的发明专利数量,统计范围为武汉市。与申请量和授权量不同,发明专利有效量是存量数据而非流量数据。

普通高等学校 指按照国家规定的设置标准和审批程序批准举办,通过国家统一招生考试,招收高中毕业生为主要培养对象,实施高等教育的全日制大学、独立设置的学院和高等专科学校、短期职业大学。

成人高等学校 指按照国家有关规定审批,招收通过全国成人高教统一招生考试的具有高中毕业或同等学历的在职从业人员利用脱产、半脱产、业余或函授等多种形式对其实施高等学历教育,培养高等教育专科或本科毕业水平的专门人才,修业年限、课程设置和总学时数均按高等学历教育要求付诸实施的学校。包括广播电视大学,职工高等学校、农民高等学校、管理干部学院。教育学院。独立设置的函授学院等。

独立研究与开发机构 指有明确的任务和研究方向,有一定学术水平的业务骨干和一定数量的研究人员,具有研究,开发、开展学术工作的基本条件,主要进行科学研究与技术开发活动,并且在行政上有独立的组织形式,财务上独立核算盈亏,有权与其他单位签订合同,在银行有单独户头的单位。包括国务院各部门、中国科学院、中国社会科学院和各省、自治区、直辖市以及地(市)以上〔含地(市)〕各部门所属的国有独立的科学研究与技术开发机构。

独立研究与开发机构职工 指在科学研究与技术开发机构工作,并由其支付工资的人员。包括长期职工和临时职工,不包括编制以外的离休、退休人员和停薪留职人员,但包括招聘人员。

发明 指专利法及其实施细则所称的发明,指对有关产品、方法或其改进所提出的新的技术方案。

实用新型 指专利法及其实施细则所称的实用新型,指对产品的形状、构造或者其结合所提出的适于实用的新的技术方案。

外观设计 专利法及其实施细则所称的外观设计是指对产品的形状、图案、色彩或者其结合所作出的富有美感并适于工业上应用的新设计。

文化事业机构 指从事专业文化工作和为专业文化工作服务的独立建制的单位。不包括这些单位另外举办独立核算的其他机构和各部门的业余文化组织。

艺术表演团体 指从事戏曲、音乐、舞蹈、杂技等专业艺术表演,有独立帐户的单位。不包括半工半艺、半农半艺和民间职业剧团。

等级运动员人数 指经考核正式批准授予等级运动员称号的人数。运动员等级分为国际级运动健将、运动健将、一级运动员、二级运动员、三级运动员、少年级运动员。

等级裁判员人数 指经考核正式批准授予等级裁判员称号的人数。裁判员等级分为国际裁判、国家级裁判、一级裁判、二级裁判、三级裁判。

医院 指名称为医院,设有固定床位能收容病人住院并能为病人提供医疗、护理服务的医疗机构。包括县及县以上医院、农村乡卫生院、其他医院三部分。按所属性质分为卫生部门、工业及其他部门,集体经济单位三类。其中县及县以上医院按业务性质分为综合医院和专科医院。

卫生技术人员 指卫生事业机构支付工资的全部固定职工和合同制职工中现任职务为卫生技术工作的专业人员。包括中医师,西医师、中西医结合高级医师、护师、中药师、西药师、检验师,其他技师、中医士、西医士、护士、助产士、中药剂士、西药剂士、检验士、其他技士、其他中医、护理员、中药剂员、西药剂员、检验员,其他初级卫生技术人员。

医生 指经卫生部门审查合格,从事医疗工作的专业人员。分为中医医生和西医医生。包括卫生技术人员中的中医师、西医师、中西医结合高级医师、中医士、西医士和其他中医。

社会福利事业单位 指集中收养社会孤老、残、幼的机构。包括由民政部门管理的社会福利院、儿童福利院、精神病人福利院和城镇集体办的福利院,以及农村集体举办的敬老院。

社会福利事业单位收养人数 包括民政部门管理的和城镇及农村集体举办的社会福利事业单位中收养的老人、少年儿童、缺乏生活自理能力的残疾人员和精神病人。

律师 指受聘参加法律顾问处工作,担任法律顾问、刑(民)事代理人、刑事辩护人,办理非诉讼事件、解答法律询问,代写法律事务文书等主要从事律师业务的专职法律工作者和兼职律师。

公证人员 指在国家公证机关依法办理公证事务的司法人员。包括公证员、助理公证员和在公证处工作的其他人员。

办理公证文书 指公证处在一定时期内办结的公证文书件数。公证文书系按司法部规定或批准的格式制作。包括国内公证和涉外公证两部分。其中国内公证分为经济合同公证和民事法律关系公证两大类。

工业废水排放达标量 指各项指标都达到国家或地方排放标准的外排工业废水量,包括未经处理外排达标的和经过处理后外排达标的两部分。国家排放标准见 GB8978—88。

工业废气排放量 指企业厂区内燃料燃烧和生产工艺过程中产生的各种排粉空气的含有污染物的气体的总量,以标准状态〔273K,101325Pa〕计。

工业粉尘排放量 指企业在生产工艺过程中排放的颗粒物重量。如钢铁企业的耐火材料粉尘、焦化企业的筛焦系统粉尘,烧结机的粉尘、石灰窑的粉尘、建材企业的水泥粉尘等。不包括电厂排人大气的烟尘。

工业固体废物产生量 指企业在生产过程中产生的固体状、半固体状和高浓度液体状废弃物的总量,包括危险废物、冶炼陂渣、粉煤灰、炉渣、煤矸石、尾矿、放射性废物和其他废物等;不包括矿山开采的剥离废石和掘进废石(煤矸石和呈酸性或碱性的废石除外)。酸性或碱性废石是指采掘的废石其流经水、雨淋水的 pH 值小于 4 或 pH 值大于 10。5 者。

"三废"综合利用产品产值 指利用"三废"(废液、废气、废渣)作为主要原料生产的产品产值(现行价),已经销售或准备销售的,应计算产品产值;但留作生产匕自用的,不应计算产品产值。

Explanatory Notes on Main Statistical Indicators

Research and Development(R&D) refers to systematic and creative activities in the field of science and technology aiming at increasing the onowledge and using the knowledge for new application. R&D includes 3 categories of activities:basic research, applied research and experiments and development.

Basic Research Refer to experimental and theoretical researches in order to obtain new knowledge about phenomena and observable facts to the basic principle(to reveal the essence and motion law of the objective things, obtain new discoveries, new theories). It is not for the purpose of any special or specific application or use. The results forms are the scientific papers, monographs in major.

Application research Refers to creative study in order to obtain new knowledge, mainly for a particular purpose or goals. Application research is to determine the possible use of the basis results of research, or exploring new methods (the original rational) or new ways should be taken for achieving the goal. The results forms are the scientific papers, monographs, original rational model or patents for inventions in major.

Experimental Development refers to systematic work of using existing knowledge from basic research, application research and practical experience, to produce new products, materials and devices, build new technology, systems and services, and improve the production and the establishment of the above – mentioned substantial. The results forms are mainly patents, proprietary technology, products and prototypes with basic characteristics of new products, or original prototypes with basic characteristics of the new devices. In the social science area, test development refers to process of converting the knowledge obtained from basic research, application research into plans could be implemented (including the implementation of demonstration projects for inspection and assessment). Humanities area has no corresponding test development activities.

R&D Personnel Refers to personnels engaged in basic research, application research and experimental development activities in units. Including personnels directly participating in the above three kinds of project activities and management and service personnels of the three kinds of projects, and personnels providing direct service for r&d including directly provide information literature, material supply, equipment maintenance and other services.

R&D Expenditure Refers to the actual expenditure of investigation unit used for internal R&D activities (basic research, application research, development of application) in the annual report. Includeing direct spending for R&D items (projects), and indirectly spending for R&D active management, service, and the basic construction spending related to R&D activities and outsourcing processing fee, etc. productive activities expenses, and loan repayment expenses, and expenses turing to other units by cooperating with other units or entrusting other units for R&D activities.

Number of Effective Patents Refers to number of invention patents of maintain state in the reporting period,with the statistical range of Wuhan. Unlike the number of patents applied and granted,the number of effective patents for invention is stock data rather than flow data.

Regular Institutions of Higher Learning refer to educational establishments set up according to the government evaluation and approval procedures,enrolling graduates from senior secondary schools and providing higher eduction courses and training for senior Drofessionals. They include full – time universities,colleges,high professional schools and short – term professional universities.

Institutions of Higher Learning for Adults refer to educational establishments,set up in line with relevant rules approved by the government ,enrolling staff and workers with senior secondary school or equivalent education,and providing higher education courses in many forms of full – time,part – time,spare – time,or correspondence for adults. In these institutions,where professionals are trained with higher education specialist or undergraduate course graduate level,length of schooling,curriculum offering and the total number of class hours are set and put into practice in accordance with the requirements of higher curricula education. Institutions of higher learning for adults include Radio and TV universities,school of high education for staff and workers and peasants,colleges for management cadres,pedagogical colleges,and independent correspondence colleges.

Independent Research and Development Institutions refor to the state – – owned institutions that have direct mission and research purpose. a certain number of core members with higher research level and a certain number of research personnel,favorable conditions for R&D and engaging in scientific research and technological development. The institutions also have their own independent organization and finance,authority to sign contracts with other units,with their own accounts in banks. Independent Research and Development Institutions contains stated – owned,independent scientific research and technology development organizations belong to ministries of State Council,Chinese Academy of Sciences,Chinese Academy of Social Sciences and ministries of provinces, autonomous regions,municipalities and others at or above the level of cities.

Personnel of independent Research and Development Institutions refers to the persons who work and receive payment inresearch and development institutions. It includes regular full – time and temporary staff and workers,but excludes retirees and persons who leave their work temporarily without payment but still retain their posts.

Inventions refer to the inventions as specified by the patent law and its detailed rules and regulations for implementation. They refer to the new technical proposals to the products or methods or their modifications.

Utility Models refer to the utility models as specified by the patent law and its detailed rules and regulations for implementation. They refer to the practical and new technical proposals on the shape and structure of the product or the combination of both.

Designs refer to the designs as specified by the patent law and its detailed rules and regulation for implementation. They refer to the aesthetics and industry applicable new designs for the shape,pattern and color of the product,or their combinations.

Cultural Institutions refer to units that have their own organizational system and independent accounting system and specialize in or serve cultural development. They exclude other establishments with independent accounting system run by these cultural institutions and amateur cultural groups established by various departments.

Art Troupe refers to the troupe which is engaged in drama, opera, music, dance, acrobatics or other art performance, opens independent accounts with banks and has self supporting accounting system. excluding the troupes which are engaged partly in industrial or agricultural activities, partly in art performance and the professional troupes organized by the people.

Number of Athletes in Grades refers to the number of athletes who have been given titles through examination. The tides of athletes include international masters of sports, masters of sports, first – grade, second – grade and third – grade sportsmen and young athletes.

Number of Referees in Grades refers to he number of referees who have been given titles after examination. They are classifled as international referees. national referees and referees of the first, second and third grades.

Hospitals refer to medical institutions named as" hospital" with permanent hospital beds. which are able to take in – patients and Drovide them with medical and nursing services. Hospitals are classified into three categories: hospitals at or above the county level, hospitals of vural townships. and other hospitals. According to their ownership, hospitals can be classified into three categories: hospitals under the public health departments, hospitals under industrial and other departments and collective – owned hospitals. Hospitals at or above county 1evel are divided into comprehensive and specialized hospitals. according to business nature.

Medical Technical Personnel refers to all permanent medical staff and workers employed by medical institutions, includingdoctors 0f Chinese and Western medicine. senior doctors who integrate traditional Chinese therapeutics with Western therapeutics in practice, senior nurses, pharmacists of Chinese and Western medicine, laboratory specialists, other specialists, paramedics of Chinese and Westem medicine, nurses, midwives, druggists in Chinese and Western medicine, laboratory technicians, other technicians, other practiffoners 0f Chinese medicine. nursing attendants. pharmacological workers of Chinese and Western medicine, laboratory workers, and other primary medical personnel.

Doctors refer to qualified professional medical workers approved to practice by public health departments. They are classified in to doctors 0f Chinese medicine. doctors of Western medicine, senior doctors who integrate traditional Chinese therapeutics with Western therapeutics in practice, paramedicS of Chinese medicine and Western medicine, and other specialists of Chinese medicine.

Social Welfare Institutions refer to institutions taking care of old people without children, handicapped people and orphans, They include social weflare institutions run by civil affairs departments, childrens welfare institutions, social welfare institutions for mental patients, and collective – owned old peopleS homes in rural areas.

Number of People Taken in by Social Welfare institutions refers to the number of old people, children, totally dependent handicapped people and mental patients taken in by social welfare institutions run by civil" affairs departments and those run by collective units in urban and rural areas.

Lawyers are legal workers who are employed by legal counseling firms to act as legal advisers, agents in criminal or civil lawsuits, or defenders in criminal lawsuits, or to handle non litigious legal affairs, to advise on matters of law or to write legal papers for others. Both full – time and part – time lawyers are included.

Notary Personnel refer to judicial workers of the state notary offices handling notarization work according to law.

They include notaries, assistant notaries, and other people working for notary offices.

Notarized Docu ments refer to the wuinber of documents settled by notary offices in a certain period. The notarized documents are drawn up in ac – cordance with the regulations of the Ministry of Justice. including domestic documents and foreign related documents. Domestic documents are divided into two major categories。 documents on economic contracts and documents on civil legal relations.

Volume of Industrial Waste Water up to the Standard for Discharge refers to the volume of discharged industrial waste water that, with or without treatment, has come up to the national or local standards for discharge. For the national standards for discharge, plese see GB8978 – 88.

Volume of Industrial Waste Gas Emission refers to the volume waste gas emitted from burning of fuels and from production process in the area of the factory, and is weasured by standard condotion〔273k, 101325Pa〕.

Volume of Industrial Soot Discharged refers to the volume of solid soot, in the smoke discharged in the process of fuel burning in the area of the factory.

Volurme of Industrial Dust Discharged refers to the total weight of solid dust discharged by industrial enterprises in the production process, such as dust of refractory materials from iron plants, dust from coke screening system or from sintering machines of coking plants, dust from lime kilns, cement dust from building material enterprises, etc., but excluding smoke and dust discharged by power plants.

Volume of industrial Solid Wastes Produced refers to the total volume of solid. semi – solid or highconcentration liquid residue produced by industrial enterprises in their production process, including dangerous wastes, residues from melting, slag, powdered coal ash, gangue, chemical residues, tailings, radioactivc residues; and other residues, but excluding stripped or dug stones in mining(except gangue and acid or alkali stones which stones are washed or soaked by water with a PH value smaller than 4 or larger than 1 0. 5.)

Output Value or Products Made from Utilization of Waste Gas. Waste Water and industrial Solid Wastes refers to the value of products(calculated at current prices) made by industrial enterprises using recovered waste water, waste gas or solid wastes as main raw materials. Only the value of the products that have been sold or are ready to be sold should be included. The value of the products that will be used in the production of the enterprises should not be included.

十二　分区资料

STATISTICS FOR DISTRICT

简要说明

本篇资料包括分区人口、生产总值、财政收入、规模以上工业主要经济指标、乡村人口与劳动力、耕地面积、农业投入、农林牧渔业产值、主要农作物产量、乡镇企业基本情况、城镇和农村常住居民人均可支配收入、固定资产投资、社会消费品零售额等。有关资料来源与计算方法详见本年鉴各相关分篇说明。

Brief Description

The data in this chapter include population by district, gross domestic product by district, government revenue by district, main economic indicators of industrial enterprises above designated size by district, rural population and labor forces by district, area under cultivation by district, consumption of agricultural producer goods by district, gross agricultural output value by district, yield of farm crops by district, basic conditions of township enterprises by district, per capita dosposable income of urban residents and rural residents, total investment infixed assets by district, total retail sales of consumer goods by district etc. Sources and computational method related data see relevant materials in details in this yearbook.

12－1　分行政区人口户籍情况(2015年户籍统计)
STATISTICS ON POPULATION BY DISTRICT(2015)

单位:万人　　　　(10 000 person)

各　区 District	总人口 Total	男 Male	女 Female	城镇人口 Urban population	出生人口 Borned Population
合　计 Total	**829.27**	**423.63**	**405.64**	**585.71**	**10.52**
江岸区 Jiang'an	71.95	35.72	36.23	71.95	0.75
江汉区 Jianghan	48.64	24.57	24.08	48.64	0.47
其中:不含武汉水上地区部分 Jiang Han District except the water area of Wuhan	47.81	23.83	23.98	47.81	0.47
硚口区 Qiaokou	52.65	26.28	26.37	52.65	0.52
汉阳区 Hanyan	58.54	29.81	28.73	58.54	0.72
其中:不含武汉经济开发区部分 Han Yang District except the Wuhan economic and Technological Development Zone	43.49	21.90	21.59	43.49	0.48
武昌区 Wuchang	105.61	53.48	52.13	105.61	0.99
青山区 Qingshan	43.37	22.10	21.26	43.37	0.34
洪山区 Hongshan	94.88	49.63	45.25	89.92	1.68
其中:不含东湖新技术开发区、东湖生态旅游风景区和武汉化学工业区部分 Hong Shan District except Easf Lake New Techology Development Zone, East Lake ecological tourism scenic area and Wuhan Chemical Industrial Zone	54.13	28.44	25.69	53.72	0.80
东西湖区 Dongxihu	28.85	14.49	14.37	17.43	0.40
汉南区 Hannan	11.32	5.76	5.56	6.45	0.13
蔡甸区 Caidian	45.66	23.17	22.48	13.72	0.62
江夏区 Jiangxia	59.05	30.36	28.70	24.14	1.04
黄陂区 Huangpi	112.48	57.65	54.84	21.79	1.43
新洲区 Xinzhou	96.26	50.62	45.64	31.50	1.41
武汉经济技术开发区 Wuhan Economic Technological Development Zone	15.05	7.91	7.14	15.05	0.25
东湖新技术开发区 East Lake High－Tech Development Zone	33.95	17.79	16.16	29.41	0.78
东湖生态旅游风景区 East Lake Ecotourism Scenic Zone	3.46	1.72	1.74	3.46	0.05
武汉化学工业区 Wuhan Chemical Industry Par	3.33	1.68	1.65	3.33	0.05
武汉水上地区 the water area of Wuhan	0.83	0.73	0.10	0.83	0.00

备注:从2015年起,公安户籍数据调整统计口径,由原来的农业人口、非农业人口调整为乡村人口、城镇人口。
Note:Statistic caliber of population data is changed after 2016, urban and rurall population data will replace agricultural and non－agricultural population data.

12-2 分区生产总值(一)
GROSS DOMESTIC PRUDUCT BY DISTRICT(TABLE 1)

单位:亿元 (100 million yuan)

各区 District		生产总值 Gross Dometic Product	比上年增长(%) Increase Rate 2015 over 2014(%)	第一产业 Primary Industry	比上年增长(%) Increase Rate 2015 over 2014(%)
江岸区	Jiang'an	864.94	10.1	0.17	-8.6
江汉区	Jianghan	925.85	10.2		
硚口区	Qiaokou	547.60	7.2		
汉阳区	Hanyang	869.92	10.0		
武昌区	Wuchang	881.56	10.0		
青山区	Qingshan	471.88	2.4		
洪山区	Hongshan	744.19	10.3	2.35	-18.9
东西湖区	Dongxihu	628.89	11.1	14.75	1.2
汉南区	Hannan	120.67	6.5	12.14	-0.1
蔡甸区	Caidian	371.26	11.0	41.29	4.6
江夏区	Jiangxia	597.15	13.1	92.56	4.7
黄陂区	Huangpi	570.22	11.0	114.16	4.8
新洲区	Xinzhou	560.94	11.1	84.62	4.6

12-3 分区生产总值(二)
GROSS DOMESTIC PRUDUCT BY DISTRICT(TABLE 2)

单位:亿元 (100 million yuan)

各区 District		第二产业 Secondary Industry	比上年增长(%) Increase Rate 2015 over 2014(%)	第三产业 Tertiary Industry	比上年增长(%) Increase Rate 2015 over 2014(%)
江岸区	Jiang'an	180.36	8.5	684.41	10.5
江汉区	Jianghan	78.55	5.5	847.30	10.6
硚口区	Qiaokou	129.87	2.3	417.73	8.8
汉阳区	Hanyang	641.93	9.8	227.99	10.4
武昌区	Wuchang	125.68	9.0	755.88	10.1
青山区	Qingshan	318.49	0.6	153.39	9.2
洪山区	Hongshan	167.54	8.3	574.30	11.0
东西湖区	Dongxihu	476.94	12.4	137.20	9.0
汉南区	Hannan	90.90	7.0	17.63	8.2
蔡甸区	Caidian	234.10	10.5	95.87	13.8
江夏区	Jiangxia	357.93	15.0	146.66	11.0
黄陂区	Huangpi	270.96	12.7	185.11	11.0
新洲区	Xinzhou	322.34	12.4	153.97	10.5

12-4 分区财政收入(2015年)
GOVERNMENT REVENUE BY DISTRICT(2015)

单位:亿元 (100 million yuan)

各区 District	地方一般公共预算收入 The Local public finance budget revenue	比上年增长(%) Increase Rate 2015 over Rate 2014(%)
江岸区 Jiang'an	64.34	11.5
江汉区 Jianghan	68.74	12.0
硚口区 Qiaokou	39.24	12.1
汉阳区 Hanyang	44.26	13.7
武昌区 Wuchang	73.72	12.1
青山区 Qingshan	21.94	7.0
洪山区 Hongshan	54.68	17.3
东西湖 Dongxihu	72.05	12.6
汉南区 Hannan	14.58	10.9
蔡甸区 Caidian	30.62	12.6
江夏区 Jiangxia	50.05	14.4
黄陂区 Huangpi	48.32	3.3
新洲区 Xinzhou	32.82	14.5
武汉经济技术开发区 Wuhan Economic Technological Development Zone	71.26	9.5
东湖新技术开发区 East Lake High-Tech Development Zone	80.35	14.2
东湖生态旅游风景区 East Lake Ecotourism Scenic Zone	5.25	13.4
武汉化学工业区 Wuhan Chemical Indurstry Park	4.12	78.4

12-5 分区规模以上工业主要经济指标(2015年)

单位:亿元

城(郊)区 District	企业单位数 (个) Number of Enterprise (unit)	工业总产值 Gross Idustrial Output Value at Current Prices	流动资产合计 Total current assets
江岸区 Jiang'an	28	63.96	59.07
江汉区 Jianghan	21	50.55	37.54
硚口区 Qiaokou	38	148.80	133.36
汉阳区 Hanyang	70	890.93	432.65
武昌区 Wuchang	24	44.59	39.81
青山区 Qingshan	124	1420.20	671.27
洪山区 Hongshan	95	959.09	233.33
东西湖区 Dongxihu	272	865.65	390.65
蔡甸区 Caidian	250	709.19	201.41
江夏区 Jiangxia	235	868.27	267.35
黄陂区 Huangpi	318	754.76	97.42
新洲区 Xinzhou	289	558.50	269.68
武汉经济技术开发区(含汉南区) Wuhan Economic Technological Development Zone(Including Hannan)	396	2826.56	1233.61
东湖新技术开发区 East Lake High-Tech Development Zone	369	2261.87	2030.30
武汉化学工业区 Wuhan Chemical Indurstry Park	16	156.35	22.41

MAIN INDUTRIAL INDEX BY DISTRICT(2015)

(100 million yuan)

固定资产合计 Total fixed assets	主营业务收入 The main business income	利税总额 Total Profit and Tax	应交增值税 Value - added Tax Payable	全部从业人员年平均人数(万人) The average number of employees(10 000 person)
9.36	68.87	4.87	2.04	0.55
10.51	49.52	3.97	1.03	0.92
84.69	155.06	13.60	4.36	2.40
66.49	825.54	557.08	89.50	1.98
24.87	40.18	4.42	2.06	0.83
1044.38	1485.40	0.85	33.08	10.63
894.31	958.03	62.34	37.73	7.02
147.54	670.12	66.03	15.07	5.80
69.77	558.33	21.21	5.32	3.71
181.70	803.79	88.17	17.16	5.15
60.74	695.95	46.45	7.44	4.42
218.51	532.86	38.84	10.41	4.32
516.95	2461.87	443.60	191.53	13.79
454.96	2071.14	137.04	38.55	18.15
141.12	166.02	33.26	7.71	0.25

12－6　分区乡村户数、人口、从业人员(2015 年)

单位:万人

项　　目	Item	黄陂区 Huangpi	新洲区 Xinzhou
一、乡村户数(万户)	**Rural Households(10 000 Households)**	**25.14**	**18.89**
乡村人口	Rural Population	78.69	72.55
二、乡村从业人员合计	**Total Rural Laborers**	**45.05**	**39.81**
#女　性	Female Laborers	18.86	19.17
乡村从业人员按部门分组	Rural Laborers Grouped By Sector		
1.农林牧渔业	Farming, Forestry, Animal Husbandry and Fishery	13.59	11.09
2.工　业	Industry	7.65	8.20
3.建筑业	Construction	14.11	10.37
4.交通运输业	Transportation	1.95	1.86
5.仓储业和邮电业	Storage, Postal and Telecommunications Services	0.29	0.58
6.信息传输、计算机服务和软件业	Information Transfer, Computer and Software Services	0.25	0.36
7.批发零售业	Wholesale, Retail	2.81	2.30
8.住宿和餐饮业	Hotel and Catering Services	2.23	1.52
9.其他非农行业	Other Non－agriculture Trades	2.15	3.52
三、国营农林牧渔场从业人员	**Laborers of State－owned Farms**	**2.12**	**0.52**
1.农业从业人员	Agriculturial Laborers	0.63	0.18
2.非农业从业人员	Non－agriculturial Laborers	1.49	0.34

RURAL HOUSEHOLDS, POPULATION & LABOR FORCES BY DISTRICT(2015)

(10 000 person)

东西湖区 Dongxihu	汉南区 Hannan	蔡甸区 Caidian	江夏区 Jiangxia	洪山区 Hongshan	江岸区 Jiang'an	硚口区 Qiaokou	汉阳区 Hanyang	其 他 Other Units
2.22	**2.22**	**9.01**	**10.31**	**0.70**	**1.20**			**2.73**
7.03	6.65	32.39	35.53	2.22	2.62			8.39
3.43	3.29	17.47	19.96	0.92	1.45			5.06
1.58	1.52	8.31	9.31	0.36	0.68			2.40
1.26	1.72	6.32	7.09	0.46	0.39			0.96
1.16	0.63	5.22	4.22	0.13	0.22			1.10
0.20	0.24	2.20	2.67	0.06	0.10			0.78
0.11	0.10	0.92	1.18	0.06	0.08			0.31
0.05	0.00	0.15	0.19	0.02	0.01			0.12
0.04	0.00	0.15	0.18	0.00	0.00			0.06
0.08	0.17	1.24	1.07	0.06	0.15			0.29
0.07	0.08	0.88	1.03	0.05	0.05			0.38
0.47	0.36	0.39	2.34	0.08	0.46			1.06
2.59	0.25	0.25	0.80	0.00	0.00			0.00
1.33	0.11	0.10	0.52	0.00	0.00			0.00
1.26	0.13	0.15	0.28					

12－7 分区耕地面积(2015年)
AREA UNDER CULTIVATION BY DISTRICT(2015)

单位:千公顷 (1000 hectares)

各区	District	年末耕地资源 Cultivated Area (year－end)	水田 Paddy Fields	旱地 Dry Fields	年内减少 Decrease in Cultivated Area in the Year	国家基建占地 State Calital Construction	其他基建占地 Other Construction
合计	**Total**	**198.36**	**117.42**	**79.04**	**0.99**	**0.54**	**0.14**
江岸区	Jiangán	0.50	0.02	0.35	0.00	0.00	0.00
江汉区	Jianghan						
硚口区	Qiaokou						
汉阳区	Hanyang						
洪山区	Hongshan	2.20	0.48	1.64	0.14	0.12	0.02
东西湖区	Dongxihu	10.83	2.97	7.54	0.09	0.00	0.08
汉南区	Hannan	10.58	1.76	8.28	0.01	0.00	0.00
蔡甸区	Caidian	24.14	13.20	10.93	0.30	0.16	0.00
江夏区	Jiangxia	35.73	23.33	12.36	0.00	0.00	0.00
黄陂区	Huangpi	52.36	42.07	10.29	0.09	0.06	0.02
新洲区	Xinzhou	50.35	28.36	21.98	0.12	0.12	0.00
其他	Other Units	11.68	5.22	5.67	0.24	0.08	0.00

12－8　分区农业投入(2015年)
CONSUMPTION OF AGRICULTURAL PRODUCER GOODS BY DISTRICT(2015)

各　　区 District		农村用电量(万千瓦时) Consumption of Electricity in Rural Area (10 000 kwh)	化肥施用量(折纯) Consumption of Chemical Fertilizers (100%,ton)	塑料薄膜使用量(吨) Consumption of Plastic Film (ton)	农用柴油(吨) Consumption of Diesel Oil for Agri. Production (ton)	农药使用量(吨) Consumption of Pesticides (ton)
合　计	**Total**	**158531**	**128928**	**7606**	**24182**	**4226**
江岸区	Jiang'an	492	103	25	269	8
江汉区	Jianghan					
硚口区	Qiaokou					
汉阳区	Hanyang					
洪山区	Hongshan	373	481	50	30	21
东西湖区	Dongxihu	4330	8637	1177	1704	338
汉南区	Hannan	3887	6819	320	1101	310
蔡甸区	Caidian	24050	13843	1588	2479	559
江夏区	Jiangxia	9998	19378	722	3095	760
黄陂区	Huangpi	72560	39449	1616	7134	833
新洲区	Xinzhou	38771	36090	1583	7281	1268
其　他	Other Units	4070	4128	525	1089	129

12-9 分区按当年价格计算的农林牧渔业总产值(2015年)
GROSS AGRICULTURAL OUTPUT VALUE BY DISTRICT(2015)

单位:万元 (10 000 yuan)

各区 District		合计 Total	按可比价计算的增长速度 Grouth Rate According to compare Prices	农业 Farming	林业 Forstry	牧业 Animal Husbandry	渔业 Fishery	农林牧渔服务业 Farming Forestry Animal Husbandry Fishery Services
合计	**Total**	**6202842**	**4.8**	**3591590**	**99532**	**1352725**	**918058**	**240937**
江岸区	Jiang'an	3077	-8.6	2424			597	56
江汉区	Jianghan							
硚口区	Qiaokou							
汉阳区	Hanyang							
洪山区	Hongshan	43289	-18.9	16866	120	65	25410	828
东西湖区	Dongxihu	256871	1.2	162070	369	20206	72046	2180
汉南区	Hannan	232225	-0.1	107476	573	52428	70805	943
蔡甸区	Caidian	676935	4.6	449141	11919	65576	135298	15001
江夏区	Jiangxia	1537673	4.7	897347	31474	356933	210715	41204
黄陂区	Huangpi	1902138	4.8	1070991	34073	508570	208619	79885
新洲区	Xinzhou	1388331	4.6	781310	15193	339183	154732	97913

12－10　分区农村常住居民人均可支配收入
PER CAPITA DISPOSABLE INCOME OF RURAL RESIDENTS BY DISTRICT

单位:元　　(yuan)

各区	Item	2011	2012	2013	2014	2015
全市	**Total**	**9814**	**11190**	**12713**	**16160**	**17722**
东西湖区	Dongxihu	10151	11568	13211	17753	19466
汉南区	Hannan	9898	11289	12802	15292	16653
蔡甸区	Caidian	9681	11054	12568	15021	16502
江夏区	Jiangxia	9898	11289	12836	15101	16641
黄陂区	Huangpi	9511	10897	12444	14713	16228
新洲区	Xinzhou	9349	10687	12140	14410	15894

注:2012年起国家进行了住户收支调查城乡一体化改革,2014年开始公布新口径数据,所有收支调查指标名称前均冠以城镇(农村)常住居民;2014年以前的所有数据均为老口径。

Note:In 2012, the state has carried out reform about Household income and expenditure survey of urban and rural integration, began to publish new caliber data since 2014. All income and expenditure survey indicators are preceded by the name of the town (rural) resident. All data in this table are old caliber data before 2014.

12－11　分区农作物总产量(2015年)

单位:吨

各区 District		粮食作物 Grains	夏收粮食 Summer Grains	秋收粮食 Autumn Grains
合　计	**Total**	**1270028**	**73624**	**1196404**
江岸区	Jiang'an			
江汉区	Jianghan			
硚口区	Qiaokou			
汉阳区	Hanyang			
洪山区	Hongshan			
东西湖区	Dongxihu	24030	3696	20334
汉南区	Hannan	34000	5534	28466
蔡甸区	Caidian	133088	13088	120000
江夏区	Jiangxia	292100	8601	283499
黄陂区	Huangpi	460500	15205	445295
新洲区	Xinzhou	324010	26000	298010
其　他	Other Units	2300	1500	800

TOTAL CROP YIELD BY DISRICT(2015)

(ton)

棉　　花 Cotton	油　　料 Oil - bearing Crops	麻　　类 Fiber Crops	糖　　料 Sugar Crops	烟　　叶 Tobacco	蔬　　菜 Vegetables	瓜　　类 Melons
16490	**183337**	**225**	**42764**		**7422982**	**537465**
					9996	
257	810				43616	12848
315	614		9542		504465	34666
812	1332				278530	46778
4144	15414		1		807882	135490
160	40481	117			1567267	103535
2510	64955		25730		2273074	91680
8233	54776		7485		1539933	53203
59	4955	108	6		398219	59265

12－12　分区全社会固定资产投资(2015 年)
TOTAL INVESTMENT IN FIXED ASSETS IN THE SHOLE CITY BY DISTRICT(2015)

单位:万元　　　　(1 0000 yuan)

各区 District		全社会投资额 Investment in Fixed Assets	比上年增长(%) Increase Rate in 2015 over 2014(%)
江岸区	Jiangán	5264990	5.5
江汉区	Jianghan	4455976	15.6
硚口区	Qiaokou	3925976	15.2
汉阳区	Hanyang	4780976	2.1
武昌区	Wuchang	3741621	17.1
青山区	Qingshan	1617995	－25.3
洪山区	Hongshan	5285543	－7.9
东西湖区	Dongxihu	4985263	19.2
汉南区	Hannan	946564	－26.5
蔡甸区	Caidian	3489291	－13.0
江夏区	Jiangxia	5909037	20.1
黄陂区	Huangpi	6272209	11.2
新洲区	Xinzhou	5022817	22.3
武汉经济技术开发区	Wuhan Economic Technological Development Zone	7494820	19.7
东湖新技术开发区	East Lake High－Tech Development Zone	6616340	43.3
东湖生态旅游风景区	East Lake Ecotoutism Scenic Zone	206000	23.5
武汉化学工业区	Wuhan Chemical Indurstry Park	139804	－70.2

12－13 分区房地产开发投资额和销售面积(2015 年)
THE INVESTMENT OF REAL ESTATE DEVELOPMENT AND AREA SOLD BY DISTRICT(2015)

各 区 District	房地产投资额 (亿元) Investment in Real Eatate Development (Billion yuan)	比上年增长 (%) Increase Rate in 2015 oner 2014 (%)	商品房销售面积 (万平方米) Area of Commercialized Housing Sold ($10\ 000\ m^2$)	比上年增长 (%) Increase Rate in 2015 over 2014 (%)
合 计 Total	**2581.79**	**9.7**	**2627.19**	**15.6**
江 岸 区 Jiang'an	378.05	38.1	249.82	20.8
江 汉 区 Jianghan	298.95	14.9	186.10	20.0
硚 口 区 Qiaokou	318.35	38.0	152.50	7.0
汉 阳 区 Hanyang	372.37	10.6	238.60	52.9
武 昌 区 Wuchang	224.73	－13.5	191.40	16.2
青 山 区 Qingshan	68.36	－23.8	59.23	59.5
洪 山 区 Hongshan	271.42	－14.5	303.93	－3.5
东 西 湖 区 Dongxihu	62.06	20.8	141.40	1.3
汉 南 区 Hannan	11.72	－54.4	28.74	－21.9
蔡 甸 区 Caidian	63.35	－34.8	127.26	27.0
江 夏 区 Jiangxia	86.00	24.6	161.05	1.2
黄 陂 区 Huangpi	140.36	－4.6	381.05	18.1
新 洲 区 Xinzhou	40.13	6.0	103.35	10.9
武汉经济技术开发区 Eeast Lake High－Tech Development Zone	43.68	29.6	42.88	－10.6
东湖新技术开发区 Wuhan Economic Technological Development Zone	202.26	64.7	259.87	32.1

12－14 分区建筑业总产值(2015 年)
TOTAL GROSS OUTPUT VALUE OF CONSTRUCTION BY DISTRICT(2015)

单位:亿元 (100 million yuan)

各 区 District	建筑业总产值 Gross Output Value	比上年增长(%) Increase Rate in 2015 orve 2014(%)
江岸区 Jiang'an	442.53	3.7
江汉区 Jianghan	334.33	12.0
硚口区 Qiaokou	459.51	－8.5
汉阳区 Hanyang	335.28	－0.2
武昌区 Wuchang	793.70	1.5
青山区 Qingshan	188.56	－20.1
洪山区 Hongshan	712.65	－13.5
东西湖区 Dongxihu	510.82	12.4
汉南区 Hannan	186.41	0.4
蔡甸区 Caidian	91.95	15.7
江夏区 Jiangxia	80.82	2.9
黄陂区 Huangpi	368.45	16.2
新洲区 Xinzhou	1134.08	13.2
武汉经济技术开发区 Wuhan Economic Technological Development Zone	70.83	－12.8
东湖新技术开发区 Eeast Lake High－Tech Development Zone	306.33	29.5

12－15 分区建筑业增加值(2015 年)
ADDED VALUE OF CONSTRUCTION BY DISTRICT(2015)

单位:亿元 (100 million yuan)

各区 District	建筑业增加值 Added Value of Construction	比上年增长(%) Increase Rate in 2015 orve 2014(%)
江岸区 Jiang'an	80.00	2.6
江汉区 Jianghan	62.27	3.8
硚口区 Qiaokou	66.99	1.5
汉阳区 Hanyang	56.05	1.9
武昌区 Wuchang	80.88	3.7
青山区 Qingshan	40.69	-0.8
洪山区 Hongshan	105.37	2.3
东西湖区 Dongxihu	103.96	4.0
汉南区 Hannan	40.08	0.2
蔡甸区 Caidian	22.88	4.0
江夏区 Jiangxia	28.69	2.5
黄陂区 Huangpi	68.00	4.6
新洲区 Xinzhou	107.66	4.5
武汉经济技术开发区 Wuhan Economic Technological Development Zone	11.98	-0.2
东湖新技术开发区 Eeast Lake High－Tech Development Zone	31.48	4.9

12－16 分区社会消费品零售额(2015 年)
TOTAL RETAIL SALES OFCONSUMER GOODS BY DISTRICT(2015)

单位:万元 (10 000 yuan)

各区 District	社会消费品零售额 Total Retail Sales of Consumer Goods	比上年增长% Growh Rate over the previones year (%)
江岸区 Jiang'an	5415065.3	11.5
江汉区 Jianghan	9766163.7	9.1
硚口区 Qiaokou	7677560.3	10.3
汉阳区 Hanyang	4666904.1	11.7
武昌区 Wuchang	5829134.5	10.8
青山区 Qingshan	1262225.1	12.4
洪山区 Hongshan	5045786.0	11.5
东西湖区 Dongxihu	2557566.7	14.0
蔡甸区 Caidian	981202.0	13.1
江夏区 Jiangxia	1732533.0	12.7
黄陂区 Huangpi	2202914.6	10.8
新洲区 Xinzhou	1578747.1	12.2
武汉经济技术开发区(含汉南区) Wuhan Economic Technological Development Zone (Including Hannan)	844067.5	15.0
东湖新技术开发区 Eeast Lake High－Tech Development Zone	1220208.2	15.0
东湖生态旅游风景区 East Lake Ecotourism Scenic Zone	82684.8	9.1

12－17　分区批发和零售业销售额(2015 年)
SALES OF WHOLESALE AND RETAIL BY DISTRICT(2015)

单位:万元　　(10 000 yuan)

各　区 District	销售额 Sales	比上年增长% Growth Rate over the previous year (%)
江岸区 Jiang'an	20976019.5	14.3
江汉区 Jianghan	46707008.8	12.6
硚口区 Qiaokou	24988318.1	12.9
汉阳区 Hanyang	16455023.4	14.4
武昌区 Wuchang	12933443.3	14.4
青山区 Qingshan	13172371.2	13.5
洪山区 Hongshan	9097429.6	14.6
东西湖区 Dongxihu	8156235.2	17.2
蔡甸区 Caidian	3105527.7	16.2
江夏区 Jiangxia	3553159.6	17.6
黄陂区 Huangpi	3755188.4	13.4
新洲区 Xinzhou	2006574.4	15.0
武汉经济技术开发区(含汉南区) Wuhan Economic Technological Development Zone (Including Hannan)	11670954.9	14.6
东湖新技术开发区 Eeast Lake High－Tech Development Zone	2857666.2	14.6
东湖生态旅游风景区 East Lake Ecotourism Scenic Zone	87108.2	14.6

12－18 分区住宿和餐饮业营业额(2015 年)
TURNOVER OF ACCOMMODATION AND CATERING INDUSTRY BY DISTRICT(2015)

单位:万元 (10 000 yuan)

各区 District	营业额 Turnover	比上年增长% Growth Rate over ther previous year (%)
江岸区 Jiang'an	873120.2	12.3
江汉区 Jianghan	1277434.1	13.1
硚口区 Qiaokou	582403.8	13.9
汉阳区 Hanyang	540385.2	11.3
武昌区 Wuchang	1013293.6	13.0
青山区 Qingshan	266314.8	14.8
洪山区 Hongshan	675254.7	15.6
东西湖区 Dongxihu	338953.3	16.6
蔡甸区 Caidian	240417.3	15.2
江夏区 Jiangxia	610632.4	16.4
黄陂区 Huangpi	355074.5	14.4
新洲区 Xinzhou	323568.6	16.1
武汉经济技术开发区(含汉南区) Wuhan Economic Technological Development Zone (Including Hannan)	246683.0	15.2
东湖新技术开发区 Eeast Lake High－Tech Development Zone	302322.1	14.3
东湖生态旅游风景区 East Lake Ecotourism Scenic Zone	82554.8	14.3

12－19　分区城镇常住居民年人均可支配收入
ANNUAL PER CAPITA DISPOSABLE INCOME OF URBAN RESIDENTS

单位:元　　　　　　　　　　　　　　　　　　　　(yuan)

各　　区	District	2015	2014 年
江岸区	Jiangán	40687.00	37068.44
江汉区	Jianghan	40521.00	36897.69
硚口区	Qiaokou	33655.00	30876.50
汉阳区	Hanyang	36776.00	33533.76
武昌区	Wuchang	40432.00	36858.72
青山区	Qingshan	36782.00	33602.86
洪山区	Hongshan	38518.00	35088.09
东西湖区	Dongxihu	29810.00	27221.76
汉南区	Hannan	26946.00	24496.07
蔡甸区	Caidian	27060.00	24735.31
江夏区	Jiangxia	26716.00	24308.62
黄陂区	Huangpi	26562.00	24102.94
新洲区	Xinzhou	24798.00	22502.53

12－20 分区城镇常住居民年人均消费支出
ANNUAL PER CAPITA LIVING EXPENDITURES FOR CONSUMPTION OF URBAN RESIDENTS

单位:元 (yuan)

各区	District	2015	2014年
江岸区	Jiang'an	30551.09	28024.70
江汉区	Jianghan	25164.23	23474.10
硚口区	Qiaokou	22934.89	21665.43
汉阳区	Hanyang	23608.24	21693.38
武昌区	Wuchang	26503.46	25258.94
青山区	Qingshan	26063.03	25888.93
洪山区	Hongshan	30362.84	27932.70
东西湖区	Dongxihu	20900.14	19588.08
汉南区	Hannan	18521.06	17233.57
蔡甸区	Caidian	18722.54	17190.54
江夏区	Jiangxia	15584.44	15556.20
黄陂区	Huangpi	15658.08	14530.43
新洲区	Xinzhou	15370.55	13929.39

12-21 分区单位GDP能耗及规模以上工业单位增加值能耗情况

ENERGY CONSUMPTION PER 10000 YUAN GDP AND PER 10000 YUAN ADDED VALUE OF INDUSTRY ABOVE SCALE BY DISTRICTS

各区 District	单位GDP能耗（吨标准煤/万元）Energy Consumption per 10000 yuan GDP		单位GDP能耗上升或下降(±%) Increase Rate of Energy consumption per 10000 yuan GDP (±%)		规模以上工业增加值能耗上升或下降(±%) Increase Rate of Energy Consumption per 10000 yuan added Value of industry above scale(±%)	
	2015	2014	2015	2014	2015	2014
江岸区 Jiang'an	0.4338	0.4510	-3.80	-3.90	-3.11	-3.62
江汉区 Jianghan	0.4021	0.4167	-3.51	-3.42	-4.54	-11.15
硚口区 Qiaokou	0.6615	0.6834	-3.20	-3.71	-35.36	-8.22
汉阳区 Hanyang	0.1648	0.1703	-3.23	-3.24	-15.43	-10.17
武昌区 Wuchang	0.4085	0.4247	-3.81	-3.91	32.87	-6.38
青山区 Qingshan	2.3585	2.4801	-4.90	-4.77	-0.12	-6.31
洪山区 Hongshan	0.2149	0.2232	-3.71	-3.82	-7.34	-4.75
东西湖区 Dongxihu	0.3324	0.3464	-4.02	-4.16	-14.74	-11.61
蔡甸区 Caidian	0.2251	0.2322	-3.04	-4.10	-5.71	-14.84
江夏区 Jiangxia	0.2303	0.2303	-4.20	-3.80	-24.52	-9.47
黄陂区 Huangpi	0.4015	0.4164	-3.59	-4.17	-31.25	-18.52
新洲区 Xinzhou	1.0322	1.0757	-4.04	-5.82	-8.45	-29.55
武汉经济技术开发(含汉南区) Wuhan Economic Technological Development Zone (Including Hannan)					-12.29	-8.63
东湖新技术开发区 Eeast Lake High-Tech Development Zone					-2.82	-10.03

12－22　分区规模以上高新技术产业工业主要指标
THE MAIN INDICATORS OF THE INDUSTRIAL INDUSTRY ABOVE DESIGNATED SIZE OF HIGH TECH INDUSTRY BY DISTRICT

	企业数（户）Number of Enterprises	从业人数（人）Employees (person)	总产值（亿元）Total Output Value (100 million yuan)	增加值（亿元）Value Added (100 million yuan)
总　计 Total	**806**	**451165**	**6222.58**	**1575.30**
江岸区 Jiang'an	10	2657	26.67	6.33
江汉区 Jianghan	3	300	2.61	0.60
硚口区 Qiaokou	17	10508	78.22	21.37
汉阳区 Hanyang	29	6044	85.46	23.00
武昌区 Wuchang	14	4327	14.98	3.68
青山区 Qingshan	16	89630	313.62	54.48
洪山区 Hongshan	41	13132	87.40	22.37
东西湖区 Dongxihu	61	12750	199.55	49.27
蔡甸区 Caidian	46	12720	324.89	89.63
江夏区 Jiangxia	72	26568	525.86	138.95
黄陂区 Huangpi	41	8589	106.95	27.41
新洲区 Xinzhou	43	8718	183.66	46.14
武汉经济技术开发区（含汉南）Wuhan Economic Technological Development Zone (Including Hannan)	144	89855	2243.81	601.73
其中：汉南区 Hannan	27	3575	27.05	6.93
东湖新技术开发区 East Lake High－Tech Development Zone	267	165255	2024.01	489.18
武汉化学工业区 Wuhan Chemical Indurstry Park	2	112	4.85	1.17